Meine Rezeptebibliothek 16

von Ute Marion Wilkesmann

Dies ist der sechszehnte Band einer derzeit 17-teiligen Reihe, in die ich meine gesamten Rezepte einarbeite. Dieser Band umfasst die Zeit März 2021 bis September 2024, insgesamt sind das mehr als 800 Rezepte.

Meine Rezeptebibliothek 16

von März 2021 bis September 2024

Von Ute Marion Wilkesmann

Bibliografische Information der Deutschen Nationalbibliothek:
Die Deutsche Nationalbibliothek verzeichnet diese Publikation in der Deutschen Nationalbibliografie; detaillierte bibliografische Daten sind im Internet über dnb.dnb.de abrufbar.

Verlag:
BoD · Books on Demand GmbH, Überseering 33, 22297 Hamburg, bod@bod.de
Druck:
Libri Plureos GmbH, Friedensallee 273, 22763 Hamburg

ISBN: 978-3-8192-4743-9

FSC

MIX
Papier aus verantwortungsvollen Quellen
Paper from responsible sources
FSC® C105338
www.fsc.org

Vorwort

Die Reihenfolge dieser Bände bzw. Rezepte ist rein chronologisch, statt eines Inhaltsverzeichnisses gibt es daher ein ausführliches Stichwortverzeichnis am Ende. Seit diesem Band vollzieht sich meine Abkehr von der Vollwerternährung nach Dr. Bruker und auch vom vegetarischen Essen vor allem ab 2022 in den Rezepten. Die meisten Bilder habe ich selbst aufgenommen. In diesem Zeitraum gab es auch einige Rezepte mit entweder gar keinen oder zu kleinen/ähnlichen Fotografien. Vor allem bei Entwicklungsreihen habe ich für die Webseite häufig dasselbe Foto genommen, weil das Ergebnis genauso aussah. Für ein Buch finde ich das indiskutabel. Daher bat ich in diesen Fällen KIs um ein entsprechendes Foto. Alle Aufnahmen sind aus Kostengründen (Buchpreis für den Endverbraucher) schwarzweiß im Druck.

Entschuldigen möchte ich mich für eventuell vorhandene Tipp- und/oder andere Fehler. Auch bei sorgfältiger Arbeit lassen sie sich nicht immer komplett vermeiden.

Persönliche Anmerkungen habe ich kursiv vom restlichen Text abgehoben. Es sind Texte, die beim Originalrezept stehen.

Bei manchen Zutaten verweise ich auf ein vorheriges Rezept oder einen älteren Band. Meist lässt sich diese Zutat einfach durch etwas anderes ersetzen. Wenn ich aber alles, was ich vorher aufgeschrieben habe, auch in jeden Band neu aufnehmen will, nimmt das wertvollen Platz für neue Rezepte, so meine Überlegung. Ich schreibe auch nicht „o. Ä." zu den Nummern. Das sollte jedem klar sein, dass diese Hinweise generell sind und nicht sklavisch befolgt werden müssen.

Eines kann ich garantieren: Meine Bücher enthalten ausnahmslos Alltagsrezepte, es wurden nicht nur die besten Dinge ausgesucht. Ich wünsche allen Lesern viel Spaß beim Durchblättern und Ausprobieren!

Mai 2025

Ute-Marion Wilkesmann

Allgemeines:

Ich verwende stets einen *Heißluftofen*. *Gewicht* gebe ich, wenn nicht anders angemerkt, nur in netto an, das heißt, nach Vorbereiten, Schälen, Entkernen usw. Ebenso wiege ich Flüssigkeiten in Gramm ab. Auch wenn ich vielleicht in zehn Rezepten *gleichartige Arbeitsvorgänge* vorgenommen habe, beschreibe ich sie jedes Mal neu. Wer will beim Kochen blättern? Es gibt Ausnahmen: Bei häufig wiederkehrenden Anweisungen verweise ich auf ein voriges Rezept, wenn ich dadurch Platz gewinnen kann, der für ein anderes Rezept erforderlich ist.

Kartoffeln, Möhren, Äpfel usw. schäle ich nicht.

Bei den Rezepten für diesen Band habe ich mein *Getreide* nicht mehr selbst gemahlen.

Mengenangaben: Was für einen als Hauptspeise reicht, ist für den anderen nicht genug. Dennoch ist es ein Hinweis. Wenn ich bei einem Rezept keine Zahl der Portionen angebe, ist es ein Gericht für 1 Person.

Abkürzungen:

EL = Esslöffel

TL = Teelöffel

LS = Löffelspitze

MS = Messerspitze

Min. = Min.(n);

Sek. = Sekunde(n), Std. = Std.(n)

geh. = gehäuft (vor Einheit) bzw. gehackt (nach Einheit)

gem. = gem./ger. = gerieben/getr. = getr.

RT = Raumtemperatur

schw. = schwarz

TK = Tiefkühl

TM = Thermomix

Evtl. unbekannte Begriffe: *Garam Masala* ist eine indische Gewürzmischung (s. auch 6/4361). *Cumin* und *Kreuzkümmel* sind Synonyme, dasselbe gilt für *Bataten* und *Süßkartoffeln*. Die Bezeichnung *Apfelmark* verwende ich für Apfelmus ohne Zusätze, also auch ohne Zucker. *Essigpeperoni* sind in Apfelessig eingelegte Peperonistücke (7/4573). *Tahini* ist eine Sesampaste. *Bärlaucholivenöl* ist ein Öl, das eine Freundin mit viel Bärlauch im Garten selbst hergestellt hat. Sehr lecker!

Gelegentlich beziehe ich mich auf ältere Rezepte und verweise auf Band und Nummer (3/2008 bedeutet Band 3, Nr. 2008). Was ich hier mitgebe, sind Sauerteigansatz, Standardstützcreme, Standard-Pflanzenmilch, Weiße Soße und die Gemüsepfanne, weil sie häufig vorkommen. Den Markennamen *Vitamix* verwende ich gelegentlich synonym für Hochleistungsmixer. *Peng-Schüsseln* sind Plastikschüsseln, deren Deckel mit „Peng" aufspringt, wenn die Hefe ausreichend gegangen ist.

Sauerteigansatz:
- 70 g Roggen/110 g Wasser
- 70 g Roggen/110 g Wasser
- 70 g Roggen/ 70 g Wasser

Ein schmales hohes Glasgefäß suchen. Schmal im Durchmesser sollte es sein, damit die Kontaktfläche mit der Luft nicht so groß ist. Die Höhe ist erforderlich, weil der Teig enorm geht. Locker das Sechsfache des ersten Ansatzes muss es fassen. 70 g Roggen fein mahlen und in dem Glasgefäß mit 110 g Wasser verrühren. Auf ein Fensterbrett über der Heizung stellen und mit einem Geschirrtuch abdecken. Nach 24 Std. 70 g Roggen mahlen und mit weiteren 110 g Wasser zu dem Ansatz geben und verrühren. Wieder abdecken. Nach weiteren 24 Std. nochmals 70 g Roggen mahlen und mit 70 g Wasser zu dem Ansatz geben, verrühren und abdecken. Nach weiteren 24 Std. ist der Sauerteig fertig.

Das Prinzip der Gemüsepfanne
Pfanne eher zu groß wählen. Flüssigkeitsmenge in die Pfanne geben. Andere Zutaten wie klein geschnittenes Gemüse usw. zugeben. Deckel auflegen und auf höchster Einstellung zum Kochen bringen, bis Dampf unter dem Deckel austritt. Auf kleinste Einstellung bringen und 15 Min. dünsten.

Weiße Soße Grundrezept
Je 125 g Flüssigkeit (etwa die Hälfte Hafermilch): 10 g Butter und 10 g Mehl; z. B.
- 20 g Butter
- 20 g Mehl
- 125 g Wasser
- 125 g Hafermilch
- Salz

Mit Thermomix: Butter Schmelzen (2 Min. 30 Sek./105 °C/Stufe 1). Mehl zugeben und dünsten (2 Min. 30 Sek./ 105 °C/Stufe 1). Flüssigkeiten und Salz zugeben und kochen (6 Min./95 °C/Stufe 4).

Ohne Thermomix: Butter im Topf zerlassen, Mehl darin „anrösten". Flüssigkeiten anfangs nur esslöffelweise mit einem Schneebesen einrühren. Wenn die Soße (dickflüssig) ist, den Rest nach und nach unter Rühren zugeben. Salzen und 6-10 Min. ziehen lassen.

Wilkesmannsche Formel
Mithilfe dieser Formel kann man praktisch jeden „normalen" Kuchen ohne Ei und/oder Fett backen.
- Fett = gekochte rote Linsen
- Eier = je Ei 60 g, davon 2/3 Stützcreme, 1/3 Apfelmus
- Backpulvermenge = verdoppeln; evtl. 10% mehr Mehl nehmen.
- Zucker = Honig (mache ich immer identisch) oder Ahornsirup (minus 10 %)

13122. Joghurtdressing mit Skyr, März 2021

Vorläufer 13109

- 480 g Wasser
- 300 g Skyr
- 1 Joghurt (150 g) 1.8 %
- 55 g Mayonnaise vegan
- 70 g Ahornsirup
- 2 gestr. TL Salz (20 g)
- 1 Prise Pfeffer
- 1 Prise Currypulver
- 1 LS Paprikapulver edelsüß
- 1 EL Zitronensaft
- 6 g Guarkernmehl

Alle Zutaten bis auf das Guarkernmehl gut mixen. Guarkernmehl dann während des Rührens einrieseln lassen. Zu verdünnen 3+2 mit Wasser.

13123. Tomatensoße mit Nudeln, März 2021

- 100 g Vollkornspiralnudeln, gekocht
- 15 g Sonnenblumenöl
- 15 g Wasser
- 80 g Zwiebeln, gehackt
- 1 Knoblauchzehe, gehackt (6 g)
- 315 g Tomaten, in Stücken
- 65 g Hummus (hier: Linsenhummus 13120)
- 1 Prise Salz
- 1 TL rote Paprika, edelsüß

Zwiebeln und Knoblauch in der Flüssigkeit einige Min. anbraten. Tomaten hinzugeben, 15 Min. auf kleiner Einstellung kochen. Mit Hummus, Salz und Paprika verrühren. Abgetropfte Nudeln unterrühren.

13124. Porree-Tomaten-Gemüse, März 2021

- 10 g Sonnenblumenöl
- 210 g Tomaten, in Stücken
- 130 g Porree, in Streifen
- 5 g Hummus (hier: Linsenhummus) 13120
- Salz nach Geschmack

Tomaten und Porree in Öl als Gemüsepfanne 15 Min. garen. Restliche Zutaten unterrühren und abschmecken.

13125. Spaghetti mit Porree, März 2021

- 85 g Spaghetti, halb durchgebrochen

Porreegemüse

- 50 g Wasser
- 150 g Porree

Dillsoße

- 20 g Alsan Margarine
- 20 g Dinkelmehl 630
- 125 g Hafermilch
- 125 g Nudelkochwasser
- 5 g tiefgekühlten Dill
- 1 TL Zitronensaft
- 1 Prise Salz

Spaghetti im Salzwasser 10 Min. kochen lassen. Abgießen, dabei das Kochwasser auffangen. Spaghetti im Topf warm stehen lassen. Gemüsezutaten als Gemüsepfanne 15 Min. (20 cm Keramikpfanne) garen.

Aus den Soßenzutaten eine „weiße Soße" herstellen. Spaghetti mit Gemüse und Soße in der Pfanne mischen.

13126. Skyr-Napfkuchen, März 2021

Nach dem Rezept „Quark-Napfkuchen" aus dem Buch „Backen mit Lust & Liebe" von Roland Gööck.

- 150 g Butter
- 200 g Rohrohrzucker
- 1 Tütchen Zitronenschale
- 1 P Vanillezucker
- 3 Eier
- 250 g Skyr
- 125 g Weizenmehl 550
- 225 g Dinkelmehl 630
- 2-3 EL Hafermilch
- 85 g gehackte Mandeln
- 75 g Rosinen
- Butter und Vollkorngrieß für die Form

Mit dem Handrührgerät, Rührbesen. Butter gut durchrühren, Zucker mit Zitronenschale verrühren und zur Butter geben, rühren. Nacheinander die Eier und Skyr dazugeben und verrühren. Mehl mit Backpulver mischen und nach und nach hinzufügen. Rühren, bis der Teig schwer reißend vom Löffel fällt, dabei die Milch zugeben. Zuletzt Mandeln und Rosinen unterheben (Rührgerät Stufe 1). Ofen (Umluft) auf 165 °C vorheizen. Gugelhupform mit Butter einfetten und mit Grieß ausstreuen. Teig in die Form geben und 50 Min. bei 165 °C backen. Aus dem Ofen nehmen, 10 Min. auf einem Gitterrost auskühlen lassen und stürzen.

Hinweise: Schmeckt nach 1-2 Std. auch schon warm. – Hält sich im Kühlschrank, eingewickelt in ein Tuch in einer Plastiktüte. Sieht unscheinbar aus, ist aber extrem lecker.

13127. Kürbiskernbrot mit gekauftem Mehl, März 2021

Vorläufer 13114

Stufe 1 (12 Std. vorher):
Sauerteigansatz:
- 400 g Roggenvollkornmehl
- 410 g Wasser
- 150 g Sauerteig

Stufe 2 (bei mir Morgen):
- 100 g Roggenvollkornmehl
- 325 g Dinkelmehl 1030
- 1 TL Brotgewürz
- 100 g Kürbiskerne
- 16 g Salz
- 325 g Wasser
- 1/4 Würfel frische Hefe (10 g)
- ca. 800 g Sauerteigansatz
- 20 g Butter für die Form

Stufe 1: Roggen mit Wasser und altem Sauerteig mischen. In einer Plastiktüte über Nacht stehen lassen. 150 g von der Stufe 1 abnehmen und in einem gut schließenden Schraubglas in den Kühlschrank stellen für das nächste Backen.

Stufe 2: Hefe im Wasser auflösen. Zutaten (außer der Butter) mit einem großen Löffel gründlich verrühren, bis kein Mehl mehr sichtbar ist. Eine 30-cm-Brotform, Profi-Email von Dr. Oetker, gut einfetten. Teig hineingeben, mit der nassen Hand herunterdrücken und glattstreichen. Mit einem scharfen Messer mehrmals schräg einschneiden. Form im kalten Ofen etwa 95 Min. gehen lassen. Ofen auf 195 °C aufheizen, das Brot ist dabei im Ofen. Backzeit 60 Min., im ausgestellten Ofen 15 Min. nachbacken.

13128. Verdinkelte Amerikaner, März 2021

11 Stück

- 100 g Alsan Margarine
- 100 g Rohrohrzucker
- 1 p Vanillezucker
- 2 Eier
- 1 P Vanillepuddingpulver
- 7 EL Hafermilch
- 250 g Dinkelmehl 630
- 3 TL Weinsteinbackpulver

Zum Bestreichen

- 50 g Puderzucker (naturata, aus Zuckerrohr)
- 1 TL Zitronensaft
- 2 TL Wasser
- 40 g Schokolade 99 %
- 1 TL Sonnenblumenöl
- 20 g Agavendicksaft

Margarine mit dem Zucker schaumig schlagen. Eier unterrühren. Die Milch esslöffelweise mit dem Puddingpulver verrühren. Mehl mit Backpulver mischen. Beides nach und nach unterrühren.

Mit einem Esslöffel (nassmachen zwischendurch) kleine Häufchen auf zwei mit Backpapier ausgelegte Backbleche legen. Derweil den (Heißluft-)Ofen auf 165 °C vorheizen. Gebäck bei 165 °C 15 Min. backen. Backpapier mit den Amerikanern auf Gitterroste ziehen. Nach dem Abkühlen vom Backpapier lösen.

Puderzucker mit Zitronensaft und Wasser verrühren, Oberfläche von (bei mir) 4 1/2 Amerikanern damit einpinseln. Schokolade mit Öl und Süßmittel erwärmen, restliche Amerikaner damit bestreichen.

Tipps: *Ein zweites Mal würde ich bei 175 °C backen. Zwar ist das Gebäck lecker, aber die Stücke lösten sich nicht rückstandsfrei vom Backpapier, d. h. die flache Fläche ist etwas rau.*

13129. Currysauce, März 2021

- 10 g Alsan Margarine
- 10 g Dinkelmehl 630
- 45 g Hafermilch
- 80 + 15 g Nudelwasser
- 1/2 TL Curry
- 1/2 TL Salz
- 1/2 TL Sambal Oelek

Aus Margarine, Dinkelmehl, Hafermilch und 80 g Wasser und den Gewürzen eine Soße herstellen (Weiße Soße Grundrezept). Ich habe noch etwas Wasser mehr genommen (später eingerührt), weil mir die Soße zu dickflüssig war. Das kann daran liegen, dass ich sie in einer Pfanne statt einem Topf hergestellt habe. Bei der Salzzugabe muss man sehr vorsichtig sein, die Soße war sehr salzig, was aber gut war, da ich das Gemüse dazu gar nicht gesalzen habe.

13130. Porreereis in Currysauce, März 2021

- 100 g weißer Reis
- 75 g Porreeringe
- 225 g Wasser
- Currysauce 13129
- 10 g geröstete Pistazienkerne

Reis mit Porree im Wasser 20 Min. garen. Sauce und Pistazienkerne unterrühren.

13131. Skyrdressing, März 2021

Vorläufer 13122

- 500 g Wasser
- 400 g Skyr
- 55 g Mayonnaise vegan
- 70 g Ahornsirup
- 2 gestr. TL Salz (20 g)
- 1 Prise Pfeffer
- 1 Prise Currypulver
- 1 LS Paprikapulver edelsüß
- 1 EL Zitronensaft
- 6 g Guarkernmehl (gerade 6 g)

Alle Zutaten bis auf das Guarkernmehl gut mixen. Guarkernmehl dann während des Rührens einrieseln lassen. Zu verdünnen 3+2 mit Wasser.

13132. Tomatenketchup mit Nussmus II, März 2021

Vorläufer 15/13082

- 2 Dosen Tomaten inklusive Saft (800 g)
- 155 g Apfelessig
- 100 g Wasser
- 150 g Sultaninen
- 8 g Knoblauchzehen (frisch)
- 1 EL Mischmus 4 Nuss (45 g)
- 1 geh. TL Salz
- 130 g Gemüsezwiebeln, halbiert
- 1 Apfel 195 g
- 95 g Spitzpaprika
- 1 Stück Essigpeperoni 7/4573 (7 g)
- 1 Prise (1/4 TL) Pfeffer
- 2 geh. TL Paprikapulver
- 1/2 TL gem. Kümmel
- 12 g Sojasoße
- 30 g Tomatenmark
- 250 g Wasser

Alle Zutaten bis auf die zweite Menge Wasser in den TM-Mixtopf geben. Zerkleinern (25 Sek./Stufe 10), dabei den Messbecher fest andrücken, anschließend garen (40 Min./Varoma/Stufe 3). Nach Ende der Garzeit Rest Wasser zugeben und fein pürieren (30 Sek./Stufe 10). Direkt in Schraubgläser füllen.

13133. Zwiebel-Relish XXIII, März 2021

Vorläufer 15/13083; 2 Nussmusgläser

- 665 g Zwiebeln
- 1 Apfel (250 g, ohne Kerne)
- 2 Knoblauchzehen (frisch; 8 g)
- 255 g Rosinen
- 75 g Tomatenketchup
- 1 geh. TL Salz
- 1 geh. MS gem. Nelken
- 1 geh. MS Zimt
- 1 TL Paprikapulver edelsüß
- 1 geh. MS gem. Kreuzkümmel
- 1 gestr. TL Curry
- 1 TL getr. Majoran, zwischen den Händen verrieben
- 10 g Sojasoße
- 150 g Apfelessig
- 130 g Wasser

Herstellung im Thermomix. Zwiebeln, Apfel, Rosinen und Knoblauch zerkleinern (10 Sek./Stufe 5,5). Nach unten schieben und die restlichen Zutaten zugeben. 55 Min./105 °C/Linkslauf/Stufe 1 ohne Messbecher garen. Sobald es kocht, wenn nötig Garkörbchen als Spritzschutz aufsetzen.

Relish in zwei leere Schraubgläser füllen. Sofort verschließen und abgekühlt im Kühlschrank aufbewahren.

13134. Pizzateig Dinkel 630, März 2021

2 Pizzen; Vorläufer 15/13118

- 235 g Dinkelmehl Typ 630
- 1 P Trockenhefe
- 1 gestr. TL Salz
- 125 g Wasser
- 3 knappe EL Sonnenblumenöl (20 g)

2,5 Min. im Thermomix kneten. Backen: 15 Min. bei 235 °C, Käse nach 7-8 Min. auf die Pizza geben.

13135. Spaghetti mit Tomatenmark, März 2021

- 20 g Sonnenblumenöl
- 120 g Vollkornspaghetti
- 170 g Wasser
- 130 g Hafermilch
- 25 g Tomatenmark
- Salz
- Pfeffer
- 1 Ei

Spaghetti in Öl und Flüssigkeiten kochen, bis sie gar sind. Tomatenmark unterrühren. Salz, Pfeffer und Ei verquirlen, unterrühren und stocken lassen.

13136. Stützcreme nicht vollwertig, März 2021

- 475 g Hafermilch
- 1 P Puddingpulver Vanille
- 1 EL Rohrohrzucker

Pudding nach Anweisung kochen. Da diese Stützcreme für einen Kuchen gedacht war, habe ich Zucker zugegeben.

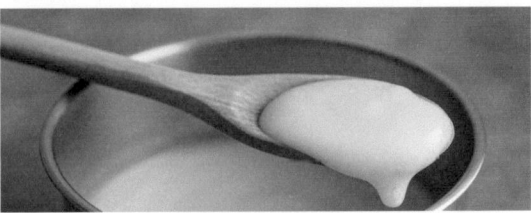

13137. Pilzsuppe, März 2021

- 15 g Sonnenblumenöl
- 200 g Champignons
- 40 g Hafermilch

Suppengrundlage

- 20 g Alsan Margarine
- 20 g Dinkel 1050
- 250 g Hafermilch
- 80 g Wasser
- Salz
- Pfeffer
- 1 Prise Rohrohrzucker
- 50 g Käse
- 1 TL Sojasoße

Die Champignons als Gemüsepfanne 10 Min. garen. Aus den Zutaten der Suppengrundlage eine weiße Soße kochen (s. weiße Soße Grundrezept, Vorwort). Die Champignons zufügen und mischen (2 Min./75 °C/Stufe 1 Linkslauf).

13138. Vegane Amerikaner, März 2021

14 Stück

- 100 g Alsan Margarine
- 100 g Rohrohrzucker
- 1 P Vanillezucker
- 125 g kalter Vanillepudding 13136
- 1 P Vanillepuddingpulver
- 125-140 g Hafermilch
- 250 g Weizenmehl 550
- 1 P Weinsteinbackpulver
- 1 Prise Salz

Zum Bestreichen

- 75 g Puderzucker (naturata, aus Zuckerrohr)
- 3-4 TL Wasser
- 40 g Schokolade 99 %
- 2 TL Sonnenblumenöl
- 20 g Agavendicksaft

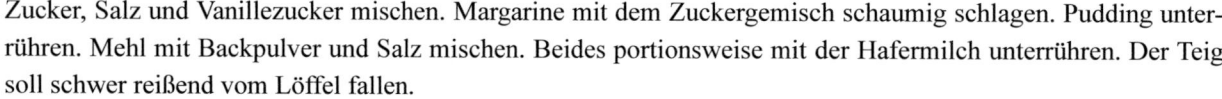

Zucker, Salz und Vanillezucker mischen. Margarine mit dem Zuckergemisch schaumig schlagen. Pudding unterrühren. Mehl mit Backpulver und Salz mischen. Beides portionsweise mit der Hafermilch unterrühren. Der Teig soll schwer reißend vom Löffel fallen.

Mit einem Esslöffel (kurz in Wasser halten zwischendurch) kleine Häufchen auf zwei mit Backpapier ausgelegte Backbleche legen. Derweil den (Heißluft-)Ofen auf 165 °C vorheizen. Gebäck bei 165 °C für 20 Min. backen (die Amerikaner dürfen oben auf der Rundung nur sehr hellbraun sein und mit einem Schaber oder ähnlichem gut vom Papier lösen lassen (kleine Reste bleiben auf dem Papier). Backpapier mit den Amerikanern auf Gitterroste ziehen. Nach dem Abkühlen vom Backpapier lösen.

Puderzucker mit Zitronensaft und Wasser verrühren, eine Hälfte der Amerikaner damit einpinseln. Schokolade mit Öl und Süßmittel erwärmen, die andere Seite der Amerikaner damit bestreichen.

13139. Pizzateig Weizenmischung, März 2021

2 Pizzen; Vorläufer 13134

- 150 g Weizen Typ 550
- 85 g Weizen Typ 1050
- 1 P Trockenhefe
- 1 gestr. TL Salz
- 125 g Wasser
- 3 knappe EL Sonnenblumenöl (20 g)

2,5 Min. im Thermomix kneten. Backen: 15 Min. bei 235 °C, Käse nach 7-8 Min. auf die Pizza geben. Die vegetarische Pizza wurde außerdem mit Champignonscheiben belegt.

13140. Skyrdressing II, März 2021

Vorläufer 13131

- 500 g Wasser
- 400 g Skyr
- 50 g Mayonnaise vegan
- 70 g Ahornsirup
- 2 gestr. TL Salz (20 g)
- 1 Prise Pfeffer
- 1 Prise Currypulver
- 1 LS Paprikapulver edelsüß
- 1 EL Zitronensaft
- 6 g Guarkernmehl (gerade 6 g)

Alle Zutaten bis auf das Guarkernmehl gut mixen. Guarkernmehl dann während des Rührens einrieseln lassen. Zu verdünnen 3+2 mit Wasser.

13141. Krümeltorte mit Kirschfüllung, März 2021

Springform 26 cm; angelehnt an Krümeltorte, Dr. Oetker, „Backen macht Freude" (uralte Version).

- 1 Glas Sauerkirschen (bio, gesüßt mit Rohrohrzucker; Kirschen: 370 g)
- 30 g Speisestärke
- 30 g Rohrohrzucker
- 200 g Alsan Margarine
- 200 g Rohrohrzucker
- 1 P Vanillezucker
- 1 Ei
- 1 Prise Salz
- 500 g Weizenmehl (Typ 550 und 1050 gemischt)
- 1 P Weinsteinbackpulver
- 50 g Flohsamenschalen

Kirschen abtropfen lassen, Saft auffangen. Speisestärke und 30 g Rohrzucker mit 5 EL Kirschsaft verrühren. Rest Kirschsaft aufkochen, Stärkemischung unterrühren und nochmals aufkochen. Sobald die Creme lauwarm ist, mit den Kirschen mischen.

Fett schaumig rühren und nach und nach Zucker, Ei und Salz hinzugeben. Mehl mit Backpulver mischen, etwa die Hälfte esslöffelweise unterrühren. Den Rest des Mehls auf den Teig schütten und mit den Rührhaken des Handrührgeräts vermischen, bis sich kleine Streusel bilden. Solange rühren, bis die Streusel etwas kleiner als die gewünschte Größe sind.

Die Hälfte des Teigs in eine mit Backpapier überspannte Springform füllen, den Teig am Boden gut andrücken. Am Rand hochdrücken und mit den Flohsamenschalen bestreuen. Die Kirschmasse so darauf geben. Den Rest der Streusel über die Füllung verteilen und am Rand leicht andrücken. Ofen (Heißluft) auf 165 °C vorheizen und 35-45 Min. bei 165 °C backen.

13142. Veganer Eierlikör ohne Soja, März 2021

- 1 P Vanillepuddingpulver
- 475 g Hafermilch
- 30 g Rohrohrzucker
- 100 g Agavendicksaft
- 1 Päckchen Vanilleextrakt für 250 ml Flüssigkeit (hier: Finesse von Dr. Oetker)
- 200 g brauner Rum
- 1 Prise Salz
- 6-10 g Guarkernmehl

Pudding nach Anweisung mit Hafermilch und Zucker zubereiten. Abkühlen lassen. Den Pudding mit den restlichen Zutaten ohne das Guarkernmehl in den TM geben und mixen (20 Sek./Stufe 8). Bei laufendem Gerät (Stufe 3) Guarkernmehl zugeben und nochmals 10 Sek./Stufe 8.

Fertig. In saubere Schraubgläser oder Flaschen füllen und im Kühlschrank aufbewahren.

***Hinweis:** Lecker ist er. Ich kann ihn gern auch Vanillelikör nennen.*

13143. Kartoffeln mit Babyspinat, März 2021

- 25 g Sonnenblumenöl
- 245 g geschälte Kartoffeln in feinen Scheiben
- 25 g rote Linsen
- 145 g Wasser
- 100 g Babyspinat
- Salz

Zutaten ohne den Spinat als Gemüsepfanne (20 cm) 15 Min. dünsten. Spinat hinzufügen und weitere 5 Min. dünsten. Mit Salz abschmecken.

13144. Toastbrot, April 2021

Das Rezept, nach dem ich mich gerichtet habe, ist aus der Thermomix-Rezeptwelt und heißt „Helmi's Buttertoast". Eine tolle Vorlage, da stimmt alles.

Sauerteiganteil
- 10 g Roggensauerteig (= ca. 1 TL)
- 20 g Roggen Vollkornmehl
- 20 g Wasser

Vorteig
- 50 g Weizenmehl Typ 1050
- 20 g (= 1/2 Würfel) Bio-Hefe
- 10 g Honig
- 10 g Backmalz (kann laut Vorlage entfallen)
- 100 g Hafermilch

Hauptteig
- 500 g Weizenmehl Typ 1050
- 12 g Salz
- 50 g Sauerteig (Zubereitung s. oben)
- 100 g Wasser
- 100 g Hafermilch
- 60 g Alsan-Biomargarine, weich
- Alsan-Biomargarine für die Form

Sauerteiganteil am Vorabend in einer kleinen Schüssel verrühren und über Nacht gehen lassen. Alle Zutaten des Vorteigs in den Mixtopf einwiegen und mischen (3 Min./37 °C/Stufe 1,5). Ca. 30 Min. im Thermomix gehen lassen, bis sich Blasen bilden. Alle Zutaten für den Hauptteig zum Vorteig im Thermomix geben und kneten (4 Min./Knetstufe). Den Teig in eine mit Mehl bestäubte Peng-Schüssel geben. Deckel schließen und Schüssel in eine Plastikdose geben. An einem warmen Ort (Fensterbank) ca. 1 Std. gehen lassen, bis sich das Volumen verdoppelt hat). Teig aus der Schüssel nehmen, mit etwas Mehl zweimal zusammenfalten und in vier Teile teilen. Die einzelnen Teile wie Brötchen rund und lang schleifen und nebeneinander in eine eingefettete Kastenform von 30 cm Länge geben. (Laut Originalrezept ist das Teilen in vier Stücke notwendig, damit das Toastbrot die feine Krume bekommt.) Die Form mit einem Handtuch abdecken und noch einmal 15 Min. ruhen lassen. In dieser Zeit den Ofen (Umluft) auf 195 °C vorheizen. Form einschieben und 35 Min. bei 175 °C backen. Auf ein Gitterrost stürzen und abkühlen lassen.

13145. Pizzateig mit Skyr, April 2021

2 Pizzen; Vorläufer 13139

- 135 g Weizen Typ 550
- 100 g Weizen Typ 1050
- 1 P Trockenhefe
- 1 gestr. TL Salz
- 15 g Skyr
- 145 g Wasser
- 3 knappe EL Sonnenblumenöl (20 g)

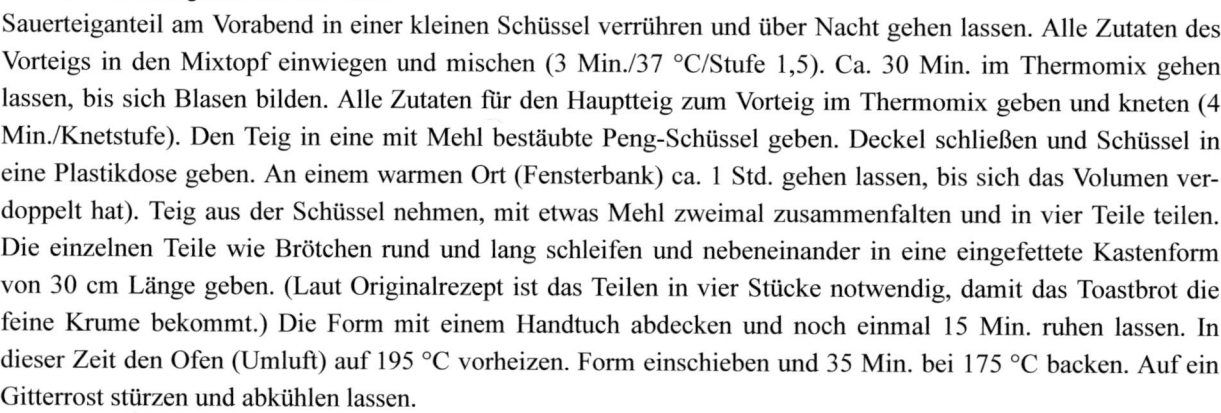

2,5 Min. im Thermomix kneten. Backen: 15 Min. bei 235 °C, Käse nach 7-8 Min. auf die Pizza geben. Die vegetarische Pizza wurde außerdem mit in Scheiben geschnittenem hartgekochtem Ei belegt.

13146. Kartoffelsuppe mit Linsen, April 2021

- 10 g Sonnenblumenöl
- 60 g rote Linsen
- 185 g Tomaten
- 130 g Kartoffeln, vorgeschnitten
- 450 g Wasser
- 1 gestr. TL Salz
- 1/2 TL Curry
- 1/2 TL Kreuzkümmel
- 1 TL Sambal Oelek
- Einige Walnüsse (zur Dekoration)

Öl, Linsen, Tomaten, Kartoffeln und Wasser im Thermomix garen (21 Min./105 °C/Stufe 1). Gewürze zufügen und pürieren (10 Sek./Stufe 10). In eine Suppenschüssel geben und mit Walnüssen bestreuen.

13147. Skyr-Eierlikördessert, April 2021

- 2 Kekse je 20 g (Penny, Haferkekse mit Zartbitterschokolade)
- 2 EL Sahne
- 45 g Skyr
- 40 g Eierlikör
- 10 g Agavendicksaft
- 50 g Mascarpone
- 1-2 EL Heidelbeeren

Kekse zwischen zwei Tellern zerdrücken, mit der Gabel nacharbeiten. Hälfte der Brösel auf den Boden eines geraden Trinkglases verteilen. Mit 1 EL Eierlikör (10 g) tränken. Sahne mit Skyr, Eierlikör, Agavendicksaft und Mascarpone glattrühren. Die Hälfte der Creme in das Glas geben, darauf den Rest der Keksbrösel. Diese wieder mit 10 g Eierlikör tränken. Den Rest der Creme darauf verteilen, mit Heidelbeeren bestreuen.

13148. Eierlikör-Schichtcreme, April 2021

- Zwei Scheiben Toastbrot 13144, ca. 55 g
- 40 g Eierlikör
- 5 g Alsan-Biomargarine
- 5 + 20 g Agavendicksaft
- 10 g Pinienkerne
- 50 g Skyr
- 40 g Mascarpone
- 10 g Hafermilch
- 20 g Heidelbeeren

Vom Toastbrot dünn die Rinde abschneiden (Rinde = 15 g, Brot = 40 g) und in kleine Stück schneiden. Die Margarine in einer Pfanne erhitzen, Pinienkerne und Brotrindenwürfel darin unter gelegentlichem Rühren erhitzen. Wenn die Pinienkerne mittelbraun sind, 5 g Agavendicksaft unterrühren und karamellisieren lassen.

Die beiden Scheiben fein würfeln. Die Hälfte in ein gerades Trinkglas geben, mit 20 g Eierlikör übergießen. Ab und zu mit einem kleine Löffel verrühren. In der Zwischenzeit 20 g Agavendicksaft, Mascarpone, Skyr und Hafermilch glatt rühren. Etwa die Hälfte der Creme auf die Weißbrotschicht geben, die restlichen Brotwürfel darüber verteilen, mit Eierlikör beträufeln. Mit den Heidelbeeren belegen. Den Rest Creme auf den Beeren verteilen und die karamellisierten Brotwürfel und Pinienkerne darauf verstreuen.

13149. Eierlikörkuchen, April 2021

Nach einem Rezept aus der Thermomix-Rezeptwelt

- 5 Eier
- 250 g Rohrohrzucker
- 1 P Vanillezucker
- 110 g Sonnenblumenöl
- 125 g Eierlikör
- 100 g Weizenmehl 1050
- 110 g Weizenmehl 550
- 1 P Puddingpulver Vanille (ca. 40 g)
- 1 P Weinsteinbackpulver
- Fett und Grieß für die Form
- 3-4 TL Puderzucker

Zucker im Thermomix pulverisieren (20 Sek./Stufe 10). Eier zufügen. Schmetterling einsetzen und cremig aufschlagen (5 Min./Stufe 4). Öl und Eierlikör unterrühren (25 Sek./Stufe 3). Mehl, Puddingpulver und Backpulver mischen. Schmetterling entfernen und Mehlmischung in den TM geben. Nochmals cremig verrühren (2 Min./Stufe 5). Eine 30-cm-Kastenform (etwas breiter als normal) mit Margarine einfetten und Gries ausstreuen. Ofen auf 165 °C vorheizen und 45 Min. backen. (Ich würde es bei einem nächsten Mal mit 40 Min. probieren). Aus der Form stürzen, abkühlen lassen und mit Puderzucker durch ein Sieb bestäuben.

13150. Eierlikör-Schichtcreme II, April 2021

2 Desserts

- 2 Kekse zu je 20 g (Penny Haferkekse mit Vollmilch)
- 8 g Alsan-Biomargarine
- 10 + 25 g Agavendicksaft
- 20 g Walnussstücke
- 100 g Skyr
- 75 g Mascarpone
- 40 g Eierlikör
- 20 g Heidelbeeren
- 2 Erdbeeren mit Stiel

Kekse mit der Gabel zerkleinern und auf zwei senkrechte Trinkgläser verteilen. Mit je 1 EL Eierlikör tränken. Heidelbeeren auf den Keksen verteilen. Walnussstücke in Alsan und 10 g Agavendicksaft anrösten und abkühlen lassen. Skyr, Mascarpone, 20 g Eierlikör und 25 g Agavendicksaft mit dem Löffel glattrühren und auf die Heidelbeeren geben. Die Erdbeeren mit der Spitze nach unten jeweils an die Wand setzen, karamellisiere Walnüsse vor die Erdbeeren legen.

13151. Schoko-Eierlikörcreme, April 2021

2 Desserts

- 2 dünne Scheiben Eierlikörkuchen 13149
- 4 TL Eierlikör
- 50 g Mascarpone
- 100 g Skyr
- 50 g Eierlikör
- 20 g Trinkschokolade (Pulver)
- 15 g Schokolade Vivani 99
- 20 g + 15 g Agavendicksaft
- 5 g Sonnenblumenöl
- 2 Erdbeeren, ohne Stiel
- 1 TL Puderzucker (aus Zuckerrohr)

Zwei Trinkgläser nehmen, deren Wände gerade heruntergehen. Jeweils mit einem Glas einen Kreis aus einer Scheibe Kuchen stechen, den Kuchenkreis in das Glas auf den Boden legen. Mit je 2 TL Eierlikör tränken.

Mascarpone, Kuchenreste (26 g), Skyr, 50 g Eierlikör, Trinkschokolade und 20 g Agavendicksaft im Vitamix cremig rühren. Auf dem getränkten Kuchen verteilen. In die Mitte jeweils eine Erdbeere stecken. Schokolade in

15 g Agavendicksaft und 5 g Öl zerlassen, auf die Creme und über die Erdbeeren geben. Mit gesiebtem Puderzucker bestreuen.

13152. Vollkornbrot mit gekauftem Mehl, April 2021

Vorläufer 13127

Stufe 1 (12 Std. vorher):
Sauerteigansatz:
- 400 g Roggenvollkornmehl
- 410 g Wasser
- 150 g Sauerteig

Stufe 2 (bei mir Morgen):
- 100 g Roggenvollkornmehl
- 325 g Dinkelvollkornmehl
- 100 g Sonnenblumenkerne
- 16 g Salz
- 340 g Wasser
- 1/4 Würfel frische Hefe (10 g)
- ca. 800 g Sauerteigansatz
- 20 g Butter für die Form

Stufe 1: Roggen mit Wasser und altem Sauerteig mischen. In einer Plastiktüte über Nacht stehen lassen. 150 g von der Stufe 1 abnehmen und in einem gut schließenden Schraubglas in den Kühlschrank stellen für das nächste Backen.

Stufe 2: Hefe im Wasser auflösen. Zutaten (außer der Butter) mit einem großen Löffel gründlich verrühren, bis kein Mehl mehr sichtbar ist. Eine 30-cm-Brotform, Profi-Email von Dr. Oetker, gut einfetten. Teig hineingeben, mit der nassen Hand herunterdrücken und glattstreichen. Mit einem scharfen Messer mehrmals schräg einschneiden. Form im kalten Ofen etwa 95 Min. gehen lassen. Ofen auf 195 °C aufheizen, das Brot ist dabei im Ofen. Backzeit 60 Min., im ausgestellten Ofen 5 Min. nachbacken.

13153. Zucchinisuppe, April 2021

- 235 g Zucchini
- 35 g Zwiebel
- 1 Knoblauchzehe
- 1 Kartoffel (60 g)
- 80 g Hafermilch
- 375 g Wasser
- 10 g Sonnenblumenöl
- 3 EL Sahne
- 1/2 TL Salz
- 1 TL Zitronensaft

Gemüse im TM zerkleinern (5 Sek./Stufe 5). Milch, Wasser und Öl zufügen und kochen (18 Min./105 °C/Stufe 1). Mit Sahne, Salz und Zitronensaft abschmecken.

13154. Skyrdressing III, April 2021

Vorläufer 13140; Herstellung siehe dort.

- 365 g Wasser
- 135 g Kichererbsenkochwasser
- 400 g Skyr
- 45 g Mayonnaise vegan
- 70 g Ahornsirup
- 2 gestr. TL Salz (20 g)
- 1 Prise Pfeffer
- 1 Prise Currypulver
- 1 EL getr. Thymian
- 1 EL Zitronensaft
- 6 g Guarkernmehl (gerade 6 g)

13155. Gemüsefrikadellen, April 2021

- 1 Zucchini (225 g)
- 1 Spitzpaprika (90 g)
- 1 Zwiebel (60 g)
- 2 Möhren (210 g)
- 250 g Haferflocken
- 2 Eier
- 150 g geraspelter Gratinkäse
- 200 g Skyr
- 10 g tiefgekühlter Dill
- Öl für die Pfanne (je Pfannenbeschickung ca. 1-2 TL)

Gemüse vorschneiden und raspeln (TM: 5 Sek./Stufe 5). Haferflocken, Käse und Eier zugeben, 3 Min./Knetstufe. Skyr, Dill, Salz und Pfeffer zugeben, Knetstufe 2 Min. Dann 5 Sek./Stufe 5/Linkslauf. (Versäumt: 15 Min. ruhen lassen). 1 TL Öl in Keramikpfanne (24 cm) erhitzen, runterschalten auf 8 (von 14), mit zwei Esslöffeln 4-5 Frikadellen in die Pfanne geben. Braten und wenn unten braun (nicht zu dunkel), wenden und nochmals 5-10 Min. braten.

13156. Pseudotrifle, April 2021

3-4 Desserts
Schokoladenpudding

- 400 + 55 g Hafermilch
- 1 P Puddingpulver Schokolade
- 1 geh. EL Rohrohrzucker

Kuchenschicht und Deko

- 80 g Kuchen (Biskuit o. Ä., hier: Eierlikörkuchen 13149)
- 16-20 TL Eierlikör 13142
- 65 g Erdbeeraufstrich
- 5 g geh. Mandeln

Puddingpulver und Zucker mit 55 g Hafermilch esslöffelweise verrühren (Schneebesen ist günstig, Schokoladenpuddingpulver klumpt stärker). 400 g Milch aufkochen, angerührtes Pulver einrühren und nochmals aufkochen. Während des Abkühlens ab und zu durchrühren.

Den Kuchen fein würfeln und auf vier Glasschüsselchen verteilen. Mit dem Likör tränken. Dann jeweils 1 guten TL Konfitüre in die Mitte geben. Lauwarmen Schokopudding darüber geben, mit Mandelstückchen dekorieren. Kalt im Kühlschrank aufbewahren.

13157. All-In-One Spaghetti, April 2021

- 10 g Öl erhitzen
- 85 g Zwiebel, gewürfelt
- 1 Knoblauchzehe, in Scheiben
- 185 g Aubergine in Halbscheiben
- 210 g Tomaten gewürfelt
- 85 g Vollkornspaghetti
- 200 g Wasser zugeben
- 1 gestr. TL Salz
- Prise Pfeffer
- Prise Zucker
- 2 TL Zitronensaft

Öl erhitzen. Zwiebel und Knoblauch darin anbraten, bis sie sich beige verfärben. Aubergine und Tomate mit kurz anbraten. Spaghetti in Stücke brechen, mit dem Wasser zugeben, 15 Min. kochen. Mit Salz, Pfeffer, Zucker und Zitronensaft abschmecken.

13158. Veganer Eierlikör ohne Soja II, April 2021

Vorläufer 13142

- 1 P Vanillepuddingpulver
- 450 g Hafermilch
- 130 g Rohrohrzucker
- 1 Päckchen Vanillearoma Finesse
- 200 g brauner Rum
- 30 g Cointreau
- 1 Prise Salz
- 7 g Guarkernmehl

Zucker im TM pulverisieren (10 Sek./Stufe 10). Pudding mit Hafermilch und 30 g Zucker 7 Min./90/2 und 1 Min./100/2 zubereiten. Den Pudding mit den restlichen Zutaten ohne das Guarkernmehl in den Thermomix geben und mixen (20 Sek./Stufe 8). Bei laufendem TM (Stufe 3) Guarkernmehl zugeben und nochmals 10 Sek./Stufe 8. Fertig. In saubere Schraubgläser oder Flaschen füllen und im Kühlschrank aufbewahren.

Hinweis: *Beim nächsten Mal nehme ich nur die halbe Menge Rum, so ist es mir zu stark.*

13159. Eierlikörkuchen-Dessert, April 2021

2 Portionen

- 35 g Eierlikörkuchen 13149
- 3 EL Eierlikör 13158
- 125 g Erdbeeren
- 35 g Fruchtaufstrich Erdbeere
- 20 g Agavendicksaft
- 55 g Skyr
- 2 g Guarkernmehl
- 2 Erdbeeren
- 1 TL Kakaonibs

Kuchen auf zwei Schüsseln, in Würfeln. Mit Eierlikör beträufeln. Erdbeeren, Fruchtaufstrich und Agavendicksaft pürieren (kleiner Mixer). Skyr untermixen, dann Guarkernmehl. Auf den Kuchen. Mit Kakaonibs bestreuen, Erdbeeren längs halbieren und versetzt auf die Oberfläche.

13160. Pizzateig Weizenvollkorn mit Feta, April 2021

2 Pizzen; Vorläufer 15/13098

Teig
- 235 g Weizenvollkornmehl
- 1 P Trockenhefe
- 1 TL Salz
- 3 knappe EL Sonnenblumenöl (20 g)
- 135 g Wasser
- Margarine für die Formen (je 5 g)

Tomatenbelag:
- 1 kleine Dose Tomaten stückig
- 1/2 TL Salz
- 1 Prise Pfeffer
- 1 Prise Rohrohrzucker
- 1 EL Ketchup

Käse:
- Ca. 200 g Feta
- 150 g geriebener Emmentaler

Teig im TM kneten (3 Min./Knetstufe). Abgedeckt ca. 4-5 Std. gehen lassen. Zwischendurch einmal durchkneten. Tomatenzutaten miteinander verrühren. *Reicht für 3 Pizzen (ich habe 1/3 tiefgekühlt).* Auf die Pizzen geben, Feta darüber verteilen. In den auf 235 °C (Heißluft) vorgeheizten Ofen einschieben. Den Emmentaler nach 7 Min. darauf verteilen, noch weitere 8 Min. (insgesamt 15 Min.) backen.

13161. Aprikosen-Eierlikörkuchen, April 2021

Teig
- 100 g Alsan Margarine
- 100 g Rohrohrzucker
- 1 P Vanillezucker
- 1 Prise Salz
- 2 Eier
- 125-135 g Eierlikör 13158
- 50 g Weizenmehl 1050
- 200 g Dinkelmehl 1050
- 1/2 P Weinsteinbackpulver

Belag
- 1 Glas Aprikosen, brutto 700 g (gesüßt mit Apfelsaft-konzentrat)
- 75 g Walnüsse, grob zerteilt
- 40 g Rohrohrzucker

Fett rühren. Nach und nach Zucker, Vanillezucker, Salz und Eier dazugeben und hineinrühren. Mehl mit Backpulver mischen und abwechselnd mit dem Eierlikör zu Fettmasse gebe. Den Teig rühren, bis er schwer reißend vom Löffel fällt. In eine mit Backpapier überspannte Springform (26 cm) füllen. Ofen (Heißluft) auf 165 °C vorheizen. Aprikosen, Walnüsse und 40 g Zucker auf den Teig legen und backen (45 Min. bei 165 °C); Stäbchenprobe.

13162. Türkisches Fladenbrot, April 2021

Angelehnt an Thermomix à la Turka, S. 140.
- 100 g Hafermilch
- 200 g Wasser
- 1 Eierlöffel Rohrohrzucker
- 100 g Weizenmehl 550
- 1 P Trockenhefe (9 g)
- 350 g Dinkelmehl 1050
- 15 g Sonnenblumenöl
- 2 gestr. TL Salz
- 15 g Sonnenblumenöl
- 2 EL Sesamsamen

Zutaten in den TM geben, kneten (3 Min./Knetstufe). In eine Pengdose geben, zu einer Kugel unter Spannung formen (Hände nass machen) und Deckel auflegen. 1 Std. gehen lassen. Zwei Fladen mit 15 cm Durchmesser formen bzw. auseinanderdrücken (würde ich demnächst größer machen). Auf ein mit Backpapier ausgelegtes Backblech legen. Ein paarmal mit dem Finger einpiksen. Die 15 g Sonnenblumenöl auf die Löcher verteilen, mit Sesam bestreuen (besser wäre es, erst mit Wasser einzusprühen, damit die Samen halten).

13163. Gemüsesuppe mit Nudeln, April 2021
- 300 g Suppengemüse (hier: 115 g Sellerie, 55 g Porree, 130 g Möhre), klein geschnitten
- 1 Knoblauchzehe
- 40 g Vollkornspiralnudeln
- 1 TL Salz
- 10 g Sonnenblumenöl
- 500 g Wasser
- 2 TL Zitronensaft
- 1-2 TL Sojasauce

Zerkleinertes Gemüse mit den Nudeln, Salz, Öl und Wasser 20 Min. kochen. Mit Zitrone und Sojasauce abschmecken.

13164. Jasminvollkornreis mit Currygemüse, April 2021

Reis:
- 85 g Jasminvollkornreis
- 175 g Wasser

Gemüse:
- 55 g Wasser
- 95 g Zucchini in Scheiben
- 65 g Möhren in Halbscheiben
- 60 g Sellerie in Würfeln

Soße:
- 2 TL Mehl Typ 550
- 75 g Hafermilch
- 1 gestr. TL Salz
- 1/4 TL Currypulver
- 1 TL Sambal

Reis in 175 g Wasser aufkochen, 40 Min. köcheln. Gemüsezutaten als Gemüsepfanne (20 cm; 15 Min.) dünsten. Restliche Zutaten vorsichtig verrühren, damit es nicht klumpt. Zum Gemüse geben und aufkochen.

13165. Marmorkuchen Deluxe, April 2021

Angelehnt an ein uraltes Dr. Oetker Rezept
- Grieß und
- Fett für die Form

Teig:
- 250 g Alsan-Biomargarine (oder Butter)
- 225 g Rohrohrzucker
- 1 P Vanillezucker
- 3 Eier
- 1 Prise Salz
- 200 g Weizenmehl Typ 1050
- 300 g Weizenmehl Typ 550
- 1 P Weinsteinbackpulver
- 230 g Eierlikör

Für den dunklen Teig:
- 65 g Schokolade 99 % (Vivani)
- 35 g Agavendicksaft
- 25 g Kakao (2 EL)
- 1 EL Rohrohrzucker
- 1 EL Eierlikör

Schokoglasur
- 80 g Schokolade 99 % (Vivani)
- 50 g Agavendicksaft

Gugelhupfform einfetten und mit Grieß ausstreuen. Fett rühren (20 Sek./Stufe 5). Zucker mischen, unterrühren (30 Sek./Stufe 5). Eier zugeben (10 Sck./Stufe 5). Mehle mit Backpulver mischen, mit dem Eierlikör zugeben und mischen (40 Sek./Stufe 5). Danach ist der Teig noch sehr wenig gemischt. Mit einem Spatel nachhelfen und evtl. nochmals 10 oder 20 Sek. mixen.

Gut die Hälfte des Teigs in die gefettete Form geben. Schokolade mit Agavendicksaft in einer Pfanne auf kleiner Einstellung (Induktion) schmelzen. Ofen (Heißluft) auf 165 °C vorheizen. Kakao, Zucker, Eierlikör und flüssige Schokolade in den TM geben und unterrühren (20 Sek./Stufe 5). Dunklen Teig auf den hellen geben, mit einer Gabel tief nach unten stechen und Spiralen ziehen. Form in den vorgeheizten Ofen geben und 50 Min. bei 165 °C backen. Ein nasses Küchentuch auf einen Gitterrost geben, Form aus dem Ofen nehmen und auf das Tuch stellen. Nach 10 Min. aus der Form stürzen. Abkühlen lassen und nach Wunsch mit Puderzucker bestäuben oder mit Schokoladenguss überziehen. Für den Guss Schokolade und Agavendicksaft im Wasserbad zusammen erhitzen.

Hinweis: *Ich finde hier ein Handrührgerät oder eine Küchenmaschine sinnvoller, auch wenn ich die Anleitung aus dem TM-Grundkochbuch übernommen habe.*

13166. Mischgemüse (zu Fladen), April 2021

- 20 g Öl
- 35 g Wasser
- 170 g Zucchini
- 80 g Porree
- 85 g Tomate
- 1 gestr. TL Salz
- 1 TL Zitrone
- 1/4 TL Sambal

Gemüse kleinschneiden, mit Öl und Wasser zum Kochen bringen und 15 Min. kochen. Abschmecken mit den restlichen Zutaten.

13167. Sambal Oelek Vitamix VI, April 2021

Vorläufer 15/12979; für den 2-Liter-Becher

- 650 g rote Peperoni, frisch
- 80 g Apfelessig
- 1 Knoblauchzehe (4 g)
- 15 g Salz
- 100 g Soft-Datteln
- 25 g Zitronensaft
- 140 g Sonnenblumenöl
- 2 g Guarkernmehl

Alle Zutaten außer dem Guarkernmehl in den Vitamix geben und pürieren. Während der Vitamix auf kleiner Einstellung läuft, Guarkernmehl zugeben und nochmals gut auf der höchsten Stufe mischen. In Schraubgefäße umfüllen und im Kühlschrank aufbewahren.

13168. Skyr-Pudding, April 2021

4 Portionen

- 355 g Aprikosensaft (aus einem Glas mit eingemachten Aprikosen)
- 1 P Vanillepuddingpulver
- 1 gestr. EL Rohrohrzucker
- 50 g Wasser
- 75 g Skyr
- 20 g Rosinen
- 15 g Cashewnüsse
- 2-4 Eierlöffel Erdbeerfruchtaufstrich

Aus Saft, Puddingpulver, Zucker und Wasser einen Pudding kochen. Nach dem Aufkochen ab und zu umrühren. In eine Kunststoffschüssel umfüllen, mit dem Schneebesen Skyr einarbeiten. Auf vier Schüsselchen verteilen. Mit Rosinen und Cashewnüssen bestreuen, in die Mitte je nach Geschmack etwas Fruchtaufstrich geben.

13169. Schokoladenpudding mit Luxus, April 2021

4-5 Portionen

- 1 P Puddingpulver Schokolade
- 25 g Rohrohrzucker
- 500 g Hafermilch
- 20 g + 10 g Schweizer Vollmilchschokolade bio
- 5 g gehackte Mandeln
- Nach Geschmack: etwas roter Fruchtaufstrich als Deko

Puddingpulver, Zucker und 6 EL der Milch mit einem Schneebesen verquirlen. Restmilch mit 20 g Schokolade aufkochen, Pulvermischung unterrühren und nochmals kurz aufkochen. 10 g Schokolade auf vier Schüsselchen verteilen. Pudding auf die Schokolade geben. Mit Mandelstücken und nach Wunsch mit Fruchtaufstrich dekorieren.

13170. Skyrdressing IV, April 2021

Vorläufer 13154

- 135 g Wasser von weißen Bohnen aus der Dose
- 365 g Wasser
- 420 g Skyr
- 40 g Mayonnaise vegan
- 70 g Ahornsirup
- 2 gestr. TL Salz (20 g)
- 1 Prise Pfeffer
- 1 Prise Currypulver
- 1 EL Zitronensaft
- 1 gestr. TL getr. Thymian
- 6 g Guarkernmehl (gerade 6 g)

Alle Zutaten bis auf das Guarkernmehl gut mixen. Guarkernmehl dann während des Rührens einrieseln lassen. Zu verdünnen 3+2 mit Wasser.

13171. Pizzateig mit Grieß, April 2021

2 Pizzen; Vorläufer 13160

- 235 g Weizenmehl 550
- 2 TL Vollkorngrieß
- 1 P Trockenhefe
- 1 TL Salz
- 3 knappe EL Sonnenblumenöl (20 g)
- 125 g Wasser
- Margarine für die Formen (je 5 g)

Im Thermomix kneten (3 Min./Knetstufe). Abgedeckt ca. 4-5 Std. gehen lassen. Zwischendurch einmal falten.

Falten, in zwei Teile teilen. Jede für sich zu Pizzagröße auseinanderdrücken/ausrollen. Belag darauf verteilen.

235 °C (Heißluft), vorgeheizt. Nach 7 Min. Käse drauf. Insgesamt ca. 15 Min.

13172. Skyr-Brot, April 2021

- 100 g Skyr
- 400 g Wasser
- 2 P Trockenhefe
- 200 g Weizenmehl 550
- 400 g Weizenmehl 1050
- 150 g Roggen-Vollkornmehl
- 14 g Salz (= 2 gestr. TL)
- 5 g gem. Brotgewürz (= 1 TL)

Skyr im Wasser lösen (TM 10 Sek./Stufe 3). Trockene Zutaten in einer Schüssel (3 Liter-Pengdose) mischen und in den Mixtopf geben. Kneten (3 Min./Knetstufe). Den Teig in

die Pengdose geben, kneten und eine Kugel unter Spannung formen. Deckel aufsetzen, in eine Plastiktüte geben und 45 Min. gehen lassen. Mit etwas Mehl kurz durchkneten, einen länglichen Laib formen, der noch unter die umgedrehte Schüssel passt. Mit etwas Mehl bestäuben, Schüssel drüber stülpen und 15 Min. gehen lassen. Ofen (Heißluft) auf 195 °C vorheizen, in dieser Zeit geht das Brot noch. Brot einsprühen, einschneiden und einschieben. 45-50 Min. bei 195 °C backen, mit Wasser einsprühen und auf einem Gitterrost abkühlen lassen.

13173. Haferbrei weich (Hafertag), April 2021

1 Portion am Hafertag

- 75 g normale Haferflocken
- 1 Apfel (75-125 g netto)
- 450 g Wasser

Apfel ohne Kerngehäuse in Würfel schneiden. Zutaten zusammen aufkochen, dann auf kleiner Flamme 10-15 Min, kochen. Abkühlen lassen und auf einen Teller geben.

Tipp: *Es spricht nichts dagegen, selbstgeflockten Hafer zu nehmen. Es wird dann einfach nicht so weich und „breiig".*

13174. Gemüse-Ajvar, April 2021

Vorläufer 14/11460

- 30-35 g Sonnenblumenöl
- 1 weiße Zwiebel (115 g)
- 2 große Knoblauchzehen (20 g)
- 185 g Möhren
- 90 g Sellerie
- 80 g Zucchini
- 55 g rote Spitzpaprika
- 35 g Datteln

In den Mixtopf geben und zerkleinern (4 Sek./Stufe 5).

- 150 g Wasser

zugeben und kochen (25 Min./105 °C/Linkslauf/Stufe 1; wenn es blubbernd kocht, auf 98°C stellen).

- 1 TL Salz
- 1 TL Paprika edelsüß
- 1 Prise schw. gem. Pfeffer
- 2 EL Peperoniessig 7/4573

zufügen und zerkleinern (7 Sek./Stufe 7). In ein größeres Schraubglas füllen und nach dem Abkühlen im Kühlschrank aufbewahren. Könnte für mich schärfer sein.

13175. Exotische Nudelpfanne, April 2021

- 10 g Sonnenblumenöl
- 1 Peperoni (8 g)
- 35 g Zwiebel und
- 1 Knoblauchzehe
- 15 g Kokosraspel
- 100 g Fenchel und
- 105 g Möhre
- 250 g Hafermilch
- 100 g Spiralnudeln, Vollkorn
- 50 g Rhabarber
- Salz
- 2 TL Sojasoße

Öl in einer 20-cm-Aluminiumpfanne erhitzen. Peperoni in Ringe schneiden und im heißen Öl anbraten, bis sie dunkler wird. Knoblauch zerkleinern und mit den Kokosraspeln in die Pfanne geben und erhitzen. Gemüse klein-schneiden und unter Rühren kurz miterhitzen. Milch zugeben. Zum Kochen bringen und 5 Min. kochen. Nudeln in die Pfanne geben. Wieder zum Kochen bringen, 15 Min. kochen. Rhabarber in Scheiben zugeben, weitere 5 Min. kochen. Abschmecken mit Salz und Sojasoße.

Hinweis: *Die Peperoni hat durch das Anbraten komplett ihre Schärfe verloren.*

13176. Fenchelteller à la Daniela, April 2021

- 20 g Sonnenblumenöl
- 2 große Knoblauchzehen, in Scheiben (11 g)
- 1 kleiner Apfel, gewürfelt (100 g)
- 1/2 Fenchel, klein geschnitten (150 g)
- 10 g Rosinen
- 60 g Hafermilch
- 1 gestr. TL Salz
- 1 Prise Pfeffer
- 1 TL Sambal Oelek
- 1 TL Sojasoße

Öl erhitzen, Gemüse, Apfel und Rosinen darin etwa 5 Min. anbraten. Milch und Gewürze zugeben und auf kleiner Einstellung 5 Min. kochen. Ich habe Brot dazu gegessen.

13177. Kokosrhabarberkuchen, April 2021

Springform 26 cm

- 1 Dose Kokosmilch (400 ml)
- 2 Eier
- 175 g Rohrohrzucker
- 1 TL Vanillekonzentrat
- 225 g Weizenmehl 1050
- 100 g Weizenmehl 550
- 1 P Weinsteinbackpulver
- 1 Prise Salz

Belag
- 300 g Rhabarber
- 1 Ei
- 100 g Rohrohrzucker
- 50 g Kokosraspel

Inhalt der Dose in eine kleine Kunststoffdose geben, durch-rühren und 1 Min. 440 Watt in der Mikrowelle erwärmen. 2 Eier mit dem Zucker schaumig rühren (Handrührgerät), Vanillekonzentrat unterrühren. Erwärmte (aber nicht heiße) Kokosmilch einarbeiten. Trockene Zutaten mischen und einrühren. Den Boden einer Springform mit Backpapier überspannen und den Teig darauf verteilen. Für den Belag den Rhabarber in Stücke schneiden und auf den Teig legen. Ei mit Zucker schaumig schlagen, Kokosraspeln unterrühren. So gut es geht auf dem Rhabarber verteilen. Form in den auf 165 °C (Heißluft) vorgewärmten Ofen schieben und 55 Min. backen.

13178. Rhabarber-Schichtdessert, April 2021

6 Portionen

Rhabarberschicht
- 240 g Rhabarber, in Scheiben
- 2 EL Rohrohrzucker (40 g)
- 130 g + 30 g Wasser
- 20 g Speisestärke

Vanillepuddingschicht
- 460 g Hafermilch
- 1 P Vanillepuddingpulver
- 2 EL Rohrohrzucker (40 g)
- 1 EL (20 g) Rosinen

Karamellisierte Pinienkerne
- 25 g Pinienkerne
- 10 g Agavendicksaft

In einer kleinen Keramikpfanne Rhabarberscheiben mit 1 EL Zucker und 130 g Wasser 8 Min. kochen/dünsten. 1 EL Zucker mit 20 g Speisestärke und 30 g Wasser verquirlen (Schneebesen), unter den heißen Rhabarber rühren und aufkochen. Auf sechs Schüsselchen verteilen (zwischen 3 und 4 EL je Schüsselchen). 400 g Hafermilch mit den Rosinen aufkochen. 60 g Milch mit Puddingpulver und Zucker verquirlen. Unter die heiße Milch rühren und aufkochen. Auf die Rhabarberspeise geben (je Schüsselchen 3 bis 3,5 EL).

Kerne und Agavendicksaft zusammen in einer kleinen Keramikpfanne erhitzen und immer wieder rühren, bis die Pinienkerne hellbraun sind. Auf die Puddingschicht in die Mitte setzen.

13179. Simit (Sesamkringel), April 2021

10 Stück; angelehnt an ein Rezept aus der TM-Rezeptwelt

- 100 g Wasser
- 100 g Hafermilch
- 100 g Sonnenblumenöl
- 2 P Trockenhefe
- 2 gestr. TL Salz
- 2 gestr. TL Rohrohrzucker
- 300 g Weizenmehl 550
- 200 g Weizenmehl 1050
- Wasser zum Eintauchen
- Sesamsamen zum Bestreuen

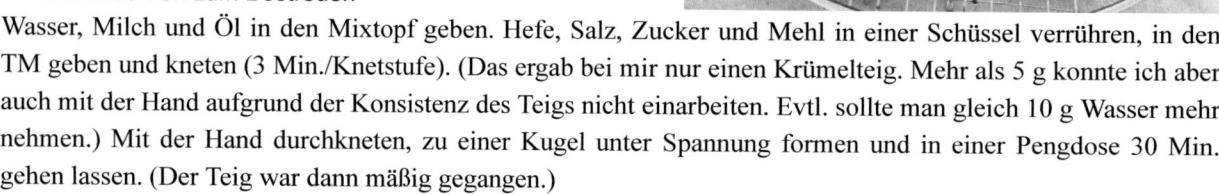

Wasser, Milch und Öl in den Mixtopf geben. Hefe, Salz, Zucker und Mehl in einer Schüssel verrühren, in den TM geben und kneten (3 Min./Knetstufe). (Das ergab bei mir nur einen Krümelteig. Mehr als 5 g konnte ich aber auch mit der Hand aufgrund der Konsistenz des Teigs nicht einarbeiten. Evtl. sollte man gleich 10 g Wasser mehr nehmen.) Mit der Hand durchkneten, zu einer Kugel unter Spannung formen und in einer Pengdose 30 Min. gehen lassen. (Der Teig war dann mäßig gegangen.)

Teig kurz durchkneten, zu einer größeren Wurst formen. In zehn Stücke teilen, abwiegen auf ca. 80 g. Die Teige zu rollen drehen, dabei die zehn Rollen nacheinander stückweise ausdehnen. Der Teig zieht sich zurück, deshalb lassen sich die Rollen von 40-50 cm Länge besser in mehreren Gängen kneten.

Wenn alle Teigstücke in gleichlange Rollen geformt sind, ein Handtuch, eine Schale mit Wasser, einen Wasser-sprüher und einen flachen Teller mit Sesamsamen bereitstellen.

Mit jeder Rolle wie folgt vorgehen: In der Mitte knicken, ergibt ein U. Die beiden Teigstränge miteinander ver-drehen, dann das Ende des Teigstrangs zur Öffnung oben führen, das ergibt einen Kranz. Ende des Teigstrangs fest in die Öffnung einkneten. Kringel auf die Hand legen und von beiden Seiten mit Wasser besprühen. Beide Seiten in den Sesam drücken und den Teigling auf ein mit Backpapier ausgelegtes Backblech legen. (Rechts und links je drei untereinander, in der Mitte vier). Locker mit einer größeren Plastiktüte bedecken und 30 Min. gehen lassen. Ofen auf 185 °C vorheizen und ca. 20-25 Min. backen, die Kringel sollen goldgelb sein.

Hinweis: Die echten Simits sind süßer. So schmecken sie lecker, haben eine schöne Konsistenz. Ein zweites Mal würde ich aber mehr Zucker nehmen und die Außenseite mit einer Agavendicksaft-Wassermischung einpinseln.

13180. Rote Soße für Pizza, April 2021

Sieben 2-er Portionen.

- 1 kleine Dose Tomaten mit Saft (400 ml)
- 20 g Wasser (zum Ausspülen der Dose)
- 1/2 TL Salz
- 1 Prise Pfeffer
- 10 g Süßungsmittel (hier: Agavendicksaft)
- 50 g Sonnenblumenöl
- 45 g Tomatenmark
- 1 nicht zu kleine Knoblauchzehe

Im Mixer verquirlen. 3 EL reichen für zwei Pizzen = 75 g.

13181. Konfitüre ohne Gelierzucker, April 2021

1 größeres Schraubglas (Nussmus); Herstellung im TM.

- 600 g Obst, davon mindestens 100 g Äpfel (zum Gelieren)
  Hier: 260 g Rhabarber, 155 g Birne, 105 g Apfel; Birne und Apfel ungeschält, aber entkernt)
- 30 g Zitronensaft
- 1 P Vanillezucker
- 300 g Rohrohrzucker

Obst grob vorschneiden und mit den anderen Zutaten im Thermomix zerkleinern (10 Sek./Stufe 6). Gärkörbchen als Spritzschutz aufsetzen und kochen (18 Min./Varoma/Stufe 1).

Nach Belieben noch 1 TL Johannisbrotkernmehl durch ein Sieb bei Stufe 3,5-4 einlaufen lassen.

Schon vorher vorbereiten: Das Schraubglas (oder mehrere kleine) auf ein Handtuch stellen und mit kochendem Wasser füllen, Deckel ebenfalls füllen. Wenn die Konfitüre fertig ist, Wasser ausgießen, Konfitüre einfüllen und Deckel festschrauben. Im Kühlschrank aufbewahren. Bei mir blieben 50 g übrig, die ich für andere Zwecke verwendet habe.

Hinweis: Mir ist die Konfitüre ein wenig zu süß, ansonsten ist das aber eine supereinfache Methode. Ich bin gespannt, wie lange sie sich hält.

13182. Skyr-Dessert, April 2021

- 70 g Skyr
- 25 g Hafermilch
- 10 g Haferflocken
- 30 g Konfitüre ohne Gelierzucker 13181
- Einige Kakaonibs und
- Eine kleine Menge Cashewnussbruch für die Deko

Skyr mit Hafermilch verrühren. Vorsicht, spritzt zu Beginn sehr! Haferflocken und Konfitüre unterrühren. In ein Glasschüsselchen geben und mit Kakaonibs und Nussbruch bestreuen.

13183. Erdbeerkonfitüre ohne Gelierzucker, April 2021

1 größeres Schraubglas (Nussmus); Herstellung im TM.

- 515 g Erdbeeren (netto)
- 125 g Äpfel (100 g zum Gelieren)
- 30 g Zitronensaft
- 1 P Vanillezucker
- 250 g Rohrohrzucker

Obst grob vorschneiden und mit den anderen Zutaten im Thermomix zerkleinern (6 Sek./Stufe 6) (eigentlich 10 Sek.). Gärkörbchen als Spritzschutz aufsetzen und kochen (18 Min./Varoma/Stufe 1).

Nach Belieben noch 1 TL Johannisbrotkernmehl durch ein Sieb bei Stufe 3,5-4 einlaufen lassen. Nochmals 1 Min./Varoma/Stufe 1 laufen lassen.

Schon vorher vorbereiten: siehe 13181.

13184. Scharfer Weißkohl, April 2021

Esse ich zu Brot.

- 20 g Sonnenblumenöl
- 10 g Knoblauch, in Scheiben
- 20 g Peperoni, in Scheiben
- 1 TL Zucker
- 140 g Weißkohl, klein geschnitten
- 50-75 g Wasser
- 1 Prise Salz
- 50 g Ajvar (bei mir: Gemüse-Ajvar 13174)

Öl erhitzen, Knoblauch und Peperoni kurz anbraten. Zucker unterrühren, bis es sich verfärbt. Weißkohl auch noch kurz mit anbraten, mit Wasser ablöschen. 20 Min. auf kleiner Einstellung kochen. Mit Salz und Ajvar abschmecken.

13185. Vollkornbrot mit gekauftem Mehl II, April 2021

Vorläufer 13152

Stufe 1 (12 Std. vorher):

Sauerteigansatz:

- 400 g Roggenvollkornmehl
- 410 g Wasser
- 150 g Sauerteig

Stufe 2 (bei mir Morgen):

- 100 g Roggenvollkornmehl
- 325 g Dinkelvollkornmehl
- 100 g Walnüsse
- 16 g Salz
- 340 g Wasser
- 1 P Trockenhefe
- ca. 800 g Sauerteigansatz
- 20 g Butter für die Form

Stufe 1: Roggen mit Wasser und altem Sauerteig mischen. In einer Plastiktüte über Nacht stehen lassen. 150 g von der Stufe 1 abnehmen und in einem gut schließenden Schraubglas in den Kühlschrank stellen für das nächste Backen.

Stufe 2: Hefe im Wasser auflösen. Zutaten (außer der Butter) mit einem großen Löffel gründlich verrühren, bis kein Mehl mehr sichtbar ist. Eine 30-cm-Brotform, Profi-Email von Dr. Oetker, gut einfetten. Teig hineingeben, mit der nassen Hand herunterdrücken und glattstreichen. Mit einem scharfen Messer mehrmals schräg einschneiden. Form im kalten Ofen etwa 95 Min. gehen lassen. Ofen auf 195 °C aufheizen, das Brot ist dabei im Ofen. Backzeit 60 Min., im ausgestellten Ofen 5 Min. nachbacken.

13186. Skyrdressing V, April 2021

Vorläufer 13170

- 540 g Wasser
- 450 g Skyr
- 35 g Mayonnaise vegan
- 70 g Ahornsirup
- 2 gestr. TL Salz (20 g)
- 1 Prise Pfeffer
- 1 Prise Currypulver
- 1 EL Zitronensaft
- 5 g Senf
- 1/2 gestr. TL getr. Thymian
- 6 g Guarkernmehl

Das ist der Vitamixdeckel von innen.

Alle Zutaten bis auf das Guarkernmehl gut mixen. Guarkernmehl dann während des Rührens einrieseln lassen. Zu verdünnen 3+2 mit Wasser.

13187. Mangokonfitüre, April 2021

Vorlage 13181; 2 Honiggläser; Herstellung im TM.

- 565 g Mango (noch nicht reif)
- 1 Apfel (110 g ohne Kerngehäuse)
- 30 g Zitronensaft
- 5 g Vanillezucker
- 275 g Mischung aus Vollrohr- und Rohrohrzucker

Obst grob vorschneiden und mit den anderen Zutaten im Thermomix zerkleinern (10 Sek./Stufe 6). Gärkörbchen als Spritzschutz aufsetzen und kochen (19 Min. 30 Sek./Varoma/Stufe 1). Nach Belieben noch 1 TL Johannisbrotkernmehl durch ein Sieb bei Stufe 3,5-4 einlaufen lassen.

Schon vorher vorbereiten: Schraubgläser auf ein Handtuch stellen und mit kochendem Wasser füllen, Deckel ebenfalls füllen. Wenn die Konfitüre fertig ist, Wasser ausgießen, Konfitüre einfüllen und Deckel festschrauben.

13188. Spaghetti mit Peperonichamps, April 2021

- 10 g Sonnenblumenöl
- 1 Peperoni (16 g), in Scheiben und
- 1 Knoblauchzehe (5 g), in Scheiben
- 245 g Champignons in Scheiben
- 105 g Hafermilch
- 145 g Wasser und
- 100 g Spaghetti, in Stücke gebrochen
- 1 TL Sojasoße
- 1-2 Prisen Salz
- Einige Spitzer Agavendicksaft

Peperoni und Knoblauch im Öl erhitzen. Pilze zugeben und kurz mitanbraten. Ablöschen mit den Flüssigkeiten und die Nudeln zugeben. 15 Min. kochen und abschmecken mit Soja, Salz und Süßmittel.

13189. Tomatenketchup mit Nussmus III, April 2021

Vorläufer 13132; 2-3 größere Schraubgläser

- 2 Dosen Tomaten inklusive Saft (800 g)
- 150 g Apfelessig
- 100 g Wasser
- 150 g Sultaninen
- 9 g Knoblauchzehen (frisch)
- 1 EL Mischmus 4 Nuss (50 g)
- 1 geh. TL Salz
- 130 g Gemüsezwiebeln, halbiert
- 1 Apfel 150 g
- 1/2 kleine rote Paprika (80 g)
- 1 Stück Essigpeperoni 7/4573 (6 g)
- 1 Prise (1/4 TL) Pfeffer
- 2 geh. TL Paprikapulver
- 1/2 TL Curry
- 1 TL (5 g) Sojasoße
- 30 g Tomatenmark
- 250 g Wasser

Alle Zutaten bis auf die zweite Menge Wasser in den TM-Mixtopf geben. Zerkleinern (25 Sek./Stufe 10), dabei den Messbecher fest andrücken, anschließend garen (40 Min./Varoma/Stufe 3). Nach Ende der Garzeit Rest Wasser zugeben und fein pürieren (30 Sek./Stufe 10). Direkt in Schraubgläser füllen.

13190. Skyr-Überraschungspudding, April 2021

6 Portionen

- Etwa 100 g Konfitüre (hier: Konfitüre ohne Gelierzucker)
- 1 P Vanillepuddingpulver
- 460 g Hafermilch
- 40 g Rohrrohr-Vollrohrzuckermischung
- 1 EL gehackte Mandeln
- 125 g Skier
- Rosinen und Sonnenblumenkerne für die Deko

Sechs Glasschüsselchen bereitstellen. In jede Schüssel 1 TL Konfitüre geben. Puddingpulver mit Zucker und 60 g Hafermilch (allmählich zugeben) mit einem Schneebesen glatt rühren. Restmilch aufkochen, angerührte Mischung einrühren und aufkochen. Ein wenig abkühlen lassen, dabei ab und zu umrühren. Mandeln unterrühren und Skier mit dem Schneebesen unterrühren, bis der Pudding ganz glatt ist. Auf die sechs Schüsselchen verteilen und mit Rosinen und Sonnenblumenkernen dekorieren.

13191. Zwiebel-Relish XXIV, April 2021

Vorläufer 13133; 2 Nussmusgläser

- 665 g Zwiebeln
- 1 Apfel (240 g, ohne Kerne)
- 2 Knoblauchzehen (frisch; 8 g)
- 250 g Rosinen
- 70 g Tomatenketchup
- 1 geh. TL Salz
- 1 geh. MS gem. Nelken
- 1 geh. MS Zimt
- 1 TL Paprikapulver edelsüß
- 1 geh. MS gem. Kreuzkümmel
- 1 gestr. TL Curry
- 1 TL getr. Thymian, zwischen den Händen verrieben
- 10 g Sojasoße
- 155 g Apfelessig
- 125 g Wasser

Herstellung im Thermomix. Zwiebeln, Apfel, Rosinen und Knoblauch zerkleinern (10 Sek./Stufe 5,5). Nach unten schieben und die restlichen Zutaten zugeben. 55 Min./105 °C/Linkslauf/Stufe 1 ohne Messbecher garen. Sobald es kocht, wenn nötig Garkörbchen als Spritzschutz aufsetzen.

Relish in zwei leere Schraubgläser füllen. Sofort verschließen und abgekühlt im Kühlschrank aufbewahren.

Hinweis: Zum ersten Mal waren größere Zwiebelstücke vorhanden. Also habe ich nochmals 5 Sek./Stufe 6 zerhackt. Eric gefällt das sehr gut.

13192. Apfel-Marzipankuchen, Mai 2021

24-cm-Springform; nach einem Rezept auf einer Packung Köllns Kernige Flocken.

Teig
- 130 g Dinkelmehl 1050
- 70 g Kernflocken
- 1 P Weinsteinbackpulver
- 100 g gemahlene Haselnüsse
- 150 g Rohrohr- und Vollrohrzuckermischung
- 100 g Sonnenblumenöl
- 200 g Hafermilch

Belag
- 250 g Honigmarzipan
- 300 g Äpfel, geviertelt, ohne Kerngehäuse (aber ungeschält)
- 1 EL Zitronensaft

Streusel
- 80 g Dinkelmehl 1050
- 40 g Kernflocken
- 1 Prise Zimt
- 50 g Rohrohrzucker
- 40 g Sonnenblumenöl

Die Teigzutaten mit dem Handrührgerät (Rührbesen) gründlich verrühren. Eine 24-cm-Springform mit Backpapier überspannen und Teig hineingeben.

Marzipan in 3-4 mm dicke Streifen schneiden und auf dem Teig verteilen, ich habe kreisförmig begonnen. Daher habe ich zum Ende rechteckige Streifen diagonal halbiert und die Lücken ausgefüllt.

Äpfel mit Zitronensaft zerkleinern/raffeln (bei mir: Thermomix 5 Sek./Stufe 5). Auf dem Marzipan verteilen und glattstreichen.

Mit dem Handrührgerät (Knethaken) vermischen, bis sich Streusel bilden, aber auch alle trockenen Zutaten erfasst sind. Die Streusel sind dann recht ungleichmäßig. Auf den Äpfeln so verteilen, dass die Fläche gleichmäßig bedeckt ist. Ofen auf 165 °C (Heißluft) vorheizen. Form einschieben und 55 Min. backen.

Hinweis: Für eine 26-cm-Form bei den Streuselzutaten 50 % mehr. Der Rest reicht auch für 26 cm.

13193. Heidelbeerkonfitüre, Mai 2021

Vorläufer 13187; 2 Honiggläser; Herstellung im TM.

- 625 g Heidelbeeren
- 30 g Zitronensaft
- 275 g Mischung aus Vollrohr- und Rohrohrzucker
- 1 x Dr. Oetker Vanillearoma „Finesse"

Obst grob vorschneiden und mit den anderen Zutaten im TM zerkleinern (10 Sek./Stufe 6). Gärkörbchen als Spritzschutz aufsetzen und kochen (19 Min. 30 Sek./Varoma/Stufe 1).

Schon vorher vorbereiten: Schraubgläser auf ein Handtuch stellen und mit kochendem Wasser füllen, Deckel ebenfalls füllen. Wenn die Konfitüre fertig ist, Wasser ausgießen, Konfitüre einfüllen und Deckel festschrauben.

Tippen: Nach Belieben noch 1 TL Johannisbrotkernmehl durch ein Sieb bei Stufe 3,5-4 einlaufen lassen. Habe ich nicht gemacht, wäre wohl besser.

13194. Orangenmarmelade, Mai 2021

Vorläufer 13193; 2 Honiggläser; TM und Vitamix

- Abrieb von einer größeren Bio-Orange (ca. 20 g)
- 650 g geschälte Bio-Orangen, ohne den weißen Teil innen, aber sonst nicht weiter „gehäutet"
- 1 EL Cointreau
- 105 g Apfel
- 300 g Mischung aus Vollrohr- und Rohrohrzucker
- 30 g Zitronensaft

Obst grob vorschneiden und im Vitamix pürieren. Mit den restlichen Zutaten in den Thermomix geben, Gärkörbchen als Spritzschutz aufsetzen und kochen (19 Min. 30 Sek./Varoma/ Stufe 1). Sobald es überkocht (ich hab's leider nicht direkt bemerkt), Temperatur runterdrehen, bis es gerade noch kocht (bei mir: 98 °C).

Nach Belieben noch 1 TL Johannisbrotkernmehl durch ein Sieb bei Stufe 3,5-4 einlaufen lassen.

Schon vorher vorbereiten: Schraubgläser auf ein Handtuch stellen und mit kochendem Wasser füllen, Deckel ebenfalls füllen. Wenn die Konfitüre fertig ist, Wasser ausgießen, Konfitüre einfüllen und Deckel festschrauben.

13195. Skyrdressing VI, Mai 2021

Vorläufer 13186; Vitamix 2-Literbecher

- 550 g Wasser (davon 130 g Kichererbsenwasser)
- 485 g Skyr
- 30 g Mayonnaise vegan
- 70 g Ahornsirup
- 2 TL Salz (23 g)
- 1 Prise Pfeffer
- 1 Prise Currypulver
- 1 EL Zitronensaft
- 1/2 gestr. TL getr. Thymian
- knapp 7 g Guarkernmehl

Alle Zutaten bis auf das Guarkernmehl gut mixen. Guarkernmehl dann während des Rührens einrieseln lassen. Zu verdünnen 3+2 mit Wasser.

13196. Scharfer Linseneintopf, Mai 2021

8 Std. Einweichzeit

- 100 g Tellerlinsen
- 250 g Wasser
- 185 g Weißkohl, kleingeschnitten
- 1 Peperoni (5 g), in Scheiben
- 10 g Knoblauch, in dünnen Scheiben
- 80 g Möhre, in Scheiben
- 50 g Wasser

Abschmecken mit:

- 1 gestr. TL Salz
- 1 Prise Rohrohrzucker
- 30 g Hafersahne
- 1 EL Peperoni- oder Apfelessig
- 1 TL Sambal Oelek
- 1 TL Sonnenblumenöl

Linsen um 8 Uhr mit 250 g Wasser in einem kleinen Topf einweichen, wenn um 16.15 Uhr mit dem Kochen angefangen werden soll. Gemüse und Wasser zu den Linsen geben, aufkochen und 35 Min. kochen (Hitze allmählich herunterdrehen, es soll kochen, aber natürlich nicht überkochen. Mit den restlichen Zutaten abschmecken.

13197. Kiwikonfitüre, Mai 2021

Vorläufer 13187; 2 Honiggläser

- 525 g Kiwi
- 105 g Apfel
- 30 g Zitronensaft
- 300 g Mischung aus Vollrohr- und Rohrohrzucker
- 1 x Dr. Oetker Vanillearoma „Finesse"
- 1 TL Johannisbrotkernmehl

Obst grob vorschneiden und mit den anderen Zutaten bis auf das Johannisbrotkernmehl im Thermomix zerkleinern (10 Sek./Stufe 6). Gärkörbchen als Spritzschutz aufsetzen und kochen (18 Min./Varoma/Stufe 1).

Johannisbrotkernmehl durch ein Sieb bei Stufe 3,5-4 einlaufen lassen.

Schon vorher vorbereiten: Schraubgläser auf ein Handtuch stellen und mit kochendem Wasser füllen, Deckel ebenfalls füllen. Wenn die Konfitüre fertig ist, Wasser ausgießen, Konfitüre einfüllen und Deckel festschrauben.

13198. Heidelbeer-Skyrmuffins, Mai 2021

14 Stück; angelehnt an ein Rezept aus der Rezeptwelt: Heidelbeer-Joghurt-Muffins.

- 200 g Dinkelmehl 1050
- 2 TL Weinsteinbackpulver
- 1 TL abgeriebenen Zitronenschale
- 125 g Rohrohrzucker
- 125 g Alsan Margarine
- 1 P Finesse Vanillearoma
- 1 Ei
- 160 g Skyr
- 60 g Hafermilch
- 250 g Heidelbeeren

Mehl mit Backpulver und Zitronenschale mischen.

Zucker im Thermomix pulverisieren (10 Sek./Stufe 10). Margarine hinzufügen und erwärmen (1,5 Min./37°C/Stufe 2). Ei zufügen und cremig schlagen (2 Min./Stufe 3).

Joghurt und Milch unterrühren (1 Min./Stufe 3). Mehlmischung zufügen und unterrühren (1 Min./Stufe 3). Heidelbeeren mit einem Teigspatel unter den Teig ziehen.

Zwei 6-er Muffinformen mit Papierförmchen auslegen und mit zwei Einzelförmchen auf ein Backblech geben. Mit je 1 geh. EL Teig füllen. In den auf 165 °C vorgeheizten Ofen (Heißluft) schieben und 30 Min. backen. 3 Min. im ausgeschalteten Ofen nachbacken. Meine Stäbchenprobe ergab keinerlei Teigreste. Die Muffins sind dennoch leider zusammengesunken, vielleicht wären 30 Min. Backzeit besser gewesen.

13199. Schoko-Skyrdessert, Mai 2021
2 Portionen

- 100 g Skyr
- 20 + 15 g Agavendicksaft
- 25 g + 1-3 EL Milch
- 22 g Lindtschokolade 99 %
- 3 TL geh. Mandeln
- 2 TL Erdbeerkonfitüre (selbstgemacht)

Skyr, 20 g Agavendicksaft und 25 g Milch mit einem Schneebesen verrühren. Schokolade mit 15 g Agavendicksaft und 1 EL Milch in einer kleinen Pfanne schmelzen. Skyrmasse auf zwei Schüsselchen verteilen, mit Schokolade abdecken. Mit einer Gabel in der Mitte eine Spirale ziehen. In die Mitte jeweils 1 TL Erdbeerkonfitüre geben, Mandeln am Rand entlang streuen.

13200. Schokopudding Deluxe, Mai 2021
4 Portionen

- 1 P Schokoladenpuddingpulver
- 500 g Hafermilch
- 50 g Rohrohrzucker
- 30 g Schokolade 99 %
- 15 g geh. Mandeln
- 4 TL Erdbeerkonfitüre
- 2 Erdbeeren
- Einige Mandelsplitter

Puddingpulver mit 60 g Milch und Zucker mit dem Schneebesen glattrühren. Milch mit den gehackten Mandeln und der grob zerkleinerten Schokolade erhitzen. Sobald sie kocht, Puddingpulvermischung einrühren und unter Rühren aufkochen lassen. Abkühlen lassen, ab und an umrühren. Je 1 TL Konfitüre auf vier Schüsselchen verteilen. Den Pudding, sobald er lauwarm ist, löffelweise auf die Konfitüre geben. Die Erdbeeren längst halbieren, je eine Hälfte auf den Pudding legen und Mandelsplitter anlegen.

13201. Kiwi-Mangokonfitüre, Mai 2021
Vorläufer 13187; 2 Honiggläser

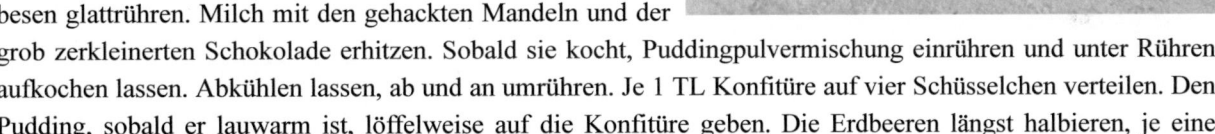

- 160 g Kiwi (3 Stück)
- 395 g Mango (2 Stück)
- 130 g Apfel (1 Stück)
- 30 g Zitronensaft
- 300 g Mischung Rohrohrzucker
- 1 TL Johannisbrotkernmehl

Obst grob vorschneiden und mit den anderen Zutaten bis auf das Johannisbrotkernmehl im Thermomix zerkleinern (10 Sek./Stufe 6). Gärkörbchen als Spritzschutz aufsetzen und kochen (18 Min./Varoma/Stufe 1). Johannisbrotkernmehl durch ein Sieb bei Stufe 3,5-4 einlaufen lassen. Weiter wie im Vorläufer beschrieben.

13202. Brombeerkonfitüre, Mai 2021

Vorläufer 13187; 2 Honiggläser

- 530 g Brombeeren
- 110 g Apfel (1 Stück)
- 30 g Zitronensaft
- 300 g Mischung Rohrohrzucker braun/Vollrohrzucker
- 1 x Dr. Oetker Vanillearoma „Finesse"

Beeren mit den anderen Zutaten im Thermomix zerkleinern (10 Sek./Stufe 6). Gärkörbchen als eine Art Spritzschutz aufsetzen und kochen (18 Min./Varoma/ Stufe 1).

Schon vorher vorbereiten: Schraubgläser auf ein Handtuch stellen und mit kochendem Wasser füllen, Deckel ebenfalls füllen. Wenn die Konfitüre fertig ist, Wasser ausgießen, Konfitüre einfüllen und Deckel festschrauben.

13203. Ananastorte plus, Mai 2021

26-cm-Springform

- 300 g Ananasfruchtfleisch
- 150 g Alsan Margarine
- 150 g Rohrohrzucker
- 1 Prise Salz
- 1 x Vanillearoma (Finesse von Oetker)
- 3 Eier
- 300 g Weizenmehl Typ 1050
- 2 TL Backpulver
- 55 g Ananassaft
- Etwas Hafermilch, bei mir ca. 65 g

Guss:
- 100 g Haselnüsse
- 50 g Weizenmehl Typ 1050
- 100 g Rohrohrzucker
- 1 Ei
- 2 TL Kakao (12 g)
- 2 EL Cointreau
- Hafermilch

Überzug
- 100 g Puderzucker
- 2 EL Ananasgomfi 13204
- 1-2 EL Wasser

Ananas kleine Stücke schneiden (im Thermomix vorsichtig sein, wird leicht zu Brei, 2 x 4 Sek./Stufe 3 z. B. versuchen). Auf einem Sieb abtropfen lassen, Saft auffangen. Teigzutaten nach und nach mit dem Handrührgerät (Rührbesen) verrühren. Wenn der Teig zu fest ist, den aufgefangenen Saft und/oder etwas Hafermilch unterrühren. Der Teig soll schwerreißend vom Rührbesen fallen. Auf kleiner Stufe die Ananasstücke unterziehen.

Eine Springform mit Backpapier überspannen und den Teig hineingeben (jetzt den Ofen (Heißluft) auf 165 °C vorheizen). Gusszutaten miteinander verquirlen. Der Teig sollte „fließen". Also evtl. noch etwas Hafermilch esslöffelweise zufügen. Auf dem Teig verteilen und in den vorgeheizten Ofen schieben. Gebacken habe ich letztendlich 55 Min. und 5 Min. im ausgeschalteten Ofen nachgebacken. Die Zutaten für den Überzug miteinander verrühren und auf den erkalteten Kuchen geben.

Tipp: Ich empfehle, ab 45 Min. mit einem Stäbchen die Garprobe zu machen.

13204. Ananasgomfi, Mai 2021

Vorlage 13202; Gomfi ist Schwitzerdütsch für Marmelade.

- 600 g Ananas
- 150 g Apfel (1 Stück)
- 30 g Zitronensaft
- 250 g Rohrohrzucker
- 1 EL Cointreau
- 1 TL Johannisbrotkernmehl

Obst mit den anderen Zutaten (ohne Johannisbrotkernmehl) im Thermomix zerkleinern (10 Sek./Stufe 6). Gärkörbchen als Spritzschutz aufsetzen und kochen (18 Min./Varoma/Stufe 1). Bei mir waren noch größere Apfelstücke vorhanden. Deshalb habe ich nach Zugabe des Johannisbrotkernmehls nochmals ca. 6 Sek./Stufe 7 püriert.

Schon vorher vorbereiten: Schraubgläser auf ein Handtuch stellen und mit kochendem Wasser füllen, Deckel ebenfalls füllen. Wenn die Konfitüre fertig ist, Wasser ausgießen, Konfitüre einfüllen und Deckel festschrauben.

13205. Risi-Bisi, Mai 2021

- 100 g (weißer) Reis
- 1 Knoblauchzehe (5 g) in Scheiben
- 1 Zwiebel (70 g), gewürfelt
- 1 Tomate (95 g), gewürfelt
- 200 g Wasser
- 140 g Erbsen aus der Dose
- Salz
- Pfeffer
- 20 g Tomaten-Paprikamark

Reis mit frischem Gemüse und Wasser 20 Min. kochen. Erbsen unterziehen und mit Salz, Pfeffer und Mark abschmecken.

13206. Grapefruitkonfitüre, Mai 2021

Vorläufer 13202; 2 Honiggläser

- 1 Bio-Grapefruit (265 g brutto)
- 1 normale Grapefruit (260 g netto)
- 165 g Apfel (1 Stück)
- 35 g Zitronensaft
- 285 g Rohrohrzucker
- 1 TL Johannisbrotkernmehl

Bio-Grapefruit ungeschält, die andere Grapefruit geschält im Vitamix pürieren. Mit den anderen Zutaten im Thermomix zerkleinern (10 Sek./Stufe 6). Gärkörbchen als Spritzschutz aufsetzen und kochen (18 Min./Varoma/Stufe 1; wenn es zu stark kocht, Varoma auf 105 °C herunterstellen.). Johannisbrotkernmehl zugeben und einige Sek. auf Stufe 5 mischen.

Schon vorher vorbereiten: Schraubgläser auf ein Handtuch stellen und mit kochendem Wasser füllen, Deckel ebenfalls füllen. Wenn die Konfitüre fertig ist, Wasser ausgießen, Konfitüre einfüllen und Deckel festschrauben.

13207. Saurer Gemüsereis, Mai 2021

- 70 g weißer Reis
- 180 g Tomaten, in Stücken
- 80 g gelbe Paprika, gewürfelt
- 2 Aprikosen, gewürfelt
- 120 g Zwiebel, gewürfelt
- 150 g Wasser

Zum Abschmecken:
- Salz
- 1/2 TL Sambal Oelek

Alle Zutaten in einen kleinen Topf geben. Aufkochen und 20 Min. auf kleiner Einstellung kochen. Dann abschmecken.

13208. Kerniges Haferbrot, Mai 2021

Angelehnt an ein Rezept auf der Rückseite einer Packung Kölln Kernige

- 500 g Hafermilch
- 110 g Dinkelmehl Typ 1050
- 640 g Weizenmehl Typ 1050
- 2 P Trockenhefe
- 250 g Kernige Haferflocken
- 20 g Salz
- 50 g Wasser
- 3 EL Haferflocken
- Wasser zum Besprühen.

Hafermilch lauwarm verwenden, evtl. erhitzen (Thermomix: 2 Min./Stufe 1).

Mehle mischen und 250 g zur Seite stellen. Trockenhefe unter das restliche Mehl rühren und mit der warmen Milch kneten (2 Min./Knetstufe). Restmehl obenauf schütten, Haferflocken und Salz am Rand verteilen. Thermomix schließen inkl. Deckelverschluss und 30 Min. gehen lassen. Nach 15 Min. bereits quoll der Teig aus dem Thermomix, ich habe dann eine passende Pengschüssel umgekehrt auf den Deckel gesetzt und zu Ende gehen lassen.

Alle Zutaten vermischen. Ich habe dafür alles in eine große Schüssel überführt (soweit das ging) und versucht, mit einem Handrührgerät - Knethaken zu kneten. Funktionierte auch nicht, daher habe ich schließlich mit der Hand geknetet und festgestellt, dass der Teig viel zu fest ist. Noch 50 g Wasser eingeknetet. Der Teigling wog dann knapp 1500 g, ich habe das auf zwei Brote verteilt. Brote jeweils in 1-2 EL Haferflocken wälzen und einsprühen. Ich habe auch versucht, ein Brot erst einzusprühen und dann in den Flocken zu wälzen, aber erstaunlicherweise war das Ergebnis nicht so gut.

Die beiden Brote auf ein mit Backpapier ausgelegtes Backblech legen und locker abgedeckt (mit einer großen Plastiktüte) 30 Min. gehen lassen. Nach 15 Min. den Ofen (Heißluft) auf 235 °C vorheizen. Da jeder Ofen anders ist, kann natürlich auch die Zeit bis zum Einschieben kürzer oder länger sein. Aber man kennt seinen Ofen ja. Auf den Boden des Ofens eine ofenfeste Form mit Wasser stellen.

Brote einschieben und 30 Min. bei 235 °C backen.

Tipp: Ich habe den Fehler gemacht, alles im TM zu verarbeiten. Ich hätte besser mal die Zutaten zusammengezählt. Besser ist eine Knetmaschine.

13209. Pizzateig 1050, Mai 2021

2 Pizzen; Vorläufer 13171

- 235 g Weizenmehl 1050
- 2 Eierlöffel Vollkorngrieß
- 1 P Trockenhefe
- 1 TL Salz
- 3 EL Sonnenblumenöl (25 g)
- 125 g Wasser + 2 TL
- Margarine für die Formen (je 5 g)

Im TM kneten (3 Min./Knetstufe). Abgedeckt ca. 4-5 Std. gehen lassen. Zwischendurch nicht falten. (Vergessen, wäre aber besser.) Falten, in zwei Teile teilen. Jede für sich zu Pizzagröße auseinanderdrücken/ausrollen.

235 °C (Heißluft), vorgeheizt. Nach 9 Min. Käse drauf. Insgesamt ca. 15 Min.

13210. Nussecken, Mai 2021

Nach einem Rezept der Firma Kölln.

Teig

- 130 g Alsan Margarine
- 130 g Vollrohrzucker
- 1 P Vanillearoma „Finesse"

- 2 Eier
- 200 g Weizenmehl Typ 1050
- 100 g „Blütenzarte Köllnflocken"
- 1 TL (5 g) Backpulver

Belag
- 4 EL Konfitüre
- 250 g Butter
- 100 g Zucker
- 1/2 TL gem. Vanille
- 4 EL Wasser
- 200 g gehackte Haselnüsse
- 50 g gem. Haselnüsse
- 100 g Kernflocken

Guss
- 120 g Schokolade 99 % (Vivani)
- 65 g Agavendicksaft
- 1 Eierlöffel Sonnenblumenöl

Zutaten in eine Rührschüssel geben und mit den Knethaken des Handrührgeräts verkneten. Dann soll der Teig in Plastikfolie eingeschlagen werden und im Kühlschrank 30 Min. ruhen, um ihn dann auf Backpapier auszurollen. *Der Teig war bei mir immer noch weich, ich hätte ihn besser vor der Kühlschrankbehandlung gleich auf das Backpapier gestrichen. So war das eine ziemlich Drecksarbeit.* Konfitüre auf dem Teig verstreichen. Butter auf nicht zu großer Einstellung zerlassen. Zucker, Vanille und Wasser zugeben und aufkochen. Nüsse und Kernflocken unterrühren. Auf dem Teig verteilen. (Viel zu viel Butter!) Ofen (Heißluft) auf 165 °C vorheizen und ca. 40 Min. backen (die Oberfläche sollte sich verfärbt haben). Für den Guss die Zutaten im Wasserbad erhitzen.

13211. Skyrdressing VII, Mai 2021
Vorläufer 13195; Vitamix 2-Literbecher
- 575 g Wasser (davon 155 g Kichererbsenwasser)
- 500 g Skyr
- 25 g Mayonnaise vegan
- 80 g Ahornsirup
- 2 TL Salz (25 g)
- 1 Prise Pfeffer
- 1 Prise Currypulver
- 1 EL Zitronensaft
- 1/2 gestr. TL getr. Thymian
- 7 g Guarkernmehl

Alle Zutaten bis auf das Guarkernmehl gut mixen. Guarkernmehl dann während des Rührens einrieseln lassen. Zu verdünnen 3+2 mit Wasser.

13212. Limettenkonfitüre, Mai 2021
Vorläufer 13210; 2 Honiggläser
- 515 g Limettenfleisch (= 11 Limetten)
- 110 g Apfel (1 Stück)
- 285 g Rohrohrzucker
- 1 TL gem. Zitronenschale
- 1 gestr. TL Johannisbrotkernmehl

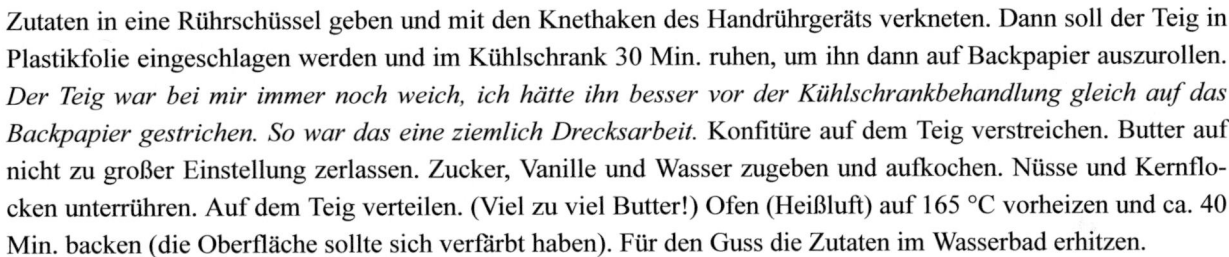

Limetten mit einem Kartoffelmesser oder Obstmesser schälen, vom „Strunk" wegschneiden. Im Vitamix pürieren. In den Thermomix umfüllen. Apfelstücke, Zucker und Zitronenschale hinzugeben und zerkleinern (10 Sek./Stufe 6). Gärkörbchen als Spritzschutz aufsetzen und kochen (17 Min./Varoma/Stufe 1; wenn es zu stark kocht, Varoma auf 115 °C herunterstellen.). Johannisbrotkernmehl zugeben und einige Sek. auf Stufe 5 mischen. Gläser etc. siehe 13210.

13213. Melonenkonfitüre, Mai 2021

Vorläufer 13206; 2 Honiggläser

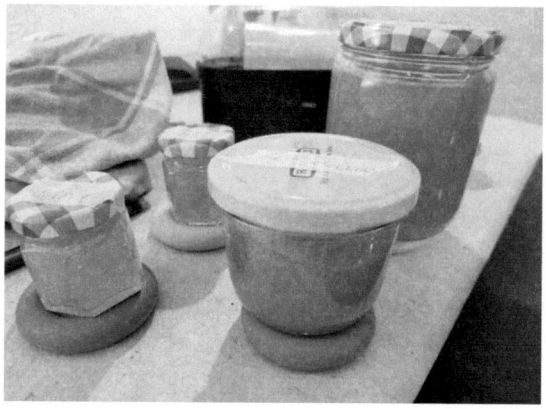

- 570 g Fleisch einer Honigmelone
- 115 g Apfel (1 Stück)
- 45 g Zitronensaft (mehr für Aroma)
- 250 g Rohrohrzucker
- 1 EL Cointreau
- 1 TL Johannisbrotkernmehl

Obst mit Zitronensaft und Zucker im Thermomix zerkleinern (10 Sek./Stufe 6). Gärkörbchen als Spritzschutz aufsetzen und kochen (18 Min./Varoma/Stufe 1; wenn es zu stark kocht, Varoma auf 105 °C herunterstellen.). Cointreau und Johannisbrotkernmehl zugeben und einige Sek. auf Stufe 5 mischen.

Schon vorher vorbereiten: Schraubgläser auf ein Handtuch stellen und mit kochendem Wasser füllen, Deckel ebenfalls füllen. Wenn die Konfitüre fertig ist, Wasser ausgießen, Konfitüre einfüllen und Deckel festschrauben.

13214. Aprikosenmarmelade, Mai 2021

Vorläufer 13212

- 590 g Aprikosen
- 17 g Limettensaft (von 1 Limette)
- 30 g Zitronensaft
- 125 g Apfel ohne Kerne (1 Stück)
- 220 g Rohrohrzucker
- 30 g Vollrohrzucker
- 1 x Vanillearoma (Finesse)
- 1 gestr. TL Johannisbrotkernmehl
- 1 EL Cointreau

Entkernte Aprikosen, Apfelstücke, Zucker und Saft hinzugeben und zerkleinern (10 Sek./Stufe 6). Gärkörbchen als Spritzschutz aufsetzen und kochen (16 Min./Varoma/Stufe 1; wenn stark kocht, von Varoma auf 105 °C herunterstellen.). Cointreau und Johannisbrotkernmehl zugeben und einige Sek. auf Stufe 5 mischen.

Schon vorher vorbereiten: Schraubgläser auf ein Handtuch stellen und mit kochendem Wasser füllen, Deckel ebenfalls füllen. Wenn die Konfitüre fertig ist, Wasser ausgießen, Konfitüre einfüllen und Deckel festschrauben.

13215. Zitronenmarmelade, Mai 2021

Vorläufer 13212

- 1 Bio-Zitrone
- Fleisch von 5-6 Zitronen (insgesamt 615 g)
- 120 g Apfel (1 Stück)
- 300 g Rohrohrzucker
- 2 EL Rum
- 1/2 TL Johannisbrotkernmehl

Biozitrone entkernen, aber nicht schälen. Die anderen Zitronen wie Orangen schälen und in Stücke schneiden. Im Vitamix pürieren. In den Thermomix umfüllen. Apfelstücke und Zucker hinzugeben und zerkleinern (10 Sek./Stufe 6). Gärkörbchen als Spritzschutz aufsetzen und kochen (16 Min./Varoma/Stufe 1; wenn es zu stark kocht, Varoma auf 115 °C herunterstellen.). Rum Johannisbrotkernmehl zugeben und einige Sek. auf Stufe 5 mischen.

Schon vorher vorbereiten: Schraubgläser auf ein Handtuch stellen und mit kochendem Wasser füllen, Deckel ebenfalls füllen. Wenn die Marmelade fertig ist, Wasser ausgießen, Marmelade einfüllen und Deckel festschrauben.

13216. Weißkohlpfanne, Mai 2021

Als Gemüsepfanne (20-cm-Alugusspfanne) 20 Min. garen:

- 1 größere Knoblauchzehe in Scheiben
- 60 g Zwiebeln, gewürfelt
- 170 g Weißkohl, in Stücke geschnitten
- 130 g Kartoffeln, in Scheiben
- 50 g rote Linsen
- 210 g Wasser

Abschmecken mit:

- 1 EL Sojasoße
- 1 EL Sonnenblumenöl
- 1 EL Zitronensaft
- Salz

13217. Möhrenmarmelade, Mai 2021

Nach einem Rezept aus der Rezeptewelt von Vorwerk.

- 750 g Möhren, ungeschält, Schadstellen entfernt
- 50 g Wasser
- 20 g Limettensaft
- 80 g Zitronensaft

Im TM zerkleinern: 20 Sek./Stufe 7. Dann an-garen (10 Min./ 105 °C/Stufe 4). Hinzufügen:

- 350 g Rohrohrzucker
- 2 x Vanilleextrakt Finesse
- 1 Apfel, ohne Kerngehäuse (120 g)

Mixen (5 Sek./Stufe 6) und garen (12 Min./105 °C/Stufe 1). Zugeben:

2 EL Cointreau

1 gestr. TL Johannisbrotkernmehl und nochmals einige Sek. auf Stufe 7 laufen lassen.

Hinweis: Meiner Ansicht nach ist das eher ein Relish als Marmelade. Die 750 g Zucker im Original sind zu viel.

13218. Ananas-Birnenmarmelade, Mai 2021

Vorläufer 13214

- 345 g Ananas
- 155 g Birne
- 1 Apfel (140 g)
- 30 g Zitronensaft
- 250 g Rohrohrzucker
- 2 EL Rum
- 1/2 TL Johannisbrotkernmehl

Obst mit Zitronensaft und Zucker im TM zerkleinern: 10 Sek./Stufe 7. Dann garen (16 Min./Varoma/Stufe 1; wenn es blubbernd kocht, auf 105 °C herunterstellen). Rum und Johannisbrotkernmehl zugeben und nochmals einige Sek. auf Stufe 7 laufen lassen. In heiß ausgespülte Gläser umfüllen.

13219. Apfelmarmelade, Mai 2021

Vorläufer 13214

- 775 g Äpfel ohne Kerngehäuse
- 1 P Vanillearoma (Finesse)
- 40 g Zitronensaft
- 255 g Zucker
- 7 g Apfelpektin

Pektin mit 50 g Zucker mischen. Alle Zutaten in den TM geben, zerkleinern (10 Sek./Stufe 7) und garen (17 Min./Varoma/Stufe 1). Nochmals pürieren (einige Sek. Stufe 7). Beim Kochen Gärkörbchen als Spritzschutz aufsetzen. In heiß ausgespülte Glaser füllen.

13220. Saurer Gemüsereis, Mai 2021

- 70 g weißer Reis
- 180 g Tomaten, in Stücken
- 80 g gelbe Paprika, gewürfelt
- 2 Aprikosen, gewürfelt
- 120 g Zwiebel, gewürfelt
- 150 g Wasser

Zum Abschmecken:

- Salz
- 1 Eierlöffel Sambal Oelek

Alle Zutaten in einen kleinen Topf geben. Aufkochen und 20 Min. auf kleiner Einstellung kochen. Dann abschmecken.

13221. Traubengelee trüb, Mai 2021

Vorläufer 13218

- 750 g Trauben hell und kernlos
- 35 g Zitronensaft
- 8 g Apfelpektin
- 225 g Zucker

Trauben im Vitamix pürieren, in den TM überführen (Schwund 10 g). Pektin mit dem Zucker mischen. Alle Zutaten in den TM geben und garen (16 Min./Varoma/Stufe 2). Beim Kochen Gärkörbchen als Spritzschutz aufsetzen.
Schraubgläser auf ein Handtuch stellen und mit kochendem Wasser füllen, Deckel ebenfalls füllen. Wenn die Konfitüre fertig ist, Wasser ausgießen, Konfitüre einfüllen und Deckel festschrauben.

13222. Nektarinenmarmelade, Mai 2021

Vorläufer 13218

- 580 g Nektarinen (weiß)
- 1 P Vanillearoma (Finesse)
- 30 g Zitronensaft
- 1 Apfel (120 g)
- 150 g Rohrohrzucker
- 1/2 flacher TL Johannisbrotkernmehl

Alle Zutaten in den TM geben, zerkleinern (10 Sek./Stufe 6) und garen (16 Min./Varoma/Stufe 1). Beim Kochen Gärkörbchen als Spritzschutz aufsetzen. Johannisbrotkernmehl zugeben und einige Sek. auf Stufe 5 laufen lassen. In mit kochend heißem Wasser ausgespülte Schraubgläser geben.

13223. Skyr-Jam-Dessert, Mai 2021

2-3 Portionen

- 150 g Skyr
- 20 g Hafermilch
- 60 g rote Marmelade/Konfitüre (hier: Heidelbeer)
- 10 g Agavendicksaft
- 80 g Weintrauben
- 14-16 Weintrauben für die Dekoration

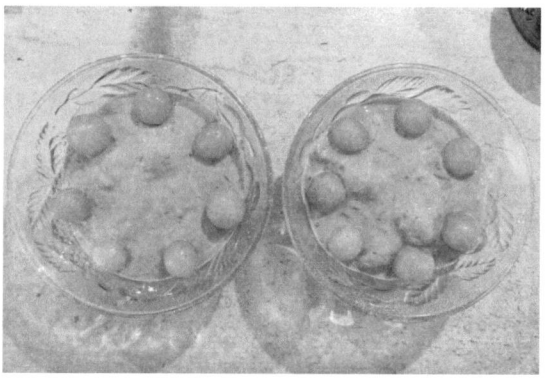

Skyr mit Hafermilch glatt rühren. Marmele und Agavendicksaft unterrühren, dann die Trauben unterziehen. Auf 2 (oder 3) Schüsselchen verteilen, Weintrauben an den Rand legen.

13224. Apfelmus, Mai 2021

- 800 g Äpfel (mit Kerngehäuse und Schale, aber ohne Stiele) in Vierteln
- 35 g Zitronensaft
- 45 g Zucker
- 55 g Wasser

Äpfel mit den Flüssigkeiten im Vitamix fein pürieren. Mit dem Zucker in den TM geben und kochen (8 Min./ 105 °C/ Stufe 1). In vorbereitete Gläser füllen.

13225. Wunderkuchen, Mai 2021

Nach einem Rezept einer Freundin

- 300 g Weizenmehl 1050
- 100 g Vollkorngrieß
- 200 g Rohrohrzucker
- 1/2 P Backpulver.

Gut miteinander mischen, in drei Portionen teilen.

- 610 g Apfelmus (frisch gemacht, hatte mich verrechnet, hätte 750 g mindestens sein müssen)

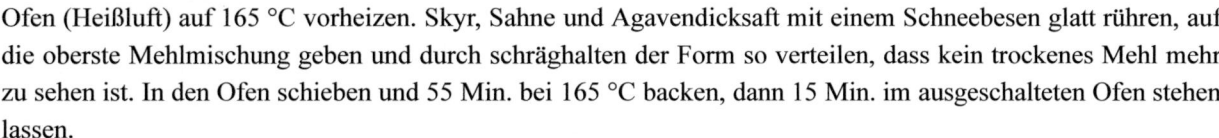

In zwei Portionen teilen. Springformboden mit Backpapier überspannen, mit der Trockenmischung anfangen, dann Obst usw.

- 100 g Skyr
- 130 g Hafersahne
- 75 g Agavendicksaft

Ofen (Heißluft) auf 165 °C vorheizen. Skyr, Sahne und Agavendicksaft mit einem Schneebesen glatt rühren, auf die oberste Mehlmischung geben und durch schräghalten der Form so verteilen, dass kein trockenes Mehl mehr zu sehen ist. In den Ofen schieben und 55 Min. bei 165 °C backen, dann 15 Min. im ausgeschalteten Ofen stehen lassen.

Originalrezept:

- *400 g Mehl (oder 300 g Mehl + 100 g Grieß)*
- *150 g Zucker*
- *1/2 P Backpulver*
- *750 g Apfelmus + drei reife Bananen zerdrückt (oder: 1000 g Apfelmus)*
- *1 TL Zimt*
- *200 g Sahne (oder Sojasahne)*

Mehl, Vollrohrzucker und Backpulver miteinander mischen. Pürierte Äpfel und Bananen mit Zimt dazwischen. Trockene Mehlmischung dritteln und im Wechsel mit dem Obst in die Form schichten. Oben drauf 200 ml Sahne. Bei 185 °C 45 Min. backen.

13226. Pfingstdessert, Mai 2021

2-3 Portionen

- 155 g Apfelmus mit Mango (aus dem Glas)
- 100 g Skyr
- 35 g Agavendicksaft
- 1/2 TL Guarkernmehl
- 2 TL + 2 Eierlöffel Marmelade (hier: Heidelbeer)
- 1-2 TL Kokosraspel

Apfelmus, Skyr und Agavendicksaft mit dem Guarkernmehl gründlich mit einem Schneebesen verschlagen. 2 TL Marmelade auf die Schüsselchen verteilen, Skyrmasse darüber geben. In die Mitte einen Klacks Marmelade geben und den Rand mit Kokosraspeln bestreuen.

13227. Nudeln mit Fetasoße, Mai 2021

Nudeln
- 100 g Vollkornspiralnudeln
- Wasser, das 2 cm über den Nudeln steht

Soße
- 20 g Alsan Margarine
- 20 g Mehl (550)
- 125 g Wasser
- 125 g Hafermilch
- Salz
- Pfeffer
- 45 g Feta, in Würfeln
- 1 TL Sojasoße (kann wegfallen)

Ich habe die Nudeln 15 Min. gekocht, abgegossen (Wasser für andere Zwecke gesammelt) und im geschlossenen Kochtopf warm gehalten.

Margarine im Topf zerlassen, Mehl darin „anrösten". Flüssigkeiten anfangs nur esslöffelweise mit einem Schneebesen einrühren. Wenn die Soße (dickflüssig) ist, den Rest nach und nach unter Rühren zugeben. Salzen, pfeffern und Fetawürfel sowie 1 TL Sojasoße zugeben. Aufkochen und rühren, bis der Käse sich teils aufgelöst hat. 6-10 Min. ziehen lassen. Nudeln untermischen.

13228. Vollkornbrot mit gekauftem Mehl III, Mai 2021

Vorläufer 13185

Stufe 1 (12 Std. vorher):
Sauerteigansatz:
- 400 g Roggenvollkornmehl
- 410 g Wasser
- 150 g Sauerteig

Stufe 2 (bei mir Morgen):
- 100 g Roggenvollkornmehl
- 325 g Weizenvollkornmehl
- 100 g Sonnenblumenkerne
- 16 g Salz
- 385 g Wasser (davon ca. 250 g Nudelkochwasser)
- 10 g frische Hefe
- 1 EL Brotgewürz (Brecht)
- ca. 800 g Sauerteigansatz
- 20 g Butter/Margarine für die Form

Stufe 1: Roggen mit Wasser und altem Sauerteig mischen. In einer Plastiktüte über Nacht stehen lassen. 150 g von der Stufe 1 abnehmen und in einem gut schließenden Schraubglas in den Kühlschrank stellen für das nächste Backen.

Stufe 2: Hefe im Wasser auflösen. Zutaten (außer der Butter) mit einem großen Löffel gründlich verrühren, bis kein Mehl mehr sichtbar ist. Eine 30-cm-Brotform, Profi-Email von Dr. Oetker, gut einfetten. Teig hineingeben, mit der nassen Hand herunterdrücken und glattstreichen. Mit einem scharfen Messer mehrmals schräg einschneiden. Form im kalten Ofen etwa 95 Min. gehen lassen. Ofen auf 195 °C aufheizen, das Brot ist dabei im Ofen. Backzeit 60 Min., im ausgestellten Ofen 5 Min. nachbacken.

13229. Himbeermarmelade, Mai 2021

Vorläufer 13222
- 600 g Himbeeren
- 1 P Vanillearoma (Finesse)
- 30 g Zitronensaft
- 1 Apfel (120 g)
- 150 g Rohrohrzucker
- 1/2 flacher TL Johannisbrotkernmehl

Alle Zutaten in den TM geben, zerkleinern (10 Sek./Stufe 6) und garen (16 Min./Varoma/Stufe 1). Beim Kochen Gärkörbchen als Spritzschutz aufsetzen. Johannisbrotkernmehl zugeben und einige Sek. auf Stufe 5 laufen lassen.

Schon vorher vorbereiten: Schraubgläser auf ein Handtuch stellen und mit kochendem Wasser füllen, Deckel ebenfalls füllen. Wenn die Marmelade fertig ist, Wasser ausgießen, Marmelade einfüllen und Deckel festschrauben.

13230. Skyrdressing VIII, Mai 2021

Vorläufer 13211; Vitamix 2-Literbecher

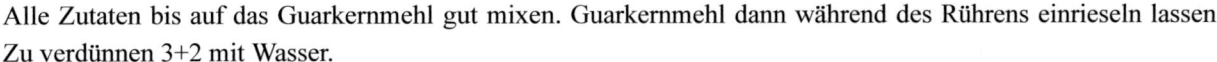

- 575 g Wasser (davon 180 g Kichererbsenwasser)
- 550 g Skyr
- 20 g Mayonnaise vegan
- 80 g Ahornsirup
- 1 Knoblauchzehe (5 g)
- 2 TL Salz (25 g)
- 1 Prise Pfeffer
- 1 Prise Currypulver
- 1 EL Zitronensaft
- 10 g Senf
- 1/2 gestr. TL getr. Thymian
- 7 g Guarkernmehl

Alle Zutaten bis auf das Guarkernmehl gut mixen. Guarkernmehl dann während des Rührens einrieseln lassen. Zu verdünnen 3+2 mit Wasser.

13231. Schneller Kidneybohnentopf, Mai 2021

- 10 g Sonnenblumenöl
- 1 Knoblauchzehe (3 g), in Scheiben
- 1 kleine Zwiebel (40 g), in Würfeln
- 100 g Cherrytomaten
- 1 Dose Kidneybohnen (400 ml)
- 1 TL Sambal Oelek
- 1/2 TL Salz
- 1 geh. TL Möhrenkonfitüre (oder Apfelkraut etc.)

Öl erhitzen, Knoblauch und Zwiebeln anbraten, bis sie braun sind. Tomaten als Ganzes zugeben und auf kleinerer Stufe einige Min. mitanbraten. Inhalt der Dose zugeben und einige Min. auf kleiner Einstellung kochen lassen. Mit Sambal, Salz und Möhrenkonfitüre abschmecken.

13232. Bunte Pfanne, Mai 2021

Als Gemüsepfanne (20-cm-Keramikpfanne) 15 Min.:

- 10 g Sonnenblumenöl
- 40 g Wasser
- 50 g Zwiebel, gewürfelt
- 1 Knoblauchzehe, in Scheiben
- 110 g Süßkartoffeln, in Streifen oder Halbscheiben
- 115 g gelbe Paprika, in Streifen
- 160 g Tomate, gewürfelt

Abschmecken mit:

- Salz
- 1 TL Sambal Oelek
- 1 TL Möhrenmarmelade 13217

13233. Wunderkuchen II, Mai 2021

Vorläufer 13225

- 400 g Weizenmehl 1050
- 150 g Rohrohrzucker
- 1/2 P Backpulver

Gut miteinander mischen, in drei Portionen teilen (200 g; 180 g; 180 g).

Frisches Apfelmus

- 1044 g Äpfel (Defekte und Stiele entfernt)
- 45 g Zitronensaft
- 60 g Rohrohrzucker
- 45 g Wasser
- 1/2 TL Zimt

Im 2-Liter-Becher des Vitamix zu Mus verarbeiten. Ist am Anfang eine Kraftanstrengung. ;-) Auf zwei Portionen teilen (je ca. 550 g). Mit einer Gabel verrühren:

- 100 g Skyr
- 150 g Hafersahne
- 80 g Agavendicksaft

Springformboden mit Backpapier überspannen, 200 g Trockenmischung gleichmäßig auf dem Backpapier verteilen. Erste Portion Apfelmus so darauf verteilen, dass alles Mehl bedeckt ist.

- 100 g Marmelade (hier: Heidelbeer)

Die Marmelade auf die erste Apfelmusschicht klecksen. 180 g Trockenmischung darüber verteilen, mit der zweiten Hälfte Apfelmus bedecken. Wieder so verteilen, dass das Apfelmus bis an den Rand geht. Letzte Portion Trockenmischung (180 g) darüber verteilen und Skyr-Mischung darauf gießen. Darauf achten, dass die obere Mehlschicht komplett von der Skyr-Mischung bedeckt ist. Evtl. nach 10 Min. im Ofen mit einem Teigschaber/Messer nachhelfen.

Ofen (Heißluft) auf 165 °C vorheizen. In den Ofen schieben und 60 Min. bei 165 °C backen, dann 15 Min. im ausgeschalteten Ofen stehen lassen.

13234. Rote Soße für Pizza II (Vorrat), Mai 2021

Vorläufer 13180; acht 2-er Portionen

- 1 kleine Dose Tomaten mit Saft (400 ml)
- 45 g Wasser (zum Ausspülen der Dose)
- 1/2 TL Salz
- 1 Prise Pfeffer
- 10 g Süßungsmittel (hier: Agavendicksaft)
- 60 g Sonnenblumenöl
- 50 g Paprikatomatenmark
- 1 Knoblauchzehe (5)

Im TM pürieren. 3 EL reichen für zwei Pizzen, das sind ca. 60-75 g.

13235. Brötchen halb und halb, Mai 2021

Vorläufer 15/13116

- 300 g Wasser
- 1 P Dr. Oetker-Trockenhefe
- 1 TL Rohrohrzucker
- 1 EL Sonnenblumenöl
- 250 g Weizenmehl Typ 1050
- 180 g Weizenmehl Vollkorn
- 70 g Dinkelmehl Vollkorn
- 2 gestr. TL Salz

Zutaten in den TM einwiegen und kneten (3 Min./Knetstufe). In einer Pengdose gut verschlossen, in einer Plastiktüte, 3 Std. gehen lassen.

Der Teig war bei mir so weit gegangen, dass der Deckel der Pengdose abgesprungen war. Teig nicht kneten, sondern falten (Rechteck einmal von oben und unten zusammenfalten, um 90° drehen und nochmals falten. Zwischen den Händen zu einer Kugel unter Spannung formen.) Teig in der verschlossenen Dose bei Raumtemperatur aufbewahren (bei mir gut 2 Std.). Nochmals zusammenfalten und eine Rolle bilden (nicht zu lang).

Teigstück wiegen, Gewicht durch 8 dividieren. Das ergibt das Zielgewicht der einzelnen Brötchen. Die Rolle halbieren, die Hälften halbieren und noch einmal halbieren, das ergibt 8 etwa gleichgroße Stücke. Die einzelnen Stücke auf das ausgerechnete Gewicht hin auswiegen. Einzelstücke zusammenfalten und zwischen den Händen zu einer Kugel unter Spannung formen. Jede Kugel flach drücken und etwas in die Länge ziehen. Nebeneinander auf ein Backblech legen (ich habe ein Lochblech, das ich nicht einfetten muss).

Den Ofen auf 225 °C (Heißluft) vorheizen. In dieser Zeit gehen die Brötchen, locker abgedeckt mit einer Plastiktüte. Brötchen mit einem scharfen Messer längs einschneiden, mit Wasser einsprühen.

Eine ofenfeste Schüssel mit Wasser in den Backofen stellen. Brötchen einschieben und insgesamt 20 Min. backen. Nach 15 Min. mit Wasser einsprühen. Nach 20 Min. müssen sie hohl klingen, wenn man von unten klopft. Mit Wasser einsprühen, auf ein Gitterrost setzen und auskühlen lassen.

Hinweis: *Ich fand sie sehr enttäuschend, so typisch „Vollkorngebäck".*

13236. Mandelstuten, Juni 2021

30-cm-Kastenform; nach einem Rezept aus der Rezeptewelt von Vorwerk.

- 1 TL Rohrohrzucker
- 125 g Hafermilch
- 25 g Alsan Margarine
- 500 g Weizenmehl Typ 1050
- 1 Prise Salz
- 1 EL (20 g) Rohrohrzucker
- 1 TL Backmalz (kann auch wegfallen)
- 95 g Mandelstifte
- 2 P Trockenhefe (je 7 g)
- 250 g Hafermilch
- Alsan und
- Grieß für die Form
- Hafersahne zum Bepinseln

Margarine (oder Butter) mit dem Zucker in der Milch auflösen (TM: 2 Min./37 °C/Stufe 1).

Die trockenen Zutaten mit einem Löffel mischen, mit der Milch in den Thermomix geben und kneten (3 Min./Knetstufe). Als Kugel unter Spannung in eine (Peng-)Schüssel geben, Deckel schließen und in einer Plastiktüte 30-40 Min. gehen lassen. Ich habe in den letzten 10 Min. den Deckel entfernt und nur noch die Plastiktüte vorsichtig über die Dose gestülpt.

Eine 30-cm-Kastenform mit Margarine oder Butter einfetten und mit Grieß ausstreuen. Teig einmal durchkneten und als Kugel unter Spannung in die Backform geben. Mit der nassen Hand gleichmäßig in die Form drücken. Plastikbeutel darüber stülpen (hochkant, der Teig geht stark) und 20 Min. gehen lassen. Ofen (Heißluft) auf 185 °C vorheizen, Teig mit Hafersahne bepinseln, längs einschneiden und 30 Min. bei 185 °C backen. Im ausgeschalteten Ofen 10 Min. nachbacken.

Das Einschneiden geschah nach der Vorgabe und definitiv zum falschen Zeitpunkt. Es hätte, wie ich das sonst auch mache, direkt nach dem Einfüllen in die Form erfolgen sollen. Nun ist der Stuten, der so schön locker und groß war, in der Mitte zusammengefallen.

13237. Sambal Oelek Vitamix VII, Juni 2021

Vorläufer 13165; für den 2-Liter-Becher

- 635 g rote Peperoni, frisch
- 10 g Habaneros in Honig (vor Jahren eingelegt)
- 80 g Apfelessig
- 1 Knoblauchzehe (8 g) ungeschält
- 15 g Salz
- 100 g Soft-Datteln
- 35 g Zitronensaft
- 140 g Sonnenblumenöl
- 2 g Guarkernmehl

Alle Zutaten außer dem Guarkernmehl in den Vitamix geben und pürieren. Während der Vitamix auf kleiner Einstellung läuft, Guarkernmehl zugeben und nochmals gut auf der höchsten Stufe mischen. In Schraubgefäße umfüllen und im Kühlschrank aufbewahren.

13238. Scharfe Kräuterseitlinge mit Reis, Juni 2021

- 15 g Sonnenblumenöl
- 55 g Zwiebel, gewürfelt
- 1 große Knoblauchzehe, in Scheiben
- 1 Peperoni (15 g), in Scheiben
- 100 g weißen Reis
- 150 g Kräuterseitlinge, Scheiben
- 200 g Wasser zugeben
- Salz

Öl erhitzen. Zwiebel und Knoblauch unter Rühren darin anschwitzen. Peperoni mit erhitzen. Weißen Reis anbraten, dann noch kurz die Pilze mit anbraten. Wasser zugeben und 20 Min. kochen. Mit Salz abschmecken.

13239. Schokoladenkuchen, Juni 2021

Nach einem Rezept von der Rezeptseite von Kölln. Es erinnert stark an die Berner Schokoladentorte u. Ä., wird aber (logischerweise) mit Haferflocken und im Kasten gebacken.

- 200 g Zartbitter-Schokolade (70 % hier)
- 225 g weiche Alsan-Bio-Margarine
- 200 g Rohrohrzucker
- 1 Prise Salz
- 6 Eier
- 1 P Vanillearoma Finesse (Original: 1 TL Vanille-Extrakt)
- 150 g Skyr
- 200 g Weizenmehl Typ 550
- 100 g Blütenzarte Köllnflocken
- 30 g Kakaopulver
- 1 P Backpulver
- 3 EL Hafermilch
- 150 g Kuvertüre
- 100 g Walnüsse
- Margarine zum Einfetten der Form und
- Grieß zum Ausstreuen

Guss:

- 120 g Schokolade 100 %
- 45 g Agavendicksaft
- 10 g Sonnenblumenöl

Die Schokolade im Wasserbad schmelzen und zur Seite stellen. Weiche Margarine mit Zucker, Vanillearoma und Salz cremig schlagen. Jedes Ei ca. 30 Sek. einzeln unterschlagen. Skyr unterrühren. Mehl mit Flocken, Kakaopulver und Backpulver mischen und im Wechsel mit der geschmolzenen Schokolade und der Milch unter den Teig heben. Bei mir waren das drei Zugaben.

Den Teig in eine gefettete und mit Grieß ausgestreute Kastenform (30 cm) geben und im vorheizten Backofen backen. Kuchen auskühlen lassen. Kuchen mit Guss einpinseln. Mit ganzen und grob gehackten Walnüssen bestreuen. Backen: Umluft: 175 °C, Backzeit: 50 Min., 5 Min. nachbacken im ausgeschalteten Ofen. Die Grußzutaten im Wasserbad erhitzen und verrühren.

Hinweis: Ich habe hier sehr systematisch gebacken und mir alle „Zutatencluster" vorher zurechtgestellt. Das mache ich neuerdings immer und finde das entspannend. Mit den angegebenen 25 Min. Zubereitungszeit bin ich nicht ganz hingekommen. Ich zähle aber die Zeit wirklich immer vom ersten Griff an.

13240. Topinambur zu Brötchen, Juni 2021
Eine Gemüsepfanne (30 Min.) aus:
- 15 g Sonnenblumenöl
- 40 g Wasser
- 90 g Süßkartoffeln in Streifen
- 140 g Topinambur in Scheiben
- 80 g Hafermilch (nach 20 Min. zugeben)
Abschmecken mit:
- 1-2 Prisen Salz
- 1 TL Möhrensambal 13241

13241. Möhrensambal, Juni 2021
- 3 EL Sambal Oelek (Sambal Oelek Vitamix VII 13237)
- 3 EL Möhrenmarmelade 13217
Mischen und verrühren. Passt gut zu Gemüsespeisen.

Hinweis: Jedes Sambal kann verwendet werden und auch jede Konfitüre/Marmelade, es ergibt sich jeweils eine andere Geschmacksrichtung. Ich empfehle allerdings selbstgemachte Konfitüren, da ist der Zuckeranteil nicht so hoch. Variieren lässt sich ferner noch mit der Zugabe von püriertem frischen Obst, was allerdings die Haltbarkeit beeinflussen könnte.

13242. Soße statt Käse für Pizza, Juni 2021
- 70 g Skyr
- 10 g Hafersahne
- 10 g Sonnenblumenöl
- 10 g vegane Mayonnaise
- Salz
Zutaten mit einem Löffel verrühren.

Hinweis: Ich habe den Belag in den letzten 7 Min. zugegeben. Etwas länger hätte er drauf bleiben können.

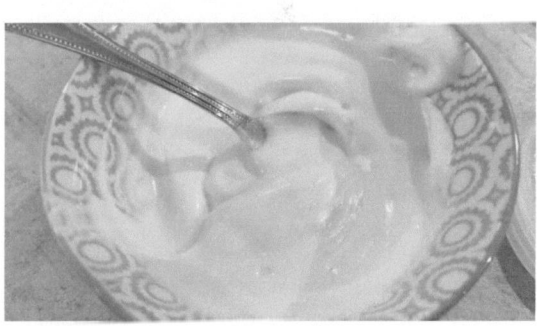

13243. Brokkolisuppe Philadelphia, Juni 2021
- 1 Knoblauchzehe (6 g)
- 1 kleine Kartoffel (65 g)
- 305 g Brokkoli, grob zerkleinert
Im Thermomix zerkleinern (6 Sek./Stufe 5). Zugeben:
- 1 gestr. TL Salz
- 450 g Wasser
und garen (15 Min./105 °C/Stufe 1). Zugeben:
- 40 g Frischkäse
- 25 g Aufstrich oder Hummus
und pürieren (10 Sek./Stufe 7).

13244. Skyrdressing IX, Juni 2021

Vorläufer 13230; Vitamix 2-Literbecher

- 575 g Wasser
- 575 g Skyr
- 15 g Mayonnaise vegan
- 80 g Ahornsirup
- 1 Knoblauchzehe (7 g)
- 2 TL Salz (25 g)
- 1 Prise Pfeffer
- 1 Prise Currypulver
- 1 EL Zitronensaft
- 10 g Senf
- 1/2 gestr. TL getr. Salatkräuter
- 7 g Guarkernmehl

Alle Zutaten bis auf das Guarkernmehl gut mixen.
Guarkernmehl dann während des Rührens einrieseln lassen. Zu verdünnen 3+2 mit Wasser.

13245. Pizzateig Dinkel 630, Juni 2021

Vorläufer 13220

- 2 TL Vollkorngrieß (12 g), auffüllen auf
- 235 g mit Dinkelmehl 630
- 1 P Trockenhefe
- 1 TL Salz
- 3 EL Sonnenblumenöl (25 g)
- 125 g Wasser
- Margarine oder Butter für die Formen

Im Thermomix kneten (3 Min./Knetstufe). Abgedeckt ca. 4-5 Std. gehen lassen. Zwischendurch einmal falten.

In zwei Teile teilen. Jede für sich zu Pizzagröße auseinanderdrücken/ausrollen, Belag verteilen.
235 °C (Heißluft), vorgeheizt. Nach 8 Min. Käse drauf. Insgesamt ca. 15 Min.

Hinweis: *Diesen Teig fand ich etwas enttäuschend, wurde zu knusprig.*

13246. Brokkoli mit Nudeln, Juni 2021

Nudeln
- 90 g Vollkornspaghetti, in Stücke gebrochen
- Wasser

Gemüse
- 75 g Wasser
- 40 g Batate, in feinen Streifen
- 80 g Cherrytomaten
- 120 g Brokkoli, klein geschnitten

Soße
- 50 g Frischkäse
- 1 gute Prise Salz
- 2 EL Nudelwasser

Spaghetti in einen kleinen Topf geben, Wasser bis ca. 1,5-2 cm über die Nudeln geben. Kochen, bis der gewünschte Geschmack erreicht ist (bei mir 15 Min.,). Abgießen, dabei das Nudelwasser auffangen. Gemüse als Gemüsepfanne, 20-cm-Wollpfanne, 15 Min. Die Soßenzutaten miteinander verrühren. Mit den Nudeln unter das Gemüse rühren und einmal aufkochen.

13247. Dinkelbrot würzig, Juni 2021

Freigeschoben; nach einem Rezept von einer Packung „Bio-Dinkelflocken zart" von Kölln; erster Teigversuch mit der Morphy Richardson.

- 220 g Dinkelflocken zart
- 200 g kochendes Wasser
- 500 g Dinkel-Vollkornmehl
- 1 EL (= 17 g) Salz
- 1 gestr. EL Brotgewürze
- 150 g Hafermilch
- 200 g warmes Wasser
- 2 P Trockenhefe
- 1 TL Vollrohrzucker
- 1-2 EL Hafermilch
- 1-2 EL Dinkelflocken zart

Kochendes Wasser in der Rührschüssel über die Flocken gießen, mit den Knethaken mixen und 20-30 Min. quellen lassen (Vorgabe: 1 Std.). Mehl, Salz und Gewürz in einer Schüssel mit dem Löffel verrühren. Hafermilch, warmes Wasser, Trockenhefe und Zucker mit einem Teelöffel verrühren. Erst die Flüssigkeit in die Rührschüssel geben und 20 Sek. auf Stufe 2 rühren. Mehlmischung zugeben und 5 Min. kneten (praktisch der Zähler!). Wie in der Bedienungsanleitung angegeben, geht der Teig gegen den Deckel, den habe ich dann abgenommen. Hat gut geknetet. Mit den Händen kurz durchkneten und zu einer Kugel unter Spannung formen. In eine passend große Schüssel geben, mit einem Tuch abdecken und in den Ofen stellen. Bei 35 °C Ober-/Unterhitze 30 Min. gehen lassen (im Winter würde ich den Teig einfach auf das Fensterbrett stellen). Nach der Gehzeit nochmal durchkneten und ein rundes Brot formen. Mit Milch bepinseln und mit Dinkelflocken bestreuen. Mit einem scharfen Messer mehrmals kreuzweise einschneiden. Eine große Schüssel über das Brot stülpen und den Heißluftofen auf 185 °C vorheizen, auf dem Boden steht eine feuerfeste Form mit Wasser. Backen 50 Min. bei 185 °C.

13248. Pfälzische Apfeltorte, Juni 2021

- 100 g Alsan Margarine
- 65 g Rohrohrzucker
- 1 P Vanillezucker (mit Rohrohrzucker)
- 1 P. Vanillepuddingpulver
- 60 g Speisestärke
- 200 g Weizenmehl 550
- 1/2 TL Backpulver
- 2 EL Rum
- 70 g Hafermilch

Belag
- 600 g Äpfel

Guss
- 3 Eier
- 75 g Vollrohrzucker
- 2 P Vanillezucker (s. oben)
- 1 TL geriebene Zitronenschale
- 1 P Puddingpulver
- 150 g Frischkäse (hier: Philadelphia Doppelrahmstufe)
- 160 g Skyr

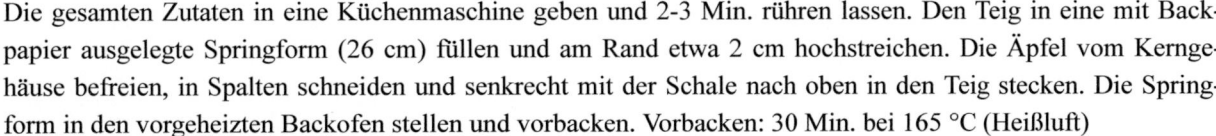

Die gesamten Zutaten in eine Küchenmaschine geben und 2-3 Min. rühren lassen. Den Teig in eine mit Backpapier ausgelegte Springform (26 cm) füllen und am Rand etwa 2 cm hochstreichen. Die Äpfel vom Kerngehäuse befreien, in Spalten schneiden und senkrecht mit der Schale nach oben in den Teig stecken. Die Springform in den vorgeheizten Backofen stellen und vorbacken. Vorbacken: 30 Min. bei 165 °C (Heißluft)

Eier in der Küchenmaschine schaumig schlagen. Zucker, Schale und Puddingpulver unterrühren. Sobald die 30 Min. Backzeit um sind, Frischkäse und Skyr zugeben und nochmals 5 Min. schlagen lassen. Bei mir war der Frischkäse nicht ganz aufgelöst. Guss auf dem vorgebackenen Kuchen verteilen und fertig backen (50 Min. bei 165 °C). Bei leicht geöffneter Backofentür noch 10 Min. stehen lassen.

Hinweis: *Nach einem Rezept aus dem Buch „modernes backen". Ist mehr als 40 Jahre alt und ich habe es nie wieder angeboten gesehen.*

13249. Tomatenketchup mit Nussmus IV, Juni 2021

Vorläufer 13189; 2-3 größere Schraubgläser

- 2 Dosen Tomaten inklusive Saft (800 g)
- 150 g Apfelessig
- 100 g Wasser
- 95 g Soft-Datteln
- 55 g Sultaninen
- 7 g Knoblauchzehen (frisch)
- 1 EL Mischmus 4 Nuss (50 g)
- 1 geh. TL Salz
- 135 g Gemüsezwiebeln, halbiert
- 1 Apfel 140 g
- 1 kleine Spitzpaprika (65 g)
- 1 Stück Essigpeperoni 7/4573 (8 g)
- 1 Prise (1/4 TL) Pfeffer
- 2 geh. TL Paprikapulver edelsüß
- 1/2 TL Curry
- 1 TL (5 g) Sojasoße
- 30 g Tomatenmark
- 250 g Wasser

Alle Zutaten bis auf die zweite Menge Wasser in den TM-Mixtopf geben. Zerkleinern (25 Sek./Stufe 10), dabei den Messbecher fest andrücken, anschließend garen (40 Min./Varoma/Stufe 3). Nach Ende der Garzeit Rest Wasser zugeben und fein pürieren (30 Sek./Stufe 10). Direkt in Schraubgläser füllen.

13250. Zwiebel-Relish XXV, Juni 2021

Vorläufer 13191; 2 Nussmusgläser

- 610 g Zwiebeln
- 1 Apfel (195 g, ohne Kerne)
- 2 Knoblauchzehen (frisch; 12 g)
- 250 g Rosinen
- 100 g Tomatenketchup
- 1 geh. TL Salz
- 1 geh. MS gem. Nelken
- 1 geh. MS Zimt
- 1 TL Paprikapulver edelsüß
- 1 geh. MS gem. Kreuzkümmel
- 1 gestr. TL Curry
- 1 TL getr. Thymian, zwischen den Händen verrieben
- 10 g Sojasoße
- 160 g Apfelessig
- 130 g Wasser

Herstellung im Thermomix. Zwiebeln, Apfel, Rosinen und Knoblauch zerkleinern (10 Sek./Stufe 5,5). Nach unten schieben und die restlichen Zutaten zugeben. 55 Min./105 °C/Linkslauf/Stufe 1 ohne Messbecher garen. Sobald es kocht, wenn nötig Garkörbchen als Spritzschutz aufsetzen.

Relish in zwei leere Schraubgläser füllen. Sofort verschließen und abgekühlt im Kühlschrank aufbewahren.

13251. Möhren-Zwiebelrelish, Juni 2021

- 550 g Zwiebel-Relish XXV 13520
- 150 g Möhrenmarmelade 13217

Im TM: 10 Sek./Linkslauf/Stufe 3.

Hinweis: Jedes selbstgemachte Relish kann verwendet werden und auch jede Konfitüre/Marmelade, es ergibt sich jeweils eine andere Geschmacksrichtung. Ich empfehle allerdings selbstgemachte Konfitüren, da ist der Zuckeranteil nicht so hoch.

13252. Linsen-Spitzkohlsalat, Juni 2021

- 75 g kleine Linsen
- 240 g Wasser
- 2 Lauchzwiebeln (40 g)
- 1 Möhre (65 g)
- 80 g Spitzkohl
- 2 EL Apfelessig
- 1 TL Agavendicksaft
- 1 EL Sonnenblumenöl
- 1 gestr. TL Salz
- 1 Prise schwarzer Pfeffer
- 1 EL Cashewkerne

Linsen 6 Std. im Wasser einweichen und 30 Min. kochen. 200 g Wasser hätten vermutlich auch gereicht. Abkühlen lassen.

Grün der Lauchzwiebeln in Röllchen, die Zwiebeln in kleine Stücke schneiden. Möhre längs vierteln und klein schneiden (Raspeln für eine Möhre lohnt nicht mit einer Maschine). Spitzkohlscheibe in kleine Stücke schneiden. Gemüse mit den Linsen mischen.

Essig, Agavendicksaft, Öl, Salz und Pfeffer mit einem kleinen Schneebesen verquirlen. Zu den festen Zutaten gebe und gut mischen. Wenn der Salat länger durchzieht, sollte nochmal abgeschmeckt werden. Vor dem Servieren mit Cashewkernen (oder anderen Nüssen) bestreuen.

13253. Skyrdressing TM, Juni 2021

Vorläufer 1324

- 575 g Wasser, davon 120 g Bohnenwasser (Dose)
- 625 g Skyr
- 15 g Mayonnaise vegan
- 80 g Agavendicksaft
- 1 Knoblauchzehe (11 g)
- 2 TL Salz (25 g)
- 1 Prise Pfeffer
- 1 Prise Currypulver
- 1 EL Zitronensaft
- 10 g Senf
- 2 TL (= 5 g) getr. Salatkräuter (Lebensbaum)
- 7 g Guarkernmehl

Alle Zutaten bis auf das Guarkernmehl gut mixen (1 Min./Stufe 10). Guarkernmehl dann während des Rührens einrieseln lassen, nochmals 10-20 Sek./Stufe 10.

13254. Weiße-Bohnen-Salat, Juni 2021

- 280 g weiße Bohnen aus der Dose
- 2 Lauchzwiebeln (50 g)
- 100 g halbierte Cherrytomaten
- 1 rote Spitzpaprika (70 g)
- 65 g Spitzkohl
- 2 EL Apfelessig
- 2 TL Heidelbeerlikör 13254
- 1 EL (= 15 g) Sonnenblumenöl
- 1 gestr. TL Salz
- 1 Prise schwarzer Pfeffer
- 1 EL Sonnenblumenkerne

Grün der Lauchzwiebeln in Röllchen, die Zwiebeln in kleine Stücke schneiden. Spitzkohlscheibe in kleine Stücke schneiden. Gemüse mit den Linsen mischen.

Essig, Likör, Öl, Salz und Pfeffer mit einem kleinen Schneebesen verquirlen. Zu den festen Zutaten gebe und gut mischen. Wenn der Salat länger durchzieht, sollte nochmal abgeschmeckt werden. Vor dem Servieren mit Sonnenblumenkernen (oder z. B. Nüssen) bestreuen.

13255. Soße statt Käse für Pizza II, Juni 2021

Vorläufer 13242

- 100 g Skyr
- 20 g Hafersahne
- 10 g Sonnenblumenöl
- 10 g vegane Mayonnaise
- Salz
- 1 Prise Weizenmehl 550.

Zutaten mit einem Löffel verrühren.

Hinweis: *Ich habe den Belag gleich zu Beginn auf die Pizza gegeben, das war gut.*

13256. Vanillesirup, Juni 2021

Nach einem Rezepte aus einer „Zaubertopf"-Ausgabe. Ergibt etwa 500 ml.

- 275 g Vollrohrzucker
- 25 g Rohrohrzucker
- 300 g Wasser
- 2 Vanilleschoten

Zucker mit Wasser im TM 6 Min./95 °C/Stufe 1 kochen lassen. Vanilleschoten aufschneiden und das Mark herauskratzen.

Mark mit Schoten zum TM geben und einkochen (15 Min./ 95 °C/Linkslauf/Stufe 1. Dann aufkochen (2 Min./105 °C/

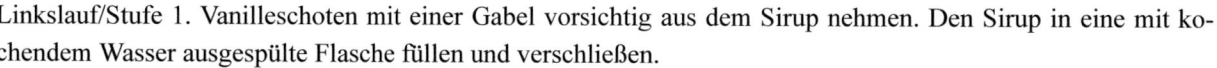

Linkslauf/Stufe 1. Vanilleschoten mit einer Gabel vorsichtig aus dem Sirup nehmen. Den Sirup in eine mit kochendem Wasser ausgespülte Flasche füllen und verschließen.

Hinweis: *Möglich als Ersatz für Ahornsirup etc. Kühl und dunkel gelagert soll er mehrere Monate haltbar sein.*

13257. Heidelbeerlikör, Juni 2021

Angelehnt an ein Rezept „Himbeerlikör" aus einem Zaubertopfmagazin (Juni 2021, „Einmachen")

- 300 g Wasser
- 300 g Rohrohrzucker
- 500 g Heidelbeeren
- 80 g Zitronensaft
- 2 P. Vanillezucker (mit Rohrohrzucker), je 8 g
- 500 g Wodka (40 % Alkohol)

Wasser mit Zucker im TM aufkochen (10 Min./105 °C/Stufe 2). Heidelbeeren zufügen, pürieren (10 Sek./Stufe 7) und einkochen (10 Min./105 °C/Stufe 1). Aufpassen, die Flüssigkeit

schäumt stark, besser das Garkörbchen als Spritzschutz aufsetzen.

Zitronensaft, Vanillezucker und Wodka zugeben und verrühren (20 Sek./Stufe 4). Durch ein feines Sieb in eine größere Schüssel gießen. In die mit kochendem Wasser ausgespülten Flaschen gießen.

Hinweis: *Haltbarkeit angeblich bei dunkler und kühler Lagerung etwa 2 Monate. Da ich nach Zufügen der Heidelbeeren eine Kochstufe eingefügt habe (im Original wird nur püriert), hoffe ich auf längere Haltbarkeit.*

13258. Pfälzische Apfeltorte II, Juni 2021

Vorläufer 13248

Teig:

- 100 g Alsan Margarine
- 60 g Rohrohrzucker
- 1 P Vanillezucker (mit Rohrohrzucker)
- 1 Ei

- 2 P. Vanillepuddingpulver
- 25 g Speisestärke
- 200 g Weizenmehl 1050
- 1 gestr. TL Backpulver
- 3 EL Rum
- 4 EL Hafermilch

Belag
- 700 g Äpfel (netto ohne Kerngehäuse und Stiele)
- 25 g Zitronensaft

Guss
- 250 g Frischkäse Doppelrahmstufe
- 2 Eier
- 50 g Vollrohrzucker
- 1 TL ger. Orangenschale
- 60 g Skyr
- 1 EL Zitronensaft

Die gesamten Teigzutaten in eine Küchenmaschine geben und 2-3 Min. rühren lassen. Es wird ein Zwischending zwischen Rühr- und Knetteig. Den Teig in eine mit Backpapier ausgelegte Springform (26 cm) geben, verstreichen und am Rand etwa 2 cm hochstreichen. Die Äpfel vom Kerngehäuse befreien und vierteln. Im TM zerkleinern. Vorbacken: 30 Min. bei 165 °C (Heißluft). Frischkäse in der Küchenmaschine mit den Rührbesen cremig rühren. Restliche Zutaten zugeben und mit den Teigschlägern 2 Min. auf Stufe 5-6 (6 = Maximum) schlagen. Eventuell noch mit einem Teigschaber den Käse auf dem Boden unterrühren. Sobald die 30 Min. Backzeit um sind, Guss auf dem vorgebackenen Kuchen verteilen und fertig backen. Backen: 50 Min. bei 165 °C (Heißluft). Bei leicht geöffneter Backofentür noch 10 Min. stehen lassen.

13259. Kichererbsensalat, Juni 2021

- 255 g Kichererbsen Dose
- 2 Lauchzwiebeln (50 g)
- 60 g Spitzkohl
- 65 g Möhre
- 2 EL Apfelessig
- 2 EL Sonnenblumenöl
- 1 gestr. TL Salz
- 1 Prise schwarzer Pfeffer
- 1 TL Möhrensambal

Grün der Lauchzwiebeln in Röllchen, die Zwiebeln in kleine Stücke schneiden. Spitzkohlscheibe und Möhren in kleine Stücke schneiden. Gemüse mit den Kichererbsen mischen.
Essig, Öl, Salz und Pfeffer mit einem kleinen Schneebesen verquirlen. Sambal unterrühren. Zu den festen Zutaten gebe und gut mischen. Wenn der Salat länger durchzieht, sollte nochmal abgeschmeckt werden.

13260. Tomatensoße für Nudeln, Juni 2021

1-2 Portionen.
- 15 g Sonnenblumenöl
- 45 g Zwiebel, vorgeschnitten
- 1 große Knoblauchzehe (9 g)
- 310 g Tomaten, in Stücken
- 100 g Wasser
- 1/2 TL Salz
- 1 Prise Pfeffer
- 1 TL Paprika edelsüß
- 15 g Tomaten-Paprikamark
- 1 gestr. TL Möhrensambal 13241

Zwiebeln und Knoblauch im Öl m Mixtopf anbraten (2 Min. 30 Sek./Varoma/Stufe 1). Tomaten zugeben und kurz mit anbraten (30 Sek./Varoma/Stufe 1). Wasser zufügen und garen (10 Min./105 °C/Stufe 1). Restliche Zugeben und zerkleinern (10 Sek./Stufe 8).

13261. Mandelstuten II, Juni 2021

30-cm-Kastenform; Vorläufer 13235; Küchenmaschine

- 1 TL Rohrohrzucker
- 125 g Hafermilch
- 25 g Alsan Margarine/Butter
- 500 g Weizenmehl Typ 1050
- 1 Prise Salz
- 1 EL (20 g) Rohrohrzucker
- 1 P Vanillezucker (mit Rohrohrzucker)
- 1 TL Backmalz (optional)
- 100 g Mandelstifte
- 1 P Trockenhefe (g)
- 250 g Hafermilch
- Alsan und
- Grieß für die Form
- Hafersahne zum Bepinseln

Margarine mit dem Zucker in 125 g Hafermilch auflösen (hier: Mikrowelle 2 Min./620 Watt).

Die trockenen Zutaten mit einem Löffel mischen. Flüssigkeiten in die Rührschüssel geben, gemischte trockene Zutaten darüber schütten und 5 Min. kneten (erst mit Stufe 2/6, dann bis 3/6). Als Kugel unter Spannung in eine (Peng-)Schüssel geben, Deckel schließen und im Backofen bei 35 °C ca. 45 Min. gehen lassen.

Eine 30-cm-Kastenform mit Margarine oder Butter einfetten und mit Grieß ausstreuen. Teig einmal durchkneten und eine Kugel unter Spannung formen. Die Masse in drei Teile teilen (je ca. 340-350 g) und wieder je zu einer Kugel formen. Nebeneinander in die Backform geben. Plastikbeutel darüber stülpen und 15 Min. bei 35 °C gehen lassen. Ofen (Heißluft) auf 185 °C vorheizen, Teig mit Hafersahne bepinseln und 35 Min. bei 185 °C backen. Im ausgeschalteten Ofen 10 Min. nachbacken.

13262. Tomatensoße für Nudeln II, Juni 2021

Vorläufer 13260; 2 Portionen.

- 15 g Sonnenblumenöl
- 40 g Zwiebel, vorgeschnitten
- 1 große Knoblauchzehe (5 g)
- 275 g Tomaten, in Stücken
- 100 g Wasser
- 1 gestr. TL Salz
- 1 gute Prise Pfeffer
- 1 TL Paprika edelsüß
- 30 g Tomaten-Paprikamark
- 1 gestr. TL Zimtzucker 14/12210

Zwiebeln und Knoblauch im Öl m Mixtopf anbraten (2 Min. 30 Sek./Varoma/Stufe 1). Tomaten zugeben und kurz mit anbraten (30 Sek./Varoma/Stufe 1). Wasser zufügen und garen (10 Min./105 °C/Stufe 1). Restliche Zugeben und zerkleinern (10 Sek./Stufe 8).

13263. Apfelkuchen sehr fein: Dr. Oetker, Juni 2021

26-cm-Springform; Buch „Backen macht Freude".

- 125 g Alsan-Biomargarine
- 125 g Rohrohrzucker
- 1 P Vanillezucker natur
- 1 Prise Salz
- 3 Eier
- 1 x Lecker's Zitronenaroma

- 200 g Weizenmehl, Typ 1050
- 2 TL Backpulver (6 g)
- 1 EL Hafermilch

Belag:
- 600 g Äpfel (netto!)
- 2 TL Zimtzucker 14/12210

Margarine, Zucker, Salz, Eier und Aroma in die Rührschüssel geben (Teigschläger noch nicht drin). Mehl mit Backpulver mischen und zugeben. Teigschläger einsetzen und 2 Min. schlagen lassen. Zwischendurch die Milch zugeben. Für den Belag die Äpfel vierteln, Schadstellen und Kerngehäuse entfernen. Spaltenförmig einritzen. Springform am Boden mit Backpapier überspannen, Teig darin verteilen. Mit den Äpfeln belegen und mit dem Zimtzucker bestreuen. Backen im Heißluftofen 40 Min. bei 165 °C.

13264. Vollkornbrot mit Mehl 50:50, Juni 2021
Vorläufer 13228

Stufe 1 (ca. 6,5 Std. vorher; bei mir 6:30 - 13:00):
Sauerteigansatz:
- 400 g Roggenvollkornmehl
- 425 g Wasser
- 150 g Sauerteig

Stufe 2 (nachmittags):
- 100 g Roggenvollkornmehl
- 100 g Hafer
- 225 g Dinkelvollkornmehl
- 100 g Sonnenblumenkerne
- 18 g Salz
- 325 g Nudelkochwasser
- 10 g frische Hefe
- 1 EL Brotgewürz (Brecht)
- ca. 800 g Sauerteigansatz
- 20 g Butter/Margarine für die Form

Stufe 1: Alten Sauerteig gut durchrühren. Bei gekauftem Roggenmehl setzt sich oben nämlich eine Schicht ab. Roggen mit Wasser und altem Sauerteig mischen. In einer Plastiktüte 6-7 Std. stehen lassen. 150 g von der Stufe 1 abnehmen und in einem gut schließenden Schraubglas in den Kühlschrank stellen für das nächste Backen. Ich habe diesmal die 150 g noch mit ca. 60-75 g Wasser verrührt, damit der Sauerteig nicht so austrocknet.

Stufe 2: Hefe in einem Teil des Wassers auflösen. Hefewasser und restliches Wasser zum Sauerteig geben und glattrühren. Restliche Zutaten (außer der Butter) mit einem großen Löffel gründlich verrühren, bis kein Mehl mehr sichtbar ist. Eine 30-cm-Brotform, Profi-Email von Dr. Oetker, gut einfetten. Teig hineingeben, mit der nassen Hand herunterdrücken und glattstreichen. Mit einem scharfen Messer mehrmals schräg einschneiden. Form im kalten Ofen etwa 90 Min. gehen lassen. Ofen auf 195 °C aufheizen, das Brot ist dabei im Ofen. Backzeit 65 Min., im ausgestellten Ofen 5 Min. nachbacken.

13265. Soße statt Käse für zwei Pizzen, Juni 2021
Vorläufer 13252

- 200 g Skyr
- 40 g Hafersahne
- 30 g Sonnenblumenöl
- 23 g vegane Mayonnaise
- Salz
- 1/2 TL Agavendicksaft

Mit einem Rührbesen verrühren. Lässt sich sehr gut einfrieren. Direkt mit auf die Pizza geben.

13266. Berner Schokoladenkuchen, Juni 2021

Meine Mutter hat dieses Rezept aus einer Zeitschrift ausgeschnitten, ich weiß nicht welcher. Autorin ist Susanne Zwicky, was immerhin recht Schweizerisch klingt.

- 250 g Schokolade (mindestens 70 %)
- 100 g Wasser (heiß)
- 125 g Alsan-Bio-Margarine
- 5 Eier
- 250 g Rohrohrzucker
- 2 P Vanillezucker (mit Rohrohrzucker)
- 30 g Weizenmehl Typ 1050
- 100 g geriebene Mandeln

Eine 26-cm-Springform mit Backpapier überspannen. Schokolade mit dem Wasser im Wasserbad schmelzen*. Margarine zugeben, unterrühren und stehen lassen. Eier schaumig schlagen (in diesem Fall Handrührgerät), dann mit dem Zucker weiter schlagen. (Umluftofen auf 165 °C vorheizen.) Schokoladenmasse löffelweise zugeben. Mehl mit Mandeln mischen und unterziehen. In die Form gießen. 50 Min. bei 165 °C backen.

***Tipp:** Einige Tage stehen lassen, der Kuchen muss durchziehen.*

13267. Skyrdressing TM II, Juni 2021

Vorläufer 13253

- 600 g Wasser
- 700 g Skyr
- 10 g Mayonnaise vegan
- 80 g Agavendicksaft
- 1 Knoblauchzehe (12 g)
- 2 TL Salz (25 g)
- 1 Prise Pfeffer
- 1 Prise Currypulver
- 2 EL (20 g) Zitronensaft
- 15 g Senf
- 2 TL (= 5 g) getr. Salatkräuter (Lebensbaum)
- 8 g Guarkernmehl

Alle Zutaten bis auf das Guarkernmehl gut mixen (1 Min./Stufe 10). Guarkernmehl dann während des Rührens einrieseln lassen, nochmals 10-20 Sek./Stufe 10.

***Hinweis:** Vorläufer 13256 ist besser!*

13268. Brötchen Dinkel 1050, Juni 2021

8 Stück; 13116

- 300 g Wasser
- 1 Päckchen Dr. Oetker-Trockenhefe
- 1 TL Rohrohrzucker (oder Honig/Zucker)
- 1 TL Backmalz
- 7 g Dinkelvollkorngrieß
- 500 g Dinkelmehl (Typ 1050)
- 2 gestr. TL Salz

Die trockenen Zutaten mischen. (Öl und) Wasser in die Küchenmaschine geben, Trockenmischung darauf schütten und 2 Min. 40 Sek. kneten. Kurz mit der Hand durchkneten, eine Kugel unter Spannung formen. Kugel in eine verschließbare Dose geben, gut verschlossen und evtl. noch in einer Plastiktüte mehrere Std. (bei mir knapp 4 Std.) in den Kühlschrank stellen.

Der Teig war bei mir so weit gegangen, dass der Deckel der Pengdose abgesprungen war. Teig nicht kneten, sondern falten (Rechteck einmal von oben und unten zusammenfalten, um 90 ° drehen und nochmals falten. Zwischen den Händen zu einer Kugel unter Spannung formen.) Teig in der verschlossenen Dose bei RT aufbewahren (bei mir 2 Std.). Nochmals zusammenfalten und eine Rolle bilden (nicht zu lang).

Teigstück wiegen, Gewicht durch 8 dividieren. Das ergibt das Zielgewicht der einzelnen Brötchen. Die Rolle halbieren, die Hälften halbieren und noch einmal halbieren, das ergibt 8 etwa gleichgroße Stücke.

Die einzelnen Stücke auf das ausgerechnete Gewicht hin auswiegen. Einzelstücke zusammenfalten und zwischen den Händen zu einer Kugel unter Spannung formen. Jede Kugel flach drücken und etwas in die Länge ziehen. Nebeneinander auf ein Backblech legen (ich habe ein Lochblech, das ich nicht einfetten muss).

Den Ofen auf 225 °C (Heißluft) vorheizen. In dieser Zeit gehen die Brötchen, locker abgedeckt mit einer Plastik-tüte. Brötchen mit einem scharfen Messer längs einschneiden, mit Wasser einsprühen.

Eine ofenfeste Schüssel mit Wasser in den Backofen stellen. Brötchen einschieben und insgesamt 20 Min. backen. Nach 15 Min. mit Wasser einsprühen. Nach 20 Min. müssen sie hohl klingen, wenn man von unten klopft. Mit Wasser einsprühen, auf ein Gitterrost setzen und auskühlen lassen.

13269. Mango-Nektarinen-Sirup, Juni 2021

- 425 g Mangostücke
- 180 g Nektarinenstücke
- 300 g Rohrohrzucker
- 1 P Vanilleextrakt
- 300 g Wasser
- 1 P Zitronensäure (5 g)

Obst, Zucker, Vanille und Zitronensäure zerkleinern (10 Sek./Stufe 10). Wasser zugeben und 12 Min./Varoma/2 ein-dicken. Als Spritzschutz das Garkörbchen aufsetzen. Sobald es sprudelnd kocht, kann man die Temperatur herabstellen.

13270. Aprikosenlikör, Juli 2021

- 400 g Wasser
- 350 g Rohrohrzucker
- 910 g saftige Aprikosen (etwa 1000 g brutto)
- 60 g Zitronensaft
- 1 Vanilleextrakt Finesse
- 500 g Wodka (40 % Alkohol)

Wasser mit Zucker im TM aufkochen (10 Min./105 °C/Stufe 2). Aprikosen zufügen, pürieren (10 Sek./Stufe 8) und ein-kochen (10 Min./105 °C/Stufe 2). Aufpassen, die Flüssigkeit schäumt stark, besser das Garkörbchen als Spritzschutz auf-setzen. Zitronensaft, Vanille und Wodka zugeben und ver-rühren (20 Sek./Stufe 5). Ich habe diesmal nicht gesiebt. In die mit kochendem Wasser ausgespülten Flaschen gießen. Haltbarkeit angeblich bei dunkler und kühler Lagerung etwa 6 Monate.

13271. Nudeln mit Kräuterseitling, Juli 2021

- 90 g Vollkorn-Hartweizenspaghetti, in Stücke gebrochen
- 20 g Sonnenblumenöl
- 2 Knoblauchzehen (10 g), in Scheiben
- 140 g Kräuterseitlinge, in Scheiben
- 90 g Hafersahne
- 2 Prisen Salz
- 1 Prise Pfeffer
- 1 Prise Rohrohrzucker
- 35 g Hafersahne

Knoblauch und Pilze in Sonnenblumenöl anbraten. Mit der Hafersahne ablöschen und 12 Min. auf kleiner Einstellung kochen. Mit Salz, Pfeffer und Rohrohrzucker abschmecken, Hafersahne unterrühren. Da ich Nudeln immer ungesalzen koche, habe ich kräftig gewürzt. Nudeln in ausreichend Wasser 15 Min. kochen. Wasser auffangen und in anderen Gerichten weiterverwenden. Mit der Kräuterseitlingsoße mischen.

13272. Kleiner Aprikosenkuchen, Juli 2021

- 450 g Aprikosen entkernt
- 140 g Alsan Margarine
- 1 P Vanillezucker mit Rohrohrzucker
- 100 g Rohrohrzucker
- 2 Eier
- 200 g gemahlene Mandeln
- 100 g Dinkelmehl 1050
- 1 Prise Salz
- 2 TL Backpulver
- 65 g Skyr
- 30 g Hafermilch
- 2 g getr. Zitronenschale

Guss und Belag

- 30 g Hafermilch
- 3-4 TL Zimtzuckermischung 14/12210

Eine 20 cm Springform mit Backpapier auslegen und mit etwas Margarine einfetten. Backblech in den Ofen schieben. Die Hälfte der Aprikosen in feine Scheiben schneiden (halbieren, je Hälfte längs in 3 Streifen schneiden, dann diese in Scheiben schneiden), die andere Hälfte halbieren.

Margarine, Salz und Zucker mit den Rührbesen eines Handrührgeräts cremig schlagen. Eier dazugeben und schaumig schlagen. Gemahlene Mandeln, Mehl, Backpulver, Skyr und Zitronenschale unterrühren. Bei mir war der Teig noch zu fest, deshalb habe ich noch 30 g Milch untergerührt. Die Aprikosenstückchen unterheben. Teig in die vorbereitete Springform füllen und glatt streichen. Die Aprikosenhälften mit der Schnittfläche nach unten auf dem Teig verteilen.

Für den Guss Milch und 2 TL Zimtzucker verrühren, auf die Oberfläche träufeln. Aprikosen noch mit etwas trockenem Zimtzucker bestreuen. Ofen (Heißluft) auf 185 °C vorheizen. Form auf das Backblech stellen und 50 Min. backen. Aus dem Ofen nehmen, auf ein Gitterrost stellen und in der Form vollständig auskühlen lassen.

13273. Fenchel Kartoffeln Frischkäse, Juli 2021

Als Gemüsepfanne 20 Min. (20-cm-Pfanne):

- 225 g Kartoffeln in Scheiben
- 70 g Fenchel in Stückchen
- 30 g rote Linsen
- 125 g Nudelkochwasser

Abschmecken mit:

- Salz
- etwa 1 EL Frischkäse

13274. Kartoffeln und Reis, Juli 2021

20 Min. in einem kleinen Topf garen:

- 50 g weißer Reis
- 210 g Kartoffeln, in kleineren Streifen

Abschmecken mit:

- 1 EL Zitronensaft
- 20 g Frischkäse (oder Nussmus)
- 1-2 Prisen Salz

13275. Mohntorte, Juli 2021

Springform 26 cm; nach dem alten Dr. Oetker „Das große Kochbuch" (1963, 12. Auflage)

- 5 kleine Eier
- 150 g Alsan Margarine
- 150 g Vollrohrzucker
- Etwas Salz
- 3 EL Milch

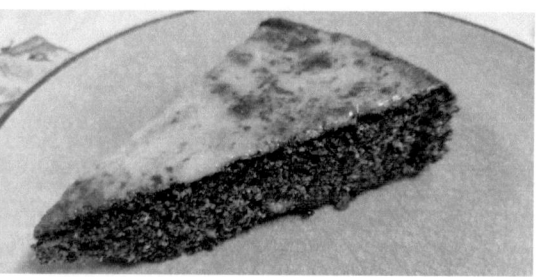

- 1 P Vanillepuddingpulver
- 3 g (1 gestr. TL) Backpulver
- 150 g backfertiger Mohn
- 50 g in kleine Würfel geschnittenes Zitronat (selbstgemacht)

Eier trennen und Eiweiß in der Küchenmaschine steif schlagen. Umfüllen. Margarine schaumig schlagen. Zucker und Salz, Eigelbe, Milch, Puddingpulver mit Backpulver und Mohn unter Rühren einlaufen lassen. Auf kleiner Stufe erst das Zitronat und dann den Eischnee unterheben.

In eine am Boden mit Backpapier bespannte Springform füllen und glattstreichen. Form in den auf 165 °C vorgeheizten Ofen schieben. 30 Min. (bis evtl. 35 Min.) bei 165 °C backen. Stäbchenprobe machen. Kuchen abkühlen lassen.

- 65 g glatte Marmelade, hier: Nektarinenmarmelade
- 75 g Puderzucker
- 1 EL heißes Wasser

Marmelade im Wasserbad erhitzen und auf die Torte streichen. Puderzucker und Wasser verrühren, auf die Marmelade geben.

13276. Kartoffelsuppe fix, Juli 2021
- 265 g Kartoffeln, ungeschält und in Scheiben
- 85 g Zwiebeln, grob gehackt
- 1 Knoblauchzehe
- 500 g Wasser

Kochen im TM (23 Min./105 °C/Stufe 1 oder 2) und abschmecken mit:
- 1 gestr. TL Salz
- 1 Prise Pfeffer
- 1 EL Zitronensaft
- Sonnenblumenkerne als Deko

Pürieren (10 Sek./Stufe 8). In der Suppenschüssel mit Kernen bestreuen.

13277. Skyrdressing TM III, Juli 2021
Vorläufer 13253
- 575 g Wasser, davon 120 g Kichererbsenwasser (Dose)
- 625 g Skyr
- 15 g Mayonnaise vegan
- 80 g Agavendicksaft
- 1 Knoblauchzehe (8 g)
- 2 TL Salz (25 g)
- 1 Prise Pfeffer
- 1 Prise Currypulver
- 1 EL Zitronensaft
- 18 g Senf
- 2 TL (= 5 g) getr. Salatkräuter (Lebensbaum)
- 7 g Guarkernmehl

Alle Zutaten bis auf das Guarkernmehl gut mixen (1 Min./Stufe 10). Guarkernmehl dann während des Rührens einrieseln lassen, nochmals 10-20 Sek./Stufe 10.

13278. Puderzucker, Juli 2021

- 250 g Rohrohrzucker

In den Thermomix geben. Haushaltspapier über die Öffnung spannen. Pulverisieren (1 Min./Stufe 10). Gegen das Papier klopfen, damit der Zucker, der dort hängt, herunterfällt. In ein absolut trockenes, gut verschließbares Gefäß umfüllen.

13279. Soße statt Käse für vier Pizzen, Juli 2021

Vorläufer 13266

- 400 g Skyr
- 80 g Hafersahne
- 60 g Sonnenblumenöl
- 45 g vegane Mayonnaise
- 1/2 TL Salz
- 1 TL Agavendicksaft
- 1 TL Nussmus

Mit einem Handrührgerät verrühren. Je 150 g der fertigen Masse habe ich eingefroren, da die Soße im Gegensatz zu der Tomatensoße nach dem Auftauen perfekt war.

13280. Dinkelbrot würzig II, Juli 2021

Vorläufer 13247

- 220 g Dinkelflocken zart
- 250 g kochendes Wasser
- 500 g Dinkel-Vollkornmehl
- 1 EL (= 17 g) Salz
- 1 gestr. EL Brotgewürze
- 150 g Hafermilch
- 200 g warmes Wasser
- 2 P Trockenhefe
- 1-2 EL Hafermilch
- 1-2 EL Dinkelflocken zart
- 1-2 EL Hafermilch zum Bepinseln

Kochendes Wasser in der Rührschüssel über die Flocken gießen und verrühren. 20-30 Min. quellen lassen. Mehl, Salz und Gewürz in einer Schüssel mit dem Löffel verrühren. Hafermilch, warmes Wasser, Trockenhefe und Zucker mit einem Teelöffel verrühren. Flüssigkeiten in die Rührschüssel geben, Hefe zuführen und einige Min. auf Stufe 2 mit den Knethaken rühren. Gequollene Haferflocken einfügen und einige Min. rühren, bis sie sich fast aufgelöst haben. Mehlmischung zugeben und 5 Min. kneten. Wie in der Bedienungsanleitung angegeben, geht der Teig gegen den Deckel, den habe ich dann abgenommen. Hat gut geknetet. Es ergab aber keine echte Kugel, das liegt vermutlich an meinen extra 50 g Wasser. Mit den Händen kurz durchkneten und zu einer Kugel unter Spannung formen. In eine passend große Schüssel geben, mit einem Tuch abdecken und in den Ofen stellen. Bei 35 °C Ober-/Unterhitze 30 Min. gehen lassen (im Winter würde ich den Teig einfach auf das Fensterbrett stellen). Nach der Gehzeit nochmal durchkneten und ein Brot formen.

Mit Hafermilch bepinseln. Mit einem scharfen Messer mehrmals kreuzweise einschneiden. Eine große Schüssel über das Brot stülpen und den Heißluftofen auf 185 °C vorheizen, auf dem Boden steht eine feuerfeste Form mit Wasser. Backzeit (Heißluft) bei 185 °C: 50 Min.

13281. Frischkäse-Zebrakuchen, Juli 2021

- 345 g Frischkäse
- 155 g Skyr
- 4 EL (= 105 g) Joghurt 1,5 %
- 100 g Rohrohrzucker
- 1 P Vanillezucker mit Rohrohrzucker
- 3 Eier

- 1 P Vanillepuddingpulver

Für den dunklen Teig:
- 2 schwach gehäufte EL Kakaopulver
- 3 EL Rohrohrzucker

Frischkäse, Skyr und Joghurt mit den Rührbesen glatt rühren. Zucker einrühren. Eier einzeln unterziehen, dann das Puddingpulver bei laufendem Gerät einrieseln lassen. Ein Drittel der Masse in ein anderes Gefäß geben. Kakaopulver und 3 EL Zucker unter den Rest in der Schüssel rühren.

Eine 18-cm-Springform mit Backpapier auslegen. Erst je 2 EL Teig in die Mitte der Springform geben, dann vom nächsten Teig 2 EL ebenfalls in die Mitte. Da der Kakaoteig (warum auch immer) deutlich mehr ist, habe ich irgendwann 1 EL hellen auf 3 EL dunklen Teig genommen. Form in den auf 175 °C (Heißluft) vorgeheizten Backofen geben. 65 Min. bei 175 °C backen (Stäbchenprobe).

13282. Fächerkartoffeln aus der Pfanne, Juli 2021
- 15 g Sonnenblumenöl
- 80 g Wasser (weniger wäre noch besser)
- 250 g nicht zu große Kartoffeln, längs halbiert
- 1 Prise Salz
- 1 Ei
- 1 EL Hafersahne

Öl und Wasser in eine 20-cm-Keramikpfanne gießen. Kartoffeln mit der Schnittfläche nach unten auf ein Brett legen und von oben in Fächer schneiden (nicht zu tief einschneiden!). Nebeneinander in das Wasser legen, mit Salz bestreuen. Aufkochen und 25 Min. kochen (je nach Kartoffelsorte).

Ei mit Hafersahne verquirlen und über die Kartoffeln gießen, stocken lassen. Schmeckt auch ohne Ei.

13283. Pizzateig mit Zucker, Juli 2021
2 Pizzen; Vorläufer 13244

- 2 TL Vollkorngrieß
- 235 g Weizenmehl 550
- 1 P Trockenhefe
- 1 gestr. TL Salz
- 1/2 TL Rohrohrzucker
- 3 EL Sonnenblumenöl (25 g)
- 125 g Wasser

Flüssigkeiten in die Küchenmaschine geben. Trockene Zutaten mischen, auf die Flüssigkeit schütten und Knethaken einsetzen. 5 Min. kneten lassen. 4 Std. gehen lassen. Einmal zwischendurch falten. In zwei Teile teilen. Jede für sich zu Pizzagröße auseinanderdrücken/ausrollen. Beläge darauf geben. 235 °C (Heißluft), vorgeheizt. Nach 8 Min. Käse drauf. Insgesamt ca. 15 Min.

Hinweis: *Da bei diesem Wetter (keine Heizung an, Raumtemperatur relativ kühl) mein Teig nicht ordentlich geht, habe ich diesmal 1/2 TL Rohrohrzucker zugegeben. Nun ist er gegangen.*

13284. Möhren-Kartoffeln, Juli 2021
Als Gemüsepfanne 25 Min.:
- 90 g Wasser
- 160 g Kartoffeln, in Scheiben
- 170 g Möhren, in Scheiben
- 10 g Sonnenblumenöl
- 1 Prise Salz
- Unterrühren, kurz erhitzen: 70 g gekochte weiße Bohnen

13285. Skyrdressing TM IV, Juli 2021

Vorläufer 13277

- 575 g Wasser, davon 150 g Bohnenwasser (Dose)
- 625 g Skyr
- 20 g Mayonnaise vegan
- 80 g Agavendicksaft
- 1 Knoblauchzehe (11 g)
- 2 TL Salz (27 (25) g)
- 1 Prise Pfeffer
- 1 Prise Currypulver
- 1 EL Zitronensaft
- 13 g Senf
- 2 TL (= 5 g) getr. Salatkräuter (Lebensbaum)
- 7 g Guarkernmehl

Alle Zutaten bis auf das Guarkernmehl gut mixen (1 Min./ Stufe 10). Guarkernmehl dann während des Rührens einrieseln lassen, nochmals 10-20 Sek./Stufe 10.

13286. Tomatenketchup mit Nussmus V, Juli 2021

Vorläufer 13249, 2-3 größere Schraubgläser

- 2 Dosen Tomaten inklusive Saft (800 g)
- 150 g Apfelessig
- 100 g Wasser
- 150 g Soft-Datteln
- 9 g Knoblauchzehen (frisch)
- 1 EL Erdnussmus (60 g)
- 1 geh. TL Salz
- 150 g Gemüsezwiebeln, halbiert
- 1 Apfel 140 g
- 1/2 gelbe Paprika (65 g)
- 1 Stück Essigpeperoni 7/4573 (10 g)
- 1 Prise (1/4 TL) Pfeffer
- 2 geh. TL Paprikapulver edelsüß
- 1/2 TL Curry
- 1 TL (20 g) Sojasoße
- 30 g Tomatenmark
- 250 g Wasser

Alle Zutaten bis auf die zweite Menge Wasser in den TM-Mixtopf geben. Zerkleinern (25 Sek./Stufe 10), dabei den Messbecher fest andrücken, anschließend garen (40 Min./Varoma/Stufe 3; nach ca. 20 Min. auf 98 °C stellen, kocht immer noch). Nach Ende der Garzeit Rest Wasser zugeben und fein pürieren (30 Sek./Stufe 10). Direkt in Schraubgläser füllen.

13287. Zwiebel-Relish XXVI, Juli 2021

Vorläufer 13250; 2 Nussmusgläser.

- 615 g Zwiebeln
- 1 Apfel (165 g, ohne Kerne)
- 2 Knoblauchzehen (frisch; 11 g)
- 250 g Rosinen
- 100 g Tomatenketchup
- 1 geh. TL Salz
- 1 geh. MS gem. Nelken
- 1 geh. MS Zimt
- 1 TL Paprikapulver edelsüß
- 1 geh. MS gem. Kreuzkümmel
- 1 gestr. TL Curry
- 1 TL getr. Thymian, zwischen den Händen verrieben

- 10 g Sojasoße
- 160 g Apfelessig
- 135 g Wasser

Herstellung im TM. Zwiebeln, Apfel, Rosinen und Knoblauch zerkleinern (10 Sek./Stufe 5,5). Nach unten schieben und die restlichen Zutaten zugeben. 50 Min./105 °C/Linkslauf/Stufe 1 ohne Messbecher garen. Sobald es kocht, wenn nötig Garkörbchen als Spritzschutz aufsetzen. Relish in leere Schraubgläser füllen. Sofort verschließen und abgekühlt im Kühlschrank aufbewahren.

13288. Spaghetti in Champignon-Creme, Juli 2021

- 100 g Spaghetti nach Packungsvorschrift zubereiten.

Soße

- 10 g Sonnenblumenöl
- 35 g Wasser
- 50 g Zwiebel, gehackt
- 1 Knoblauchzehe, in Scheiben (5 g)
- 195 g Champignons, in Scheiben
- 1 Eierlöffel Salz
- 1 Prise gem. Pfeffer
- 75 g Hafersahne
- 1 TL Speisestärke

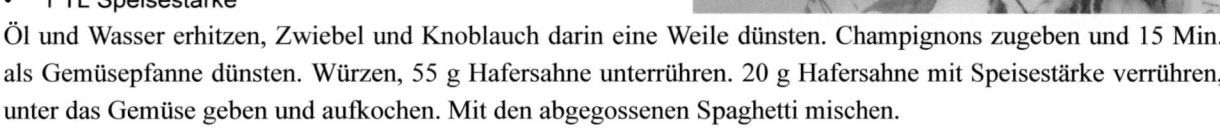

Öl und Wasser erhitzen, Zwiebel und Knoblauch darin eine Weile dünsten. Champignons zugeben und 15 Min. als Gemüsepfanne dünsten. Würzen, 55 g Hafersahne unterrühren. 20 g Hafersahne mit Speisestärke verrühren, unter das Gemüse geben und aufkochen. Mit den abgegossenen Spaghetti mischen.

13289. Johannisbeermarmelade, Juli 2021

Vorläufer 13229

- 615 g Rote Johannisbeeren
- 1 Apfel (155 g)
- 1 P Vanillearoma (Finesse)
- 5 g Zitronensäure
- 300 g Rohrohrzucker

Obst im Vitamix pürieren, die Johannisbeerkerne sind dadurch leider nicht ganz verschwunden. Alle Zutaten in den TM geben, zerkleinern (10 Sek./Stufe 10) und garen (13 Min./Varoma/Stufe 2). Beim Kochen Gärkörbchen als Spritzschutz aufsetzen. Erneut pürieren (10 Sek./Stufe 10).

Schon vorher vorbereiten: Schraubgläser auf ein Handtuch stellen und mit kochendem Wasser füllen, Deckel ebenfalls füllen. Wenn die Marmelade fertig ist, Wasser ausgießen, Marmelade einfüllen. Deckel festschrauben.

13290. Nektarinenmarmelade „Eistee", Juli 2021

Vorläufer 13289

- 625 g Nektarinen
- 1 Apfel (100 g)
- 275 g Rohrohrzucker
- 30 g Zitronensaft
- 1 TL gem. Ingwer
- Saft von einer Grapefruit (145 g)
- 1 Beutel Konfitura (vegane Gelierhilfe von Biovegan)
- 3 Beutel Schwarztee (bei mir Assam)

Obst mit Zucker im TM zerkleinern (10 Sek./Stufe 8). Säfte und Ingwer zugeben. Garen (13 Min./Varoma/Stufe 2), dabei zu Beginn die Gelierhilfe bei Stufe 3,5 einrieseln lassen. In den letzten 5 Min. die Teebeutel in den Mixtopf einhängen, mit dem Messbecher festhalten lassen. Zuerst Teebeutel entfernen (Vorsicht, heißer Dampf!). In heiß ausgespülte Schraubgläser abfüllen.

13291. Blumentörtchen, Juli 2021

14-15 Muffins, nach einem Rezept aus „Magischer Drachenspaß Nr. 1"

Teig

- 150 g weiche Alsan Margarine (oder Butter)
- 150 g Rohrohrzucker
- 2 Eier
- 1 Prise Salz
- 150 g Weizenmehl 1050
- 100 g gem. Mandeln
- 1,5 TL Backpulver
- 150 g Buttermilch

Verzierung

- 100 g Alsan Margarine (weich)
- 50 g Rohrohrzucker
- 1 TL Mangosirup (färbt nicht wirklich)
- 150 g Rohrohrpuderzucker
- 120 g Frischkäse
- Rote Marmelade (hier: Johannisbeermarmelade)
- 3 Mandeln je Muffin (= 40-50 Stück)

Butter, Zucker, Eier und Salz zu einer schaumigen Masse schlagen. Mehl, Mandeln und Backpulver mischen. Mit der Buttermilch in die Buttermasse einrühren (ich habe erst die Buttermilch eingerührt, dann die Mehlmischung hinzugegeben und nicht zu lange untergerührt. Das Rezept hier ist nicht muffintypisch). Je 1 EL Teig in mit Papierförmchen ausgelegte Silikonmuffinformen füllen (12 Muffins, plus 3 Silikonmuffinförmchen).

Törtchen bei 175 °C (Heißluft) 20-25 Min. backen. Stäbchenprobe machen. Papierförmchen und die kleinen Silikonformen auf einem Gitterrost auskühlen lassen und die kalten Muffins verzieren.

Für die Creme Butter und 50 g Zucker schaumig schlagen. Ich habe zur Farbgebung 1 TL Mangosirup zugegeben, das hat die Farbe aber praktisch nicht verändert. Puderzucker und Frischkäse zugeben und zu einer glatten Masse schlagen. Je 1 geh. TL auf je 1 Muffin geben und verstreichen. In die Mitte je einen Klecks rote Marmelade geben, je 3 Mandeln mit der Spitze nach unten oder oben hinzulegen.

13292. Dinkelbrot würzig III, Juli 2021

Vorläufer 13247

- 220 g Haferflocken zart
- 200 g kochendes Wasser
- 500 g Dinkel-Vollkornmehl
- 1 EL (= 18 g) Salz
- 1 gestr. EL Brotgewürze
- 150 g Buttermilch
- 200 g warmes Wasser
- 2 P Trockenhefe
- 1 gestr. TL Vollrohrzucker
- 1-2 EL Buttermilch
- 1-2 EL Dinkelflocken zart

Erst die Flüssigkeit in die Rührschüssel geben und 20 Sek. auf Stufe 2 rühren. Mehlmischung zugeben und 5 Min. kneten. Mit den Händen kurz durchkneten und zu einer Kugel unter Spannung formen. In eine passend große Schüssel geben, mit einem Tuch abdecken und in den Ofen stellen. Bei 35 °C Heißluft 30 Min. gehen lassen (im Winter würde ich den Teig einfach auf das Fensterbrett stellen). Nach der Gehzeit nochmal durchkneten und ein rundes Brot formen.

Mit Buttermilch bepinseln. Mit einem scharfen Messer mehrmals kreuzweise einschneiden. Eine große Schüssel über das Brot stülpen und den Heißluftofen auf 185 °C vorheizen, auf dem Boden steht eine feuerfeste Form mit Wasser. Backzeit bei 185 °C: 50 Min.

13293. Nektarinenmarmelade „Eistee", Juli 2021

Vorläufer 13289

- 625 g Nektarinen
- 1 Apfel (100 g)
- 275 g Rohrohrzucker
- 30 g Zitronensaft
- 1 TL gem. Ingwer
- Saft von einer Grapefruit (145 g)
- 1 Beutel Konfitura (vegane Gelierhilfe von Biovegan)
- 3 Beutel Schwarztee (bei mir Assam)

Obst mit Zucker im TM zerkleinern (10 Sek./Stufe 8). Säfte und Ingwer zugeben. Garen (13 Min./Varoma/Stufe 2), dabei zu Beginn die Gelierhilfe bei Stufe 3,5 einrieseln lassen. In den letzten 5 Min. die Teebeutel in den Mixtopf einhängen, mit dem Messbecher festhalten lassen. Zuerst Teebeutel entfernen (Vorsicht, heißer Dampf!). In heiß ausgespülte Schraubgläser abfüllen.

13294. Apfelmus-Muffins, Juli 2015

Nach einem Rezept aus dem Internet („Freundin")

- 120 g Alsan Margarine
- 240 g Weizenmehl 1050
- 1,5 Päckchen Backpulver
- 1 kleine Prise Salz
- 175 g Apfelmus (selbstgemacht)
- 125 g Zucker (100 g hätten gereicht)
- 1 P Vanillezucker
- 2 Eier

Margarine auf kleiner Einstellung schmelzen. In eine Rührschüssel geben. Mehl mit Backpulver (evtl. sieben) und Salz in einer Schüssel mischen. Margarine mit den Rührbesen schlagen, dabei Zucker einrieseln lassen und Apfelmus zugeben. Die Eier einzeln einrühren. Zum Schluss die Mehlmischung auf einmal zufügen und rühren, bis ein homogener (Zitat) Teig erreicht ist. Ich habe homogen so verstanden, dass kein Mehl mehr sichtbar sein darf. (Spätestens jetzt den Ofen auf 175 °C (Heißluft) vorheizen.)

Muffinförmchen zwei Drittel hoch mit Teig füllen und in den heißen Ofen schieben. 15 (bis 20) Min. bei 185 °C backen. Abkühlen lassen und mit Schokoladenglasur bestreichen.

13295. Skyrdressing TM V, Juli 2015

Vorläufer 13285

- 575 g Wasser, davon 150 g Bohnen- oder Kichererbsenwasser (Dose)
- 625 g Skyr
- 20 g Mayonnaise vegan
- 80 g Agavendicksaft
- 1 Knoblauchzehe (11 g)
- 3 TL Salz (28) g)
- 1 Prise Pfeffer
- 1 Prise Currypulver
- 1 EL Zitronensaft
- 1 TL (13 g) Senf
- 2 TL (= 5 g) getr. Salatkräuter (Lebensbaum)
- 7 g Guarkernmehl

Alle Zutaten bis auf das Guarkernmehl gut mixen (1 Min./ Stufe 10). Guarkernmehl dann während des Rührens einrieseln lassen, nochmals 10-20 Sek./Stufe 10. Verdünnung: 70 g Dressing + 3-4 EL Wasser.

13296. Vanillequarkspeise, August 2021

6 Portionen

- 1 P Vanillepuddingpulver
- 50 g Rohrohrzucker
- 1 P Vanillearoma „Finesse"
- 500 g Hafermilch
- 250 g Magerquark
- 6 TL Marmelade (hier: Pampelmuse)
- 30 g Chocolate Chunks Vanille

Puddingpulver und Zucker mischen. Von der Hafermilch so viel Milch unter Rühren mit einem kleinen Schneebesen dazu geben, dass sich eine flüssige Creme ergibt. Restliche Milch mit dem Aroma zum Kochen bringen. Von der Platte ziehen, trockenes Gemisch einrühren. Wieder aufkochen. Kurz durchrühren und Magerquark portionsweise unter den Pudding rühren. Auf 6 Schüsselchen verteilen (bei mir 4 x 5 und 2 x 4 EL). Je 1 Klecks (1 TL) Marmelade in die Mitte geben, die Chunks an die Seite streuen.

13297. Pflaumenmarmelade, August 2021

Vorläufer 13289

- 600 g Zwetschgen
- 1 Apfel (140 g)
- 1/2 TL gem. Zimt
- 1 P Vanillearoma (Finesse)
- 30 g Zitronensaft
- 285 g Rohrohrzucker
- 1 (1/2 flacher) TL Johannisbrotkernmehl

Alle Zutaten bis auf das Johannisbrotkernmehl in den TM geben, zerkleinern (20 Sek./Stufe 8) und garen (13 Min./115 °C/Stufe 2). Beim Kochen evtl. Gärkörbchen als Spritzschutz aufsetzen. Johannisbrotkernmehl zugeben und einige Sek. auf Stufe 5 laufen lassen.) Erneut pürieren (10 Sek./Stufe 10).

Schon vorher vorbereiten: Schraubgläser auf ein Handtuch stellen und mit kochendem Wasser füllen, Deckel ebenfalls füllen. Wenn die Marmelade fertig ist, Wasser ausgießen, Marmelade einfüllen und Deckel festschrauben.

13298. Brötchen perfekt II, August 2021

8 Stück; Vorläufer 13116

- 300 g Wasser (davon 155 g Kichererbsenkochwasser, Dose)
- 1 P Trockenhefe
- 1 TL Rohrohrzucker (oder Honig/Zucker)
- 1 EL Sonnenblumenöl
- 500 g Weizenmehl (Typ 1050)
- 1,5 gestr. TL Salz

Die trockenen Zutaten mischen. Öl und Wasser in die Küchenmaschine gießen. Trockene Zutaten zugeben und 5 Min. kneten lassen. Noch einmal mit der Hand durchkneten, eine Kugel unter Spannung formen. Kugel in eine verschließbare Dose geben, gut verschlossen und evtl. noch in einer Plastiktüte mehrere Std. (bei mir 5 Std.) in den Kühlschrank stellen.

Der Teig war bei mir so weit gegangen, dass der Deckel der Pengdose abgesprungen war. Teig nicht kneten, sondern falten (Rechteck einmal von oben und unten zusammenfalten, um 90° drehen und nochmals falten. Zwischen den Händen zu einer Kugel unter Spannung formen.) Teig in der verschlossenen Dose bei Raumtemperatur aufbewahren (bei mir 1 Stunde). Nochmals zusammenfalten und ein dickes Quadrat formen.

Teigstück wiegen, Gewicht durch 8 dividieren. Das ergibt das Zielgewicht der einzelnen Brötchen. Das Teigstück halbieren, wiederum zwei Quadrate formen. Jedes Quadrat vierteln. Nebeneinander auf ein Backblech legen (Lochblech mit Backpapier).

Den Ofen auf 225 °C (Heißluft) vorheizen. In dieser Zeit gehen die Brötchen, locker abgedeckt mit einer Plastiktüte. Brötchen mit einem scharfen Messer längs einschneiden, mit Wasser einsprühen.

Eine ofenfeste Schüssel mit Wasser in den Backofen stellen. Brötchen einschieben und insgesamt 15 Min. backen. Kurz vor Ende mit Wasser einsprühen. Nach 15 Min. müssen sie hohl klingen, wenn man von unten klopft. Mit Wasser einsprühen, auf ein Gitterrost setzen und auskühlen lassen.

13299. Schokokuchen saftig, August 2021
- 180 g Hafermilch
- 175 g Schokolade (etwa 2/3 Salty Caramel von Vivani und GEPA, die uns nicht schmecken)
- 90 g Kakaopulver
- 200 g Alsan Margarine
- 225 g Zucker
- 4 Eier
- 250 g Skyr
- 1 TL Backpulver
- 250 g Weizenmehl 1050
- Margarine und Grieß für die Form

Guss im Wasserbad:
- 50 g Schokolade 99 %
- 40 g Agavendicksaft
- 4 g Sonnenblumenöl

Wenn die Küchenmaschine die Eier unterrührt, Backofen auf 165 °C (Heißluft) vorheizen und Gugelhupfform buttern und mit Grieß ausstreuen. Milch und zerbröckelte Schokolade erhitzen. Mit einem Schneebesen verrühren, bis die Schokolade geschmolzen ist. Kakao in kleineren Portionen nach und nach unterschlagen.

Butter mit dem Zucker schaumig schlagen (niedrige Stufe Küchenmaschine) und Eier Stück für Stück unterrühren (1 Min. pro Ei). Skyr unterrühren, gefolgt von dem Schokogemisch (mittlerweile lauwarm). Mehl mit Backpulver gemischt teelöffelweise unter den Teig rühren lassen auf kleiner Stufe.

Teig in die Form geben und in den vorgeheizten Ofen schieben. 55-60 Min. bei 165 °C backen (ab 45 Min. Stäbchenprobe machen). Form auf ein Gitterrost stellen, auf dem ein nasses Tuch liegt. Nach 5-10 Min. stürzen. Wenn der Kuchen kalt ist, mit Guss überziehen.

13300. Pizzateig Skyr, August 2021
2 Pizzen; Vorläufer 13282
- 235 g Weizenmehl 1050
- 1 P Trockenhefe
- 1 gestr. TL Salz
- 3 EL Sonnenblumenöl (42 g)
- 130 g Skyr
- 60 g Wasser

Flüssigkeiten in die Küchenmaschine geben. Trockene Zutaten mischen, auf die Flüssigkeit schütten und Knethaken einsetzen. 5 Min. kneten lassen. 4 Std. gehen lassen. Einmal zwischendurch falten. In zwei Teile teilen. Jede für sich zu Pizzagröße auseinanderdrücken/ausrollen. 235 °C (Heißluft), vorgeheizt. Nach 8 Min. Käse drauf. Insgesamt ca. 15 Min.

13301. Skyrdressing TM VI, August 2021

Vorläufer 13295

- 575 g Wasser (wenn vorhanden, davon 150 g Bohnen-/oder Kichererbsenwasser (Dose))
- 625 g Skyr
- 20 g Mayonnaise vegan
- 80 g Agavendicksaft
- 1 Knoblauchzehe (6 g)
- 3 TL Salz (30 g)
- 1 Prise Pfeffer
- 1 Prise Currypulver
- 1 EL Zitronensaft
- 1 TL (14) g Senf
- 2 TL (= 5 g) getr. Salatkräuter (Lebensbaum) oder andere getrocknete Kräuter
- 7 g Guarkernmehl

Alle Zutaten bis auf das Guarkernmehl gut mixen (1 Min./Stufe 10). Guarkernmehl dann während des Rührens einrieseln lassen, nochmals 10-20 Sek./Stufe 10. Verdünnung: 70 g Dressing + 3-4 EL Wasser

13302. Gefüllte Magdalenas, August 2021

Teig angelehnt an ein Rezept von „Die Rezeptschachtel", ca. 18 Muffinförmchen.

Teig
- 100 g Alsan Margarine
- 4 Eier
- 150 g Rohrohrzucker
- 1 P Vanillezucker (Rohrohrzuckerbasis)
- 1 Prise Salz
- 60 g Skyr
- 20 g Hafermilch
- 75 g Sonnenblumenöl
- 1 Tütchen geriebene Zitronenschale (5 g)
- 225 g Mehl Typ 1050
- 1/2 P Backpulver (hier: 8 g)

Füllung
- Halbe Honigaprikosen
- Marmelade (hier: Limettenmarmelade)

Zum Bestreuen
- 10 g Rohrohrzucker

Margarine verflüssigen (hier: in der Mikrowelle, 400 Watt, 2 Min.). Mit dem Handrührgerät (Rührbesen) Eier, Zucker und Salz 3 Min. schaumig schlagen. Milch und Skyr verrühren. Mit Öl und Butter zum Eischaum geben und kurz vermengen. Mehl mit Schale und Backpulver vermengen. In kleinen Portionen zum Teig geben. Nur so lange rühren, bis der Teig gut vermischt ist. Papierförmchen in zwei 6er Muffinformen legen. Halbierte Aprikosen bzw. je 1/2 TL Marmelade in die Förmchen geben und den Teig auffüllen. Da schon abzusehen war, dass ich mehr als 12 Muffins backe, habe ich die restlichen ohne Füllung gemacht. Die Zeit drängte, denn Muffinteig soll ja möglichst schnell in den heißen Ofen kommen. Muffinformen nicht ganz bis zum Rand füllen! Mit ein wenig Zucker bestreuen. 15 Min. im auf 185 °C (Heißluft) vorgeheizten Ofen backen. Stäbchenprobe.

13303. Pflaumenmus bio, August 2021

- 1 kg Bio-Pflaumen (netto)
- 200 g Vollrohrzucker
- 1 TL Zimt
- 1 MS Gewürznelke
- 1 EL Zitronensaft
- 1 EL Apfelessig (löst Schale auf)

Gareinsatz als Spritzschutz verwenden und mit Küchenpapier auslegen.

Pflaumen im TM zerkleinern (10 Sek./Stufe 8) und garen (20 Min./Varoma/Stufe 3), kurz pürieren (10 Sek./Stufe 8). Zucker, Zimt, Nelke, Zitronensaft und Apfelessig zugeben und erneut garen (18 Min./Varoma/Stufe 3). Wenn nötig, nochmals 10 Sek./Stufe 8 pürieren. In mit kochendem Wasser ausgespülte Gläser füllen.

Hinweis: *Meine Marmelade ist mindestens 4 Monate haltbar (Aufbewahrung im Keller), daher vermute ich auch hier 6 Monate Haltbarkeit.*

13304. Pflaumenlikör kernig, August 2021
Vorläufer 13254
- 300 g Wasser
- 150 g Rohrohrzucker
- 150 g Vollrohrzucker
- 420 g Pflaumen
- 40 g Limettensaft
- 2 P. Vanillezucker (mit Rohrohrzucker), je 8 g
- 500 g Gin (40 % Alkohol)

Wasser mit Zucker im TM aufkochen (10 Min./105 °C/Stufe 2). Pflaumen zufügen, pürieren (10 Sek./Stufe 8) und einkochen (10 Min./105 °C/Stufe 1). Ich habe diesmal das Garkörbchen nicht aufgesetzt.

Limettensaft, Vanillezucker und Gin zugeben und verrühren (20 Sek./Stufe 9). In die mit kochendem Wasser ausgespülten Flaschen gießen. Haltbarkeit mindestens ein Vierteljahr.

13305. Pflaumenmus, August 2021
- 1,3 kg Bio-Pflaumen (netto)
- 300 g Vollrohrzucker
- 1 P Vanillezucker (Rohrohrzucker)
- 1,5 TL Zimt
- 1,5 MS Gewürznelke
- 1,5 EL Limettensaft
- 1,5 EL Apfelessig (löst Schalen auf)

Gareinsatz als Spritzschutz verwenden und mit Küchenpapier auslegen.

Pflaumen zerkleinern (10 Sek./Stufe 8) und garen (22 Min./Varoma/Stufe 3), kurz pürieren (10 Sek./Stufe 8). Zucker, Zimt, Nelke, Zitronensaft und Apfelessig zugeben und erneut garen (20 Min./Varoma/Stufe 3). Wenn nötig, nochmals 10 Sek./Stufe 8 pürieren. In mit kochendem Wasser ausgespülte Gläser füllen. Haltbarkeit mindestens 6 Monate

13306. Rundkornreis Zwiebel Reiskochtopf, August 2021
In den Topf:
- 75 g Rundkorn-Vollkornreis
- 10 g Sonnenblumenöl
- 1/2 TL getr. Thymian
- 270 g Wasser (ich mag den Reis gern sehr weich!)
- Auf die Dünstauflage: Zwiebelhälften (ca. 125 g)

Programmiert für eine Fertigstellzeit von 4 Std. 30 Min.

13307. Pizzateig Dinkelvollkorn III, September 2021

2 Pizzen; Vorläufer 13318

- 2 TL Vollkorngrieß
- 1 TL Vollrohrzucker
- 3 EL Sonnenblumenöl
- 130 g Wasser
- 1 TL Skyr
- Margarine für die Formen (je 5 g)

In der Küchenmaschine 5-6 Min. kneten. In einer Pengdose 3,5 Std. gehen lassen. Zwischendurch 3-4-mal mit der Hand durchkneten. Beläge darauf verteilen. In den auf 235 °C (Heißluft) vorgeheizt Ofen schieben. Nach 7 Min. Käse drauf, wenn gewollt. Insgesamt ca. 15 Min.

Hinweis: *Ich habe eine große und eine kleine Pizza daraus gemacht. Der Teig wog vor dem Ausrollen 430 g; die große Pizza bekam also einen Teig von 215 g; die kleine von 107 g. Die restlichen 107 g habe ich halbiert, in Haushaltsfolie gewickelt und eingefroren. Von solchen Kugeln habe ich aus „alten Zeiten" noch drei. Entweder sammle ich weiter oder ich kann sie als kleine Brötchen backen.*

13308. Belag statt Käse für Pizza (Bohne), September 2021

Für mehrere Pizzen

- 275 g weiße Bohnen aus der Dose
- 6 g Knoblauch
- 2 g Salz (1 Prise)
- 50 g Cashewmus
- 100 g Flüssigkeit aus der Dose

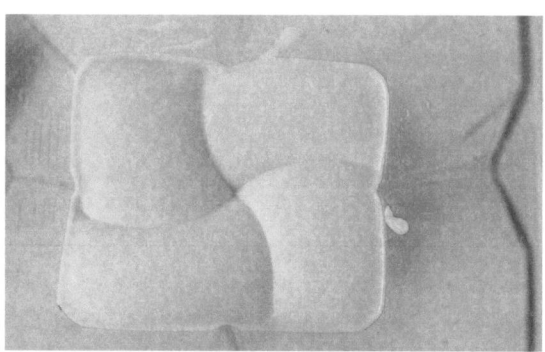

Verrühren im Vitamix. Pro Pizza zwischen 50 und 75 g. Die ganze Backzeit der Pizza mitbacken.

13309. Weizenbrötchen 1050 manuell, September 2021

8 Stück; Vorläufer 13075

- 500 g Weizenmehl 1050
- 1 TL Rohrohrzucker
- 2 gestr. TL Salz
- 1 P Trockenhefe
- 1 EL Sonnenblumenöl
- 310-320 g Wasser lauwarm

Trockene Zutaten in der Knetschüssel mischen. Flüssigkeiten zugeben und mit der Hand unterkneten (mit der Faust am Rand entlang, dann von außen nach innen ziehen und wiederholen). Auf den Tisch kippen und mit der Hand zu einer Scheibe drücken. Teig von vier Seiten von außen nach innen pressen, Kugel formen. Zehn Min. wiederholen. Ist der Teig zu flüssig, sehr vorsichtig Mehl hinzugeben. Ist er zu fest, Handfläche nass machen und weiterkneten. Der Teig ist gut, wenn er gerade nicht mehr am Handrücken klebt.

Teig in eine Schüssel geben, eine Plastiktüte drumwickeln und 45 Min. auf der Fensterbank gehen lassen. Durchkneten und weitere 15 Min. gehen lassen.

Teig auf der Arbeitsfläche durchkneten und in acht Stücke zu je ca. 90 g wiegen. Kneten und zu Kugeln unter Spannung formen. Auf ein Lochblech setzen, einschneiden und abdecken. Eine ofenfeste Form mit Wasser in den Ofen stellen. Ofen (Heißluft) auf 225 °C vorheizen. Blech einschieben, Brötchen mit Wasser einsprühen und 13 Min. bei 225 °C backen. Nochmals einsprühen und 5 Min. weiterbacken. Auf einem Gitterrost auskühlen lassen.

13310. Dinkelbrot würzig mit Skyr, August 2021

Vorläufer 13291

- 220 g Haferflocken zart
- 330 g kochendes Wasser
- 500 g Dinkel-Vollkornmehl
- 1 EL (= 18 g) Salz
- 1 gestr. EL Brotgewürze
- 150 g Skyr
- 175 g warmes Wasser
- 2 P Trockenhefe
- 1 gestr. TL Vollrohrzucker

Kochendes Wasser in der Rührschüssel über die Flocken gießen, verrühren und 1 Std. quellen lassen. Erst die Flüssigkeit in die Rührschüssel geben und 20 Sek. auf Stufe 2 rühren. Haferflocken zugeben und 1 Min. Stufe 2-3 rühren. Mehlmischung zugeben und 5-6 Min. kneten. Mit den Händen kurz durchkneten und zu einer Kugel unter Spannung formen. In eine passend große Schüssel geben, mit einem Tuch abdecken und in den Ofen stellen. Bei 35 °C Heißluft 30 Min. gehen lassen.

Nach der Gehzeit nochmal durchkneten und ein längliches Brot formen. Mit einem scharfen Messer mehrmals schräg einschneiden. Eine große Schüssel über das Brot stülpen und den Heißluftofen auf 225 °C vorheizen, auf dem Boden steht eine feuerfeste Form mit Wasser. Backzeit bei 225 °C: 15 Min.; bei 185 °C: 30 Min.

13311. Türkische Brötchen, August 2021

20 kleine Brötchen; nach Rezeptewelte, Vorwerk.

- 200 g Skyr
- 125 g Hafermilch
- 125 g weiche Alsan-Biomargarine in Stücken
- 2 P Trockenhefe
- 1 gestr. TL Salz
- 1 TL Rohrohrzucker
- 600 g Weizenmehl 1050
- 2 Eier
- 150 g Scheibenkäse
- 1-2 EL Sesamkörner

Die trockenen Zutaten miteinander vermischen. Skyr,  Hafermilch, Margarine, 1 Ei und 1 Eiweiß in die Küchenmaschine geben und 6 Min. kneten. Umfüllen und abgedeckt bei 35 °C (Ofen, Heißluft) gehen lassen. Zwei Rollen formen, jeweils 10 Stücke daraus schneiden. Ofen (Heißluft) jetzt auf 205 °C vorheizen. Käse in Stücke schneiden, etwas in ein Brötchen stecken und so formen, dass der Käse im Brötchen ist. Zu Kugeln formen und mit der Teigrundung nach oben nebeneinander auf ein Backblech (evtl. mit Backpapier) setzen. Eigelb verquirlen, Sesam auf einen Teller geben. Jedes Brötchen mit der Oberseite in das Eigelb tauchen, dann in die Sesamkörner und zurück aufs Blech setzen. Bei 205 °C etwa 20 Min. backen, die Brötchen sind dann goldgelb bis goldbraun. Nach dem Backen auf einen Gitterrost setzen und ein sauberes Küchenhandtuch darüber legen. So abkühlen lassen.

13312. Pizzateig Dinkelvollkorn, August 2021

2 Pizzen; Vorläufer 13160

- 235 g Dinkelvollkornmehl
- 1 P Trockenhefe
- 1 TL Salz
- 2 TL Vollkorngrieß
- 1 TL Rohrohrzucker
- 3 EL Sonnenblumenöl
- 130 g Wasser

In der Küchenmaschine 5-6 Min. kneten. In einer Pengdose 3,5 Std. gehen lassen. Zwischendurch 1-2-mal mit der Hand durchkneten. Im vorgeheizten Ofen insgesamt 15 Min. bei 235 °C; Käse nach 7 Min. drauf.

13313. Skyrdressing TM VII, August 2021

Vorläufer 13301

- 575 g Wasser (wenn vorhanden, davon 150 g Bohnen-/oder Kichererbsenwasser (Dose))
- 625 g Skyr
- 20 g Mayonnaise vegan
- 70 g Agavendicksaft
- 1 Knoblauchzehe (7 g)
- 2 TL Salz (25 g)
- 1 Prise Pfeffer
- 1 Prise Currypulver
- 1 EL Limettensaft
- 1 TL (14) g Senf
- 2 TL (= 5 g) getr. Salatkräuter (Lebensbaum) oder andere getrocknete Kräuter
- 7 g Guarkernmehl

Alle Zutaten bis auf das Guarkernmehl gut mixen (1 Min./Stufe 10). Guarkernmehl dann während des Rührens einrieseln lassen, nochmals 10-20 Sek./Stufe 10. Verdünnung: 70 g Dressing + 3-4 EL Wasser

13314. Mirabellenmarmelade, August 2021

Vorläufer 13297

- 720 g Mirabellen
- 1 Apfel (140 g)
- 1 P Vanillearoma (Finesse)
- 30 g Limettensaft
- 250 g Rohrohrzucker
- 1 (1/2 flacher) TL Johannisbrotkernmehl
- 2 EL Cointreau

Alle Zutaten bis auf Cointreau und Johannisbrotkernmehl in den TM geben, zerkleinern (20 Sek./Stufe 8) und garen (13 Min./115 °C/Stufe 2). Beim Kochen evtl. Gärkörbchen als Spritzschutz aufsetzen. Cointreau und Johannisbrotkernmehl zugeben und einige Sek. auf Stufe 5 laufen lassen.) Erneut pürieren (10 Sek./Stufe 10). In mit kochend heißem Wasser vorgewärmte Schraubgläser geben.

13315. Curryreis aus dem Reiskochtopf, September 2021

In den Topf:

- 25 g Rundkorn-Vollkornreis
- 50 g Jasminvollkornreis
- 10 g Sonnenblumenöl
- 4 getrocknete Pflaumen
- 1 Messerspitze Currypulver
- 250 g Wasser (ich mag den Reis gern sehr weich!)

In die Dünstauflage:

- 3 dicke Scheiben Süßkartoffel (ca. 190 g)

Um 12.30 Uhr aufsetzen, programmieren für eine Fertigstellzeit von 4 Std. 40 Min.

13316. Tomatenketchup Nussmus VI, September 2021

Vorläufer 13249; 2-3 größere Schraubgläser

- 2 Dosen Tomaten inklusive Saft (800 g)
- 150 g Apfelessig
- 100 g Wasser
- 50 g Soft-Datteln
- 105 g Sultaninen
- 9 g Knoblauchzehen (frisch)

- 1 EL Mischmus 4 Nuss (50 g)
- 1 geh. TL Salz
- 135 g Zwiebeln, halbiert
- 1 Apfel 110 g
- 1 kleine Spitzpaprika (85 g)
- 1 Stück Essigpeperoni 7/4573 (7 g)
- 1 Prise (1/4 TL) Pfeffer
- 2 geh. TL Paprikapulver edelsüß
- 1/2 TL Curry
- 1 TL (5 g) Sojasoße
- 30 g Tomatenmark
- 250 g Wasser

Alle Zutaten bis auf die zweite Menge Wasser in den TM-Mixtopf geben. Zerkleinern (25 Sek./Stufe 10), dabei den Messbecher fest andrücken, anschließend garen (40 Min./Varoma/Stufe 3). Nach Ende der Garzeit Rest Wasser zugeben und fein pürieren (30 Sek./Stufe 10). Direkt in Schraubgläser füllen.

13317. Zwiebel-Relish XXVII, September 2021

Vorläufe 13250; 2 Nussmusgläser
- 625 g Zwiebeln
- 1 Apfel (140 g, ohne Kerne)
- 2 Knoblauchzehen (frisch; 8 g)
- 250 g Rosinen
- 80 g selbstgemachter Tomatenketchup
- 1 geh. TL Salz
- 1 geh. MS gem. Nelken
- 1 geh. MS Zimt
- 1 TL Paprikapulver edelsüß
- 1 geh. MS gem. Kreuzkümmel
- 1 gestr. TL Curry
- 1/2 TL getr. Thymian, zwischen den Händen verrieben
- 1 TL (3 g) Sojasoße
- 160 g Apfelessig
- 170 g Wasser

Zwiebeln, Apfel, Rosinen und Knoblauch im TM zerkleinern (10 Sek./Stufe 6). Nach unten schieben und die restlichen Zutaten zugeben. 55 Min./105 °C/Linkslauf/Stufe 1 ohne Messbecher garen. Sobald es kocht, wenn nötig Garkörbchen als Spritzschutz aufsetzen. Relish in zwei leere Schraubgläser füllen. Sofort verschließen und abgekühlt im Kühlschrank aufbewahren.

13318. Pizzateig Dinkelvollkorn II, September 2021

2 Pizzen; Vorläufer 13160
- 235 g Dinkelvollkornmehl
- 1 P Trockenhefe
- 1 TL Salz
- 2 TL Vollkorngrieß
- 1 TL Rohrohrzucker
- 3 EL Sonnenblumenöl
- 130 g Wasser
- 1 TL Skyr
- Margarine für die Formen (je 5 g)

In der Küchenmaschine 5-6 Min. kneten. In einer Pengdose 3,5 Std. gehen lassen. Zwischendurch 3-4-mal mit der Hand durchkneten.

Beläge darauf verteilen. In den auf 235 °C (Heißluft) vorgeheizt Ofen schieben. Nach 7 Min. Käse drauf, wenn gewollt. Insgesamt ca. 15 Min.

13319. Belag statt Käse für Pizza, September 2021
Für 1 Pizza
- 25 g geriebener Käse
- 50 g Skyr
- 10 g Sonnenblumenkerne
- 10 g Cashewkerne gehackt
- 10 g kernige Haferflocken
- 30 g Milch

Zutaten mit einem Löffel verrühren. Als oberste Schicht auf die Pizza geben, er ist von Anfang an mit auf der Pizza während der gesamten Backzeit.

13320. Mandelstuten Vollkorn, September 2021
30-cm-Kastenform; Vorläufer 13261; Küchenmaschine
- 1 TL Rohrohrzucker
- 125 g Hafermilch
- 25 g Alsan Margarine
- 550 g Dinkelvollkornmehl
- 1 Prise Salz
- 1 EL (20 g) Rohrohrzucker
- 1 P Vanillezucker (mit Rohrohrzucker)
- 1 TL Backmalz (kann auch wegfallen)
- 100 g Mandelstifte
- 1 P Trockenhefe (g)
- 250 g Hafermilch
- 1 EL Joghurt 1,5 % (= 40 g)
- Alsan und
- Grieß für die Form
- Hafersahne zum Bepinseln

Margarine (oder Butter) mit dem Zucker in der Milch auflösen (hier: Mikrowelle 2 Min./620 Watt).

Die trockenen Zutaten mit einem Löffel mischen. Flüssigkeiten und Joghurt in die Rührschüssel geben, gemischte trockene Zutaten darüber schütten und 5 Min. kneten (erst mit Stufe 2/6, dann bis 3/6). Der Teig ist sehr weich, ich habe ihn mit nassen Händen weiterverarbeitet. Als Kugel unter Spannung in eine (Peng-)Schüssel geben, Deckel schließen und im Backofen bei 35 °C ca. 45 Min. gehen lassen.

Eine 30-cm-Kastenform mit Margarine oder Butter einfetten und mit Grieß ausstreuen. Teig einmal durchkneten und eine Kugel unter Spannung formen. Die Masse in drei Teile teilen (je ca. 340-350 g) und wieder je zu einer Kugel formen. Nebeneinander in die Backform geben. Plastikbeutel darüber stülpen und 15 Min. bei 35 °C gehen lassen. Ofen (Heißluft) auf 185 °C vorheizen, Teig mit Wasser einsprühen und einer Prise Zucker bestreuen und 35 Min. bei 185 °C backen. Im ausgeschalteten Ofen 10 Min. nachbacken.

Hinweis: *Der Stuten ist eingefallen. Vielleicht sollte die Anfangstemperatur etwas höher sein, oder die Flüssigkeit ist zu viel.*

13321. Fünfminutenbrot mit Skyr, September 2021
Vorläufer 15/12946.
- 2 P Trockenhefe (je 7 g)
- 250 g Dinkelvollkornmehl
- 250 g Weizenmehl Typ 1050
- 50 g Sesam
- 50 g Sonnenblumenkerne
- 2 knappe TL Salz (wer mag auch Kräutersalz)
- 405 g handwarmes Wasser
- 45 g Skyr (1 EL)
- 2 EL Apfelessig
- Butter und evtl. Grieß für die Form

Zubereitung mit dem Handrührgerät, Knethaken. Die trockenen Zutaten in der Rührschüssel mixen. Skyr und Flüssigkeiten zugeben und 3 Min. kneten. Eine 30 cm Form fetten. Teig hineingeben, mit Wasser einsprühen und auf dem Gitterrost in den kalten Backofen schieben. 15 Min. ruhen lassen. Den Ofen auf 205 °C (Heißluft) stellen und das Brot eine Stunde backen. Das fertige Brot aus der Form stürzen, mit Wasser einsprühen und auf einem Gitterrost auskühlen lassen.

13322. Kirschstreuselkuchen, Sep. 2021

26-cm-Springform; nach einem Rezept aus der Rezeptwelt, Vorwerk, für Schneller Apfel-Streuselkuchen

Belag
- 1 Glas Sauerkirschen bio
- 1 P Puddingpulver Vanille
- 1 EL Rohrohrzucker (20 g)
- 50 g Wasser
- 1-2 EL Flohsamenschalen

Teig
- 150 g Rohrohrzucker
- 300 g Dinkelvollkornmehl
- 1 Prise Salz
- 200 g Alsan-Biomargarine
- 1 Ei

Sauerkirschen abtropfen lassen, den Saft auffangen. Ergab bei mir 300 g. Puddingpulver, Zucker und Wasser mit einem kleinen Löffel glattrühren. Saft zum Kochen bringen, Puddingpulvermischung einrühren und aufkochen. Alle Teigzutaten im TM 8 Sek./Stufe 5 verrühren. Die Hälfte der Streusel in eine mit Backpapier ausgelegte Springform geben und als Boden festdrücken. Eventuell noch eine kleine Menge Teig dazugeben. Mit Flohsamenschalen bestreuen und den Saftpudding darauf verteilen. Die Kirschen gleichmäßig auf den Kuchen geben. Den Rest Teig über die Kirschen krümeln. Bei mir pappte er eher zu einem Klumpen zusammen, ich habe ihn dann mit der Hand zu Streuseln gedrückt. Backofen (Heißluft) auf 175 °C vorheizen. Kuchen einschieben und 45 Min. backen. 10 Min. im ausgeschalteten Ofen stehen lassen.

Hinweis: Ich denke, an der Backzeit lässt sich noch nach unten drehen. Flohsamenschalen sind gut unter feuchtem Belag, das war mal eine Zufallsentdeckung von mir. Das Aufkochen des Safts für das Obst ist ein Tipp von meiner Mutter.

13323. Skyrdressing TM VIII, September 2021

Vorläufer 13301.
- 575 g Wasser (wenn vorhanden, davon 150 g Bohnen-/oder Kichererbsenwasser (Dose))
- 625 g Skyr
- 20 g Mayonnaise vegan
- 65 g Agavendicksaft
- 1 Knoblauchzehe (6 g)
- 2 TL Salz (23 g)
- 1 Prise Pfeffer
- 1 Prise Currypulver
- 1 EL Limettensaft
- 1 TL (16 g) Senf
- 1 TL getr. Thymian oder andere getrocknete Kräuter
- 7 g Guarkernmehl

Alle Zutaten bis auf das Guarkernmehl im TM gut mixen (1 Min./Stufe 10). Guarkernmehl dann während des Rührens einrieseln lassen, nochmals 10-20 Sek./Stufe 10. Verdünnung: 70 g Dressing + 3-4 EL Wasser.

13324. Pizzateig Skyr II, September 2021

2 Pizzen; Vorläufer 13000

- 235 g Weizenmehl 1050
- 1 P Trockenhefe
- 1 gestr. TL Salz
- 3 EL Sonnenblumenöl (40 g)
- 130 g Skyr
- 70 g Wasser

Flüssigkeiten in die Küchenmaschine geben. Trockene Zutaten mischen, auf die Flüssigkeit schütten und Knethaken einsetzen. 5 Min. kneten lassen. 4 Std. gehen lassen. Einmal zwischendurch falten. In zwei Teile teilen usw. 235 °C (Heiß-luft), vorgeheizt. Insgesamt ca. 15 Min. Backzeit, Käse 7 Min. vor Ende der Backzeit.

13325. Rote Soße für Pizza III (Vorrat), September 2021

Vorläufer 13233; 9 Zweier-Portionen

- 1 kleine Dose Tomaten mit Saft (400 ml)
- 40 g Wasser (zum Ausspülen der Dose)
- 1 gestr. TL Salz
- 1 Prise Pfeffer
- 10 g Süßungsmittel (hier: Agavendicksaft)
- 60 g Sonnenblumenöl
- 70 g Paprikatomatenmark
- 1 Knoblauchzehe (7 g)
- 25 g 4-Nussmischmus

Im TM 10 Sek./Stufe 7. 3-4 EL reichen für zwei Pizzen.

13326. Linzer Torte aus Rührteig, September 2021

26-cm-Springform

- 100 g Alsan Margarine
- 150 g Vollrohrzucker
- 40 g Kakao
- 1/2 Tüte Zitronenschalenabrieb (2-3 g)
- 2 Eier
- 40 mg Hafermilch
- 250 g Dinkelmehl 1050
- 1/2 P Backpulver
- 100 g geriebene Haselnüsse
- 170-180 g Marmelade (hier: selbstgemachte Aprikosen-marmelade)
- 40 g Dinkelmehl 1050 für die Rollen
- Mehl zum Formen der Rollen

Handrührgerät: Fett glatt rühren. Zucker, Kakao und Schale mischen und portionsweise einrühren. Eier folgen. Mehl mit Backpulver und Haselnüssen mischen und abwechselnd mit der Milch unterrühren. Der Teig sollte nicht so dünn sein, dass er vom Löffel reißt, aber streichfähig sollte er sein. Eine Springform mit Backpapier aus-legen, ca. 2/3 bis 3/4 des Teiges darauf ausstreichen. Marmelade darüber verteilen. In den Rest des Teigs 40 g Mehl einkneten. Rollen formen (evtl. noch etwas Mehl zum Ausrollen verwenden) und gitterförmig darüber legen. Backzeit: Ca. 50 Min. Backtemperatur: 175 °C (Heißluft)

13327. Vollkornbrot mit Thermomix-Mehl, September 2021

Vorläufer 13264; Sauerteig nicht über Nacht

- 500 g Roggen
- 260 g Dinkel
- 65 g Hafer

Stufe 1 (ca. 6 Std. vorher; bei mir 9-15 Uhr):

- 500 g Roggenvollkornmehl
- 420 g Wasser
- 150 g Sauerteig

Stufe 2 (nachmittags)

- 65 g Hafer
- 260 g Dinkel
- 100 g Sonnenblumenkerne
- 16 g Salz
- 300 g Wasser
- 1 P Trockenhefe
- 1 EL Brotgewürz
- Sauerteigansatz abzüglich der 150 g
- 20 g Margarine für die Form

Vorabend: Getreide in Portionen im Thermomix zerkleinern (je 200-250 g 1 Min./Stufe 10).

Stufe 1: Alten Sauerteig gut durchrühren. Vom gekauften Roggenmehl hatte sich oben nämlich eine Schicht abgesetzt. Roggen mit Wasser und altem Sauerteig mischen. In einer Plastiktüte 6 Std. stehen lassen. 150 g von der Stufe 1 abnehmen und in einem gut schließenden Schraubglas in den Kühlschrank stellen für das nächste Backen. I

Zutaten der ***Stufe 2*** zusammengeben und mit einem Löffel gut durchrühren. Eine 30-cm-Brotform, Profi-Email von Dr. Oetker, gut einfetten. Teig hineingeben, mit der nassen Hand herunterdrücken und glattstreichen. Mit einem scharfen Messer mehrmals schräg einschneiden. Form im kalten Ofen etwa 90 Min. gehen lassen. Ofen auf 195 °C aufheizen, das Brot ist dabei im Ofen. Backzeit 60 Min., im ausgestellten Ofen 5 Min. nachbacken.

13328. Reis-Linsen-Kürbis Reiskochtopf, September 2021

Vorläufer 13317

In den Topf:

- 40 g Rundkorn-Vollkornreis
- 40 g Tellerlinsen
- 1/2 gestr. TL Currypulver
- 4 getr. Pflaumen
- 300 g Wasser

In die Dünstauflage:

- Etwa 190 g Hokkaido in Stücken

Programmiert für eine Fertigstellzeit von 4 Std. 30 Min.

13329. Feigenmarmelade, September 2021

Vorläufer 13297

- 840 g Feigen (Stiele entfernt)
- 1 P Vanillearoma (Finesse)
- 45 g Zitronensaft
- 275 g Rohrohrzucker
- 1 P Konfitura (Bio Gelierhilfe)
- 20 g Schokolade 99 %

Alle Zutaten bis auf die Schokolade im TM zerkleinern (20 Sek./Stufe 8) und garen (13 Min./115 °C/Stufe 2-3). Beim Kochen evtl. Gärkörbchen als Spritzschutz aufsetzen. Schokolade zugeben und einige Sek. auf Stufe 5 laufen lassen.) Erneut pürieren (10 Sek./Stufe 10).

Schon vorher vorbereiten: Schraubgläser auf ein Handtuch stellen und mit kochendem Wasser füllen, Deckel ebenfalls füllen. Wenn die Marmelade fertig ist, Wasser ausgießen, Marmelade einfüllen und Deckel festschrauben.

13330. Kirschstreuselkuchen II, September 2021

26-cm-Springform; Vorlage 13322.

Teig
- 160 g Rohrohrzucker
- 200 g + 20 g kalte Butter in Stücken
- 300 g Weizenmehl 1050
- 1 Prise Salz

Belag
- 1 Glas Sauerkirschen bio
- 1 P Puddingpulver Vanille
- 1 EL Rohrohrzucker (20 g)

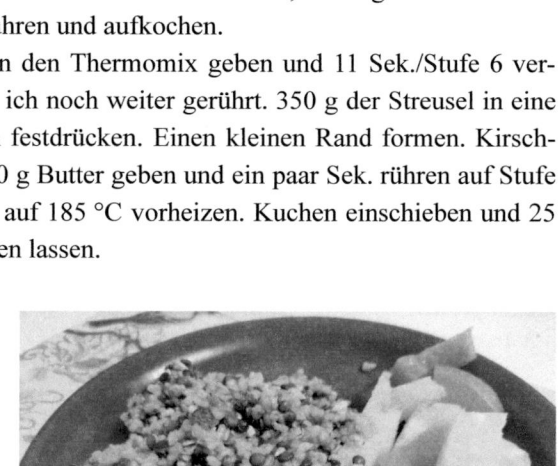

Sauerkischen mit dem Saft in einen Topf geben. Pudding-pulver, Zucker und soviel von dem Fruchtsaft mit einem kleinen Schneebesen verrühren, bis es glatt ist. Saft und Kirschen zum Kochen bringen, Puddingpulvermischung einrühren und aufkochen.

Zucker im TM mahlen (8 Sek./Stufe 8). Restliche Zutaten in den Thermomix geben und 11 Sek./Stufe 6 ver-rühren. Von Streuseln war die Masse weit entfernt, also habe ich noch weiter gerührt. 350 g der Streusel in eine mit Backpapier ausgelegte Springform geben und als Boden festdrücken. Einen kleinen Rand formen. Kirsch-pudding darauf verteilen. Zum verbliebenen Teig nochmals 20 g Butter geben und ein paar Sek. rühren auf Stufe 8. Den Teig über die Kirschen krümeln. Backofen (Heißluft) auf 185 °C vorheizen. Kuchen einschieben und 25 Min. bei 185 °C backen. 5 Min. im ausgeschalteten Ofen stehen lassen.

13331. Reis-Linsen-Kürbis Reiskochtopf II, Sep. 2021

Vorläufer 13328

In den Topf:
- 40 g Rundkorn-Vollkornreis
- 40 g Tellerlinsen
- 1 Prise getr. Thymian
- 330 g Wasser

In die Dünstauflage:
- Etwa 110 g Hokkaido in Stücken
- Etwa 105 g Ananas in Stücken.

Programmiert für eine Fertigstellzeit von 4 Std. 30 Min.

13332. Reis-Linsen mit Gemüse, September 2021

Vorläufer 13328.
- 40 g Rundkorn-Vollkornreis
- 40 g Tellerlinsen
- 1 Kartoffel (135 g)
- 1/2 kleine Gemüsezwiebel (70 g)
- 330 g Wasser

Alles miteinander in den Topf geben. Programmiert für eine Fertigstellzeit von 4 Std. 30 Min. Mit etwas Butter servieren.

13333. Reis-Linsen mit Champignons, September 2021

Vorläufer 13332.
- 10 g Sonnenblumenöl
- 40 g Rundkorn-Vollkornreis
- 40 g Tellerlinsen
- 1 Scheibe Hokkaido, Mitte entfernt (100 g)
- 135 g braune Champignons
- 330 g Wasser

Alles zusammen in den Topf geben. Programmiert für eine Fertigstellzeit von 2 Std. 10 Min. Nach dem Kochen ggf. salzen.

13334. Dukkah, September 2021

Gewürzmischung; 1 Honigglas

- 30 g Haselnüsse
- 30 g Cashewkerne
- 30 g Sesam ungeschält
- 30 g Walnüsse
- 5 g Kreuzkümmel
- 10 g Koriandersamen
- 10 g schwarze Pfefferkörner
- 1 geh. TL Paprikapulver edelsüß
- 15 g Salz

Die ersten vier Zutaten im TM zerkleinern (6 Sek./Stufe 6). Schmetterling einsetzen und ohne Messbecher trocknen (5 Min./105 °C/Stufe 1). Schmetterling entfernen. Die anderen Zutaten zugeben und zerkleinern (10 Sek./ Stufe 10). In ein Schraubglas geben und dunkel lagern.

13335. Reis mit Champignons, September 2021

Vorläufer 13332

- 5 g Sonnenblumenöl 40 g
- 75 g Jasmin-Vollkornreis
- 130 g Champignons
- 4 Streifen rote Paprika (100 g)
- 250 g Wasser

Alles zusammen in den Reiskochtopf geben und programmieren. Mit Dukkah gewürzt, braucht es kein Salz.

13336. Reis-Linsen mit Hirse, September 2021

Vorläufer 13333

- 40 g Rundkorn-Vollkornreis
- 25 g Tellerlinsen
- 15 g Hirse
- Hokkaidostücke (140 g)
- 65 g Zwiebeln
- 345 g Wasser
- 5 g Sonnenblumenöl
- 1 Prise getr. Rosmarin

Alles zusammen in den Reiskochtopf geben. Programmiert für eine Fertigstellzeit von 4 Std. 30 Min.

13337. Daniela-Brot für Faule, September 2021

- 500 g + 225 g Dinkelvollkornmehl
- 1 P Trockenhefe (Dr. Oetker)
- 100 g Sonnenblumenkerne
- 18 g Salz
- 1 EL Brotgewürz
- 1 TL Rohrohrzucker
- 600 g Wasser
- Butter für die Form

Die trockenen Zutaten (500 g Mehl) in einer großen Pengdose miteinander verrühren. Wasser in 3 oder 4 Portionen zugeben, danach immer mit einem Kochlöffel durchrühren. Die Teigkonsistenz ist breiig-weich, etwa so wie ein Sauerteigansatz. Die Schüssel in eine Plastiktüte stecken und mehrere Std. stehen lassen. 225 g Dinkel mit einem starken Rührlöffel einarbeiten. Eine entsprechende Brotbackform einfetten. Teig hineingeben, glattstreichen. Ofen auf 235 °C (Heißluft) vorheizen, in der Zeit geht das Brot noch in einem Plastikbeutel. 10 Min. bei 235 °C backen. Auf 195 °C herunterstellen und weitere 40 Min. backen.

13338. Krümeltorte mit Kirschfüllung II, September 2021

1 Springform 26 cm; Vorläufer 13141. Angelehnt an Krümel-
torte, Dr. Oetker, „Backen macht Freude" (uralte Version).

- 1 Glas Sauerkirschen (bio)
- 1 P Puddingpulver (37 g)
- 1 EL Rohrohrzucker

Teig
- 200 g Butter
- 200 g Rohrohrzucker
- 1 P Vanillezucker
- 1 Ei
- 1 Prise Salz
- 500 g Weizenmehl Typ 1050 (Typ 550 und 1050 gemischt)
- 1 P Weinsteinbackpulver
- 2 EL Flohsamenschalen

Inhalt des Glases in einen Topf geben. Puddingpulver und Rohrzucker mit 5 EL Kirschsaft verrühren. Topfinhalt zum Kochen bringen. Puddingpulvermischung unterrühren und nochmals aufkochen.

Ich habe versehentlich den Zucker zum Mehl gegeben und konnte deshalb nur 2 EL Zucker retten. Die Herstellung war also etwas anders, mir scheint, deshalb waren die Streusel auch kleiner. Richtig ist: Fett schaumig rühren und nach und nach Zucker, Ei und Salz hinzugeben. Mehl mit Backpulver mischen, etwa die Hälfe esslöffelweise unterrühren. Den Rest des Mehls auf den Teig schütten und mit den Rührhaken des Handrührgeräts vermischen, bis sich kleine Streusel bilden. Solange rühren, bis die Streusel etwas kleiner als die gewünschte Größe sind.

Die Hälfte des Teigs in eine mit Backpapier überspannte Springform füllen, den Teig am Boden gut andrücken. Am Rand hochdrücken und mit den Flohsamenschalen bestreuen. Die Kirschmasse so darauf geben. Den Rest der Streusel über die Füllung verteilen und am Rand leicht andrücken. Ofen (Heißluft) auf 165 °C vorheizen und 45 Min. bei 165 °C backen.

13339. Pizzateig Dinkelvollkorn IV, September 2021

2 Pizzen; Vorläufer 13324

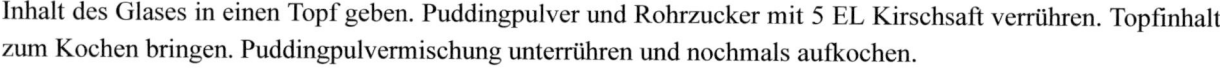

- 235 g Dinkelvollkornmehl
- 1 TL Salz
- 2 TL Vollkorngrieß
- 1 TL Vollrohrzucker
- 3 EL Sonnenblumenöl
- 130 g Wasser
- 1 TL Joghurt 3,5 %
- 1 P Trockenhefe
- Butter für die Formen (je 5 g)

In der Küchenmaschine 5 Min. ohne die Hefe (das war ein Versehen!) kneten. In einer Pengdose 1 Std. gehen lassen. Vergessene Hefe mit nassen Händen einarbeiten und weiter gehen lassen, noch 2 x kneten.

Teig halbieren (wiegen!). Jede Hälfte falten und auseinanderdrücken. Die Formen einfetten, den Teig hinein legen und bis an den Rand bzw. auch noch zu einem kleinen Rand drücken. In Plastikbeutel stecken und 30-45 Min. gehen lassen.

Belegen und in den auf 235 °C (Heißluft) vorgeheizten Ofen schieben. Nach 7 Min. Käse drauf, wenn gewollt. Insgesamt ca. 15 Min.

Hier für die *vegetarische Variante* (außer den üblichen Belägen: Tomatensoße, Tomatenscheiben, evtl. weiße Soße).

- 55 g Hokkaido, in feine Stücke geschnitten
- 1 Prise Salz
- 5 g Sonnenblumenöl

Mit zwei Gabeln vermengen, auf den Tomaten verteilen.

13340. Dressing Daumen nach unten, September 2021

- 100 g Sonnenblumenöl
- 100 g Apfelessig
- 1 TL (5 g) Salz
- 1 Prise getr. Thymian
- 15 g Agavensirup
- 300 g Wasser
- 150 g Kichererbsenkochwasser

Im Vitamix gut mixen. Verdünnt 1:1 mit Wasser.

Hinweis: Pur probiert schmeckte es mir, aber im Salat war es förmlich geschmacklos! Im Dressing fehlen Salz und Süße, gleichzeitig ist es zu sauer.

13341. Reis-Linsen mit Blumenkohl, September 23021

Vorläufer 13333

- 5 g Sonnenblumenöl
- 40 g Rundkorn-Vollkornreis
- 40 g Tellerlinsen
- 4 dicke Stücke Blumenkohl (210 g)
- 1 frische Feige (55 g)
- 1 Prise Curry
- 330 g Wasser
- Nach dem Kochen: Salz

Alles zusammen in den Reiskochtopf geben. Programmiert für eine Fertigstellzeit von 4 Std. 40 Min. Nach dem Kochen salzen.

13342. Frühstück „Dreh im Grab rum", September 2021

2 Personen; Bruker wird sich vermutlich rotierend im Grab bewegen, wenn er sieht, was ich als Vollwertfrühstück „verkaufe". ;-)

- 1 EL Zitronensaft
- 1 EL Skyr (60 g)
- 2 x 55 g Haferflocken (Kernige von Kölln)
- 2 x 110 g heißes Wasser
- 1 Banane (125 g)
- 2 kleine Äpfel (115 g)
- 60 g dunkle Trauben
- 200 g Tiefkühlfrüchte „Sommermischung"
- Deko: Kakaonibs, Trauben

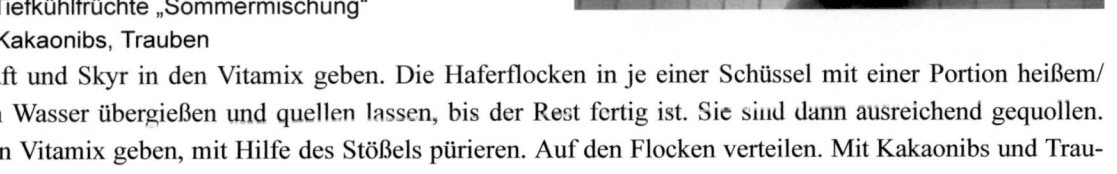

Zitronensaft und Skyr in den Vitamix geben. Die Haferflocken in je einer Schüssel mit einer Portion heißem/ kochenden Wasser übergießen und quellen lassen, bis der Rest fertig ist. Sie sind dann ausreichend gequollen. Obst in den Vitamix geben, mit Hilfe des Stößels pürieren. Auf den Flocken verteilen. Mit Kakaonibs und Trauben dekorieren.

13343. Paprikareis mit Gemüse, September 2021

Im Reiskochtopf (siehe z. B. oben 13341):

- 5 g Sonnenblumenöl
- 80 g Jasmin-Vollkornreis
- 1/2 TL Paprikapulver edelsüß
- 10 g Rosinen
- 150 g Blumenkohl
- 90 g Porreegrün
- 255 g Wasser

13344. Krümeltorte mit Kirschfüllung III, Oktober 2021

Springform 26 cm; Vorläufer 13338

- 1 Glas Sauerkirschen (bio, gesüßt mit Rohrohrzucker; Kirschen: 370 g)
- 1 P Puddingpulver (37 g)
- 1 EL Rohrohrzucker

Teig

- 200 g Butter
- 200 g Rohrohrzucker
- 1 P Vanillezucker
- 1 Ei
- 1 Prise Salz
- 500 g Weizenvollkornmehl
- 1 P Weinsteinbackpulver
- 2 EL Flohsamenschalen

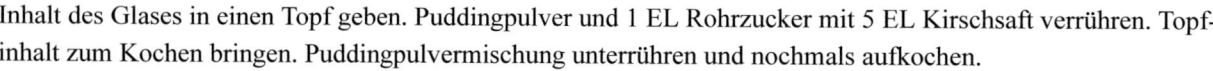

Inhalt des Glases in einen Topf geben. Puddingpulver und 1 EL Rohrzucker mit 5 EL Kirschsaft verrühren. Topfinhalt zum Kochen bringen. Puddingpulvermischung unterrühren und nochmals aufkochen.

Für den Teig Fett schaumig rühren und nach und nach Zucker, Ei und Salz hinzugeben. Mehl mit Backpulver mischen, etwa die Hälfte esslöffelweise unterrühren. Den Rest des Mehls auf den Teig schütten und mit den Rührhaken des Handrührgeräts vermischen, bis sich kleine Streusel bilden. Solange rühren, bis die Streusel etwas kleiner als die gewünschte Größe sind.

Die Hälfte des Teigs in eine mit Backpapier überspannte Springform füllen, den Teig am Boden gut andrücken. Am Rand hochdrücken und mit den Flohsamenschalen bestreuen. Die Kirschmasse so darauf geben. Den Rest der Streusel über die Füllung verteilen und am Rand leicht andrücken. Ofen (Heißluft) auf 165 °C vorheizen und 45 Min. bei 165 °C backen.

13345. Reis-Linsen mit Porree, Oktober 2021

- 5 g Sonnenblumenöl
- 40 g Rundkorn-Vollkornreis
- 45 g Tellerlinsen
- 185 g Porreestücke (grün und weiß)
- 1 kleiner Apfel
- 5 g Sambal Oelek
- 350 g Wasser
- Salz (nach dem Kochen)

Sämtliche Zutaten in den Reiskochtopf geben. Programmiert für eine Fertigstellzeit von 4 Std. 40 Min. Nach dem Kochen salzen.

13346. Pizzateig Dinkelvollkorn- + Weißmehl, Oktober 2021

2 Pizzen; Vorläufer 13339

- 135 g Dinkelvollkornmehl
- 100 g Weizenmehl 550
- 1 TL Salz
- 2 TL Vollkorngrieß
- 1 TL Vollrohrzucker
- 3 EL Sonnenblumenöl
- 130 g Wasser
- 1 TL Skyr
- 1 P Trockenhefe
- Butter für die Formen (je 5 g)

In der Küchenmaschine 5 Min. kneten. In einer Pengdose ca. 4 Std. gehen lassen. 1-2-mal kneten. Teig halbieren. Jede Hälfte falten und auseinanderdrücken. Formen einfetten, Teig hinein legen und bis an den Rand drücken. In Plastikbeutel stecken und 30-45 Min. gehen lassen. Belegen, backen bei 235 °C Heißluft. s. Vorläufer.

13347. Krümeltorte mit Kirschfüllung IV, Oktober 2021

1 Springform 26 cm; Vorläufer 13344
Kirschen:
- 1 Glas Sauerkirschen (bio, Einwaage 370 g)
- 1 P Puddingpulver (37 g)
- 1 EL Rohrohrzucker

Pudding:
- 1 P Puddingpulver (37 g)
- 1 EL Rohrohrzucker
- 300 + 50 g Hafermilch

Teig:
- 200 g Butter
- 200 g Rohrohrzucker
- 1 P Vanillezucker
- 1 Ei
- 1 Prise Salz
- 500 g Weizenvollkornmehl
- 1 P Weinsteinbackpulver
- 1 EL Flohsamenschalen

Kirschen: Inhalt des Glases in einen Topf geben. Puddingpulver und Rohrzucker mit 5 EL Kirschsaft verrühren. Topfinhalt zum Kochen bringen. Puddingpulvermischung unterrühren und nochmals aufkochen. Für den *Pudding* das Puddingpulver mit dem Rohrohrzucker mischen und in 50 g Hafermilch einrühren. 300 g Milch aufkochen, angerührtes Puddingpulver einrühren und nochmals aufkochen. Für den *Teig* das Fett schaumig rühren und nach und nach Zucker, Ei und Salz hinzugeben. Mehl mit Backpulver mischen, etwa die Hälfte esslöffelweise unterrühren. Den Rest des Mehls auf den Teig schütten und mit den Rührhaken des Handrührgeräts vermischen, bis sich kleine Streusel bilden. Solange rühren, bis die Streusel etwas kleiner als die gewünschte Größe sind. Die Hälfte des Teigs (ca. 500 g) in eine mit Backpapier überspannte Springform füllen, den Teig am Boden gut andrücken. Am Rand hochdrücken und mit dem Ofen auf 165 °C vorheizen. Mit den Flohsamenschalen bestreuen. Erst den Pudding, dann die Kirschmasse darauf geben. Den Rest der Streusel über die Füllung verteilen und am Rand leicht andrücken. Ofen (Heißluft) auf 165 °C vorheizen und 45 Min. bei 165 °C backen.

13348. Dressing Daumen nach unten II, Oktober 2021

Vorläufer 13340
- 100 g Sonnenblumenöl
- 100 g Apfelessig
- 20 g Salz
- 1 Prise getr. Thymian
- 50 g Agavensirup
- 500 g Wasser

Mit einem Löffel verrühren. Verdünnt 1:1 mit Wasser.

13349. Kakimarmelade, Oktober 2021

Vorläufer 13314
- 710 g Kaki
- 1 Apfel (140 g)
- 1 P Vanillearoma (Finesse)
- 30 g Zitronensaft
- 250 g Rohrohrzucker
- 2 EL Rum

Alle Zutaten bis auf den Rum in den TM geben, zerkleinern (20 Sek./Stufe 8) und garen (13 Min./115 °C/Stufe 2). Beim Kochen evtl. Gärkörbchen als Spritzschutz aufsetzen. Rum zugeben und pürieren. Johannisbrotkernmehl ist nicht nötig, denn Kaki geliert stark. Einige Sek. auf Stufe 5 laufen lassen. Erneut pürieren) (10 Sek./Stufe 10). In mit heißem Wasser ausgespülte Schraubgläser geben.

13350. Tomatenketchup Nussmus VII, Oktober 2021

Vorläufer 13316; 2-3 größere Schraubgläser

- 2 Dosen Tomaten inklusive Saft (800 g)
- 155 g Apfelessig
- 100 g Wasser
- 150 g Soft-Datteln
- 50 g Sultaninen
- 9 g Knoblauchzehen (frisch)
- 1 EL Mischmus 4 Nuss (50 g)
- 1 geh. TL Salz
- 120 g Gemüsezwiebeln, halbiert
- 1 Apfel 110 g
- 1/2 rote Paprika (90 g)
- 1 Stück Essigpeperoni 7/4573 (7 g)
- 1 Prise (1/4 TL) Pfeffer
- 2 geh. TL Paprikapulver edelsüß
- 1/2 TL Curry
- 1 TL (5 g) Sojasoße
- 30 g Tomaten-Paprikamark
- 225 g Wasser

Alle Zutaten bis auf die zweite Menge Wasser in den TM-Mixtopf geben. Zerkleinern (25 Sek./Stufe 10), dabei den Messbecher fest andrücken, anschließend garen (40 Min./Varoma/Stufe 3). Nach Ende der Garzeit Rest Wasser zugeben und fein pürieren (30 Sek./Stufe 10). Direkt in Schraubgläser füllen.

13351. Zwiebel-Relish XXVIII, Oktober 2021

Vorlage 13317; 2 Nussmusgläser

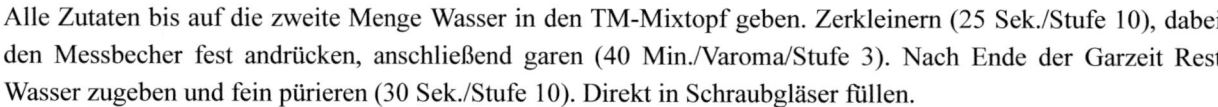

- 595 g Zwiebeln
- 1 Apfel (220 g, ohne Kerne)
- 2 Knoblauchzehen (frisch; 8 g)
- 250 g Rosinen
- 70 g selbstgemachter Tomatenketchup
- 1 geh. TL Salz
- 1 geh. MS gem. Nelken
- 1 geh. MS Zimt
- 1 TL Paprikapulver edelsüß
- 1 geh. MS gem. Kreuzkümmel
- 1 gestr. TL Curry
- 1 TL getr. Thymian, zwischen den Händen verrieben
- 10 g Sojasoße
- 160 g Apfelessig
- 130 g Wasser

Zwiebeln, Apfel, Rosinen und Knoblauch im TM zerkleinern (10 Sek./Stufe 6). Nach unten schieben und die restlichen Zutaten zugeben. 55 Min./105 °C/Linkslauf/Stufe 1 ohne Messbecher garen. Sobald es kocht, wenn nötig Garkörbchen als Spritzschutz aufsetzen. Relish in zwei leere Schraubgläser füllen. Sofort verschließen und abgekühlt im Kühlschrank aufbewahren.

13352. Kerniges Haferbrot, Oktober 2021

Angelehnt an ein Rezept auf der Rückseite einer Packung Kölln Kernige; Vorläufer 13206

- 500 g Hafermilch
- 400 g Dinkel Vollkornmehl
- 350 g Dinkelmehl Typ 630
- 2 P Trockenhefe
- 250 g Kernige Haferflocken
- 1 TL Zucker
- 1 EL (16) g Salz

- Etwas Milch
- Einige Haferflocken
- Wasser zum Besprühen.

Zucker und Milch in die Rührschüssel geben und verrühren. Mehle mit Trockenhefe mischen. Etwa zwei Drittel der Mehlmischung mit der Maschine einarbeiten. Restliches Mehl darüber geben. Salz und Haferflocken am Schüsselrand verteilen. Teig abdecken und in der Rührschüssel 30 Min. stehen lassen.

Maschine wieder anstellen und ca. 5 Min. kneten lassen. Der Teigling wog dann knapp 1500 g, ich habe das auf zwei Brote verteilt. Brote mit Milch bepinseln. Einige Haferflocken auf einen flachen Teller geben. Brote mit der Oberseite leicht in die Flocken drücken.

Die beiden Brote auf ein mit Backpapier ausgelegtes Backblech legen und locker abgedeckt (mit einer großen Plastiktüte) 30 Min. gehen lassen. Nach 20 Min. den Ofen (Heißluft) auf 235 °C vorheizen. Auf den Boden des Ofens eine ofenfeste Form mit Wasser stellen. Brote einschieben und 30 Min. bei 235 °C backen.

13353. Rodonkuchen Alter Ego, Oktober 2021

Gugelhupfform; nach einem alten Rezept von Dr. Oetker „Backen macht Freude".

- 200 g Alsan Margarine
- 200 g Rohrohrzucker
- 1 P Vanillezucker (Rohrohr)
- 4 Eier
- 90 g Skyr
- Etwas Salz
- 400 g Dinkelvollkornmehl
- 100 g Weizenmehl Typ 1050
- 1 P Weinsteinbackpulver
- 135 g Milch
- 100 g Salted Caramel Fudge (Dr. Oetker)
- 100 g Chocolate Chunks Vollmilch (XXL; Ruf)
- Fett und Grieß für die Form

Weiches Fett schaumig rühren und ein Gemisch aus Zucker, Vanillezucker und Salz einrühren. Eier und Skyr hinzugeben. Das Gemisch aus Mehlen und Backpulver abwechselnd mit der Milch unterrühren. Der Teig soll schwer (reißend) vom Löffel fallen. Fudge und Chocolate Chunks zuletzt unterheben. Teig in eine fettete, mit Grieß ausgestreute Napfkuchenform füllen.

Ofen (Heißluft) auf 165 °C vorheizen. 60 Min. bei 165 °C backen, 5 Min. im ausgeschalteten Ofen nachbacken lassen (Stäbchenprobe). Küchentuch mit kaltem Wasser nass machen, auswringen und auf ein Gitterrost legen. Form darauf stellen. Mindestens 10 Min. stehen lassen, dann stürzen.

13354. Skyr-Ölteig, Oktober 2021

Nach: Quark-Ölteig III, Dr. Oetker, Backen mit Freude

- 195 g Skyr
- 45 g Hafermilch
- 1 Ei
- 120 g Sonnenblumenöl
- 100 g Rohrohrzucker
- 1 P Vanillezucker (mit Rohrohrzucker)
- Etwas Salz
- 420 g Weizenmehl Typ 1050
- 1 P + 6 g (2 gestr. TL) Backpulver

Quark, Milch, Ei, Öl, Zucker, Vanillin-Zucker und Salz mit den Knethaken (Handrührgerät) glatt rühren. Die Hälfte des mit Backpulver gemischten Mehls dazugeben und unterrühren. Den Rest des Mehls einkneten.

13355. Rosenkuchen Linzer Art, Oktober 2021

- Teig: 1 Rezept Skyr-Ölteig 13354
- Zum Bestreichen für den Teig: 50 g weiche Butter
- Zum Bestreichen: Etwas Hafermilch

Füllung:

- 200 g Nektarinenmarmelade
- 125 g Rosinen
- 100 g gehackte Haselnüsse

Den Teig auf Haushaltsfolie zu einem Rechteck von etwa 50 x 40 cm (wurde bei mir nicht ganz so groß) ausrollen und mit dem weichen Fett bestreichen. Marmelade darauf verstreichen. Mit Rosinen und gehackten Nüssen auf den Teig streuen. Mit Hilfe der Folie von der längeren Seite her aufrollen. Die Rolle in 12 Stücke schneiden, in eine mit Backpapier überspannte Springform (26 cm) geben und mit Milch bestreichen.

Ofen (Heißluft) auf 165 °C vorheizen. 45 Min. bei 165 °C backen.

13356. Skyrdressing TM IX, Oktober 2021

Vorläufer 13323

- 560 g Wasser
- 625 g Skyr
- 50 g Sonnenblumenöl
- 75 g Agavendicksaft
- 2 TL Salz (25 g)
- 1 Prise Pfeffer
- 1 Prise Currypulver
- 1 EL Zitronensaft
- 1 TL Senf
- 1 TL getr. Thymian oder andere getrocknete Kräuter
- 7 g Guarkernmehl

Alle Zutaten bis auf das Guarkernmehl gut mixen (1 Min./Stufe 10). Guarkernmehl dann während des Rührens einrieseln lassen, nochmals 10-20 Sek./Stufe 10.

13357. Rote Soße für Pizza IV (Vorrat), Oktober 2021

Vorläufer 13307; 9 Zweier-Portionen

- 1 kleine Dose Tomaten mit Saft (400 ml)
- 60 g Wasser (zum Ausspülen der Dose)
- 1 gestr. TL Salz
- 1 Prise Pfeffer
- 10 g Süßungsmittel (hier: Agavendicksaft)
- 60 g Sonnenblumenöl
- 70 g Tomatenmark
- 1 Knoblauchzehe (5 g)
- 25 g 4-Nussmischmus

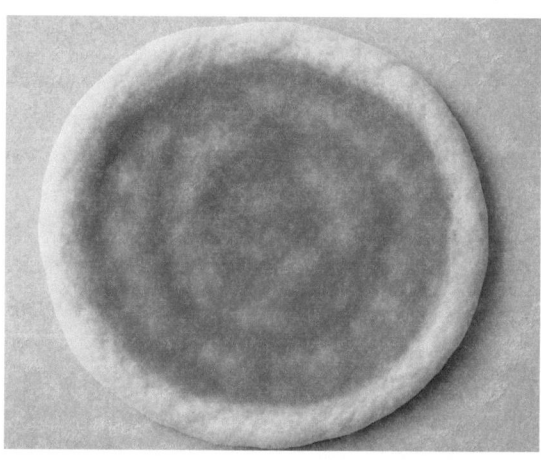

Im TM 10 Sek./Stufe 7 mixen. 3-4 EL reichen für zwei Pizzen.

13358. Veganer Pizzabelag „Hefeschmelz", Oktober 2021

- 80 g Margarine
- 50 g Weizenmehl 500
- 300 g Wasser
- 1 geh. TL Senf
- 40 g Hefeflocken (Vollkorn)
- 1 TL Salz
- 1 Prise Curry, für die Farbe

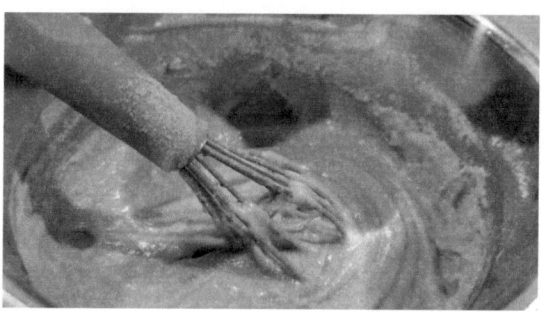

Die Margarine in einem Topf zum Schmelzen bringen, das Mehl dazugeben und mit einem Schneebesen glatt rühren. Wasser portionsweise, dann Senf, Hefeflocken, Salz und Curry hinzufügen und unter ständigem Rühren aufkochen lassen bis eine dickflüssige Masse entsteht.

Fazit: Es sieht eklig aus und schmeckt auch überhaupt nicht.

13359. Kerniges Haferbrot II, Oktober 2021

Vorläufer 13352

- 250 g Kernige Haferflocken
- 500 g Hafermilch
- 1 TL Zucker
- 1 TL Joghurt
- 750 g Dinkel Vollkornmehl
- 2 P Trockenhefe
- 1 EL (18) g Salz
- Etwas Milch
- Etwas Haferflocken
- Wasser zum Besprühen.

Haferflocken in einer größeren Pfanne rösten, bis sie gut duften (ich habe das während der Frühstückszubereitung gemacht).

Milch, Zucker und Joghurt in die Rührschüssel geben und verrühren. Mehl mit Trockenhefe mischen. Etwa zwei Drittel der Mehlmischung mit der Maschine einarbeiten. Restliches Mehl darüber geben. Salz und Haferflocken am Schüsselrand verteilen. Teig abdecken und in der Rührschüssel 30 Min. stehen lassen.

Maschine wieder anstellen und ca. 5 Min. kneten lassen. Der Teigling wog dann knapp 1500 g, ich habe das auf zwei Brote verteilt. Brote mit Milch bepinseln. Einige Haferflocken auf einen flachen Teller geben. Brote mit der Oberseite leicht in die Flocken drücken.

Die beiden Brote auf ein mit Backpapier ausgelegtes Backblech legen und locker abgedeckt (mit einer großen Plastiktüte) 30 Min. gehen lassen. Nach 20 Min. den Ofen (Heißluft) auf 235 °C vorheizen. Auf den Boden des Ofens eine ofenfeste Form mit Wasser stellen. Brote einschieben und 30 Min. bei 235 °C backen (wer es heller möchte, versucht 25 Min.)

13360. Berliner Brot, Oktober 2021

Vorläufer 15/12973

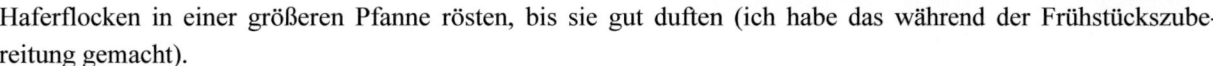

- 3 Eier
- 2 EL Wasser
- 250 g Farinzucker
- 1 P Vanillezucker
- 2 geh. EL Apfel-Birnenkraut (130 g)
- 2 EL Rum
- 1 TL Spekulatiusgewürz (Brecht) (5 g)
- 1 geh. EL Zimt
- 1 geh. EL Kakaopulver (13 g)
- 250 g Dinkelvollkornmehl
- 2 gestr. TL Weinsteinbackpulver
- 80 g bittere Schokolade 99 % (zerkleinert im TM 14 Sek./Stufe 7)
- 150 g ganze Haselnüsse

Eier mit Wasser schaumig schlagen, den Zucker hinzugeben und bis zu einer cremeartigen Masse schlagen. Apfelkraut und Rum unterrühren, Gewürze mit Mehl, Kakaopulver und Backpulver sieben und ebenfalls unterrühren. Schokolade einmischen, Haselnüsse unterziehen und den Teig auf einem mit Backpapier ausgelegten Backblech glatt streichen (ca. 1/2 cm dick, das Blech ist nicht ganz bedeckt). Backofen auf 185 °C (Heißluft) vorheizen. Blech einschieben und 25 Min. bei 185 °C backen, 5 Min. im ausgeschalteten Ofen nachbacken. Auf einem Gitterrost auskühlen lassen und in 2 x 5 cm-Streifen schneiden.

13361. Weihnachtsstollen, November 2021

Kombinierte Rezepte aus „Modern backen" und „Backen mit Lust & Liebe (Gööck)" (gibt's beide nicht mehr neu zu kaufen); ergibt zwei kleinere Stollen.

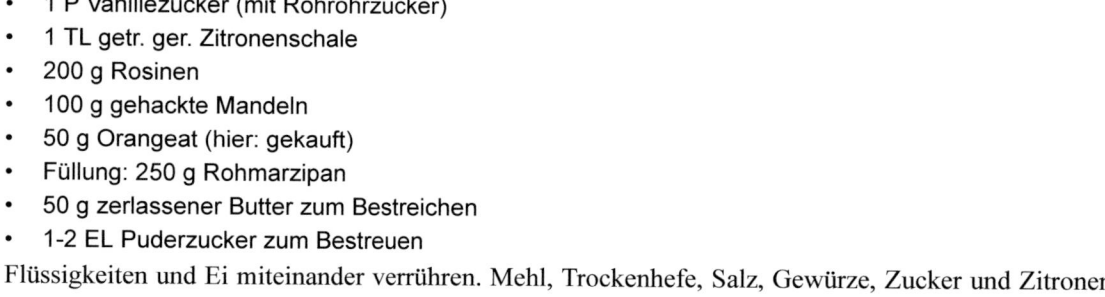

- 215 g Joghurt (1,7 % Fett)
- 12 EL Sonnenblumenöl
- 6 EL Hafermilch
- 1 Ei
- 500 g Dinkelvollkornmehl
- 1 P Trockenhefe
- 1/2 TL Salz
- 1/2 gestr. TL Gewürznelke gemahlen
- 1 geh. TL Zimt
- 1 geh. TL Lebkuchengewürz
- 60 g Rohrohrzucker
- 1 P Vanillezucker (mit Rohrohrzucker)
- 1 TL getr. ger. Zitronenschale
- 200 g Rosinen
- 100 g gehackte Mandeln
- 50 g Orangeat (hier: gekauft)
- Füllung: 250 g Rohmarzipan
- 50 g zerlassener Butter zum Bestreichen
- 1-2 EL Puderzucker zum Bestreuen

Flüssigkeiten und Ei miteinander verrühren. Mehl, Trockenhefe, Salz, Gewürze, Zucker und Zitronenschale mit einem Löffel verrühren und unter die gemischten Flüssigkeiten kneten. Rosinen, Mandeln und Orangeat mischen und ebenfalls unterkneten. (Dieses letzte Unterkneten war etwas problematisch, mit der Maschine ging es nicht. Vorher war die Milch noch nicht im Teig. Vielleicht sollte man mit der Maschine doch alles zusammen verarbeiten.). Den Teig in eine Peng-Schüssel geben und eine Stunde gehen lassen, der Deckel war gewölbt, aber nicht abgesprungen.

Den Teig nochmals durchkneten und halbieren (bei mir ca. 675 g pro Stollen). Auf bemehlter Fläche kneten und zu einem Rechteck von etwa 25 x 20 cm auseinander drücken. Marzipan in dicke Scheiben schneiden, waagerecht auf den Teig legen. Wie einen Stollen zusammenfalten. Nebeneinander auf ein mit Backpapier ausgelegtes Backblech setzen. 1 Std. unter Plastiktüten gehen lassen.

Ofen auf 255 °C (Heißluft) vorheizen. Blech einschieben und 35 Min. bei 175 °C backen. Noch heiß mit Butter bestreichen und Puderzucker bestreuen.

13362. Gefüllter Honigkuchen, November 2021

Nach einem Rezept aus „Backen macht Freude" (Dr. Oetker).

Honigmasse
- 200 g Honig
- 100 g Rohrohrzucker
- 1 Prise Salz
- 50 g Alsan Margarine
- 1 EL Wasser

Teig
- 1 Ei
- 1 geh. TL Zimt
- 2 Tropfen Backöl Bittermandel
- 500 g Dinkelvollkornmehl
- 1 P Weinsteinbackpulver

Füllung
- 350 g Marmelade (sie sollte nicht zu flüssig sein)

Guss:
- Ca. 100 g Puderzucker
- 3-4 EL Wasser

Die Zutaten für die Honigmasse in einem Topf auf kleiner Einstellung erwärmen, bis alles gelöst ist. Abkühlen lassen und in eine Rührschüssel geben. Ei und Gewürze unterrühren. Mehl mit Backpulver mischen. 2/3 dieser Mischung in die Rührschüssel geben und unterrühren. Den Rest einarbeiten, bis ein fester Teig entsteht. 2/3 des Teigs (ca. 600 g) auf einem mit Backpapier ausgelegten Backblech ausrollen auf eine Größe von 24 x 34 cm (etwa 2/3 des Blechs). Das Backpapier mit etwas Wasser oder Fett dafür auf dem Blech fixieren. Wenn es kein Rechteck ist, lässt es sich gut mit einem Pizzaroller in Form bringen. Teig an den Seiten etwas hochdrücken, die Marmelade einfüllen.

Den Rest Teig (mit Hilfe von etwas Mehl) auf dieselbe Größe und Form ausrollen, mit einem Stück Haushaltsfolie aufrollen. Was bei mir nie klappt. Die Teigdecke obenauf legen und mehrmals mit einer Gabel einstechen. Da ich die Teigdecke nur in Fetzen übertragen konnte, habe ich das mit der Gabel ausgelassen.

Ofen (Heißluft) auf 185 °C vorheizen. Einschieben und 25 Min. bei 185 °C backen. Das Backblech auf einen umgedrehten Gitterrost abstellen. Mit einem Handrührgerät den Puderzucker mit soviel Wasser verrühren, dass er gut streichbar ist. Auf den heißen Kuchen auftragen. Sobald der Kuchen lauwarm ist, vom Blech auf den Gitterrost ziehen und abkühlen lassen.

13363. Kaki-Cashewmarmelade, November 2021

Vorläufer 13351

- 710 g Kaki
- 240 g Rohrohrzucker
- 1 Apfel (140 g)
- 1 geh. EL Cashewmus (50 g)
- 1 P Vanillearoma
- 40 g Rum
- 30 g Zitronensaft

Alle Zutaten bis auf den Rum in den TM geben, zerkleinern (20 Sek./Stufe 8) und garen (13 Min./115 °C/Stufe 2). Beim Kochen evtl. Gärkörbchen als Spritzschutz aufsetzen. Rum zugeben und pürieren (und Johannisbrotkernmehl zugeben und einige Sek. auf Stufe 5 laufen lassen. Erneut pürieren) (10 Sek./Stufe 10). In heiß ausgespülte Gläser füllen.

Vorsicht! *Hat bei mir angesetzt. Eventuell stärker rühren oder 1-2 Min kürzer kochen.*

13364. One-Pot-Spaghetti mit Butternuss, November 2021

- 75 g Spaghetti, in Stücke gebrochen
- 30 g fein gehackte Zwiebel
- 150 g gewürfelter Butternusskürbis
- 210 g Wasser

Als Gemüsepfanne 15 Min. garen. Abschmecken mit:

- 1-2 Prisen Salz
- 30 g Apfelkraut
- 30 g Erdnussmus Crunchy
- Etwas Sambal Oelek

Aufkochen, bis sich alles gelöst hat.

13365. Curry-Dattel-Dip, November 2021

- 150 g Soft-Datteln ohne Stein
- 200 g Frischkäse
- 200 g Skyr
- 1 geh. TL Currypulver
- 1 TL Kreuzkümmel
- 1/2 TL Salz (5 g)
- 1 g Sambal Oelek

Datteln in den TM Mixtopf geben und zerkleinern (8 Sek./Stufe 10). Besser jetzt mit dem Spatel vom Boden und Rand lösen! Restliche Zutaten zugeben und verrühren (10 Sek./Stufe 3). Je nachdem, wie stark die Datteln am Boden kleben, lockern und Rührvorgang wiederholen. In Schalen oder Gläschen füllen. Lässt sich einfrieren.

13366. Tomatenketchup mit Nussmus VIII, November 2021

Vorläufer 13350; 2-3 größere Schraubgläser

- 2 Dosen Tomaten inklusive Saft (800 g)
- 155 g Apfelessig
- 100 g Wasser
- 30 g Soft-Datteln
- 175 g Sultaninen
- 9 g Knoblauchzehen (frisch)
- 1 EL Mischmus 4 Nuss (50 g)
- 1 geh. TL Salz
- 105 g Gemüsezwiebeln, halbiert
- 1 Apfel 170 g
- 1/2 gelbe Paprika (60 g)
- 1 Stück Essigpeperoni 7/4573 (7 g)
- 1 Prise (1/4 TL) Pfeffer
- 2 geh. TL Paprikapulver edelsüß
- 1/2 TL Curry
- 1 TL (5 g) Sojasoße
- 40 g Tomatenmark
- 225 g Wasser

Alle Zutaten bis auf die zweite Menge Wasser in den TM-Mixtopf geben. Zerkleinern (25 Sek./Stufe 10), dabei den Messbecher fest andrücken, anschließend garen (40 Min./Varoma/Stufe 3). Nach Ende der Garzeit Rest Wasser zugeben und fein pürieren (30 Sek./Stufe 10). Direkt in Schraubgläser füllen.

13367. Zwiebel-Relish mit Möhren, November 2021

Vorläufer 13351; 2 Nussmusgläser

- 140 g Möhren
- 505 g Zwiebeln
- 1 Apfel (160 g, ohne Kerne)
- 2 Knoblauchzehen (frisch; 7 g)
- 250 g Rosinen
- 70 g selbstgemachter Tomatenketchup
- 1 geh. TL Salz
- 1 geh. MS gem. Nelken
- 1/2 TL Zimt
- 1 TL Paprikapulver edelsüß
- 1 geh. MS gem. Kreuzkümmel
- 1 gestr. TL Curry
- 1 Prise getr. Thymian, zwischen den Händen verrieben
- 10 g Sojasoße
- 160 g Apfelessig
- 135 g Wasser

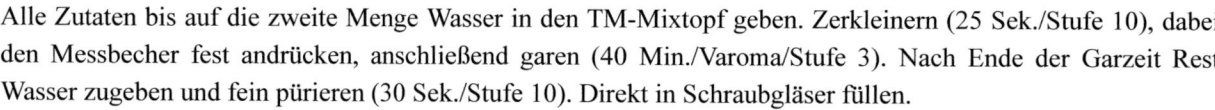

Zwiebeln, Apfel, Rosinen und Knoblauch im TM zerkleinern (10 Sek./Stufe 6). Nach unten schieben und die restlichen Zutaten zugeben. 55 Min./105 °C/Linkslauf/Stufe 1 ohne Messbecher garen. Sobald es kocht, wenn nötig Garkörbchen als Spritzschutz aufsetzen. Relish in zwei leere Schraubgläser füllen. Sofort verschließen und abgekühlt im Kühlschrank aufbewahren.

13368. Stollen mit Backpulver, November 2021

- 1 Prise Salz
- 1 geh. TL getr. Zitronenschale
- 200 g Rohrohrzucker
- 200 g Butter, in Stücken
- 3 Eier
- 250 g Skyr
- Saft einer kleinen Orange (70 g)

- 40 g Cointreau
- 750 g Dinkelvollkornmehl
- 1 TL Lebkuchengewürz
- Etwas Mehl zum Bearbeiten
- 1 P Weinsteinbackpulver
- 200 g Sultaninen
- 100 g gehackte Mandeln
- 50 g Orangeat
- 50 g Zitronat
- 100 g Schokoladenstückchen
- 200 g Rohmarzipan

Für den Guss
- 80 g Schokolade (99 % Kakao)
- 30-40 g Agavendicksaft

Salz, Zitronenschale und Zucker mischen, in ein Rührgefäß geben. Butter, Eier, Skyr, Orangensaft und Cointreau hinzugeben und schaumig rühren. Mehl, Gewürz und Backpulver mischen, in Portionen einkneten. Sultaninen, Mandeln, Orangeat, Schokostückchen und Zitronat mit der Hand einkneten. 5-10 Min. ruhen lassen, sonst löst sich der Teig nicht von der Arbeitsfläche. Teig halbieren. Auf etwas Mehl mit den Händen jeweils zu einem Oval auseinanderdrücken. Hälfte des Marzipans hineinlegen, zu Stollen formen und auf ein mit Backpapier ausgelegtes Backblech legen. Ofen (Heißluft) auf 165 °C vorheizen. 35 Min. bei 165 °C backen und 5 Min. im ausgeschalteten Ofen nachbacken. Mit Wasser besprühen. Auf einem Gitterrost abkühlen lassen. Zutaten für den Guss im Wasserbad flüssig werden lassen und die Stollen damit einpinseln.

13369. Marzipanlebkuchen, November 2021

16-18 Stück
- 200 g Rohmarzipan
- 3 Eier
- 50 g Orangeat
- 50 g Zitronat
- 200 g gem. Haselnüsse
- 200 g gem. Mandeln
- 70 g Zucker
- 1 TL Zimt
- 1 TL Lebkuchengewürz
- 1/4 TL geriebene Zitronenschale
- 1/4 TL Weinsteinbackpulver
- 16-18 Oblaten

Schokoladenguss
- 1 Tafel Vivani Schokolade 99 % (80 g)
- 30-40 g Agavendicksaft

Handrührgerät, Rührbesen: Marzipan in kleine Stücke schneiden, mit einem Ei glatt rühren. Dann die anderen Eier zugeben und verrühren. Orangeat und Zitronat klein hacken. Nüsse, Mandeln, Zucker, Zimt, Gewürz und Backpulver mit einem Löffel verrühren. Mit dem Orangeat und Zitronat zu dem Marzipangemisch geben. Mit den Knethaken zu einem festen, saftigen Teig verkneten. Oblaten nebeneinanderlegen. Jeweils etwa 1 leicht geh. EL vom Teig abnehmen, auf die Oblaten setzen. Zu einer Kuppel formen. Auf ein Backblech setzen und etwa 1 Std. an der Luft trocknen lassen.

Ofen (Umluft) auf 165 °C vorheizen. Lebkuchen 20 Min. bei 165 °C backen und 5 Min. im ausgeschalteten Ofen nachbacken. Abkühlen lassen und mit Guss überziehen, dafür die Gusszutaten im Wasserbad schmelzen.

13370. Hefeteigbrot wie mit Sauerteig, November 2021
Teigansatz
- 200 g Weizenmehl Typ 1050
- 1 P Trockenhefe
- 200 g Roggenvollkornmehl
- 425 g Wasser

Mit einem Löffel in einer großen Pengschüssel (3 Liter) verrühren. Schüssel schließen und 4 Std. (In einer Plastiktüte) gehen lassen. Nach ca. 2,5 Std.:
Teigverlängerung
- Ansatz
- 200 g Weizenmehl Typ 1050
- 300 g Wasser

Verrühren und knapp 2 Std. gehen lassen. Da es so viel Flüssigkeit war, ist er immens gegangen. Aber natürlich fiel das dann wieder zusammen.
Teig
- Ansatz mit Verlängerung
- 1 EL Salz (18 g)
- 225 g Weizenmehl 1050
- 1 EL Roggenmehl (20 g)
- 1 EL Essig
- 100 g Sonnenblumenkerne
- 1 EL Brotgewürz
- Brot und Grieß für die Form

Alles verrühren. Eine 30-cm-Brotbackform einfetten und mit Grieß ausstreuen. Teig einfüllen und mit nasser Hand glatt streichen. 30 Min. im Backofen gehen lassen. Ofen einschalten und bei 195 °C (Heißluft) 1 Std. backen. Brot aus der Form nehmen und nochmals 10 Min. backen.

13371. Hefeteigbrot wie mit Sauerteig II, November 2021
Teigansatz
- 200 g Dinkelvollkornmehl
- 1 P Trockenhefe
- 200 g Roggenvollkornmehl
- 400 g Wasser

Mit einem Löffel in einer großen Pengschüssel (3 Liter) verrühren. Schüssel schließen und 4 Std. (In einer Plastiktüte) gehen lassen.
Teigverlängerung
- Ansatz
- 70 g Roggenvollkornmehl
- 130 g Dinkelvollkornmehl
- 225 g Wasser

Verrühren und eine Stunde gehen lassen.
Teig
- Ansatz mit Verlängerung
- 1 EL Salz (19 g)
- 225 g Dinkelvollkornmehl
- 3 EL Essig (30 g)
- 75 g Wasser
- 100 g Sonnenblumenkerne
- 1 geh. EL Brotgewürz
- Butter und Grieß für die Form

Alles verrühren. Eine 30-cm-Brotbackform einfetten und mit Grieß ausstreuen. Teig einfüllen und mit nasser Hand glatt streichen. 60 Min. im Backofen gehen lassen. Ofen einschalten und bei 195 °C (Heißluft) 1 Std. 10 Min. backen.

13372. Stollen mit Backpulver II, November 2021

Vorläufer 13368

- 1 Prise Salz
- 1 geh. TL getr. Zitronenschale
- 200 g Rohrohrzucker
- 200 g weiche Butter, in Stücken
- 3 Eier
- 250 g Skyr
- Saft einer kleinen Orange (65 (70) g)
- 40 g Cointreau
- 50 g gem. Haselnüsse
- 700 g Dinkelvollkornmehl
- 1 Tütchen Spekulatiusgewürz (oder 1 geh. TL Lebkuchengewürz, Zimt o. Ä.)
- 1 P Weinsteinbackpulver
- 200 g Sultaninen
- 100 g gehackte Mandeln
- 60 g Orangeat
- 40 g Zitronat
- 100 g Schokoladenstückchen (Vollmilch)
- 200 g Rohmarzipan
- Etwas Mehl zum Bearbeiten

Für den Guss

- 80 g Schokolade (99 % Kakao)
- 30-40 g Agavendicksaft

Butter, Schale, Salz und Zucker mit den Rührbesen (Handrührgerät) schaumig schlagen. Eier einzeln einarbeiten, dann Skyr, Orangensaft (und Fruchtfleisch) sowie Cointreau nach und nach zugeben. Mehl mit Spekulatiusgewürz, Nüssen und Backpulver mischen. Portionsweise einarbeiten. Nach etwa der Hälfte auf Knethaken wechseln. Gründlich kneten.

Sultaninen, Mandeln, Orangeat, Zitronat und Schokoladenstückchen mit der Hand einkneten. 15 Min. ruhen lassen, sonst löst sich der Teig nicht von der Arbeitsfläche. Teig halbieren (etwa 1050 g pro Stück). Auf etwas Mehl mit den Händen jeweils zu einem Oval auseinanderdrücken. Hälfte des Marzipans hineinlegen, zu Stollen formen und auf ein mit Backpapier ausgelegtes Backblech legen. Ofen (Heißluft) auf 165 °C vorheizen. 35 Min. bei 165 °C backen und 10 Min. im ausgeschalteten Ofen nachbacken. Mit Wasser besprühen. Auf einem Gitterrost abkühlen lassen.

Zutaten für den Guss im Wasserbad flüssig werden lassen und die Stollen damit einpinseln.

13373. Skyrdressing TM, Dezember 2021

Vorläufer 13356

- 575 g Wasser
- 640 g Skyr
- 80 g Mayonnaise vegan
- 75 g Agavendicksaft
- 1 Knoblauchzehe
- 2 TL Salz (25 g)
- 1 Prise Pfeffer
- 1 Prise Currypulver
- 1 EL (10 g) Zitronensaft
- 1 TL Senf
- 1 TL getr. Thymian oder andere getrocknete Kräuter
- 7 g Guarkernmehl

Alle Zutaten bis auf das Guarkernmehl gut mixen (1 Min./Stufe 10). Guarkernmehl dann während des Rührens einrieseln lassen, nochmals 10-20 Sek./Stufe 10.

13374. Stollen mit Backpulver III, Dezember 2021

Vorläufer 13372

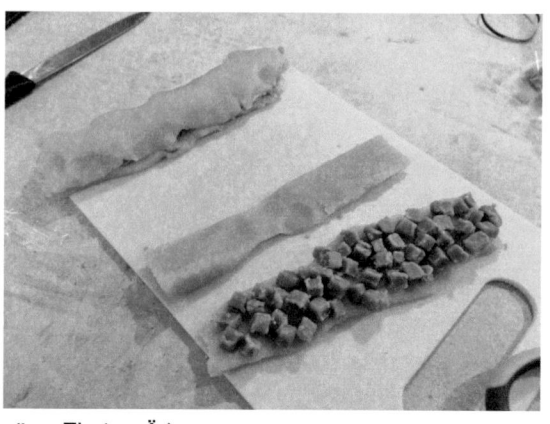

- 1 Prise Salz
- 5 g getr. Orangenschale
- 200 g Vollrohrzucker
- 200 g weiche Butter, in Stücken
- 3 Eier
- 250 g Skyr
- Saft einer kleinen Orange (65 g)
- 40 g Cointreau
- 95 g gem. Haselnüsse
- 655 g Dinkelvollkornmehl
- 1 Tütchen Spekulatiusgewürz (oder 1 geh. TL Lebkuchengewürz, Zimt o. Ä.)
- 1 P Weinsteinbackpulver
- 200 g Sultaninen
- 100 g gehackte Mandeln
- 35 g Orangeat
- 65 g Zitronat
- 100 g Schokoladenstückchen (Vollmilch)
- 200 g Rohmarzipan
- Etwas weniger als 100 g Fudge zum Backen
- Etwas Mehl zum Bearbeiten

Für den Guss
- 80 g Schokolade (99 % Kakao)
- 30-40 g Agavendicksaft

Butter, Schale, Salz und Zucker mit den Rührbesen (Handrührgerät) schaumig schlagen. Eier einzeln einarbeiten, dann Skyr, Orangensaft (und Fruchtfleisch) sowie Cointreau nach und nach zugeben. Mehl mit Spekulatiusgewürz, Nüssen und Backpulver mischen. Portionsweise einarbeiten. Nach etwa der Hälfte auf Knethaken wechseln. Gründlich kneten.

Sultaninen, Mandeln, Orangeat, Zitronat und Schokoladenstückchen mit der Hand einkneten. 15 Min. ruhen lassen, sonst löst sich der Teig nicht von der Arbeitsfläche. Marzipan halbieren, einmal längs und dann quer, so dass vier längliche Platten entstehen. Eventuell vorsichtig auseinanderdrücken, immer wieder kontrollieren, dass sich die Masse vom Untergrund abheben lässt. Zwei der Streifen dicht mit Fudgestückchen belegen, jeweils einen Streifen auflegen und festdrücken. Teig halbieren (etwa 1050 g pro Stück). Auf etwas Mehl mit den Händen jeweils zu einem Oval auseinanderdrücken.

Hälfte des gefüllten Marzipans hineinlegen, zu Stollen formen und auf ein mit Backpapier ausgelegtes Backblech legen. Ofen (Heißluft) auf 165 °C vorheizen.

30 Min. bei 165 °C backen und 10 Min. im ausgeschalteten Ofen nachbacken. Mit Wasser besprühen. Auf einem Gitterrost abkühlen lassen. Zutaten für den Guss im Wasserbad flüssig werden lassen und die Stollen damit einpinseln.

13375. Tomatenketchup Nussmus IX, Dezember 2021

Vorläufer 13366; 2-3 größere Schraubgläser

- 2 Dosen Tomaten inklusive Saft (800 g)
- 155 g Apfelessig
- 100 g Wasser
- 45 g Soft-Datteln
- 165 g Sultaninen
- 9 g Knoblauchzehen (frisch)
- 1 EL Mischmus 4 Nuss (50 g)
- 1 geh. TL Salz
- 155 g Gemüsezwiebeln, halbiert
- 1 Apfel 195 g
- 1/2 rote Paprika (60 g)
- 1 Stück Essigpeperoni 7/4573 (5 g)

- 1 Prise (1/4 TL) Pfeffer
- 2 geh. TL Paprikapulver edelsüß
- 1/2 TL Curry
- 1 TL (5 g) Sojasoße
- 40 g Tomatenmark
- 225 g Wasser

Alle Zutaten bis auf die zweite Menge Wasser in den TM-Mixtopf geben. Zerkleinern (25 Sek./Stufe 10), dabei den Messbecher fest andrücken, anschließend garen (40 Min./Varoma/Stufe 3). Nach Ende der Garzeit Rest Wasser zugeben und fein pürieren (30 Sek./Stufe 10). Direkt in Schraubgläser füllen.

13376. Zwiebel-Relish mit Möhren II, Dezember 2021

Vorläufer 13367; 2 Nussmusgläser

- 165 g Möhren
- 580 g Zwiebeln
- 1 Apfel (125 g, ohne Kerne)
- 2 Knoblauchzehen (frisch; 7 g)
- 250 g Rosinen
- 70 g Tomatenketchup
- 1 geh. TL Salz
- 1 geh. MS gem. Nelken
- 1/2 TL Zimt
- 1 TL Paprikapulver edelsüß
- 1 geh. MS gem. Kreuzkümmel
- 1 gestr. TL Curry
- 10 g Sojasoße
- 160 g Apfelessig
- 160 g Wasser

Herstellung siehe Vorläufer 13367.

13377. Skyrdressing TM XI, Dezember 2021

Vorläufer 13356

- 575 g Wasser
- 645 g Skyr
- 80 g Mayonnaise vegan (oder: 50 g Sonnenblumenöl)
- 75 g Agavendicksaft
- 1 Knoblauchzehe
- 2 TL Salz (25 g)
- 1 Prise Pfeffer
- 1 Prise Currypulver
- 1 EL (10 g) Zitronensaft
- 1 TL Sahnemeerrettich aus dem Glas
- 1 TL getr. Kräuter „Duft der Macchia"
- 7 g Guarkernmehl

Alle Zutaten bis auf das Guarkernmehl gut mixen (1 Min./Stufe 10). Guarkernmehl dann während des Rührens einrieseln lassen, nochmals 10-20 Sek./Stufe 10.

13378. Pizzatopping, Januar 2022

- 50 g Skyr
- 50 g Hafersahne
- 2 g Salz
- 50 g Sonnenblumenkerne
- 25 g kernige Haferflocken
- 1 EL Wasser

Mit einem Löffel verrühren und etwa 30 Min. stehen lassen. Das Topping nach der halben Backzeit (hier: 7 Min.; 235 °C Heißluft) auf die Pizza geben und zu Ende backen. *Enttäuschend.*

13379. Hefeteigbrot wie mit Sauerteig III, Januar 2022

Vorläufer 13371

Teigansatz
- 200 g Dinkelvollkornmehl
- 1 P Trockenhefe
- 200 g Roggenvollkornmehl
- 425 g Wasser

Mit einem Löffel in einer großen Pengschüssel (3 Liter) verrühren. Schüssel schließen und 3,5 Std. (In einer Plastiktüte) auf der warmen Fensterbank gehen lassen.

Teigverlängerung
- Ansatz
- 100 g Roggenvollkornmehl
- 100 g Dinkelvollkornmehl
- 225 g Wasser

Verrühren und eine Stunde gehen lassen.

Teig
- Ansatz mit Verlängerung
- 1 EL Salz (20 g)
- 145 g Dinkelvollkornmehl
- 80 g Roggenvollkornmehl
- 50 g Essig
- 30 g Wasser
- 100 g Sonnenblumenkerne
- 1 geh. EL Brotgewürz
- Butter und Grieß für die Form

Alles verrühren. Eine 30-cm-Brotbackform einfetten und mit Grieß ausstreuen. Teig einfüllen und mit nasser Hand glatt streichen. 45 Min. im kalten Backofen gehen lassen. Ofen einschalten und bei 195 °C (Heißluft) 1 Std. 10 Min. backen.

13380. Kürbissuppe, tomatig, Dezember 2021
- 65 g Zwiebel, fein gehackt
- 180 g Hokkaido, in Würfeln
- 130 g Tomaten, in kleinen Würfeln
- 1 Knoblauchzehe, gehackt
- 40 g Spaghetti, in kleine Stücke gebrochen
- 470 g Wasser (heiß aus dem Wasserkocher)

Angegebene Zutaten in einen Topf geben und zum Kochen bringen. 15 Min. kochen.
- 30 g Tomatenmark
- 1 gestr. TL Salz
- 5 g Sahnemeerrettich (Bode), optional
- 10 g Sonnenblumenöl

Miteinander verrühren, unter die Suppe geben und noch etwa 5 Min. kochen. Die Wassermenge lässt sich auch verringern bis auf 400 g.

13381. Fünfminuten-Biobrot, Januar 2022

Vorläufer 13321
- 1 P Trockenhefe (7 g)
- 470 g Weizenmehl Typ 550
- 30 g Dinkelmehl Typ 1050
- 70 g Kürbiskerne
- 30 g Sonnenblumenkerne
- 2 knappe (12 g) TL Salz (wer mag auch Kräutersalz)
- 405 g handwarmes Wasser

- 60 g Skyr (1 EL)
- 2 EL Apfelessig
- Butter und evtl. Grieß für die Form

Zubereitung mit dem Handrührgerät, Knethaken. Die trockenen Zutaten in der Rührschüssel mixen. Skyr und Flüssigkeiten zugeben und 3 Min. kneten. Eine 30 cm Form fetten und mit Grieß ausstreuen. Teig hineingeben, mit Wasser einsprühen und auf dem Gitterrost in den kalten Backofen schieben. 25 Min. ruhen lassen. Den Ofen auf 205 °C (Heißluft) stellen und das Brot eine Stunde backen. Das fertige Brot noch 15 Min. im ausgeschalteten Ofen stehenlassen, aus der Form stürzen, mit Wasser einsprühen und auf einem Gitterrost auskühlen lassen.

13382. Skyrdressing TM XII, Januar 2022

Vorläufer 13378

- 580 g Wasser
- 645 g Skyr
- 80 g Mayonnaise vegan
- 75 g Agavendicksaft
- 1 Knoblauchzehe
- 2 TL Salz (25 g)
- 1 Prise Pfeffer
- 1 Prise Currypulver
- 1 EL (10 g) Zitronensaft
- 1 TL Senf
- 1 TL getr. Kräuter „Duft der Macchia"
- 7 g Guarkernmehl

Alle Zutaten bis auf das Guarkernmehl gut mixen (1 Min./Stufe 10). Guarkernmehl dann während des Rührens einrieseln lassen, nochmals 10-20 Sek./Stufe 10.

13383. Muttis Nusskuchen plus, Januar 2022

Vorläufer 1/60

- 400 g gem. Haselnüsse
- 225 g Dinkelvollkornmehl
- 225 g Vollrohrzucker
- 1 P Vanillezucker
- 1 P Weinsteinbackpulver
- 2 TL Bittermandel von Holo
- 260 g Hafermilch
- Butter und Grieß für die Form
- 100 g Salty Fudge Stücke

Guss

- 1 Tafel (80 g) Vivani 99 % Schokolade
- Ca. 20-40 g Agavendicksaft (nicht gewogen)

Trockene Zutaten mischen. Bittermandel und Hafermilch hinzufügen und mit den Rührbesen eines Handrührgeräts mischen. Zum Schluss die Fudge-Stücke unterheben. Form sehr gut mit Butter einfetten und mit Grieß ausstreuen (das ist hier besonders wichtig, denn die Fudgestücke kleben fest, wenn sie an die Wand der Form kommen). Ofen (Heißluft) auf 175 °C (vielleicht doch besser 185 °C, wie im Originalrezept) vorheizen, Kuchen 45 Min. bei 175 °C backen und 10 Min. im ausgestellten Ofen nachbacken.

Schokolade mit Agavendicksaft im Wasserbad flüssig werden lassen und den erkalteten Kuchen damit bestreichen.

13384. Rote Soße für Pizza V (Vorrat), Januar 2022

Vorläufer 13357; 9 Zweier-Portionen

- 1 kleine Dose Tomaten mit Saft (400 ml)
- 110 g Wasser (zum Ausspülen der Dose)
- 1 gestr. TL Salz
- 1 Prise Pfeffer
- 1 TL Paprikapulver edelsüß
- 15 g Süßungsmittel (hier: Agavendicksaft)
- 60 g Sonnenblumenöl
- 80 g Tomatenmark
- 1 Knoblauchzehe (5 g)
- 25 g 4-Nussmischmus

Im TM: 10 Sek./Stufe 7. 3-4 EL reichen für zwei Pizzen.

13385. Blumenkohl in Erdnuss (One-Pot), Januar 2022

- 10 g Sonnenblumenöl
- 390 g Blumenkohl, in größere Röschen geteilt
- 75 g Spaghetti, in Stücke gebrochen
- 320 g Wasser

Soße

- 45 g Erdnussmus crunchy (crunchy ist optional)
- 1 gestr. TL Salz
- 1 Prise Pfeffer
- 1 TL Paprikapulver edelsüß
- 70 g Hafersahne

Öl, Blumenkohl, Spaghetti und Wasser zusammen aufkochen und 15-20 Min. kochen. Einstellung so wählen, dass es deutlich kocht, aber nicht zu viel Wasser entweicht. Zwischendurch umrühren, damit auch alle Nudeln mal Wasser sehen. Ein Gemisch aus den Soßenzutaten unterrühren und nochmals aufkochen.

13386. Brötchen ungeformt, Januar 2022

8-9 Stück

- 50 g Joghurt
- 200 g Hafermilch
- 30 g Sonnenblumenöl
- 50 g Kichererbsenwasser (Dose)
- 500 g Dinkelvollkornmehl
- 1 P Trockenhefe (Dr. Oetker)
- 2 g Salz (2 gestr. TL)
- 50 g Sonnenblumenkerne

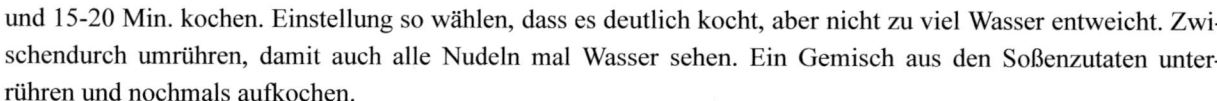

Flüssigkeiten mischen, trockene Zutaten mischen und miteinander verkneten. Der Teig war ein wenig zu fest, aber es hat trotzdem funktioniert. *Ein nächstes Mal würde ich 25 g Flüssigkeit mehr nehmen.*

Teigling in eine Pengdose legen, geschlossene Dose in einen Plastikbeutel geben und auf dem Fensterbrett 2 Std. gehen lassen. Dann einmal kurz durchkneten, erneut nochmals 1,5 Std. gehen lassen.

Teigling aus der Dose nehmen, nicht nochmals kneten. Zu einem Rechteck (8 Stücke) oder Quadrat (9 Stücke) ausrollen, der Teig sollte 2-3 cm hoch sein. Mit einem Messer oder Teigschaber in Stücke schneiden. Die Stücke auf ein mit Backblech ausgelegtes Backblech oder ein bemehltes Brett legen und locker abdecken.

Backblech in den Ofen schieben und auf 255 °C (Heißluft) vorheizen. Teiglinge mit Wasser besprühen.

Teiglinge rasch auf das heiße Backblech legen. Da die Teiglinge kaum in die Breite, nur in die Höhe gehen, muss der Abstand nicht zu groß sein. Ofen schließen und 30-40 Sek. warten. Temperatur auf 205 °C stellen und die Brötchen 15 Min. bei 205 °C backen. Klopfprobe machen. Brötchen auf einem Gitterrost auskühlen lassen.

13387. Krümeltorte Aprikosen Marzipan, Januar 2022

1 Springform 26 cm; Vorläufer 13347

Füllung

- 100 g Salty Caramel Fudge
- 250 g Marzipan mit Rohrohrzucker
- 1 Glas Aprikosen (Einwaage 340 g)
- 365 g Saft aus dem Glas
- 1 P Puddingpulver (37 g)
- 50 g Wasser
- 1 EL Rohrohrzucker

Teig

- 200 g Butter
- 200 g Rohrohrzucker
- 1 P Vanillezucker
- 1 Ei
- 1 Prise Salz
- 400 g Dinkelvollkornmehl
- 100 g gem. Mandeln
- 1 P Weinsteinbackpulver

Für die Füllung Aprikosen abtropfen lassen. Saft aus dem Glas erhitzen. Puddingpulver mit Wasser und Zucker verrühren, unter den Saft rühren, sobald der kocht, und einmal aufkochen lassen. Unter gelegentlichem Rühren abkühlen lassen.

Für den Teig das Fett schaumig rühren und nach und nach Zucker, Ei und Salz hinzugeben. Mehl mit Backpulver mischen, etwa die Hälfte esslöffelweise unterrühren. Den Rest des Mehls auf den Teig schütten und mit den Knethaken des Handrührgeräts vermischen, bis sich kleine Streusel bilden. Solange rühren, bis die Streusel etwas kleiner als die gewünschte Größe sind.

Die Hälfte des Teigs (ca. 500 g) in eine mit Backpapier überspannte Springform (26 cm) füllen, den Teig am Boden gut andrücken. Am Rand hochdrücken. Marzipan in Streifen schneiden (je ca. 2-3 mm), den Boden damit bedecken. Die Fudge-Stückchen darauf verteilen. Mit den Aprikosen belegen, den Pudding darüber verteilen. Den Rest der Streusel über die Füllung verteilen und am Rand leicht andrücken. Ofen (Heißluft) auf 165 °C vorheizen und 45 Min. bei 165 °C backen.

13388. Doppelkartaffel-Paprikasuppe, Januar 2022

3-4 Portionen; Zubereitung beschrieben im Thermomix; angelehnt an ein Rezept aus der Rezeptewelt.

- 60 g Zwiebel, in Stücken
- 30 g Sonnenblumenöl
- 200 g Kartoffeln in Würfeln (ca. 3 x 3 cm)
- 300 g heißes Wasser
- 250 g Hafermilch
- 1 gestr. TL Salz
- 1 Prise Pfeffer
- 140 g rote Paprika (1 kleine), in Stücken
- 1 kleine Tomate, geviertelt (90 g)
- 165 g Süßkartoffel, gewürfelt
- 30 g Mandelmus

Öl und Zwiebel in den Mixtopf geben, zerkleinern (5 Sek./Stufe 5) und nach unten schieben. Andünsten (3 Min./Varoma/Stufe 1). Kartoffeln zugeben und zerkleinern (5 Sek./Stufe 5).

Wasser, Milch, Salz und Pfeffer zugeben und kochen (15 Min./105 °C/Stufe 1).

Paprika, Tomate, Süßkartoffel und Mandelmus zugeben und nochmals kochen (15 Min./95 °C/Stufe 1). Pürieren (1 Min./Stufe 9) und evtl. nachsalzen.

Hinweis: *Mir war es ohne Nachsalzen salzig genug.*

13389. Tomatenketchup Nussmus X, Januar 2022

Vorläufer 13375; 2-3 größere Schraubgläser

- 2 Dosen Tomaten inklusive Saft (800 g)
- 155 g Apfelessig
- 100 g Wasser
- 45 g Soft-Datteln
- 165 g Sultaninen
- 10 g Knoblauchzehen (frisch)
- 1 EL Mischmus 4 Nuss (55 g)
- 1 geh. TL Salz
- 150 g Gemüsezwiebeln, halbiert
- 1 Apfel 180 g
- 1/2 grüne Paprika (80 g)
- 1 Stück Essigpeperoni (5 g)
- 1 Prise (1/4 TL) Pfeffer
- 2 geh. TL Paprikapulver
- 1/2 TL Curry
- 1 TL (5 g) Sojasoße
- 40 g Tomatenmark
- 225 g Wasser

Alle Zutaten bis auf die zweite Menge Wasser in den TM-Mixtopf geben. Zerkleinern (25 Sek./Stufe 10), dabei den Messbecher fest andrücken, anschließend garen (40 Min./Varoma/Stufe 3). Nach Ende der Garzeit Rest Wasser zugeben und fein pürieren (30 Sek./Stufe 10). Direkt in Schraubgläser füllen.

13390. Zwiebel-Relish mit Möhren III, Januar 2022

Vorläufer 13376; 2 Nussmusgläser

- 220 g Möhren
- 565 g Zwiebeln
- 1 Apfel (125 g, ohne Kerne)
- 2 Knoblauchzehen (frisch 11 g)
- 250 g Rosinen
- 85 g selbstgemachter Tomatenketchup
- 1 geh. TL Salz
- 1 geh. MS gem. Nelken
- 1/2 TL Zimt
- 1 TL Paprikapulver edelsüß
- 1 geh. MS gem. Kreuzkümmel
- 1 gestr. TL Curry
- 10 g Sojasoße
- 160 g Apfelessig
- 160 g Wasser

Zwiebeln, Apfel, Rosinen und Knoblauch im TM zerkleinern (10 Sek./Stufe 6). Nach unten schieben und die restlichen Zutaten zugeben. 55 Min./105 °C/Linkslauf/Stufe 1 ohne Messbecher garen. Sobald es kocht, wenn nötig Garkörbchen als Spritzschutz aufsetzen. Relish in zwei leere Schraubgläser füllen. Sofort verschließen und abgekühlt im Kühlschrank aufbewahren.

13391. Kalter Hund, Februar 2022

- 250 g Schokolade 99 % Kakao
- 175 g Butter
- 100 g Agavendicksaft (könnte 150-200 g sein)
- 300 g Bio-Butterkekse oder Vollkornbutterkekse

Eine 25-cm-Kastenform mit Haushaltsfolie oder aufgeschnittenem Gefrierbeutel auslegen.

Schokolade zerkleinern (10 Sek./Stufe 6). Butter und Agavendicksaft zugeben und schmelzen (8-10 Min./45 °C/Stufe 2).

3 EL der Schokoladenmasse auf dem Boden verteilen. Mit Keksen dicht belegen, also auch die Ränder mit Stücken füllen. Wiederum 3 EL Schokoladenmasse darauf verteilen. Erneut mit Keksen so belegen, dass sie versetzt zu den anderen Keksen legen und auch bis zum Rand reichen (Achtung, Kastenformen werden nach oben breiter!). Abwechselnd weiter Schokoladenmasse und Kekse auflegen. Oben sollte mit Schokolade abgeschlossen werden. Bei mir hat das genau geklappt.

Die Form über Nacht in den Kühlschrank stellen, mindestens aber 6 Std. Im Kühlschrank aufbewahren.

Hinweis: Im TM einfach.

13392. Tomatensoße, schnell, Februar 2022
- 10 g Sonnenblumenöl
- 300 g Tomaten, in Stücken
- 1 gestr. TL Salz
- 1 TL Paprika edelsüß
- 1 TL Rohrohrzucker

Zutaten in der angegebenen Reihenfolge in eine Keramikpfanne (20 cm) geben, zum Kochen bringen und als Gemüsepfanne 15 Min. garen. Dann unterrühren:
- 1 TL Nussmus
- 1 TL Tomatenmark
- 1 EL Hafersahne

Hinweise: Sahne und Nussmus müssen auch nicht sein, wenn man sie nicht zu Hause hat. Ich habe dazu Bio-Kartoffelpüree zum Anrühren gegessen. – Ich würde sie zwar nicht als Soße aus drei Zutaten anpreisen, aber im Grunde hat man dafür alles im Haus.

13393. Risi-Bisi aus dem Reiskocher, Februar 2022
In den Topf des Reiskochers geben:
- 10 g Sonnenblumenöl
- 75 g (weißer) Reis
- 90 g gelbe Paprika, gewürfelt
- 1 große (170 g) Tomate, gewürfelt
- 70 g Erbsenkochwasser (aus einer kleinen Dose mit 200 g Füllgewicht)
- 130 g Wasser

Wenn der Reis fertig ist und nur noch warmgehalten wird, zugeben:
- 140 g Dosenerbsen

13394. Champignons very simple, Februar 2022
Passt zu Brot.
Als Gemüsepfanne 15 Min.:
- 10 g Sonnenblumenöl
- 2 EL Wasser
- 8 g Knoblauch in Scheiben
- 60 g Zwiebel, gehackt
- 250 g Champignons in dickeren Scheiben

Folgende Zutaten unterrühren und aufkochen:
- 1/2 TL Salz
- 1 Prise Pfeffer
- 1 TL Mandelmus weiß

13395. Muttis Nusskuchen plus Barbara, Februar 2022

Vorläufer 13383; Springform

Für die Kirschfüllung
- 1 Glas Sauerkirschen (330 g Saft; ca. 700 g Inhalt)
- 5 EL Wasser
- 1 P Vanillepuddingpulver
- 1 EL Rohrohrzucker

Teig
- 200 g gem. Haselnüsse
- 200 g gem. Mandeln
- 225 g Dinkelvollkornmehl
- 225 g Vollrohrzucker
- 1 Prise Salz
- 1 P Vanillearoma „Finesse"
- 1 P Weinsteinbackpulver
- 2 TL Bittermandel von Holo
- 260 g Hafermilch
- 100 g Chocolate Chunks XXL Vollmilch

Guss
- Ca. 1/3 Teigmenge
- 4 EL Hafermilch
- 1 EL Rum

Für die Kirschfüllung Wasser, Puddingpulver und Rohrohrzucker glattrühren. Saft abtropfen lassen in einen Topf und aufkochen. Vom Herd ziehen und Pulvermischung einrühren. Nochmals kurz aufkochen, falls es nicht dickt. Kirschen unterrühren und stehen lassen.

Trockene Zutaten mischen. Bittermandel und Hafermilch hinzufügen und mit den Rührbesen eines Handrührgeräts mischen. Zum Schluss die Chocolate-Chips-Stücke unterheben. Form am Boden mit Backpapier auslegen. Ofen (Heißluft) auf 175 °C vorheizen. Etwa zwei Drittel des Teigs auf dem Boden verstreichen. Gut wäre es, am Rand ein wenig hochzustreichen. Kirschmischung darüber geben. Den Rest des Teigs mit Hafermilch und Rum verrühren und auf den Kirschen verteilen. Kuchen 50 Min. bei 175 °C backen und 5 Min. im ausgestellten Ofen nachbacken.

13396. One-Pot-Reis-Pot, Februar 2022

Herstellung im digitalen Minireiskocher; ein normaler Topf geht auch, nur kann man da die Zeit nicht programmieren und muss aufpassen, wann die Speise aufkocht und dann auf kleine Einstellung drehen.

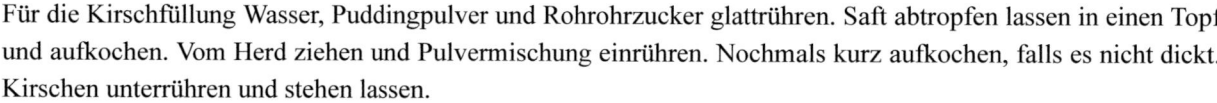

- 10 g Sonnenblumenöl
- 75 g Jasmina-Vollkornreis
- 1/2 TL Curry
- 1 Prise Kreuzkümmel
- 10 g Sultaninen
- 2 kleine Zwiebeln, geschält, aber ungeschnitten (72 g)
- 1 kleine Kartoffel (45 g)
- 1 Stück Möhre (45 g)
- 1 Tomate, halbiert (145 g)
- 330 g Wasser
- Salz – erst nach dem Kochen

Zutaten wie angegeben in den Reiskochtopf geben. Auf die gewünschte Zeit programmieren bzw. einstellen. Wenn das Gericht fertig ist, erst das Gemüse herausheben, auf einen Teller legen und salzen. Den Reis im Topf mit ein wenig Salz vermischen und ebenfalls auf den Teller geben. Fertig.

Hinweis: *Ich mag Reis gern weich. Bei der Wassermenge ist also noch Luft „nach unten".*

13397. One-Pot-Reis puritanisch, Februar 2022

- 5 g Sonnenblumenöl
- 75 g Jasmin-Vollkornreis
- 2 Tomaten, geviertelt (200 g)
- 325 g Wasser
- Salz (nach dem Kochen zum Abschmecken)

Im Reiskochtopf zubereiten (programmiert auf 4 Std.).

13398. One-Pot-Nudeln easy, Februar 2022

- 100 g Vollkornnudeln (hier: gemischt Fusilli und klein gebrochene Spaghetti)
- 200 g Tomaten
- 300 g Wasser

Als Gemüsepfanne, aber stärker kochend, 15 Min. Abschmecken mit:

- 1 Prise Salz
- 2 TL Kartoffelpüreepulver instant
- 1 Prise Pizzakräuter
- 1 kleine Prise Rohrohrzucker
- 1 TL Sonnenblumenöl

13399. One-Pot-Linguine easy, Februar 2022

- 100 g Vollkorn-Linguine
- 1 Tomate (160 g)
- 1 Knoblauchzehe, in Scheiben
- 50 g Flüssigkeit aus einer kleinen Dose Bio-Erbsen
- 220 g Wasser

Als Gemüsepfanne, aber stärker kochend, 15 Min. Unterrühren:

- 140 g Erbsen aus der Dose

Abschmecken mit:

- 1 Prise Salz
- 1 Prise Pizzakräuter
- 1 TL Sonnenblumenöl

13400. Tomatenketchup Nussmus XI, Februar 2022

Vorläufer 13389; 3 größere Schraubgläser

- 2 Dosen Tomaten inklusive Saft (800 g)
- 155 g Apfelessig
- 100 g Wasser
- 45 g Soft-Datteln
- 170 g Sultaninen
- 9 g Knoblauchzehen (frisch)
- 1 EL Mischmus 4 Nuss (55 g)
- 1 geh. TL Salz
- 135 g Gemüsezwiebeln, halbiert
- 1 Apfel (145 g)
- 1/2 rote Spitzpaprika (90 g)
- 1 Stück Essigpeperoni 7/4573 (5 g)
- 1 Prise (1/4 TL) Pfeffer
- 2 geh. TL Paprikapulver
- 1/2 TL Curry
- 1 TL (7 g) Sojasoße
- 40 g Tomatenmark (Bode)
- 225 g Wasser

Herstellung siehe Vorläufer 13389.

13401. Zwiebel-Relish mit Möhren IV, Februar 2022

Vorläufer 13390; 2 Nussmusgläser

- 250 g Möhren
- 580 g Zwiebeln
- 1 Apfel (195 g, ohne Kerne)
- 2 Knoblauchzehen (frisch 11 g)
- 250 g Rosinen
- 45 g rote Spitzpaprika
- 60 g selbstgemachter Tomatenketchup
- 1 geh. TL Salz
- 1 geh. MS gem. Nelken
- 1/2 TL Zimt
- 1 TL Paprikapulver edelsüß
- 1 geh. MS gem. Kreuzkümmel
- 1 gestr. TL Curry
- 1 TL Pizzagewürz
- 10 g Sojasoße
- 150 g Apfelessig
- 200 g Wasser

Zwiebeln, Apfel, Rosinen und Knoblauch im TM zerkleinern (10 Sek./Stufe 6). Nach unten schieben und die restlichen Zutaten zugeben. 55 Min./105 °C/Linkslauf/Stufe 1 ohne Messbecher garen. Sobald es kocht, wenn nötig Garkörbchen als Spritzschutz aufsetzen. Relish in zwei leere Schraubgläser füllen. Sofort verschließen und abgekühlt im Kühlschrank aufbewahren.

Tipp: Es empfiehlt sich bei dieser großen Menge, stärker oder in zwei Schritten zu zerkleinern. So sind einige Stücke am Ende doch noch bissfest.

13402. Vanillepudding mit Skyr, Februar 2022

4 Portionen

- 1 P Vanillepuddingpulver
- 1 EL Rohrohrzucker
- 450 g Hafermilch
- 2 geh. EL Skyr
- Mandelblättchen zur Dekoration
- Marmelade/Konfitüre nach Wunsch

Puddingpulver mit Zucker und 50 g Hafermilch verrühren. Restliche Milch erhitzen. Sobald die Milch fast kocht, das angerührt Puddingpulver unterrühren und aufkochen. Vom Herd nehmen und mit einem Schneebesen Skyr einrühren.

Auf vier Schüsselchen verteilen und mit Mandelblättchen bestreuen. Wer es lieber süßer mag, kann etwas Marmelade etc. dazu nehmen.

13403. One-Pot-Linguine Porree, März 2022

Vorläufer 13999

- 95 g Vollkorn-Linguine
- 1 Tomate (100 g)
- 105 g Porree
- 1 Knoblauchzehe, in Scheiben
- 240 g Wasser

Als Gemüsepfanne, aber stärker kochend, 15 Min. Abschmecken mit:

- 1 Prise Salz
- 1 Prise Pfeffer
- 1 TL Sonnenblumenöl

13404. Vanillesahnepudding mit Skyr, März 2022

Vorläufer 13402; 4 Portionen

- 1 P Vanillepuddingpulver
- 1 EL Rohrohrzucker
- 430 g Hafermilch
- 20 g Sahne
- 1 x Vanilleessenz (Finesse)
- 2 geh. EL Skyr
- Kokosraspel zur Dekoration
- Marmelade/Konfitüre nach Wunsch

Puddingpulver mit Zucker und 45 g Hafermilch verrühren. Restliche Milch mit der Sahne und der Vanilleessenz erhitzen. Sobald die Milch fast kocht, das angerührt Puddingpulver unterrühren und aufkochen. Vom Herd nehmen und mit einem Schneebesen Skyr einrühren. Auf vier Schüsselchen verteilen und mit Kokosraspel bestreuen. Wer es lieber süßer mag, kann etwas Marmelade etc. dazu nehmen.

13405. One-Pot-Linguine Blumenkohl, März 2022

Vorläufer 13999

- 90 g Vollkorn-Linguine
- 230 g Blumenkohl in Röschen
- 245 g Wasser

Als Gemüsepfanne, aber stärker kochend, 15 Min. Verrühren und abschmecken mit:

- 1 Prise Salz
- 20 g Sahne
- 2 TL Speisestärke

Kurz aufkochen.

13406. Nusskuchen dreifach gefüllt, März 2022

Vorläufer 13394; Springform

Teig
- 200 g gem. Haselnüsse
- 205 g gem. Mandeln
- 220 g Dinkelvollkornmehl
- 225 g Vollrohrzucker
- 1 Prise Salz
- 1 P Vanillearoma „Finesse"
- 1 P Weinsteinbackpulver
- 2 TL Bittermandel von Holo
- 270 g Hafermilch

Füllung
- 1 Glas Pfirsiche (Einwaage 385 g in 600 g; abgetropft
- 250 g Marzipan
- 1 Packung = 100 g Salted Caramel Fudge

Guss
- Ca. 1/3 Teigmenge
- 5 EL Hafermilch
- 2 EL Cointreau

Trockene Zutaten mischen. Bittermandel und Hafermilch hinzufügen und mit den Rührbesen eines Handrührgeräts mischen. Form am Boden mit Backpapier auslegen. Ofen (Heißluft) auf 175 °C vorheizen. Etwa zwei Drittel des Teigs auf dem Boden verstreichen. Gut wäre es, am Rand ein wenig hochzustreichen. Marzipan in Streifen schneiden, Boden damit belegen. Pfirsiche darauf verteilen und mit Fudge bestreuen. Restteig mit den Guss-Flüssigkeiten verrühren, über den Kuchen geben.

Kuchen 50 Min. bei 175 °C backen und 10 Min. im ausgestellten Ofen nachbacken.

13407. One-Pot-Linguine Pak Choi, März 2022

Vorläufer 13999

- 90 g Vollkorn-Linguine
- 210 g Pak Choi, kleingeschnitten
- 275 g Wasser

Als Gemüsepfanne, aber stärker kochend, 15 Min. Abschmecken mit:

- 1 Prise Salz
- 2 EL Sahne
- 20 g Frischkäse

13408. One-Pot-Linguine Blumenkohl 2, März 2022

Vorläufer 13405

- 95 g Vollkorn-Linguine
- 105 g Blumenkohl in Röschen
- 1 (95 g) Tomate, kleingeschnitten
- 260 g Wasser

Als Gemüsepfanne, aber stärker kochend, 15 Min. Verrühren und abschmecken mit:

- 2 Prisen Salz
- 1 Prise Pfeffer
- 1 gestr. TL Pizzakräuter

Kurz aufkochen.

13409. Tomatensuppe mit Stückchen, März 2022

- 10 g Sonnenblumenöl
- 2 mittelgroße Tomaten (280 g), gewürfelt
- 1 Dose Tomaten in Stücken (400 g), ausgespült mit
- 100 g Wasser
- 1 gestr. TL Salz
- 1 Prise Pfeffer
- 1 geh. TL Rohrohrzucker
- 2 EL Sahne
- 1 Prise Pizzagewürz

Tomaten im Mixtopf des TM im Öl anbraten (4 Min./Varoma/ Stufe 1). Dosentomaten und Wasser zugeben, garen (10 Min./ 105 °C/Stufe 1). Mit den restlichen Zutaten abschmecken und verrühren (1 Min./Stufe 2).

13410. Ofenschnitten, März 2022

18-cm-Form

- Etwas Sonnenblumenöl
- 2 Scheiben Brot (zusammen ca. 80 g)
- 1 Tomate (90 g) in dünnen Scheiben
- 1 kleine Kartoffel in ganz dünnen Scheiben (55 g)

Für den Guss:

- 20 g Sahne
- 30 g Skyr (oder Crème fraîche, ist mir nur zu fett im Moment)
- 150 g Wasser
- 1 gestr. TL Salz
- 1 Prise Pfeffer

Eine kleine flache Form mit etwas Öl einpinseln. Brot darin eng legen, eventuell stückeln. Tomatenscheiben darauf legen, darüber die Kartoffelscheiben. Die Zutaten für den Guss mit einem Löffel verrühren und über die Schnitten geben. In den kalten Ofen (Umluft) schieben und 30 Min. bei 215 °C backen.

13411. Nusskuchen gefüllt II, März 2022

Vorläufer 13406; Springform

Teig
- 200 g gem. Haselnüsse
- 200 g gem. Mandeln
- 225 g Dinkelvollkornmehl
- 225 g Vollrohrzucker
- 1 Prise Salz
- 1 P Vanillearoma „Finesse"
- 1 P Weinsteinbackpulver
- 270 g Hafermilch

Füllung
- 1 Glas Biofruchtaufstrich Aprikose (250 g)
- 1 Glas Pfrische (Einwaage 385 g in 600 g) abgetropft
- 1 Packung = 100 g Salted Caramel Fudge
- 1 Packung = 100 g Schokoladenstückchen

Guss
- Ca. 1/3 Teigmenge
- 6 EL Hafermilch
- 3 EL Rum

Trockene Zutaten mischen. (Bittermandel und) Aroma und Hafermilch hinzufügen und mit den Rührbesen eines Handrührgeräts mischen. Form am Boden mit Backpapier auslegen. Ofen (Heißluft) auf 175 °C vorheizen. Etwa zwei Drittel des Teigs auf dem Boden verstreichen. Gut wäre es, am Rand ein wenig hochzustreichen. Aprikosenaufstrich darauf verteilen, mit Schokostückchen bestreuen. Pfirsiche darauf verteilen und mit Fudge bestreuen. Restteig mit den Guss-Flüssigkeiten verrühren, über den Kuchen geben.

Kuchen 55 Min. bei 175 °C backen und 5 Min. im ausgestellten Ofen nachbacken.

13412. Linguine in Käsesoße, März 2022

- 100 g Vollkorn-Linguine
- 130 g Porree in Scheiben
- 300 g Wasser

Soße (doppelte Menge)
- 50 g Sahne
- 65 g Flüssigkeit aus einer kleinen Erbsendose
- 1 kleine Dose Erbsen (200 g Erbsen)
- 30 g Mehl
- 50 g Parmesan
- 1-2 Prisen Salz

Nudeln und Porree im Wasser als Gemüsepfanne 15 Min. garen. Von der folgenden Soße ca. 170 g (= die Hälfte) unterrühren. Für die Soße Flüssigkeiten, Mehl, Parmesan, Erbsen und Salz in kleinen Würfen in den Mixtopf geben und kochen (10 Min./105 °C/Stufe 1,5 Linkslauf). Die Hälfte der Soße mit den abgetropften Nudeln mischen.

13413. Orangenmarmelade II, März 2022

Vorläufer 13194

- 785 g ungeschälte Bio-Orangen
- 105 g Apfel
- 325 g Rohrohrzucker
- 30 g Zitronensaft
- 2 EL Cointreau
- 1 geh. TL Johannisbrotkernmehl

Obst grob vorschneiden und im Thermomix pürieren (10 Sek./Stufe 10). Zucker und Zitronensaft zugeben, Gärkörbchen als Spritzschutz aufsetzen und kochen (16 Min./Varoma/Stufe 1). Sobald es richtig kocht, auf 105 °C herunterstellen. Cointreau zugeben, dann 1 TL Johannisbrotkernmehl durch ein Sieb bei Stufe 3,5-4 einlaufen lassen. In heiß ausgespülte Gläser füllen.

13414. Linguine in Käsesoße II, März 2022

- 100 g Vollkorn-Linguine
- 130 g Porree in Scheiben
- 300 g Wasser

Soße (doppelte Menge)

- 100 g Sahne
- 15 g Flüssigkeit aus einer kleinen Erbsendose
- 1 kleine Dose Erbsen (200 g Erbsen)
- 30 g Mehl
- 50 g Parmesan
- 1-2 Prisen Salz

Nudeln und Porree im Wasser als Gemüsepfanne 15 Min. garen. Von der folgenden Soße ca. 170 g (= die Hälfte) unterrühren. Für die Soße Flüssigkeiten, Mehl, Parmesan, Erbsen und Salz in kleinen Würfen in den Mixtopf geben und kochen (10 Min./105 °C/Stufe 1,5 Linkslauf). Die Hälfte der Soße mit den abgetropften Nudeln mischen.

13415. Skyrdressing TM XIII, März 2022

Vorläufer 13382

- 585 g Wasser
- 650 g Skyr
- 50 g Olivenöl
- 75 g Agavendicksaft
- 1 Knoblauchzehe
- 2 TL Salz (25 g)
- 1 Prise Pfeffer
- 1 Prise Currypulver
- 1 EL (10 g) Zitronensaft
- 1 TL Senf
- 1 TL getr. Kräuter „Duft der Macchia"
- 8 g Guarkernmehl

Alle Zutaten bis auf das Guarkernmehl im TM gut mixen (1 Min./Stufe 10). Guarkernmehl dann während des Rührens einrieseln lassen, nochmals 10-20 Sek./Stufe 10.

13416. Nusskuchen gefüllt III, März 2022

Vorläufer 13411; Springform

Teig

- 400 g gem. Haselnüsse
- 225 g Dinkelmehl 1050
- 225 g Vollrohrzucker
- 1 Prise Salz
- 1 P Vanillearoma „Finesse"
- 1 P Weinsteinbackpulver
- 1/2 Fläschchen Bittermandelaroma
- 255 g Hafermilch

Füllung

- 250 g Rohmarzipan, in Scheiben
- 1 Packung = 100 g Salted Caramel Fudge
- 1 Packung = 100 g Schokoladenstückchen
- 1 Glas Pfirsiche (Einwaage 385 g in 600 g), abgetropft

Guss

- Ca. 1/3 Teigmenge
- 70 g Hafermilch
- 3 EL Rum

Trockene Zutaten mischen. Bittermandel, Vanillearomaroma und Hafermilch hinzufügen und mit den Rührbesen eines Handrührgeräts mischen. Form am Boden mit Backpapier auslegen. Ofen (Heißluft) auf 175 °C vorheizen.

Etwa zwei Drittel des Teigs auf dem Boden verstreichen. Gut ist es, am Rand ein wenig hochzustreichen. Mit Marzipanscheiben belegen, mit Schokostückchen und Salted Caramel Fudge bestreuen. Pfirsiche darauf verteilen. Restteig mit den Guss-Flüssigkeiten verrühren, über den Kuchen geben.

Kuchen 55 Min. bei 175 °C backen und 7 Min. im ausgestellten Ofen nachbacken.

Hinweis: Das zuvor eingesetzte Haselnuss-/Mandelgemisch erforderte deutlich mehr Flüssigkeit. Evtl. liegt es auch mit am niedrigeren Mehl.

13417. One-Pot-Nudeln mit Sahne, März 2022

Vorläufer 13398

- 10 g Sonnenblumenöl
- 100 g Vollkornnudeln (hier: klein gebrochene Spaghetti)
- 1 kleine Zwiebel, gehackt (55 g)
- 2 Tomaten (225 g)
- 259 g Wasser

Als Gemüsepfanne, aber stärker kochend, 15 Min. Abschmecken mit:

- 1 gestr. TL Salz
- 1 Prise Pfeffer
- 1 TL Pizzakräuter
- 1 TL Rohrohrzucker
- 1 EL Sahne

13418. Kartoffel-Fenchelpfanne, März 2022

- 20 g Sonnenblumenöl
- 85 g Wasser
- 1 Prise Salz
- 1 Prise Zucker
- 200 g Kartoffeln, in dünnen Scheiben
- 100 g Fenchel, kleingeschnitten
- 100 g Möhren
- 1 mittelgroße Tomate, in Stücken (85 g)

25 Min. als Gemüsepfanne garen.

13419. Tomatenketchup Nussmus XII, April 2022

Vorläufer 13400; 3 größere Schraubgläser

- 2 Dosen Tomaten inklusive Saft (800 g)
- 155 g Apfelessig
- 100 g Wasser
- 50 g Soft-Datteln
- 180 g Sultaninen
- 9 g Knoblauchzehen (frisch)
- 1 EL Mischmus 4 Nuss (60) g)
- 140 g Gemüsezwiebeln, halbiert
- 1 Apfel (145 g)
- 1/2 rote Paprika (90 g)
- 1 Stück Essigpeperoni 7/4573 (7 g)
- 1 geh. TL Salz
- 1 Prise (1/4 TL) Pfeffer
- 2 geh. TL Paprikapulver
- 1/2 TL Curry
- 1 TL (7 g) Sojasoße
- 40 g Tomatenmark (Bode)
- 225 g Wasser

Herstellung siehe Vorläufer 13400, garen allerdings 10 Min./65 °C/Stufe 3 + 25 Min./Varoma/Stufe 3.

13420. Zwiebel-Relish mit Möhren V, April 2022

Vorläufer 13401; 2 Gurkengläser oder Ähnliches; die Menge ist jetzt kaum noch vom TM zu bewältigen.

- 290 g Möhren
- 585 g Zwiebeln
- 1 Apfel (180 g, ohne Kerne)
- 2 Knoblauchzehen (frisch 13 g)
- 250 g Rosinen
- 60 g rote Paprika
- 75 g selbstgemachter Tomatenketchup
- 1 geh. TL Salz
- 1 geh. MS gem. Nelken
- 1/2 TL Zimt
- 1 TL Paprikapulver edelsüß
- 1 geh. MS gem. Kreuzkümmel
- 1 gestr. TL Curry
- 1 TL Pizzagewürz
- 10 g Sojasoße
- 150 g Apfelessig
- 205 g Wasser

Zwiebeln, Möhren, Apfel, Rosinen, Paprika und Knoblauch im TM zerkleinern (10 Sek./Stufe 6 + 10 Sek./Stufe 7). Nach unten schieben und die restlichen Zutaten zugeben. 55 Min./105 °C/Linkslauf/Stufe 1 ohne Messbecher garen. Sobald es kocht, wenn nötig Garkörbchen als Spritzschutz aufsetzen. Relish in zwei leere Schraubgläser füllen. Sofort verschließen und abgekühlt im Kühlschrank aufbewahren.

13421. Eierlikörmuffins, April 2022

16 Stück; angelehnt an Rezeptewelt.de von Vorwerk.

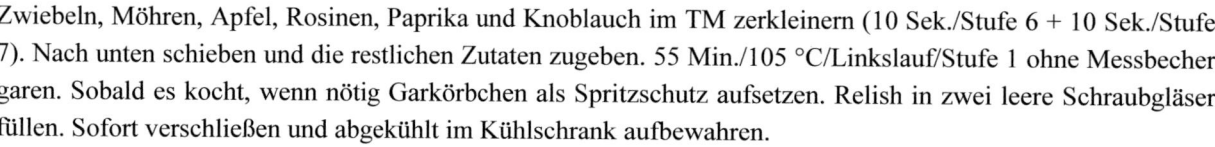

- 80 g Vivani Schokolade 100 %
- 2 Eier
- 100 g Vollrohrzucker
- 1 x Vanillearoma Finesse
- 120 g Sonnenblumenöl
- 120 g Nougat-Eierlikör (aus dem Bioladen)
- 50 g gemahlene Mandeln
- 100 g Dinkelmehl 1050
- 1 P Weinsteinbackpuler
- 100 g Butterkaramelltröpfchen

Schokolade in Stücke brechen, im TM 3 Sek./Stufe 6 raspeln. Umfüllen. Eier, Zucker und Vanillearoma schaumig schlagen (1 Min./Stufe 4 + 1 Min./Stufe 6). Öl, Eierlikör, Mandeln, Mehl und Backpulver zugeben, rühren (1 Min./Stufe 5, Linkslauf). 16 Muffinförmchen (Papier) mit je 3 TL Teig füllen und 20 Min. bei 175 °C (vorgeheizt, Heißluft) backen. Im ausgeschalteten Ofen 5 Min. nachbacken. Im offenen Ofen 6 Min. stehenlassen.

13422. Rhabarbermarmelade, April 2022

Vorläufer 13363

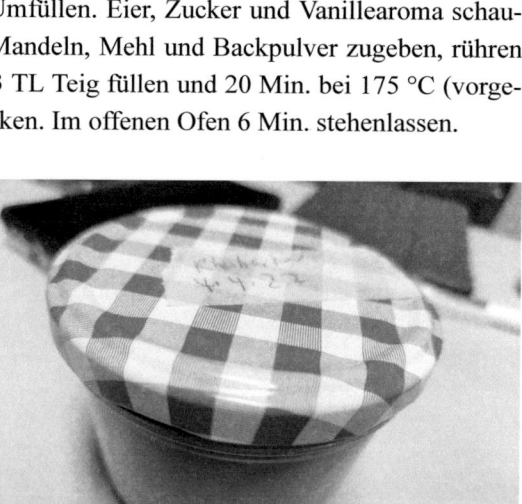

- 750 g Rhabarber
- 1 Apfel (140 g)
- 1 P Vanillearoma (Finesse)
- 30 g Zitronensaft
- 375 g Rohrohrzucker
- 1 TL Johannisbrotkernmehl

Obst pürieren (10/8). Restliche Zutaten in den TM geben und zerkleinern (10 Sek./Stufe 8) und garen (16 Min./115 °C/Stufe 2). Beim Kochen evtl. Gärkörbchen als Spritzschutz aufsetzen. Johannisbrotkernmehl zugeben und einige Sek. auf

Stufe 5 laufen lassen. Erneut pürieren) (10 Sek./Stufe 10). Schon vorher vorbereiten: Schraubgläser auf ein Handtuch stellen und mit kochendem Wasser füllen, Deckel ebenfalls füllen. Wenn die Marmelade fertig ist, Wasser ausgießen, Marmelade einfüllen und Deckel festschrauben.

13423. Skyrdressing TM XIV, April 2022

Vorläufer 13415

- 585 g Wasser
- 685 g Skyr
- 50 g Olivenöl
- 85 g Agavendicksaft
- 1 Knoblauchzehe
- 2 TL Salz (25 g)
- 1 Prise Pfeffer
- 1 Prise Currypulver
- 1 EL (10 g) Zitronensaft
- 1 TL Senf
- 1 TL getr. Kräuter „Duft der Macchia"
- 8 g Guarkernmehl

Alle Zutaten bis auf das Guarkernmehl gut mixen (1 Min./ Stufe 10). Guarkernmehl dann während des Rührens einrieseln lassen, nochmals 10-20 Sek./Stufe 10.

13424. Fürst-Pückler-Reis, April 2022

2 Portionen

Milchreis
- 100 g Vollkorn-Rundkornreis
- 600 g Hafermilch
- 10 g Agavendicksaft

Schokoschicht
- 1 geh. TL Kakao
- 20 g Agavendicksaft
- 10 g Sahne
- 1 geh. EL gekochter Milchreis (95 g)

Erdbeerschicht
- 55 g Erdbeeren, kleingeschnitten und mit der Gabel zerdrückt
- 20 g Agavendicksaft
- 1 geh. EL gekochter Milchreis (95 g)

Vanilleschicht
- 1 EL Sahne
- 10 g Agavendicksaft (für Süßschnäbel 20 g)
- 125-150 g gekochter Milchreis

Dekoration
- 10 Heidelbeeren (beliebig, auch Nüsse sind möglich)

Gläser mit Heidelbeeren belegen.

Milchreis im TM garen: 70 Min./95 °C/Links; Stufe 1. Messbecher nicht aufsetzen. Über Nacht im Kühlschrank auskühlen lassen. Für die Schokoschicht Kakao, Agavendicksaft und Sahne verrühren. Unter den Milchreis rühren. Als unterste Schicht gleichmäßig auf zwei Gläser mit geraden Wänden verteilen. Erdbeeren mit Agavendicksaft verrühren. Unter den Milchreis rühren. Auf die Schokoschicht in den Gläsern verteilen. Sahne und Agavendicksaft verrühren. Unter den Milchreis rühren. Auf die Erdbeerschicht in den Gläsern verteilen.

Hinweis: *Mir schmeckt die Vanilleschicht auch ohne Süßmittelzugabe.*

13425. Nudel-Möhrenpfanne, April 2022

- 10 g Sonnenblumenöl
- 35 g Zwiebel, gehackt
- 150 g Möhren, in nicht zu dicken Scheiben
- 1 Tomate, gewürfelt (100 g)
- 255 g Wasser

Als Gemüsepfanne 20 Min. garen. Unterrühren und abschmecken mit:

- 1 gute Prise Salz
- 1 Prise Pfeffer
- 25 g Kräuterschmelzkäse

Aufkochen. Mit gekochten Vollkornspaghetti vermischen.

13426. Milchreis Naturreis aus dem TM V, April 2022

- 100 g Natur Rundkornreis
- 700 g Hafermilch

Die vorbereiteten Zutaten in den Mixtopf des TM geben. Anschließend den Deckel sorgfältig aufsetzen, dabei den Messbecher weglassen, damit der Dampf während des Kochvorgangs entweichen kann. Nun das Ganze 70 Min. lang bei 95 °C auf Rührstufe (Stufe 1) mit Linkslauf (Rückwärtslauf) garen lassen (70 Min./95 °C/Stufe 1, rückwärts).

13427. Rhabarbermarmelade II, April 2022

Vorläufer 13422; Herstellung im TM

- 800 g Rhabarber
- 1 Apfel (140 g)
- 1 P Vanillearoma (Finesse)
- 30 g Zitronensaft
- 400 g Rohrohrzucker + 20 g Vollrohrzucker
- 1 TL Johannisbrotkernmehl

Obst pürieren (10/8). Restliche Zutaten in den TM geben und zerkleinern (10 Sek./Stufe 8) und garen (16 Min./115 °C/Stufe 2). Beim Kochen evtl. Gärkörbchen als Spritzschutz aufsetzen. Johannisbrotkernmehl zugeben und einige Sek. auf Stufe 5 laufen lassen. Erneut pürieren) (10 Sek./Stufe 10).

Schon vorher vorbereiten: Schraubgläser auf ein Handtuch stellen und mit kochendem Wasser füllen, Deckel ebenfalls füllen. Wenn die Marmelade fertig ist, Wasser ausgießen, Marmelade einfüllen, Deckel festschrauben.

13428. Erdbeerkonfitüre II, April 2022

Vorläufer 13183

- 610 g Erdbeeren (netto)
- 145 g Äpfel (100 g zum Gelieren)
- 30 g Zitronensaft
- 1 P Vanillearoma Finesse
- 285 g Rohrohrzucker
- 1 TL Johannisbrotkernmehl

Obst grob vorschneiden und mit den anderen Zutaten im Thermomix zerkleinern (6 Sek./Stufe 6). Gärkörbchen als Spritzschutz aufsetzen und kochen (18 Min./115 °C/Stufe 1). Johannisbrotkernmehl bei Stufe 3,5-4 einlaufen lassen. Nochmals 10 Sek./Stufe 8 pürieren.

In vorbereitete Gläser füllen wie in 13427 beschrieben.

13429. Spaghetti-Rhabarbertopf, April 2022

- 10 g Sonnenblumenöl
- 100 g Spaghetti, in Stücken
- 1 Tomate, in Stücken (90 g)
- 50 g Zwiebel, gehackt
- 100 g Rhabarber, in Scheiben
- 230 g Wasser

Wie eine Gemüsepfanne 15 Min. zubereiten, aber es muss dauernd kochen. Abschmecken mit:

- Salz & Pfeffer
- 1 Prise Zucker
- 2 EL Sahne

13430. Nusskuchen gefüllt IV, April 2022

Vorläufer 13416; Springform 26 cm.

Teig

- 400 g gem. Haselnüsse
- 225 g Dinkelmehl 1050
- 225 g Vollrohrzucker
- 1 Prise Salz
- 1 P Vanillearoma „Finesse"
- 1 P Weinsteinbackpulver
- 1/2 Fläschchen Bittermandelaroma
- 250 g Hafermilch

Füllung

- 250 g Rohmarzipan, in Scheiben
- 1 Packung = 100 g Salted Caramel Fudge
- 1 Packung = 100 g White Chocolat Chunks
- 1 Glas Pfirsiche (Einwaage 385 g in 600 g), abgetropft

Guss

- Ca. 1/3 Teigmenge
- 75 g Hafermilch
- 2 EL Vollrohrzucker
- 1 leicht geh. EL Kakao
- 3 EL Rum

Trockene Zutaten mischen. Bittermandel, Vanillearomaroma und Hafermilch hinzufügen und mit den Rührbesen eines Handrührgeräts mischen. Form am Boden mit Backpapier auslegen. Ofen (Heißluft) auf 175 °C vorheizen. Etwa zwei Drittel des Teigs auf dem Boden verstreichen. Gut ist es, am Rand ein wenig hochzustreichen. Mit Schokostückchen und Salted Caramel Fudge bestreuen, Pfirsiche darauf verteilen. Restteig mit Guss-Flüssigkeiten verrühren, über den Kuchen geben. Kuchen 60 Min. bei 175 °C backen, 5 Min. im ausgestellten Ofen nachbacken.

13431. Möhrensuppe, April 2022

- 55 g Kartoffeln, in Stücken
- 1 Knoblauchzehe
- 60 g rote Paprika
- 250 g Möhren, vorgeschnitten
- 400 g Wasser
- 2 EL Sahne
- 1 gestr. TL Salz
- 1/2 gestr. TL Kreuzkümmel
- 5-10 g Butter

Gemüse zerkleinern (6 Sek./Stufe 6). Wasser zugeben und garen (18 Min./105 °C/Stufe 1). Sahne und Gewürze zugeben und pürieren (10 Sek./Stufe 10). Butter zufügen, ohne Rühren schmelzen lassen.

13432. Milchreis cremig aus dem TM, April 2022

Vorläufer 13426

- 130 g Natur Rundkornreis
- 1 Liter Milch

In den Mixtopf geben. Deckel aufsetzen, aber ohne Messbecher kochen: 75-80 Min./95 °C/rückwärts/Stufe 1. Der Reis muss 12 Std. stehen, damit er nicht mehr flüssig/suppig ist.

Hinweis: Ich wollte prüfen, ob der Reis oder die Hafermilch, die ich sonst verwende, den bitteren Geschmack erzeugen. Es ist die Hafermilch. Zum Glück gibt sich das nach längerem Stehen. Hafermilch schmeckt mir davon abgesehen derzeit besser als Kuhmilch.

13433. Rhabarbermarmelade III, April 2022

Vorläufer 13427

- 800 g Rhabarber
- 1 Apfel (145 g)
- 1 P Vanillezucker (Rohrohrzucker)
- 40 g Zitronensaft
- 400 g Vollrohrzucker
- 1 TL Johannisbrotkernmehl

Obst pürieren (10 Sek./Stufe 8). Restliche Zutaten in den TM geben und zerkleinern (10 Sek./Stufe 8) und garen (16 Min./115 °C/Stufe 2/Links). Versehentlich mit geschlossenem Deckel hergestellt. (Beim Kochen evtl. Gärkörbchen als Spritzschutz aufsetzen). Johannisbrotkernmehl zugeben und einige Sek. auf Stufe 5 links laufen lassen. Erneut pürieren) (10 Sek./Stufe 10 links). (Das Linkslaufen hat nichts gebracht).

Schon vorher vorbereiten: Schraubgläser auf ein Handtuch stellen und mit kochendem Wasser füllen, Deckel ebenfalls füllen. Wenn die Marmelade fertig ist, Wasser ausgießen, Marmelade einfüllen und Deckel festschrauben.

13434. Erdbeerkonfitüre III, April 2022

Vorläufer 13428

- 660 g Erdbeeren (netto)
- 125 g Äpfel (100 g zum Gelieren)
- 30 g Zitronensaft
- 1 P Vanillezucker Rohrohrzucker
- 290 g Rohrohrzucker
- 1 TL Johannisbrotkernmehl

Obst grob vorschneiden und mit den anderen Zutaten im TM zerkleinern (6 Sek./Stufe 6). Gärkörbchen als Spritzschutz aufsetzen und kochen (16 Min./115 °C/Stufe 1). Johannisbrotkernmehl bei Stufe 3,5-4 einlaufen lassen. Nochmals 10 Sek./Stufe 8 pürieren. Gläser wie in 13433 .

13435. Mixmarmelade, April 2022

Vorläufer 13434

- 225 g Rhabarber
- 245 g Erdbeeren
- 150 g Blaubeeren
- 115 g Apfel
- 30 g Zitronensaft

- 1 P Vanillezucker Rohrohrzucker
- 75 g Vollrohrzucker
- 250 g Rohrohrzucker

Obst grob vorschneiden und mit den anderen Zutaten im Thermomix zerkleinern (8 Sek./Stufe 10). Gärkörbchen als Spritzschutz aufsetzen und kochen (16 Min./115 °C/Stufe 1). Schon vorher vorbereiten: Das Schraubglas (oder mehrere kleine) auf ein Handtuch stellen und mit kochendem Wasser füllen, Deckel ebenfalls füllen. Wenn die Konfitüre fertig ist, Wasser ausgießen, Konfitüre einfüllen. Deckel festschrauben.

13436. Mixmarmelade Beeren plus, April 2022

Vorläufer 13435

- 40 g Rhabarber
- 415 g Erdbeeren
- 250 g Blaubeeren
- 220 g Apfel (2 Stück)
- 30 g Zitronensaft
- 1 P Vanillezucker Rohrohrzucker
- 300 g Rohrohrzucker
- 1 TL Johannisbrotkernmehl

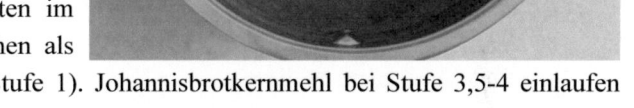

Obst grob vorschneiden und mit den anderen Zutaten im Thermomix zerkleinern (8 Sek./Stufe 10). Gärkörbchen als Spritzschutz aufsetzen und kochen (16 Min./115 °C/Stufe 1). Johannisbrotkernmehl bei Stufe 3,5-4 einlaufen lassen. Nochmals 10 Sek./Stufe 8 pürieren. Gläser vorbereiten usw. siehe 13435.

13437. Lauchtopf, April 2022

- 10 g Sonnenblumenöl
- Ca. 100 g Porree in Scheiben
- 1 Tomate, in Stücken
- 75 g Wasser
- 3 EL Kichererbsen
- 60 g Kräuterschmelzkäse
- Salz

Eine Gemüsepfanne (20 Min., 20-cm-Keramikpfanne) aus Öl, Gemüse und Wasser herstellen. Kichererbsen miterhitzen. Mit Salz abschmecken (und mit Käse etwas andicken).

13438. Rhabarbermarmelade ‚Experiment', April 2022

Vorläufer 13433

- 750 g Rhabarber
- 1 Apfel (130 g)
- 1 kleine reife Banane (105 g)
- 150 g Erdbeeren
- 1 P Vanillearoma Finesse
- 30 g Zitronensaft
- 325 g Vollrohrzucker
- 1 TL Johannisbrotkernmehl

Obst pürieren (6 Sek./Stufe 7). Restliche Zutaten in den TM geben und durchrühren zerkleinern (10 Sek./Stufe 8) und garen (16 Min./115 °C/Stufe 2/Links). Versehentlich mit geschlossenem Deckel hergestellt. (Beim Kochen evtl. Gärkörbchen als Spritzschutz aufsetzen). Johannisbrotkernmehl zugeben und einige Sek. auf Stufe 5 links laufen lassen. Erneut pürieren) (10 Sek./Stufe 10 links). (Das Linkslaufen hat nichts gebracht). In wie im Vorläufer beschriebene vorbereitete Gläser füllen.

13439. Spaghetti mit Tomatenlauch, April 2022

Als Gemüsepfanne 15-20 Min.:

- 100 g Spaghetti, in Stücken
- 130 g Tomaten, gehackt
- 130 g Lauch, in Scheiben
- 290 g Wasser
- Einrühren und aufkochen:
- 30 g Frischkäse
- 1 EL Sahne

13440. Schokokuchen Trockenfrucht, April 2022

Vorläufer: 15/12507; Springform 26 cm

- 200 g Softdatteln
- 100 g Rosinen
- 200 g Soft-Feigen
- 500 g Wasser
- 200 g Äpfel
- 50 g Kakaopulver schwach entölt
- 200 g Dinkelvollkornmehl
- 200 g Haselnüsse gemahlen
- 3 EL Rum
- 1 Prise Salz
- 2 P Weinsteinbackpulver
- 1 TL Natron
- 100 g White Chocolate Chunks

Guss:

- 30 g Agavendicksaft
- 1 Vollmilch-Osterhase 75 g
- Deko: Karamelltröpfchen 50-100 g

Trockenfrüchte in einer Pengdose mit dem Wasser übergießen und über Nacht gut verschlossen stehen lassen. Die Fruchtmasse mit der Einweichflüssigkeit und dem Apfel im Vitamix zu einer glatten Masse pürieren.

Die trockenen Zutaten ohne die Schokolade mischen. Fruchtgemisch, und Rum hinzugeben und mit den Rührhaken eines Handrührgeräts gut vermischen. Schokoladenstückchen unterheben. Den Teig in eine mit Backpapier überspannte Springform geben. In den auf 165 °C (Heißluft) vorgeheizten Ofen einschieben und 42 Min. bei 165 °C backen, 10 Min. im ausgeschalteten Ofen nachbacken.

Hasen und Agavendicksaft vorsichtig im Wasserbad erhitzen und mit einem Messer auf dem Kuchen verteilen (wird nicht flüssig genug). Bestreuen mit 50-100 g Karamelltröpfchen.

13441. Erdbeer-Rhabarberkompott, April 2022

- 130 g Rhabarber in Stücken
- 130 g Erdbeeren
- 1 EL Rohrohrzucker (20 g)
- 1 TL Zitronensaft (5 g)
- 2 EL Wasser

In einem Topf zum Kochen bringen und anschließend bei geringer Hitze etwa 10 Min. lang leicht köcheln lassen, dabei gelegentlich umrühren.

13442. Möhrentorte, April 2022

26-cm-Springform; siehe TM-Grundkochbuch.

- 250 g Möhren, in Stücken
- 200 g Haselnüsse, gemahlen
- 3 Eier
- 200 g Vollrohrzucker
- 120 g Sonnenblumenöl

- 250 g Dinkelvollkornmehl
- 1 P Weinsteinbackpulver
- 1 TL Natron
- 1 gestr. TL Zimt

Guss
- 80 g Schokolade 99 % (Vivani)
- 40 g Agavendicksaft
- Deko: Ca. 60 g Salted-Karamellperlen

Möhren in den Mixtopf geben und zerkleinern (5 Sek./Stufe 5). Zu den Haselnüssen geben und mischen. Rühraufsatz einsetzen. Zucker, Eier und Öl in den Mixtopf geben und cremig rühren (1 Min./Stufe 3). Rühraufsatz entfernen.

Nuss-Möhren-Gemisch zugeben und unterrühren (20 Sek./Stufe 5). Mehl, Backpulver, Natron, Salz und Zimt zugeben und verrühren (15 Sek./Stufe 5). Mit einem Spatel das obenstehende Mehl per Hand unterrühren. Die Springform mit Backpapier auslegen, Teig darauf verteilen. Springform in den auf 185 °C vorgeheizten Ofen (Heißluft) geben und 35 Min. bei 185 °C backen, 6 Min. im ausgestellten Ofen nachbacken. Auf einem Gitterrost abkühlen lassen. Schokolade und Agavendicksaft im Wasserbad zu einem Guss verrühren, Kuchen damit bestreichen und noch warm mit den Perlen bestreuen (sie haften sonst nicht).

13443. Spirelli mit Zwiebeln, April 2022

- 20 g Sonnenblumenöl
- 1 Gemüsezwiebel (280 g), kleingeschnitten
- 2 Knoblauchzehen (10 g), in Scheiben
- 25 g Cashewkerne
- 100 g Dinkel Spirelli-Vollkornnudeln
- 280 g Wasser
- Salz
- Sambal Oelek
- 25 g Frischkäse

Öl erhitzen, Gemüse und Cashewkerne darin ca. 10 Min. andünsten. Nudeln und Wasser zugeben, als Gemüsepfanne 15 Min. garen, es muss aber die ganze Zeit kochen. Abschmecken mit Salz, Sambal und Frischkäse.

13444. Milchreis aus dem TM, gewürzt, April 2022

Vorläufer 13432

- 140 g Natur Rundkornreis
- 1 Liter Hafermilch
- 1 P gem. Orangenschale
- 1 P Vanillearoma „Finesse"

In den Mixtopf geben. Deckel aufsetzen, aber ohne Messbecher kochen: 80 Min./95 °C/rückwärts/Stufe 1.

Hinweis: *Das Orangenaroma ist etwas zu viel. Zitrone wäre auch besser.*

13445. Milchreis aus dem TM, gewürzt II, April 2022

Vorläufer 13443

- 140 g Natur Rundkornreis
- 1 Liter Hafermilch
- 2-3 Tropfen Zitronenaroma (Fläschchen)
- 1 P Vanillearoma „Finesse"

In den Mixtopf geben. Deckel aufsetzen, aber ohne Messbecher kochen: 80 Min./95 °C/rückwärts/Stufe 1.

13446. Spirelli mit Pilzen, April 2022

- 15 g Sonnenblumenöl
- 245 g Champignons, in Scheiben
- 1 Knoblauchzehe (5 g), in Scheiben
- 100 g Vollkorn Spirelli
- 260 g Wasser
- Als Gemüsepfanne, aber stetig kochend, 15 Min. garen. Abschmecken mit:
- 1 gestr. TL Salz
- Pfeffer
- 1 TL Mandelmus weiß

13447. Kartoffel-Möhrenpfanne, Mai 2022

- 10 g Sonnenblumenöl
- 20 g Cashewkerne
- 260 g Kartoffeln, in Scheiben
- 1 große Knoblauchzehe, in Scheiben
- 165 g Möhren, in Scheiben
- 100 g Wasser
- 1 TL Gemüsebrühe

Als Gemüsepfanne, aber immer leicht kochend, 22 Min. garen. Abschmecken mit:

- 1 gestr. TL Salz
- 1 Prise Pfeffer
- 2 TL Zitronensaft

13448. Skyrdressing TM XV, Mai 2022

Vorläufer 13423

- 600 g Wasser (95 g Kochwasser weiße Bohnen Dose)
- 700 g Skyr
- 50 g Olivenöl
- 90 g Agavendicksaft
- 2 Knoblauchzehen (9 g)
- 2 TL Salz (25 g)
- 1 Prise Pfeffer
- 1 Prise Currypulver
- 20 g Zitronensaft
- 1 TL Senf
- 1 TL getr. Kräuter „Duft der Macchia"
- 9 g Guarkernmehl

Alle Zutaten bis auf das Guarkernmehl gut mixen (1,5 Min./Stufe 10). Guarkernmehl dann während des Rührens einrieseln lassen, nochmals 10-20 Sek./Stufe 10.

13449. Kichererbsen-Kräuterseitling-Pfanne, Mai 2022

- 10 g Sonnenblumenöl
- 1 kleine Knoblauchzehe, in Scheiben
- 2 getr. Chilischoten, zerkleinert
- 1 Zwiebel, gehackt (80 g)
- 135 g Kräuterseitlinge (in Scheiben)
- 1 kleine Dose (450 g) Kichererbsen;, abgetropft gebraucht werden 140 g Flüssigkeit und die Kichererbsen)
- 1 kleine Prise Masala
- 1 Prise Salz
- 35 g weißes Mandelmus
- 1 Prise Vollrohrzucker

Öl erhitzen, Knoblauch und Chilischoten darin anbraten. Zwiebelstücke zufügen und anbraten, bis die Zwiebeln eine beige Farbe angenommen haben. Pilzscheiben hinzufügen und noch 3-4 Min. anbraten. Mit 140 g Flüssigkeit auffüllen und als Gemüsepfanne 15 Min. garen.

Kichererbsen, Salz, Süßmittel, Masala und Mandelmus zugeben. Unter Rühren aufkochen, bis sich das Mandelmus gelöst hat.

13450. Schokokuchen „Osterhase", Mai 2020

Vorläufer: 13440; Springform 26 cm

- 200 g Softdatteln
- 100 g Rosinen
- 200 g Soft-Feigen
- 500 g Wasser
- 200 g Äpfel
- 1 Vollmilchosterhase (175 g)
- 50 g Kakaopulver schwach entölt
- 200 g Dinkelvollkornmehl
- 200 g Haselnüsse gemahlen
- 1 Prise Salz
- 2 P Weinsteinbackpulver
- 3 EL Rum

Guss

- 30 g Agavendicksaft
- 1 Vollmilch-Osterhase 75 g
- Deko: Karamelltröpfchen

Trockenfrüchte in einer Pengdose mit dem Wasser übergießen und über Nacht gut verschlossen stehen lassen. Die Fruchtmasse mit der Einweichflüssigkeit, dem Apfel und der Schokolade im Vitamix zu einer glatten Masse pürieren. Die trockenen Zutaten mischen. Fruchtgemisch, und Rum hinzugeben und mit den Rührhaken eines Handrührgeräts gut vermischen. Den Teig in eine mit Backpapier überspannte Springform geben. In den auf 165 °C (Heißluft) vorgeheizten Ofen einschieben und 55 Min. bei 165 °C backen.

Schokolade mit Agavendicksaft vorsichtig im Wasserbad erhitzen und mit einem Messer auf dem Kuchen verteilen (wird nicht flüssig genug). Bestreuen mit 50-100 g Karamelltröpfchen.

13451. Fixe Spirelli, Mai 2022

Als Gemüsepfanne 15 Min.:

- 100 g Spirelli Vollkorn
- 1 Portion rote Soße für Pizza (13384)
- 275 g Wasser

Einrühren und kochen, bis sich das Mandelmus gelöst hat.

- 1 gute Prise Salz
- 2 EL Hafersahne
- 25 g Mandelmus

13452. Brokkoli mit Brot, Mai 2022

- 10 g Öl
- 45 g Brot, gewürfelt
- 8 g Knoblauch, in Scheiben
- 110 g Brokkoli
- 100 g Wasser
- 90 g Kichererbsen (Dose) zugeben
- Salz
- 1 EL Zitronensaft
- 35 g Hafersahne

Öl erhitzen, Brot und Knoblauch anbraten, bis der Knoblauch hellbraun ist. Gemüse und Wasser zugeben und als Gemüsepfanne 15 Min. garen. Erbsen miterhitzen, restliche Zutaten zugeben, unterrühren und abschmecken.

13453. Brokkoli-Cashewpfanne, Mai 2022

- 15 g Öl
- 25 g Cashewkerne
- 200 g Brokkoli, in Röschen
- 90 g Hafersahne
- 1 Prise Salz
- 1 EL Zitronensaft

Kerne im Öl anbraten. Gemüse und Sahne zugeben und 15 Min. als Gemüsepfanne garen. Abschmecken mit Salz und Saft abschmecken.

13454. Grießpudding, Mai 2022

- 1 Liter Hafermilch
- 1 Päckchen Finesse (Vanillearoma)
- 1 Prise Salz
- 1 EL Rohrohrzucker
- 100 g Dinkelvollkorngrieß

Alle Zutaten bis auf den Grieß in den TM-Mixtopf geben. Das Gerät auf Stufe 3 einstellen und den Grieß langsam durch die Deckelöffnung einrieseln lassen. Anschließend das Ganze kochen (14 Min./105 °C/Stufe 2 Linkslauf).

Tipp: Beim nächsten Mal empfiehlt sich eine Temperatur von 95 °C, um ein leichtes Ansetzen am Boden zu vermeiden.

13455. Tomatenketchup Nussmus XIII, Mai 2022

Vorläufer 13419; 3-4 größere Schraubgläser

- 2 Dosen Tomaten inklusive Saft (800 g)
- 155 g Apfelessig
- 105 g Wasser
- 50 g Datteln Deglet Nour
- 185 g Sultaninen
- 12 g Knoblauchzehen (frisch)
- 1 EL Mandelmus weiß (50 g)
- 145 g Gemüsezwiebeln, halbiert
- 1 Apfel (130 g)
- 1/2 gelbe Paprika (85 g)
- 1 Stück Essigpeperoni 7/4573 (7 g)
- 1 geh. TL Salz
- 1 Prise (1/4 TL) Pfeffer
- 2 geh. TL Paprikapulver
- 1/2 TL Curry
- 1 TL (7 g) Sojasoße
- 50 g Tomatenpaprikamark (Bode)
- 225 g Wasser

Alle Zutaten bis auf die zweite Menge Wasser in den Mixtopf geben. 25 Sek. auf Stufe 10 zerkleinern, dabei den Messbecher fest andrücken, anschließend garen (35 Min./105 °C/Stufe 3). Nach Ende der Garzeit Rest Wasser zugeben und fein pürieren (30 Sek./Stufe 10). Direkt in Schraubgläser füllen.

13456. Zwiebel-Relish mit Möhren VI, Mai 2022

Vorläufer 13420; 2 Gurkengläser oder Ähnliches

- 290 g Möhren
- 600 g Zwiebeln
- 1 Apfel (185 g, ohne Kerne)
- 2 Knoblauchzehen (frisch 11 g)
- 250 g Sultaninen

- 60 g gelbe Paprika
- 75 g selbstgemachter Tomatenketchup
- 1 geh. TL Salz
- 1 geh. MS gem. Nelken
- 1/2 TL Zimt
- 1 TL Paprikapulver edelsüß
- 1/2 TL gem. Kreuzkümmel
- 1 gestr. TL Curry
- 1 Prise Masala
- 1 TL Pizzagewürz
- 10 g Sojasoße
- 10 g Tomatenmark
- 150 g Apfelessig
- 205 g Wasser

Zwiebeln im TM zerkleinern (5 Sek./Stufe 5) und umfüllen. Möhren, Apfel, Rosinen, Knoblauch und Paprika zerkleinern (5 Sek./Stufe 5). Zerkleinerte Zwiebeln und die restlichen Zutaten zugeben. 55 Min./105 °C/ Linkslauf/Stufe 1 ohne Messbecher garen. Sobald es kocht, wenn nötig Garkörbchen als Spritzschutz aufsetzen. Relish in zwei leere Schraubgläser füllen. Sofort verschließen und im Kühlschrank lassen.

Tipp: Zwiebeln etc. besser 6 Sek./Stufe 5 zerkleinern.

13457. Schokokuchen „Osterhase" II, Mai 2022
Vorläufer: 13450; Springform 26 cm

- 200 g Softdatteln
- 100 g Rosinen
- 200 g Soft-Feigen
- 500 g Wasser
- 215 g Äpfel
- 1 Vollmilchosterhase (150 g)
- 50 g Kakaopulver schwach entölt
- 200 g Dinkelvollkornmehl
- 200 g Haselnüsse gemahlen
- 1 Prise Salz
- 2 P Weinsteinbackpulver
- 3 EL Rum

Guss:
- 50 g Agavendicksaft
- Osterhase 150 g
- 40-50 g Karamelltröpfchen

Trockenfrüchte in einer Pengdose mit dem Wasser übergießen und über Nacht gut verschlossen stehen lassen. Die Fruchtmasse mit der Einweichflüssigkeit, dem Apfel und der Schokolade im 2-L-Becher vom Vitamix zu einer glatten Masse pürieren. Die trockenen Zutaten mischen. Fruchtgemisch, und Rum hinzugeben und mit den Rührhaken eines Handrührgeräts gut vermischen. Den Teig in eine mit Backpapier überspannte Springform geben. In den auf 165 °C (Heißluft) vorgeheizten Ofen einschieben und 50 Min. bei 165 °C backen und 5 Min. im ausgeschalteten Ofen nachbacken.

Schokolade mit Agavendicksaft vorsichtig im Wasserbad erhitzen und mit einem Pinsel auf dem Kuchen verstreichen. Bestreuen mit Karamelltröpfchen.

13458. Tomatenpfännchen, Mai 2022
- 15 g Sonnenblumenöl
- 1 Knoblauchzehe (6 g) in Scheiben
- 330 g Tomaten in Stücken
- 1 Portion rote Soße für Pizza

Als Gemüsepfanne garen.
- 1 Prise Salz
- 20 g Cashewmus zugeben, mitkochen, bis Mus gelöst.

13459. Kartoffel-Spitzkohl mit Parmesan, Mai 2022

- 15 g Sonnenblumenöl
- 45 g Zwiebel, gehackt
- 145 g Kartoffeln, in Scheiben
- 180 g Spitzkohl, kleingeschnitten
- 1 TL Gemüsebrühe
- 200 g Wasser
- 1 kleine Prise Salz
- 25 g Parmesan

Als Gemüsepfanne (20-cm-Alugusspfanne) 25 Min. garen. Salz und Käse unterrühren und aufkochen.

13460. Spitzkohlpfanne angebraten, Mai 2022

- 15 g Sonnenblumenöl
- 250 g Spitzkohl, kleingeschnitten
- 245 g Wasser
- 80 g Vollkorn-Spirelli
- 75 g Rhabarber, in Scheiben
- 25 g Parmesan
- 1 kleine Prise Salz
- 1 Prise Rohrohrzucker

Sonnenblumenöl erhitzen und Spitzkohl unter gelegentlichem Rühren darin 10 Min. anbraten. Wasser, Nudeln und Rhabarber zugeben und weitere 15 Min. auf kleiner Einstellung kochen lassen. Parmesan unterrühren, mit Salz und Zucker abschmecken.

13461. Rhabarberkompott groß, Mai 2022

- 675 g Rhabarber, in Stücken
- 20 g Rohrohrzucker
- 50 g Agavendicksaft (könnte mehr sein)
- 50 g Wasser
- 1 x Vanillearoma flüssig (Finesse)

Zum Kochen bringen, auf kleiner Einstellung ca. 10 Min. kochen.

13462. Skyrdressing TM XVI, Mai 2022

Vorläufer 13448

- 600 g Wasser
- Ca. 800 g Skyr (= 2 Becher)
- 50 g Olivenöl
- 90 g Agavendicksaft
- 2 Knoblauchzehen (9 g)
- 2 TL Salz (25 g)
- 1 Prise Pfeffer
- 1 Prise Currypulver
- 20 g Zitronensaft
- 1 TL Senf
- 1 TL getr. Kräuter „Duft der Macchia"
- 10 g Guarkernmehl

Im TM alle Zutaten bis auf das Guarkernmehl gut mixen (1,5 Min./Stufe 10). Guarkernmehl dann während des Rührens durch ein Sieb einrieseln lassen, während der TM auf Stufe 3-4 einige Sek. läuft. Dann nochmals pürieren 10-20 Sek./Stufe 10.

13463. Rote Linsen mit Gemüse, Mai 2022

- 10 g Sonnenblumenöl
- 65 g Zwiebeln, gehackt
- 60 g rote Linsen
- 135 g Kartoffeln in Scheiben
- 75 g Möhre
- 200 g Wasser
- 1 Prise Salz
- 1 TL Cashewkerne, Bruch

Ohne Salz und Nüsse in einer 20-cm-Alugusspfanne zum Kochen bringen und auf kleiner Einstellung 20-25 Min. kochen. Mit Salz und Nussstücken verrühren.

13464. Rehrücken, Mai 2022

1 Kastenform (größer als 25 cm); Handrührgerät; nach einem Rezept von Dr. Oetker aus dem wunderbaren Buch „Backen macht Freude" von 1963).

- 1 „Oreo-Osterhase" (100 g)
- 100 g Butter, möglichst weich
- 150 g Rohrohrzucker
- 4 Eier
- 50 g Dinkelvollkornmehl
- 2 P Schokoladenpuddingpulver
- 2 TL Weinsteinbackpulver
- 50 g gem. Mandeln
- 25 g Vollkorngrieß
- 1 EL Hafermilch
- 100 g White Chocolate Chunks
- Butter zum Einfetten der Form

Guss:

- 1 Osterhase weiße Schokolade mit Erdbeere (100 g)

Den Oreo-Osterhasen in Stücke brechen und im Wasserbad flüssig werden lassen. Damit sich fertige Schokolade gut löst und nicht vorzeitig erstarrt, sollte das Wasser nicht zu heiß werden (ich verstehe nicht wieso, ist aber so).
Butter schaumig schlagen, dann den Zucker unterrühren. Eier einzeln einrühren. Trockene Zutaten mischen und unterziehen. Die flüssige Schokolade einrühren. Mir war der Teig dann noch ein wenig zu fest, deshalb habe ich noch 1 EL Hafermilch zugegeben. Bei größeren Eiern kann das möglicherweise überflüssig sein. Zuletzt die Chocolate Chunks unterziehen.

Kastenform mit Butter einfetten. Den Teig hineingeben und glatt streichen. Ofen (Heißluft) auf 165 °C vorheizen. Form einschieben und 50 Min. bei 165 °C backen. Aus der Form lösen, auf einem Gitterrost abkühlen lassen und mit Guss bestreichen. Für den Guss die weiße Schokolade schmelzen und Kuchen rasch damit bestreichen. Er reicht gerade für den Kuchen.

Hinweis: *Wir haben den Kuchen gut eingewickelt im Kühlschrank zwei Tage aufbewahrt, bevor wir ihn angeschnitten haben. Empfehlenswert!*

13465. Linsenkunterbunt, Mai 2022

- 15 g Öl
- 50 g Zwiebel, gehackt
- 40 g rote Linsen (2 EL)
- 40 g weißer Reis (2 EL)
- 1 TL Gemüsebrühe (bio)
- 85 g Kartoffel, in Würfeln
- 115 g Batate, in Würfeln
- 235 g Wasser
- Garam Masala 1 Prise
- Salz, 1-2 Prisen

Ohne Gewürze als Gemüsebrühe 25 Min. garen. Abschmecken mit Masala und Salz.

13466. Grüne Champignons, Mai 2022

- 10 g Sonnenblumenöl
- 115 g Champignons, in dickeren Scheiben
- 155 g grüner Spargel (ohne Enden, in Stücken)
- 70 g Wasser

Als Gemüsepfanne 15 Min. Abschmecken mit:

- 1-2 Prisen Salz
- 1 TL Cashewnussmus

13467. Grüne Champignons mit Nudeln, Mai 2022

- 90 g Spirelli Vollkornnudeln
- 180 g grüner Spargel (ohne Ende, in Stücken)
- 135 g Champignons (in Scheiben)
- 300 g Wasser

Als Gemüsepfanne 20 Min. Abschmecken mit:

- 1-2 Prisen Salz
- 1 Prise Pfeffer
- 5 g Sonnenblumenöl
- Einige Tropfen Zitronensaft

13468. Ottilienkuchen, Mai 2022

Kastenform; nach Dr. Oetker, Backen macht froh, 1963, S. 40.

- 250 g Butter
- 200 g Rohrohrzucker
- 1 P Vanillearoma Finesse
- 4 Eier
- 1/2 Fläschchen Rum-Aroma
- 210 g Weizenmehl 550
- 1 P Vanillepuddingpulver (40 g)
- 6 g Weinsteinbackpulver (2 gestr. TL)
- 100 g Vollkorngrieß Dinkel
- 100 g Vollmilch Chocolate Chunks
- 60 g Orangeat
- Butter und Grieß für die Form
- Guss: 1 Osterhase weiße Schokolade mit Kokos (125 g)

Fett schaumig rühren und nach und nach Zucker, Finesse, Eier und Gewürze zugeben. Mehl mit Backpulver und Grieß mischen, allmählich einarbeiten. Schokolade und Orangeat am Ende unterziehen.

Ofen (Heißluft) auf 155 °C vorheizen. Eine kleinere Kastenform mit Butter einfetten, mit Grieß ausstreuen und den Teig gleichmäßig darin verteilen. 60-65 Min. bei 155 °C backen. Aus der leicht abgekühlten Form stürzen, auf einem Gitterrost abkühlen lassen. Schokolade zerteilen und im Wasserbad flüssig werden lassen. Den Kuchen damit bestreichen.

13469. Erdbeerkonfitüre IV, Mai 2022

Vorlage 13434

- 755 g Erdbeeren (netto)
- 160 g Äpfel
- 30 g Zitronensaft
- 1 P Vanillearoma Finesse
- 300 g Rohrohrzucker
- 1 geh. TL Johannisbrotkernmehl

Obst grob vorschneiden und mit den anderen Zutaten zerkleinern (TM 8 Sek./Stufe 7). Gärkörbchen als Spritzschutz aufsetzen und kochen (16 Min./115 °C/Stufe 1). Johannisbrotkernmehl bei Stufe 3,5-4 einlaufen lassen. Nochmals 10 Sek./Stufe 8 pürieren. Schon vorher vorbereiten: Das Schraubglas (oder mehrere kleine) auf ein Handtuch stellen und mit kochendem Wasser füllen, Deckel ebenfalls füllen. Wenn die Konfitüre fertig ist, Wasser ausgießen, Konfitüre einfüllen und Deckel festschrauben.

13470. Linsen mit Sauerkraut, Mai 2022

- 80 g kleine Linsen (Berglinsen z. B.)
- 240 g Wasser
- 1 Zwiebel, gehackt (80 g)
- 85 g Kartoffeln, in Scheiben
- 115 g Sauerkraut
- 1-2 Prisen Salz
- 1 Prise schwarzer Pfeffer
- 10 g Butter

Linsen 6,5 Stunden im Wasser einweichen. Mit Wasser, Zwiebeln, Kartoffeln und Sauerkraut 25 Min. kochen und abschmecken mit Salz, Pfeffer und Butter.

13471. Weißer Reis mit Gemüse, Juni 2022

- 85 g weißer Reis
- 1 TL Gemüsebrühe
- 95 g Batate, in Stücken
- 75 g Zwiebel, gehackt
- 80 g Fenchel, kleingeschnitten
- 115 g Tomate, in Stücken
- 200 g Wasser

Alles zusammen in einem kleinen Topf aufkochen und 20 Min. kochen.

- 50 g Sauerkraut
- 10 g Butter
- (optional: 1 Wiener Würstchen bio, in Scheiben)

Restliche Zutaten unterrühren und zusammen ein paar Minuten erhitzen, ohne zu kochen.

13472. Nudeln mit Sauerkraut. Juni 2022

- 55 g Vollkornnudeln
- 40 g Zwiebel, gehackt
- 110 g Tomaten, in Stücken
- 140 g Zucchini, in Scheiben
- 65 g Sauerkraut
- 180 g Wasser

Im Topf aufkochen und 15 Min. kochen. Abschmecken mit:

- 1 gestr. TL Salz
- 1 Prise Pizzagewürz
- 10 g Sonnenblumenöl

13473. Rote Linsen mit Sauerkraut, Juni 2022

- 80 g rote Linsen
- 80 g Möhre, kleingeschnitten
- 1 Knoblauchzehe, in Scheiben
- 90 g Spitzkohl, kleingeschnitten
- 1 Tomate (105 g), kleingeschnitten
- 55 g Sauerkraut
- 250 g Wasser

Aufkochen und 25 Min. auf kleiner Einstellung kochen. Abschmecken mit:

- 1 EL Zitronensaft
- 1 gestr. TL Salz
- 2 EL Sonnenblumenöl

13474. Reis mit Gemüse und Rhabarber, Juni 2022

- 75 g weißer Reis
- 75 g Fenchel
- 150 g Spitzkohl
- 50 g Möhre
- 20 g Rhabarber
- 1 TL Gemüsebrühe
- 225 g Wasser
- Salz
- Ein paar Spritzer Agavendicksaft
- 10 g Butter

Gemüse kleinschneiden und mit Brühe und Wasser aufkochen. Bei kleiner Einstellung 20 Min. kochen. Abschmecken mit Salz, Agavendicksaft und Butter.

13475. Fünfminutenbrot mit Skyr II, Juni 2022

Vorläufer 13321

- 2 P Trockenhefe (je 7 g)
- 490 g Dinkelvollkornmehl
- 10 g Weizenmehl Typ 550
- 15 g Sonnenblumenkerne
- 35 g Haselnüsse, ganz
- 50 g Mandeln, ganz
- 2 knappe TL Salz (wer mag auch Kräutersalz)
- 405 g handwarmes Wasser
- 50 g Skyr (1 EL)
- 2 EL Apfelessig
- Butter und evtl. Grieß für die Form

Zubereitung mit dem Handrührgerät, Knethaken. Die trockenen Zutaten in der Rührschüssel mixen. Skyr und Flüssigkeiten zugeben und 3 Min. kneten. Eine 30 cm Form fetten. Teig hineingeben, mit Wasser einsprühen und auf dem Gitterrost in den kalten Backofen schieben. 15 Min. ruhen lassen. Den Ofen auf 205 °C (Heißluft) stellen und das Brot eine Stunde backen. Das fertige Brot aus der Form stürzen, mit Wasser einsprühen und auf einem Gitterrost auskühlen lassen.

13476. Tomatensuppe schärfer, Juni 2022

- 15 g Sonnenblumenöl
- 45 g Zwiebel, kleingeschnitten
- 5 g Knoblauch, in Scheiben
- 1 kleine getr. Chilischote, kleingeschnitten
- 70 g Kartoffel
- 1 Tomate (105 g)
- 200 g Möhre, grob vorgeschnitten

- 1 TL Gemüsebrühe
- 350 g Wasser
- 25 g Rhabarber
- 30 g Frischkäse
- 1 TL Salz

Öl, Zwiebel, Knoblauch und Chili im TM-Mixtopf anbraten (3 Min./Varoma/Stufe 1). Kartoffeln, Tomate und Möhren zugeben und zerkleinern (6 Sek./Stufe 5). Mit Gemüsebrühe, Wasser und Rhabarber kochen (20 Min./ 105 °C/Stufe 1). Abschmecken mit Frischkäse und Salz und pürieren (15 Sek./ Stufe 10).

13477. Erdbeer-Orangenkonfitüre, Juni 2022
Vorläufer 13435
- 1 Bio-Orange (170 g) grob vorgeschnitten
- 610 g Erdbeeren (netto)
- 130 g Äpfel (100 g zum Gelieren)
- 30 g Zitronensaft
- 1 P Vanillearoma Finesse
- 320 g Rohrohrzucker
- 1 TL Johannisbrotkernmehl

Obst grob vorschneiden und mit den anderen Zutaten im Thermomix zerkleinern (8 Sek./Stufe 6). Gärkörbchen als Spritzschutz aufsetzen und kochen (16 Min./115 °C/Stufe 1). Johannisbrotkernmehl bei Stufe 3,5-4 einlaufen lassen. Nochmals 10 Sek./Stufe 9 pürieren.

Schon vorher vorbereiten: Das Schraubglas (oder mehrere kleine) auf ein Handtuch stellen und mit kochendem Wasser füllen, Deckel ebenfalls füllen. Wenn die Konfitüre fertig ist, Wasser ausgießen, Konfitüre einfüllen und Deckel festschrauben.

13478. Aprikosenkuchen sehr fein mit Skyr, Juni 2022
26-cm-Springform; „Backen macht Freude".
- 80 g Sonnenblumenöl
- 90 g Skyr
- 125 g Rohrohrzucker
- 1 Prise Salz
- 2 Eier
- 4 Tropfen Zitronenöl
- 200 g Dinkelvollkornmehl
- 2 TL Backpulver (6 g)

Belag:
- 475 g Aprikosen (brutto)

Öl, Skyr, Zucker, Salz, Eier und Aroma in die Rührschüssel geben. Mehl mit Backpulver mischen und dazugeben. Mit dem Handrührgerät 2 Min. zu einem glatten Teig verrühren. Den Teig in eine mit Backpapier ausgelegte Springform füllen und glatt streichen. Aprikosen halbieren, entkernen und gleichmäßig auf dem Teig verteilen. Im vorgeheizten Heißluftofen bei 165 °C ca. 45 Min. backen.

13479. Gustinkuchen, Juni 2022

1 Gugelhupfform; Name ist aus dem Dr.-Oetker-Backbuch.

- 240 g Butter, weich
- 1 P Finesse Vanillearoma
- 1/2 Fläschchen Zitronenaroma
- 4 Eier
- 200 g Rohrohrzucker
- 110 g Vanillepuddingpulver (3 P)
- 15 g Stärkepulver
- 1 P Weinsteinbackpulver
- 500 g Dinkelvollkornmehl
- 1 Prise Salz
- 200 g Hafermilch
- 100 g Caramellchunks
- 100 g white Chocolatechunks
- Butter und
- Dinkelvollkorngrieß für die Form
- 1 Osterhase Ferrari Kinderschokolade 75 g
- 1 kleiner Lindhase Vollmilch 50 g
- weiße Schokoladenblättchen

Butter schaumig rühren und nach und nach Aromen, Zucker und Eier unterrühren. Pudding- und Stärkepulver mit Salz, Backpulver und Mehl vermischen. Abwechselnd mit der Milch unter die Eiermasse rühren. Der Teig sollte schwer reißend vom Löffel fallen. Karamell und weiße Schokolade unterrühren. Eine Gugelhupfform mit Butter einfetten und Grieß ausstreuen. Ofen (Heißluft) auf 165 °C vorheizen. Kuchen 60 Min. bei 165 °C backen und 10 Min. im ausgeschalteten Ofen nachbacken. Kuchenform auf ein mit einem nassen Tuch bedeckten Gitterrost stellen und lauwarm abkühlen. Aus der Form stürzen und erkalten lassen. Nach Belieben mit einem Schokoguss bestreichen (Schokolade im Wasserbad verflüssigen) und weißen Schokoladenblättchen bestreuen.

13480. Nudeln mit Tomaten, Juni 2022

- 75 g Spaghetti, in Stücken
- 20 g Sonnenblumenkerne
- 40 g Zwiebel, gehackt
- 1 Knoblauchzehe, in Scheiben
- 300 g Tomaten, in Stücken

Ähnlich wie Gemüsepfanne (20-cm-Aluguss) kochen, muss aber immer kochen (20 Min.). Miteinander verrühren und unter die Nudeln rühren:

- 1 gestr. TL Salz
- 1 TL Paprika edelsüß
- 1 Prise Pfeffer
- 20 g Tomaten-Paprika-Mark
- 25 g Frischkäse

13481. Tomatenketchup Nussmus XIV, Juni 2022

Vorläufer 13455; 3 größere Schraubgläser

- 2 Dosen Tomaten inklusive Saft (800 g)
- 155 g Apfelessig
- 110 g Wasser
- 60 g Datteln Deglet Nour
- 175 g Sultaninen
- 11 g Knoblauchzehen (frisch)
- 1 EL Mandelmus weiß (50 g)

- 170 g Gemüsezwiebeln, halbiert
- 1 Apfel (140 g)
- 1/2 rote Paprika (85 g)
- 1 Stück Essigpeperoni 7/4753(8 g)
- 1 geh. TL Salz
- 1 Prise (1/4 TL) Pfeffer
- 2 geh. TL Paprikapulver
- 1/2 TL Curry
- 1 TL (7 g) Sojasoße
- 50 g Tomatenpaprikamark (Bode)
- 225 g Wasser

Alle Zutaten bis auf die zweite Menge Wasser in den Mixtopf geben. 25 Sek. auf Stufe 10 zerkleinern, dabei den Messbecher fest andrücken, anschließend garen (35 Min./105 °C/Stufe 3). Nach Ende der Garzeit Rest Wasser zugeben und fein pürieren (10 Sek./Stufe 10). Direkt in Schraubgläser füllen.

13482. Zwiebel-Relish mit Möhren VII, Juni 2022

Vorläufer 13456; 2 Gurkengläser oder Ähnliches

- 300 g Möhren
- 605 g Zwiebeln
- 1 Apfel (190 g, ohne Kerne)
- 2 Knoblauchzehen (frisch 11 g)
- 250 g Sultaninen
- 25 g roter Paprika
- 135 g selbstgemachter Tomatenketchup
- 1 geh. TL Salz
- 1 geh. MS gem. Nelken
- 1/2 TL Zimt
- 1 TL Paprikapulver edelsüß
- 1/2 TL gem. Kreuzkümmel
- 1 gestr. TL Curry
- 1 Prise Masala
- 1 TL Pizzagewürz
- 10 g Sojasoße
- 10 g Tomatenmark
- 150 g Apfelessig
- 205 g Wasser

Zwiebeln im TM zerkleinern (5 Sek./Stufe 5) und umfüllen. Möhren, Apfel, Rosinen, Knoblauch und Paprika zerkleinern (5 Sek./Stufe 6). Zerkleinerte Zwiebeln und die restlichen Zutaten zugeben. 50 Min./105 °C/Linkslauf/Stufe 1 ohne Messbecher garen. Sobald es kocht, wenn nötig Garkörbchen als Spritzschutz aufsetzen. Relish in zwei leere Schraubgläser füllen. Sofort verschließen und abgekühlt im Kühlschrank aufbewahren.

Tipp: Zwiebeln etc. besser 6 Sek./Stufe 5 zerkleinern.

13483. Reis mit Poree-Möhrengemüse, Juni 2022

- 85 g weißer Reis
- 125 g Porree in Ringen
- 100 g Möhre in Scheiben
- 1 TL Gemüsebrühe
- 215 g Wasser

Wie eine Gemüsepfanne (20-cm-Alugusspfanne) 20-25 Min. garen. Abschmecken mit:

- 1 Prise Salz
- 10 g Butter
- 1 EL Zitronensaft

13484. Stachelbeermarmelade, Juni 2022

- 700 g Stachelbeeren (netto)
- 1 Apfel (530 g)
- 1 P Vanillearoma Finesse
- 30 g Zitronensaft
- 300 g Vollrohrzucker
- 1 TL Johannisbrotkernmehl

Zutaten außer Johannisbrotkernmehl im TM pürieren (8 Sek./ Stufe 8) und ohne Messbecher garen (16 Min./115 °C/ Stufe 1). Beim Kochen evtl. Gärkörbchen als Spritzschutz aufsetzen. Johannisbrotkernmehl zugeben und einige Sek. auf Stufe 8 pürieren. In kochend heiß ausgespülte Gläser füllen. Deckel festschrauben.

13485. Reis mit dreierlei Gemüse, Juni 2022

- 85 g weißer Reis
- 1 TL Gemüsebrühe
- 105 g Porree, in Ringen
- 115 g Tomaten, in Stücken
- 60 g rote Paprika, in Stücken
- 6 g Knoblauch (in Scheiben)
- 260 g Wasser

Wie eine Gemüsepfanne (20-cm-Alugusspfanne) 20 Min. garen. Abrunden durch Einrühren von:
- 25 g Frischkäse

13486. Stachelbeerkuchen sehr fein mit Skyr, Juni 2022

Vorläufer 13478; 26-cm-Springform

- 80 g Sonnenblumenöl
- 90 g Skyr
- 140 g Rohrohrzucker
- 1 Prise Salz
- 2 Eier
- 4 Tropfen Zitronenöl
- 200 g Dinkelvollkornmehl
- 1 P Weinsteinbackpulver
- 1 EL Hafermilch

Belag:
- 425 g Stachelbeeren (netto)
- Weiße Schokoladenblättchen

Öl, Skyr, Zucker, Salz, Eier und Aroma in die Rührschüssel geben. Mehl mit Backpulver mischen und zugeben. Teigschläger einsetzen und 2 Min. mit dem Handrührgerät verrühren. In einer mit Backpapier überspannten Springform ausstreichen. Für den Belag die Enden der Stachelbeeren entfernen und Obst auf dem Teig verteilen. Heißluftofen: 165 °C/Backzeit: 45 Min. Nach Geschmack mit weißen Schokoladenblättchen bestreuen.

13487. Kartoffel-Sauerkrautsalat, Juni 2022

- 260 g Pellkartoffeln geschält, in Scheiben
- 100 g Sauerkraut, kleingeschnitten
- 100 g Tomate, gewürfelt

Zutaten mischen. Dressingzutaten mit Löffel verrühren:
- 75 g Skyr
- 2 EL (20 g) Sonnenblumenöl
- 1 EL Zitronensaft
- 10 g Ahornsirup
- 2 Prisen Salz

- 35 g Kichererbsenkochwasser (Dose)
- 1 Prise Pfeffer
- 5 g Meerrettich-Zubereitung (gekauft)

Dressing unter die Kartoffelmischung geben und verrühren. Möglichst 2 Std. durchziehen lassen.

13488. Bunte rote Linsen, Juli 2022

- 75 g rote Linsen
- 110 g Porree in Scheiben
- 120 g Möhren in Scheiben
- 45 g Kartoffeln in Scheiben
- 90 g Aprikosen, gewürfelt
- 1 Knoblauchzehe in Scheiben
- 1 TL Gemüsebrühe
- 230 g Wasser

Als Gemüsepfanne ca. 20-25 Min. garen. Abschmecken mit:
- 1-2 Prisen Rohrohrzucker
- Salz
- 1 EL Sonnenblumenöl

13489. Aprikosen-Käsekuchen, Juli 2022

Springform 26 cm

- 310 g Aprikosen (netto)
- 50 g Agavendicksaft
- 600 g Doppelrahmfrischkäse
- 150 g Schmand
- 50 g Skyr
- 1 P Vanillepuddingpulver
- 200 g Rohrohrzucker
- 4 Eier
- 100 g Heidelbeeren

Backofen auf 165 °C (Heißluft) vorheizen. Aprikosen entkernen und mit Agavendicksaft im Vitamix pürieren.

Frischkäse mit Schmand, Skyr, Puddingpulver und Zucker glatt rühren (Handrührgerät). Eier unterrühren. Masse in eine mit Backpapier ausgelegte Form gießen. Aprikosenpüree leicht marmoriert eingießen. Kuchen ca. 30 Min. backen.

Heidelbeeren darüber geben, weitere 20 Min. backen und noch 20 Min. ruhen lassen. Herausnehmen, auskühlen lassen.

13490. Aprikosen-Käsekuchen 2, Juli 2022

Springform 26 cm; Vorlage 13489

- 310 g Aprikosen (netto)
- 55 g Agavendicksaft
- 445 g Doppelrahmfrischkäse
- 355 g Skyr
- 1 P Vanillepuddingpulver
- 10 g Sonnenblumenöl
- 200 g Rohrohrzucker
- 4 Eier
- 100 g Heidelbeeren

Backofen auf 165 °C (Heißluft) vorheizen. Aprikosen entkernen und mit Agavendicksaft im Vitamix pürieren. Frischkäse mit Skyr, Puddingpulver und Zucker glatt rühren (Handrührgerät). Eier unterrühren. Masse in eine mit Backpapier ausgelegte Form gießen. Aprikosenpüree leicht marmoriert eingießen. Kuchen ca. 30 Min. backen. Heidelbeeren darüber geben, weitere 20 Min. backen und noch 20 Min. ruhen lassen. Herausnehmen, auskühlen lassen.

13491. Kartoffeln auf Tütensalat, Juli 2022

- 10 g Sonnenblumenöl
- 80 g Wasser
- 240 g Kartoffeln, ungeschält und in dünnen Scheiben
- 1 TL Gemüsebrühe
- 2 EL Dressing 13462
- 50 g Wasser
- 140 g Salat aus der Tüte
- 40 g Sauerkraut

Öl, Wasser, Kartoffeln und Gemüsebrühe als Gemüsepfanne 20 Min. garen. Dressing und Wasser verrühren. Salat und Sauerkraut kleinschneiden, mit dem Dressing mischen. Kartoffeln obenauf geben.

13492. Kartoffeln auf Tütensalat II, Juli 2022

- 10 g Sonnenblumenöl
- 80 g Wasser
- 260 g Kartoffeln, ungeschält und in dünnen Scheiben
- 2 EL Sonnenblumenöl
- 1 EL Zitronensaft
- 3 EL Wasser
- 3 Tropfen Agavendicksaft
- 100 g Feldsalatmix aus der Tüte

Kartoffeln in Öl und Wasser als Gemüsepfanne 20 Min. garen. Flüssigkeiten verrühren. Salat kleinschneiden, mit dem Dressing mischen. Kartoffeln obenauf geben.

13493. Süßkartoffelsuppe, Juli 2022

- 1 kleine getr. Chilischote
- 5 g frischer Knoblauch
- 200 g Süßkartoffel, vorgeschnitten
- 50 g Kartoffel
- 120 g Tomate
- 1 TL Gemüsebrühe
- 350 + 100 g Wasser
- 30 g Mandelmus weiß

Gemüse mit Gemüsebrühpulver zerkleinern (6 Sek./Stufe 6). 350 g Wasser zugeben und garen (20 Min./105 °C/Stufe 2). Pürieren (10 Sek./Stufe 10) und dann mit Mandelmus und 100 g Wasser aufkochen (3,5 Min./105 °C/Stufe 1) und pürieren (10 Sek./Stufe 10).

13494. Spaghetti mit Pomodorosauce, Juli 2022

- 90 g Spaghetti in Stücken
- 1 TL Gemüsebrühe
- 5 g Knoblauch, in Scheiben
- 50 g Zwiebeln, gewürfelt
- 295 g Tomaten, kleingeschnitten
- 1 TL Paprikapulver
- 225 g Wasser

Aufkochen und 15 Min. kochen. Abschmecken mit:

- 1 kleine Prise Rohrohrzucker
- 1 EL Zitronensaft
- 20 g Mandelmus, weiß

13495. Reis mit Sauerkrautgemüse, Juli 2022

- 10 g Sonnenblumenöl
- 80 g weißer Reis
- 90 g Kartoffeln, kleingeschnitten
- 80 g Möhre, kleingeschnitten
- 85 g Sauerkraut, kleingeschnitten
- 1 TL Gemüsebrühe
- 200 g Wasser
- 25 g Frischkäse (oder Nussmus)

Ohne Frischkäse aufkochen und 20 Min. auf kleiner Einstellung kochen. Salz braucht das bei mir nicht mehr. Frischkäse unterrühren.

13496. Fertignudeln aus der Mikrowelle, Juli 2022

- 1 Tomate (90 g)
- 75 g Sauerkraut, kleingeschnitten
- 70 g Hartkäse, klein geschnitten
- 350 g Penne Arabiata (Penny Kühltheke)
- 1 rote Soße für Pizza aus meiner Tiefkühlung (aufgetaut)

Ich mische die Zutaten in einer mikrowellenfesten Schüssel und erhitze (4 x 2 Min./600 Watt) bis das Essen durcherhitzt ist. Die Tomaten sind bissfest, der Käse geschmolzen. Ich fand's sehr lecker!

Hinweis: Das ist ein Grusel für Vollwertohren, ich weiß. Die Mikrowelle ist für mich mittlerweile ein ständiger Begleiter geworden. Nicht zum Kochen, aber Aufwärmen ist einfach prima. Und diese Fertignudeln gehen auch, wenn ich mal gerade gar keine Zeit haben. Die von Penny schmecken nicht schlecht, außerdem peppe ich sie ein bisschen auf. So als Gewissensberuhigung. :-)

13497. Spaghetti mit Salat, Juli 2022

Nudeln

- 85 g Vollkornspaghetti, in Stücken
- 500 g Wasser
- 5 g Butter
- 1-2 Prisen Salz
- 4 EL Salatdressing aus dem Thermomix
- 4 EL Wasser
- 100 g Salat aus der Tüte
- 1 Tomate (120 g), gewürfelt

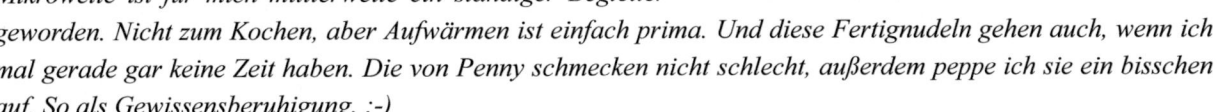

Spaghetti im Wasser kochen. Wasser abgießen (auffangen, lässt sich für Salatdressings etc. verwenden), mit Butter und Salz mischen. Dressing mit Wasser verrühren. Salat und Tomatenwürfel zugeben und untermischen. Spaghetti auf den Salat geben.

13498. Kartoffelallerlei, Juli 2022

- 10 g Sonnenblumenöl
- 80 g Wasser
- 275 g Kartoffeln in Scheiben
- 80 g Tomate, gewürfelt
- 1 TL Gemüsebrühe
- 80 g Sauerkraut, klein geschnitten
- 1 Knoblauchzehe, in Scheiben

Als Gemüsepfanne 25 Min. dünsten.

13499. Nudeln mit Butter, Juli 2022

- 125 g Vollkornspaghetti, in Stücken
- 540 g Wasser
- 1 TL Gemüsebrühe
- 15 g Butter

Nudeln im Wasser mit der Gemüsebrühe 15 Min. garen und abgießen (Wasser auffangen, ist gut für Dressings etc.). Butter unter die heißen Nudeln mischen und servieren.

Hinweis: An Einfachheit kaum zu überbieten. Aber da zeigt sich der Vorteil von Vollkornnudeln: Sie schmecken auch pur.

13500. Marmorkuchen mit Öl, Juli 2022

Angelehnt an ein Rezept aus „modernes backen" und Faust-formel „100 g Butter = 80 g Öl + 20 g Flüssigkeit".

- 200 g Sonnenblumenöl
- 85 g Skyr
- 210 g Vollrohrzucker
- 1 Päckchen Vanillearoma „Finesese"
- 1 Prise Salz
- 3 Eier
- 1 P Backpulver
- 125 g (1/8 l) Hafermilch
- 2 P Puddingpulver Vanille (75 g)
- 50 g Speisestärke
- 295 g Weizenmehl 550
- 80 g Dinkelvollkornmehl
- (Butter und Vollkorngrieß für die Form)

Dunkler Teig:

- 50 g Kakao
- 115 g Rohrohrzucker
- 3 EL Hafermilch
- 100 g Chocolate Chunks zartbitter

Guss

- 1 Tafel Vivani Schokolade 99 % Kakao
- 3 EL weiße Schokoladenflocken
- 50-60 g Agavendicksaft.
- Zum Bestreuen: Karamellstückchen

Zutaten in eine Rührschüssel geben und mit einem Handrührgerät auf der höchsten Schaltstufe etwa 2 Min. verrühren. 30-cm-Kastenform z. B. mit Butter einfetten und mit Grieß ausstreuen. Etwa zwei Drittel des Teiges in die Form füllen. Die Zutaten für den dunklen Teig zum letzten Teigdrittel geben und mischen. Den dunklen Teig auf den hellen Teig geben, mit einer Gabel spiralförmig durch den hellen Teig ziehen. Die Kastenform in den auf 165 °C (Umluft) vorgeheizten Backofen stellen und ca. 80 Min. backen. 10 Min. im ausgeschalteten Ofen stehen lassen. Stäbchenprobe machen. Nach dem Backen den Kuchen auf einen Rost stürzen, erkalten lassen und mit dem Guss überziehen. Dafür die Zutaten im Wasserbad erhitzen. Mit Karamellstückchen bestreuen.

13501. Fertignudeln aus der Mikrowelle II, Juli 2022

Vorläufer 13496

- 1 Tomate (90 g)
- 3 EL Mais aus der Dose
- 350 g Penne Arabiata (Penny Kühltheke)
- 1 rote Soße für Pizza aus meiner Tiefkühlung (aufgetaut)
- 1 Ei

Zutaten ohne Ei in eine mikrowellenfeste Schüssel geben, Ei auf die Nudeln setzen. Erhitzen (10 Min./600 Watt), bis das Essen durcherhitzt ist. Das Eigelb ist hart.

13502. Zwetschgen-Käsekuchen 3, Juli 2022

Springform 26 cm; Vorläufer 13490

- 310 g Aprikosen (netto)
- 55 g Agavendicksaft
- 300 g Doppelrahmfrischkäse
- 500 g Skyr
- 1 P Vanillepuddingpulver
- 20 g Sonnenblumenöl
- 200 g Rohrohrzucker
- 4 Eier
- 100 g Johannisbeeren

Backofen auf 165 °C (Heißluft) vorheizen. Aprikosen entkernen und mit Agavendicksaft im Vitamix pürieren. Frischkäse mit Skyr, Puddingpulver und Zucker glatt rühren (Handrührgerät). Eier unterrühren. Masse in eine mit Backpapier ausgelegte Form gießen. Aprikosenpüree leicht marmoriert eingießen. Kuchen ca. 30 Min. backen. Johannisbeeren darüber geben, weitere 20 Min. backen und noch 20 Min. im ausgeschalteten Ofen ruhen lassen. Herausnehmen, auskühlen lassen.

13503. Fünfminutenbrot mit Skyr III, Juli 2022

Vorläufer 13475

- 1 P Trockenhefe (7 g)
- 180 g Dinkelvollkornmehl
- 320 g Weizenmehl Typ 550
- 50 g Sonnenblumenkerne
- 50 g Mandeln, ganz
- 2 knappe TL Salz (wer mag auch Kräutersalz)
- 400 g handwarmes Wasser
- 55 g Skyr (1 EL)
- 2 EL Apfelessig
- Butter und evtl. Grieß für die Form

Zubereitung mit dem Handrührgerät, Knethaken. Die trockenen Zutaten in der Rührschüssel mixen. Skyr und Flüssigkeiten zugeben und 3 Min. kneten. Eine 30 cm Form fetten. Teig hineingeben, mit Wasser einsprühen und mit einem Handtuch abdecken. 50 Min. gehen lassen und in den kalten Backofen schieben. Den Ofen auf 205 °C (Heißluft) stellen und das Brot eine Stunde backen. Das fertige Brot aus der Form stürzen, mit Wasser einsprühen und auf einem Gitterrost auskühlen lassen.

13504. Rote rote Linsen, Juli 2022

- 85 g rote Linsen
- 65 g rote Paprika, klein geschnitten
- 145 g Tomaten, klein geschnitten
- 140 g Kichererbsenwasser
- 125 g Wasser

25 Min. kochen. Abschmecken mit:
- 1 EL Sonnenblumenöl
- 1 TL Zitronensaft

13505. Erdbeershake, Juli 2022

2-3 Portionen

- 250-255 g Erdbeeren
- 1 Banane (140 g)
- 10 g Zitronensaft
- 70 g Skyr
- 60 g Hafermilch
- 40 g Wasser
- 230 g Barista Sojahafermilch

Zutaten ohne Sojahafermilch im Vitamix glatt schlagen und auf zwei bzw. drei Gläser verteilen. Barista im Milchaufschäumer heiß aufschäumen, auf die Shakes verteilen.

13506. Zwiebelreis, Juli 2022

* 15 g Sonnenblumenöl
* 100 g weißer Reis
* 1 Knoblauchzehe, in Scheiben
* 1 kleinere Gemüsezwiebel (160 g), klein geschnitten
* 25 g Rosinen
* 1 Tomate (95 g), gewürfelt
* 1 LS Sambal Oelek
* 225 g Wasser
* Salz

Ohne Salz aufkochen und 25 Min. auf kleiner Einstellung kochen. Mit Salz abschmecken.

13507. Zwiebeln mit Gemüse, Juli 2022

* 15 g Sonnenblumenöl
* 140 g Kartoffeln, in Scheiben
* 175 g Möhren, in Scheiben
* 1 TL Gemüsebrühe
* 220 g Zwiebeln, klein geschnitten
* 105 g Wasser (zu viel!)
* Etwas Salz

Als Gemüsepfanne 15 Min. dünsten.

13508. Fertignudeln aus der Mikrowelle III, Juli 2022

Vorläufer 13503

* 30 g (Hefe-)Brot in Würfeln
* 5 g Sonnenblumenöl
* 1 Tomate (110 g)
* 65 g Butterkäse
* 350 g Penne Arabiata (Penny Kühltheke)

Brot in einer Schüssel mit Öl beträufeln. Tomate würfeln, darüber geben. Butterkäse auf die Tomatenstücke legen. Penne Arabiata in der Plastikschüssel einmal umrühren und den Käse damit bedecken. Erhitzen (10 Min./600 Watt o. Ä., in Etappen), bis das Essen durcherhitzt ist.

13509. Pflaumenmus echt, Juli 2022

Vorläufer 13303

* 1 kg runde Pflaumen (netto)
* 200 g Vollrohrzucker
* 1 TL Zimt
* 1 MS Gewürznelke
* 1 EL Zitronensaft
* 1 EL Apfelessig (löst Schale auf)

Pflaumen im TM zerkleinern (10 Sek./Stufe 8) und garen (20 Min./Varoma/Stufe 3). Dabei den mit Küchenpapier ausgelegten Gareinsatz aufsetzen, um Spritzer zu vermeiden. Kurz pürieren (10 Sek./Stufe 8). Zucker, Zimt, Nelke, Zitronensaft und Apfelessig zugeben. Pürieren (4 Sek./Stufe 3) und erneut garen (18 Min./Varoma/Stufe 3). In mit kochendem Wasser ausgespülte Gläser füllen.

13510. Zwetschgenmus, Juli 2022

Vorlage 13509.

- 1,3 kg Zwetschgen (netto)
- 350 g Vollrohrzucker
- 1 P Vanillearoma „Finesse"
- 1,5 TL Zimt
- 1,5 MS Gewürznelke
- 2 EL Zitronensaft
- 2 EL Apfelessig (löst Schale auf)

Beschrieben im Thermomix. Gareinsatz verwenden und mit Küchenpapier auslegen.

Pflaumen zerkleinern (10 Sek./Stufe 8) und garen (22 Min./ Varoma/Stufe 3), kurz pürieren (10 Sek./Stufe 8). Zucker, Zimt, Nelke, Zitronensaft und Apfelessig zugeben und erneut garen (20 Min./Varoma/Stufe 3). Wenn nötig, nochmals 10 Sek./Stufe 8 pürieren. In mit kochendem Wasser ausgespülte Gläser füllen. Meine Marmelade ist mindestens 4 Monate haltbar (Aufbewahrung im Keller), daher vermute ich auch hier 6 Monate Haltbarkeit.

Tipp: *Könnte etwas mehr Gewürze vertragen.*

13511. Spaghetti mit Brokkoli, Juli 2022

- 80 g Spaghetti, in Stücke gebrochen
- 135 g Brokkoli, zerkleinert
- 100 g Sauerkraut, kleingeschnitten
- 225 g Wasser
- Salz

15 Min. ohne Salz kochen. Am Ende mit etwas Salz abschmecken.

13512. Fescher Milchreis, Juli 2022

- 2 EL gekochter Milchreis (mit Hafermilch)
- 2 TL Skyr
- 120 g Ananas, gewürfelt
- 1 TL Pflaumenmus 13509

Milchreis und Skyr verrühren, Ananaswürfel unterziehen. In die Mitte das Pflaumenmus geben.

13513. Versunkene Pflaumentorte, Juli 2022

Nach Gööck, „Backen mit Lust & Liebe"; Springform.

- 70 g Sonnenblumenöl
- 90 g Skyr
- 1 Prise Salz
- 250 g Mehl 550
- 1 P Weinsteinbackpulver
- 1 P Vanillearoma Finesse
- 3 Eier
- 100 g Chocolate Chunks (zartbitter)
- 1 EL Hafermilch

Belag:
- 525 g halbierte, entkernte Pflaumen oder Zwetschgen
- 75 g Sonnenblumenkerne
- 80 g Rohrohrzucker

Zutaten für den Teig 2 Min. mit einem Handrührgerät mischen, Schokolade aber erst zum Schluss unterziehen. In eine am Boden mit Backpapier ausgelegte Springform geben. Dicht mit Pflaumen, Schnittfläche nach oben, belegen und mit Sonnenblumenkernen und Rohrohrzucker bestreuen. Backofen auf 165 °C vorheizen. Kuchen 60 Min. bei 165 °C backen.

13514. Zwetschgenmus II, Juli 2022

Vorlage 13510.

- 1,3 kg Zwetschgen (netto)
- 350 g Vollrohrzucker
- 1 P Vanillearoma „Finesse"
- 2 TL Zimt
- 1,5 MS Gewürznelke
- 1 TL Kakao
- 2 EL Zitronensaft
- 2 EL Apfelessig (löst Schale auf)

Beschrieben im Thermomix. Gareinsatz verwenden und mit Küchenpapier auslegen.

Pflaumen zerkleinern (10 Sek./Stufe 8) und garen (18 Min./Varoma/Stufe 3). Kurz pürieren (5 Sek./Stufe 4) mit Zucker, Zimt, Nelke, Kakao, Vanillearoma, Zitronensaft und Apfelessig. Erneut garen (20 Min./Varoma/Stufe 3). Wenn nötig, nochmals 10 Sek./Stufe 8 pürieren. In mit kochendem Wasser ausgespülte Gläser füllen. Haltbarkeit mindestens 6 Monate.

13515. Zwetschgenmus ohne Zimt, Juli 2022

Vorläufer 13514

- 1,1 kg Zwetschgen (netto)
- 275 g Vollrohrzucker
- 2 P Vanillearoma „Finesse"
- 1 TL Kakao
- 1,5 MS Gewürznelke
- 1 EL Zitronensaft
- 1 EL Apfelessig (löst Schale auf)

Pflaumen zerkleinern (7 Sek./Stufe 5) und garen (18 Min./Varoma/Stufe 3). Zucker, Kakao, Nelke, Vanillearoma, Zitronensaft und Apfelessig zugeben. Erneut garen (19 Min./Varoma/Stufe 3). Wenn nötig, nochmals 10 Sek./Stufe 8 pürieren. In mit kochendem Wasser ausgespülte Gläser füllen. Haltbarkeit s. 13514.

13516. Reis mit Brokkoli, Juli 2022

- 80 g weißer Reis
- 12 g frischer Knoblauch, in Scheiben
- 100 g Brokkoli, in Röschen
- 100 g Tomate, gewürfelt
- 100 g Sauerkraut, kleingeschnitten
- 1 TL Gemüsebrühe
- 205 g Wasser
- 15 g Butter

25 Min. ohne Butter kochen bzw. quellen. Abschmecken mit Butter.

13517. Fertignudeln aus der Mikrowelle IV, Juli 2022

Vorläufer 13508

- 3 EL (85 g) Kichererbsen
- 15 g Sauerkraut, kleingeschnitten
- 1 Tomate (150 g), gewürfelt
- 50 g Butterkäse, Scheiben
- 350 g Penne Arabiata (Penny Kühltheke)
- 1 Portion rote Pizzasoße (eigenes Rezept)

Zutaten in der angegebenen Reihenfolge in eine Schüssel geben. Erhitzen (4 Min./800 Watt, 3 Min. 600 Watt).

13518. Marmorkuchen mit Butter, August 2022

Vorläufer 13498

- 250 g weiche Butter
- 200 g Vollrohrzucker
- 1 Päckchen Vanillearoma „Finessse"
- 3 Eier
- 1 EL Skyr (50 g)
- 1 P Backpulver
- 150 g Hafermilch
- 3 P Puddingpulver Vanille (110 g)
- 15 g Speisestärke
- 375 g Weizenmehl 1050
- (Butter und Vollkorngrieß für die Form)

Dunkler Teig:
- 50 g Kakao
- 75 g Zucker
- 4 EL Hafermilch
- 100 g Chocolate Chunks Vollmilch

Guss:
- 1 Tafel Vivani Schokolade 99 % Kakao
- 50-60 g Agavendicksaft.
- Zum Bestreuen: 3 EL weiße Schokoladenblättchen

Zutaten in eine Rührschüssel geben und mit einem Handrührgerät auf der höchsten Schaltstufe etwa 2 Min. verrühren. 30-cm-Kastenform mit Butter einfetten und mit Grieß ausstreuen. Etwa zwei Drittel des Teiges (800 g) in die Form füllen.

Die Zutaten für den dunklen Teig zu dem letzten Drittel Teig geben und mischen. Den dunklen Teig auf den hellen Teig geben, mit einer Gabel spiralförmig durch den hellen Teig ziehen.

Die Kastenform in den auf 165 °C (Umluft) vorgeheizten Backofen stellen und ca. 60-65 Min. backen. Stäbchenprobe machen. Vorsicht: Die Schokolade wird flüssig und kann so diesen Test verfälschen.

Nach dem Backen den Kuchen auf einen Rost stürzen, erkalten lasse und mit dem Guss überziehen. Gusszutaten im Wasserbad erhitzen, Kuchen bestreichen und mit den Schokoladenblättchen bestreuen.

13519. Kartoffeln grün-orange, August 2022

Als Gemüsepfanne 25 Min.:
- 130 g Kartoffeln in Scheiben
- 1 TL Gemüsebrühe
- 85 g Zwiebel, gehackt
- 1 frische Knoblauchzehe (7 g)
- 170 g Brokkoli (davon 115 g Strunk), zerkleinert
- 75 g Möhren in Scheiben
- 105 g Wasser

Abschmecken mit:
- 10 g Butter
- Salz
- 1 EL Zitronensaft

13520. Tomatenketchup Nussmus XV, August 2022

13481; 3 größere Schraubgläser

- 2 Dosen Tomaten inklusive Saft (800 g)
- 155 g Apfelessig
- 110 g Wasser
- 60 g Datteln Deglet Nour
- 175 g Sultaninen
- 13 g Knoblauchzehen (frisch)
- 1 EL Mandelmus weiß (50 g)
- 150 g Zwiebeln, halbiert
- 1 Apfel (140 g)
- 1/2 rote Paprika (85 g)
- 1 Stück Essigpeperoni 7/4573 (8 g)
- 1 geh. TL Salz
- 1 Prise (1/4 TL) Pfeffer
- 2 geh. TL Paprikapulver
- 1/2 TL Curry
- 1 TL (7 g) Sojasoße
- 50 g Tomatenpaprikamark (Bode)
- 225 g Wasser

Alle Zutaten bis auf die zweite Menge Wasser in den Mixtopf geben. 25 Sek. auf Stufe 10 zerkleinern, dabei den Messbecher fest andrücken, anschließend garen (35 Min./105 °C/Stufe 3/Linkslauf). Nach Ende der Garzeit Rest Wasser zugeben und fein pürieren (12 Sek./Stufe 10). Direkt in Schraubgläser füllen.

Hinweis: *Der Linkslauf war ein Versehen. Der Ketchup ist dementsprechend nicht so glatt wie so*nst.

13521. Zwiebel-Relish mit Möhren VIII, August 2022

13482; 2,5 Gurkengläser oder Ähnliches

- 300 g Möhren
- 625 g Zwiebeln
- 1 Apfel (185 g, entkernt)
- 1 Knoblauchzehe (7 g)
- 250 g Sultaninen
- 35 g roter Paprika
- 120 g Tomatenketchup
- 1 geh. TL Salz
- 1 geh. MS gem. Nelken
- 1/2 TL Zimt
- 1 TL Paprika edelsüß
- 205 g Wasser
- 1/2 TL gem. Kreuzkümmel
- 1 gestr. TL Curry
- 1 Prise Masala
- 1 TL Pizzagewürz
- 10 g Sojasoße
- 10 g Tomatenmark
- 150 g Apfelessig

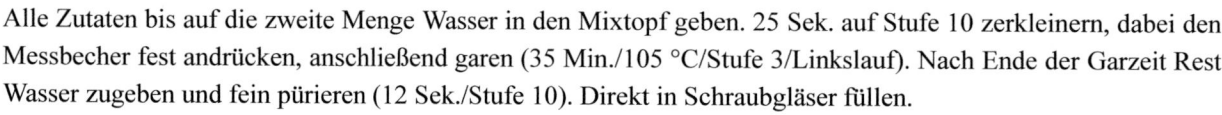

Zwiebeln im TM zerkleinern (5 Sek./Stufe 6) und umfüllen. Möhren, Apfel, Rosinen, Knoblauch und Paprika zerkleinern (5 Sek./Stufe 6). Zerkleinerte Zwiebeln und die restlichen Zutaten zugeben. 50 Min./105 °C/Linkslauf/Stufe 1 ohne Messbecher garen. Sobald es kocht, wenn nötig Garkörbchen als Spritzschutz aufsetzen.

Relish in leere Schraubgläser füllen. Sofort verschließen und abgekühlt im Kühlschrank aufbewahren.

13522. Sauerkraut mit Paprika, August 2022

Als Gemüsepfanne 25-30 Min.:

- 80 g Wasser
- 1 TL Gemüsebrühe
- 215 g Kartoffeln, in Scheiben
- 70 g Zwiebel, gehackt
- 75 g rote Paprika, gewürfelt
- 1/2 Apfel (65 g), gewürfelt

13523. Fünfminutenbrot mit Skyr IV, August 2022

Vorläufer 13503

- 1 P Trockenhefe (7 g)
- 300 g Dinkelvollkornmehl
- 200 g Weizenmehl Typ 1050
- 100 g Sonnenblumenkerne
- 1 knappe TL Salz
- 1 TL Gemüsebrühpulver
- 1 geh. TL Brotgewürz
- 400 g zimmerwarmes (handwarmes Wasser
- 60 g Skyr (1 EL)
- 2 EL Apfelessig
- Butter und evtl. Grieß für die Form

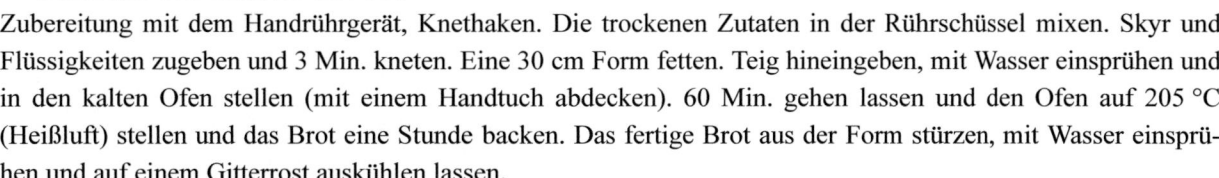

Zubereitung mit dem Handrührgerät, Knethaken. Die trockenen Zutaten in der Rührschüssel mixen. Skyr und Flüssigkeiten zugeben und 3 Min. kneten. Eine 30 cm Form fetten. Teig hineingeben, mit Wasser einsprühen und in den kalten Ofen stellen (mit einem Handtuch abdecken). 60 Min. gehen lassen und den Ofen auf 205 °C (Heißluft) stellen und das Brot eine Stunde backen. Das fertige Brot aus der Form stürzen, mit Wasser einsprühen und auf einem Gitterrost auskühlen lassen.

13524. Fertignudeln aus der Mikrowelle V, August 2022

Vorläufer 13517

- 1 Tomate (100 g), gewürfelt
- 100 g Mais aus der Dose
- 40 g Ketchup (1 EL; selbstgemacht)
- 50 g Butterkäse, 2 Scheiben
- 350 g Penne Arabiata (Penny Kühltheke)

Zutaten in der angegebenen Reihenfolge in eine Schüssel geben. Erhitzen (4 Min./800 Watt, 3 Min. 600 Watt).

13525. Milchreisdessert, August 2022

- 2 EL Milchreis (gekochte in Hafermilch)
- 1 EL Skyr
- 100 g Heidelbeeren
- 15 g Cashewkernbruch

Milchreis, Skyr und Heidelbeeren vermischen. Cashewbruch in die Mitte geben.

13526. Aubergine mit weißem Reis, August 2022

Als Gemüsepfanne 25 Min., abschmecken mit dem Pfeffer:

- 10 g Sonnenblumenöl
- 60 g weißer Reis
- 1 TL Gemüsebrühe
- 240 g Tomaten, gewürfelt
- 11 g frischer Knoblauch
- 235 g Aubergine, Scheiben
- 145 g Wasser
- 30 g Dattelringe
- 1-2 Prisen schw. Pfeffer

13527. Sauerkraut mit Kartoffeln plus, August 2022

- 15 g Sonnenblumenöl
- 1 TL Gemüsebrühe
- 95 g Wasser
- 240 g Kartoffeln in dünnen Scheiben
- 50 g Möhre, in dünnen Scheiben
- 100 g Sauerkraut
- 55 g Apfel, gewürfelt

In dieser Reihenfolge in eine Pfanne geben und als Gemüsepfanne 25-30 Min. garen.

13528. Marmorkuchen ohne Vorheizen, August 2022

Vorläufer 13518

- 250 g weiche Butter
- 200 g Vollrohrzucker
- 1 Päckchen Vanillearoma „Finesese"
- 3 Eier
- 1 EL Skyr (50 g)
- 1 P Backpulver
- 150 g Hafermilch
- 2 P Puddingpulver Vanille (75 g)
- 50 g Speisestärke
- 375 g Weizenmehl 1050
- (Butter und Vollkorngrieß für die Form)

Dunkler Teig:
- 50 g Kakao
- 80 g Zucker
- 4 EL Hafermilch
- 100 g Chocolate Chunks weiße Schokolade

Guss:
- 1 Tafel Vivani Schokolade 99 % Kakao
- 50-60 g Agavendicksaft.
- Zum Bestreuen: 3 EL weiße Schokoladenblättchen

Zutaten in eine Rührschüssel geben und mit einem Handrühr-gerät auf der höchsten Schaltstufe etwa 2 Min. verrühren.

30-cm-Kastenform mit Butter einfetten und mit Grieß ausstreuen. Etwa zwei Drittel des Teiges (800 g) in die Form füllen. Die Zutaten für den dunklen Teig zu dem letzten Drittel Teig geben und mischen. Den dunklen Teig auf den hellen Teig geben, mit einer Gabel spiralförmig durch den hellen Teig ziehen.

Die Kastenform in den kalten vorgeheizten Backofen (Umluft) stellen, Temperatur auf 165 °C drehen und ca. 70 Min. backen. Stäbchenprobe machen. Vorsicht: Die Schokolade wird flüssig und kann so diesen Test verfäl-schen.

Nach dem Backen den Kuchen auf einen Rost stürzen, erkalten lasse und mit dem Guss überziehen.

Fazit: Die Empfehlungen für Backen ohne Vorheizen mag für Hefeteige gut sein, für Rührkuchen kann ich es nicht gutheißen. Die Oberfläche wird viel zu stark zerklüftet. Außerdem ist die Stromersparnis minimal, wenn überhaupt, sind es 5 Min. weniger.

13529. Sauerkrautkartoffeln in Cashewsoße, August 2022

- 85 g Wasser
- 10 g Sonnenblumenöl
- 1 TL Gemüsebrühe
- 210 g Kartoffeln, in Scheiben
- 110 g Apfel, gewürfelt
- 50 g Sauerkraut

30 Min. als Gemüsepfanne garen, eher etwas heißer. Dann einrühren:
- 30 g (1 geh. TL) Cashewmus

13530. Sauerkrautkartoffeln in Cashewsoße II, Aug. 2022

- 100 g Wasser
- 1 TL Gemüsebrühe
- 200 g Kartoffeln, in Scheiben
- 110 g Apfel, gewürfelt
- 110 g Sauerkraut

30 Min. als Gemüsepfanne, eher etwas heißer. Einrühren:
- 1 TL Cashewmus
- 1 Prise schwarzer Pfeffer

13531. Tassenkuchen, zum Ersten, August 2022

2 Stück (Cappuccinotassen)
- 50 g Weizenmehl, Typ 1050
- 25 g Rohrohrzucker
- 1 TL (6 g) Backpulver
- 60 g Hafermilch
- 5 g (1 TL) Sonnenblumenöl
- 1 TL Zitronensaft

Zutaten mit einem Teelöffel gut verrühren und auf zwei Tassen verteilen. Auf die Tassen:
- Je 1 TL Marmelade und, wer will
- 1 TL Karamell-Chunks

geben. In die Mikrowelle stellen. Bei 800 Watt 2,5 Min. erhitzen.

13532. Fertignudeln aus der Mikrowelle VI, August 2022

Vorläufer 13523
- 1 Tomate (160 g), gewürfelt
- 50 g Sauerkraut
- 45 g Ketchup (1 EL; selbstgemacht)
- 50 g Butterkäse, 2 Scheiben
- 350 g Penne Arabiata (Penny Kühltheke)

Tomate in einer Schüssel in der Mikrowelle vorgaren (2 Min./ 600 Watt). Dann in der angegebenen Reihenfolge die restlichen Zutaten in die Schüssel geben. Erhitzen (4 Min./800 Watt, 3 Min. 600 Watt).

13533. Tassenkuchen, Schokoversion, August 2022

2 Stück (Cappuccinotassen)
- 50 g Weizenmehl, Typ 1050
- 25 g Rohrohrzucker
- 20 g Trinkschokolade zartbitter (25 % Zucker)
- 1 TL (6 g) Backpulver
- 70 g Hafermilch
- 5 g (1 TL) Sonnenblumenöl
- 1 TL Zitronensaft

Zutaten mit einem Teelöffel gut verrühren und auf zwei Tassen verteilen. Auf die Tassen
- 1 EL Karamell-Chunks oder
- 1 EL Heidelbeeren.

geben. In die Mikrowelle stellen. Bei 800 Watt 2,5 Min. erhitzen.

13534. Spaghetti mit Sauerkrauttomaten, August 2020

Als Gemüsepfanne 15 Min.:
- 75 g Spaghetti, in Stücken
- 1 große Tomate (120 g), gewürfelt
- 1 Knoblauchzehe, in Scheiben
- 100 g Süßkartoffel, gewürfelt
- 95 g Sauerkraut
- 1 TL Gemüsebrühe
- 50 g von dem Sauerkrautsaft
- 210 g Wasser

Eindicken mit (unterrühren, lösen):
- 1 TL Cashewnussmus

13535. Zwetschgen-Käsekuchen, August 2022

Springform 26 cm; Vorläufer 13502

- 310 g Zwetschgen (netto)
- 70 g Agavendicksaft
- 150 g Doppelrahmfrischkäse
- 650 g Skyr
- 1 P Vanillepuddingpulver
- 30 g Sonnenblumenöl
- 200 g Rohrohrzucker
- 4 Eier
- 100 g Heidelbeeren

Backofen auf 165 °C (Heißluft) vorheizen. Zwetschgen entsteinen und mit Agavendicksaft im Vitamix pürieren.

Die restlichen Zutaten bis auf die Heidelbeeren mit dem Handrührgerät 2 Min. auf höchster Stufe schlagen. (Achtung, spritzt enorm). Masse in eine mit Backpapier ausgelegte Form gießen. Zwetschgenpüree leicht marmoriert eingießen. Kuchen ca. 30 Min. backen.

Heidelbeeren darüber geben, weitere 20 Min. backen und noch 20 Min. im ausgeschalteten Ofen ruhen lassen. Herausnehmen, auskühlen lassen.

13536. Zwetschgenmus III, August 2020

Vorläufer 13514

- 1,3 kg Zwetschgen (netto)
- 400 g Vollrohrzucker
- 1 P Vanillezucker Bourbon mit Rohrohrzucker
- 2 TL Zimt
- 1,5 MS Gewürznelke
- 1 EL Kakao
- 2 EL Zitronensaft
- 2 EL Apfelessig (löst Schale auf)

Beschrieben im TM. Gareinsatz verwenden und diesen mit Küchenpapier auslegen.

Pflaumen zerkleinern (10 Sek./Stufe 9) und garen (20 Min./Varoma/Stufe 3). Kurz pürieren (5 Sek./Stufe 4) mit Zucker, Zimt, Nelke, Kakao, Vanillearoma, Zitronensaft und Apfelessig. Erneut garen (20 Min./Varoma/Stufe 3). Wenn nötig, nochmals 10 Sek./Stufe 8 pürieren. In mit kochendem Wasser ausgespülte Gläser füllen.

13537. Weißer Reis mit Sauerkrautgemüse, August 2022

Aufkochen und 25 Min. auf kleiner Einstellung kochen:

- 75 g weißer Reis
- 265 g Tomaten, gewürfelt
- 70 g Sauerkraut
- 200 g Wasser

Abschmecken mit:

- 1 EL Zitronensaft (war mit dem Sauerkraut zuviel)
- 15 g Butter

13538. Schokoladen-Rührteig, August 2022

1 Kastenform 30 cm

- 80 g Schokolade 99 %
- 200 g Butter
- 225 g Rohrohrzucker
- 1 P Vanillearoma „Finesse"
- 4 Eier

- 100 g Weizenmehl Typ 1050
- 50 g Speisestärke
- 45 g Kakao
- 1 geh. TL Weinsteinbackpulver
- 100 g Haselnüsse
- 45 g Rum
- 40 g Karamell-Chunks
- 60 g Vollmilch-Chunks
- Butter & Weizenvollkorngrieß für die Form

Guss:
- 80 g Schokolade 100 % (Vivani mit Kakaonibs)
- Reichlich Agavendicksaft
- 2-3 EL weiße Schokoladenblättchen usw. optional

Schokolade im TM zerkleinern (5 Sek./Stufe 8). Alle Zutaten, ohne die Chunks, in eine Rührschüssel geben. Mit den Rührbesen kurz durchrühren, dann 2 Min. auf höchster Stufe rühren. Chunks unterziehen. Eine Kastenform mit Butter einfetten und mit Grieß ausstreuen. Teig hineingeben und den Ofen (Heißluft) auf 165 °C vorheizen. 55 Min. bei 165 °C backen und 5 Min. im ausgeschalteten Ofen stehenlassen. Küchenhandtuch in kaltes Wasser tauchen und auswringen. Über einen Gitterrost legen und die heiße Form aus dem Ofen daraufsetzen (dann löst sich Rührkuchen besser). Wenn der Kuchen lauwarm ist, vorsichtig stürzen. Bei mir waren einige Chunks am Boden leicht festgeklebt. Erkalten lassen und mit Guss überziehen und mit Deko versehen. Für den Guss die Schokolade mit Agavendicksaft im Wasserbad erhitzen, bis sie flüssig ist. Den kalten Kuchen damit einpinseln. Oberfläche mit weißer Schokolade bestreuen. Schokoladenstückchen in die Mitte als Reihe setzen.

13539. Vollkornravioli in Käsesoße, August 2022s
- 1 Packung Vollkornravioli mit Spinatfüllung (250 g); kochfertig

Soße:
- 150 g Hafermilch
- 50 g Parmesan
- 15 g Mehl
- 120 g Wasser
- Salz
- Pfeffer

Hafermilch mit Parmesan aufkochen. Mehl vorsichtig in kaltem Wasser verrühren, sodass es nicht klumpt. Topf vom Herd nehmen, Mehlwasser einrühren und erneut aufkochen. Ravioli einige Min. in der Soße erhitzen und mit Salz/Pfeffer abschmecken.

13540. Fertignudeln aus der Mikrowelle VII, August 2022
Vorläufer 13532
- 1 große Tomate (200 g), gewürfelt
- 60 g Sauerkraut
- 45 g Ketchup (1 EL; selbstgemacht)
- 50 g Butterkäse, 2 Scheiben
- 350 g Spaghetti Bolognese (Penny Kühltheke)

Tomate in einer Schüssel in der Mikrowelle vorgaren (2 Min./620 Watt). Spaghetti mit Sauerkraut und Ketchup verrühren. Die Hälfte der Spaghetti auf die Tomaten geben, Käsescheiben auf legen und mit dem Rest Spaghetti bedecken. Erhitzen (4 Min./800 Watt, 3 Min. 620 Watt).

13541. Grießpudding II, August 2022

Vorläufer 13454

- 1 Liter Hafermilch
- 1 P Finesse (Vanillearoma)
- 1 Prise Salz
- 100 g Weizenvollkorngrieß

Alle Zutaten bis auf den Grieß in den TM geben. Auf Stufe 3 stellen und Grieß einrieseln lassen. Kochen (14 Min./105 °C/ Stufe 2 Linkslauf). (Hat ohne Zucker nicht angesetzt.)

13542. Sambal Oelek Vitamix VIII, August 2022

Vorläufer 13237; für den 2-Liter-Becher.

- 635 g rote Peperoni, frisch
- 20 g Habaneros in Honig (vor Jahren eingelegt)
- 85 g Apfelessig
- 1 Knoblauchzehe (9 g, geschält)
- 15 g Salz
- 170 g Soft-Datteln
- 30 g Zitronensaft
- 140 g Sonnenblumenöl
- 2 g Guarkernmehl

Alle Zutaten außer dem Guarkernmehl in den Vitamix geben und pürieren. Während der Vitamix auf kleiner Einstellung läuft, Guarkernmehl zugeben und nochmals gut auf der höchsten Stufe mischen. In Schraubgefäße umfüllen und im Kühlschrank aufbewahren.

13543. Sambal-Aufstrich, August 2022

- 220 g selbstgemachtes Sambal Oelek
- 1 kleine Dose Kichererbsen, einschl. Flüssigkeit
- 50 g Softdatteln

Im Vitamix zu einer glatten Creme verarbeiten. Eignet sich als Aufstrich, als Dip und auch als Würze. Es war die Weiterverarbeitung eines Restes im Vitamix.

13544. Sambal-Wasser, August 2022

- 50 g Sambal-Aufstrich (Rest im Vitamix)
- 20 g Apfelessig
- 450 g Wasser

Im Vitamix verquirlen. Eignet sich für Dressings (bei mir nur 1-2 EL, weil sehr scharf) oder auch zum Kochen von Reis und Nudeln.

13545. Scharfe Spaghetti mit Zwiebeln, August 2022

- 65 g Spaghetti, in Stücken
- 100 g Zwiebeln, gewürfelt
- 1 Knoblauchzehe
- 105 g Süßkartoffel, gewürfelt
- 165 g Sambal-Wasser
- etwas Salz

15 Min. ohne Salz kochen. Mit etwas Salz abschmecken.

13546. Spaghetti Bolognese aus der Mikrowelle, August 2022

Vorläufer 13540

- 1 Tomate (140 g), gewürfelt
- 25 g Schinken, in Streifen
- 50 g Sauerkraut
- 1 Scheibe Butterkäse, (25 g), in Streifen
- 350 g Spaghetti Bolognese (Penny Kühltheke)

Tomate in einer Schüssel in der Mikrowelle vorgaren (2 Min./ 800 Watt). Spaghetti mit den restlichen Zutaten verrühren. Erhitzen (4 Min./800 Watt, 3 Min. 620 Watt). Einmal umrühren und kurz nachziehen lassen.

13547. Grießdessert, August 2022

2 Portionen

- 4 EL Grießpudding 13541
- 1 EL Cashewnüsse
- 80 g Nektarine, gewürfelt
- 1 TL Kakaonibs

Auf zwei Schüsselchen verteilen.

13548. Fünfminutenbrot mit Backmalz, September 2022

Vorläufer 13523

- 1 P Trockenhefe (7 g)
- 100 g Roggenvollkornmehl
- 400 g Weizenmehl Typ 1050
- 100 g Sonnenblumenkerne
- 1 knappe TL Salz
- 1 TL Gemüsebrühpulver
- 1 geh. TL Brotgewürz
- 1 TL Backmalz
- 450 g zimmerwarmes (handwarmes) Wasser
- 2 EL Apfelessig
- Butter und evtl. Grieß für die Form

Zubereitung mit dem Handrührgerät, Knethaken. Die trockenen Zutaten in der Rührschüssel mixen. Flüssigkeiten zugeben und 3 Min. kneten. Eine 30 cm Form fetten. Teig hineingeben, mit Wasser einsprühen und in den kalten Ofen stellen. 60 Min. gehen lassen und den Ofen auf 205 °C (Heißluft) stellen und das Brot eine Stunde backen. Das fertige Brot aus der Form stürzen, mit Wasser einsprühen und auf einem Gitterrost auskühlen lassen.

13549. Spaghetti aus der Mikrowelle II, September 2022

- 1 Tomate (120 g), gewürfelt
- 60 g Brot, gewurfelt
- 50 g Kichererbsen (Dose)
- 30 g Sambal-Wasser 13544
- 20 g Sambal-Aufstrich 13543
- 2 EL Salatdressing aus dem TM 13462
- 25 g Käse, in Streifchen
- 25 g Schinken, in Streifchen
- 350 g Spaghetti Bolognese (Penny Kühltheke)

Tomate in einer Schüssel in der Mikrowelle vorgaren (3 Min./620 Watt). Spaghetti mit den restlichen Zutaten verrühren. Erhitzen (4 Min./800 Watt, 3 Min. 620 Watt).

13550. Schokoladen-Rührteig II, September 2020

13538; 1 Kastenform 30 cm

- 100 g Schokolade 70 %
- 200 g Butter
- 1 Prise Salz
- 200 g Rohrohrzucker
- 1 P Vanillearoma „Finesse"
- 4 Eier
- 100 g Weizenmehl Typ 1050
- 50 g Speisestärke
- 40 g Kakao
- 1 geh. TL Weinsteinbackpulver
- 100 g Haselnüsse
- 45 g Rum
- 100 g Karamell-Chunks
- Butter & Weizenvollkorngrieß für die Form

Guss

- 100 g weiße Schokoladenblättchen
- etwas Agavendicksaft

Schokolade und Butter im Wasserbad flüssig werden lassen und etwas Abkühlen. Alle Zutaten, ohne die Chunks, in eine Rührschüssel geben. Mit den Rührbesen kurz durchrühren, dann 2 Min. auf höchster Stufe rühren. Chunks unterziehen. Eine Kastenform mit Butter einfetten und mit Grieß ausstreuen. Teig hineingeben und den Ofen (Heißluft) auf 165 °C vorheizen. 50 Min. bei 160 C backen und 5 Min. im ausgeschalteten, offenen Ofen stehenlassen.

Küchenhandtuch in kaltes Wasser tauchen und auswringen. Über einen Gitterrost legen und die heiße Form aus dem Ofen daraufsetzen (dann löst sich Rührkuchen besser). Wenn der Kuchen lauwarm ist, vorsichtig stürzen. Erkalten lassen und mit Guss überziehen. Für den Guss Schokolade mit Agavendicksaft im Wasserbad erhitzen, bis sie flüssig ist. Da die Schokolade nur breiig, aber nicht flüssig wird, die Masse mit einem Messer oben auf dem Kuchen verteilen.

13551. Scharfer Reis, weiß, September 2022

- 65 g weißer Reis
- 1 TL Gemüsebrühe
- 60 g Batate, gewürfelt
- 75 g Tomate, gewürfelt
- 135 g Zwiebel, gewürfelt
- 40 g Kartoffel, gewürfelt
- 1 Knoblauchzehe, in Scheiben
- 150 g Sambal-Wasser

Zutaten zusammen aufkochen und 25 Min. auf kleiner Einstellung kochen.

13552. Kürbis-Schoko-Nusskuchen, September 2022

26-cm-Springform; nach Thermomix-Rezeptwelt, Vorwerk-

- 100 g gem. Haselnüsse
- 150 g Schokolade, 70 %
- 300 g Hokkaido in groben Stücken
- 170 g weiche Butter
- 200 g Zucker
- 1 Prise Salz
- 4 Eier
- 1 P Vanillearoma „Finesse"
- 1 TL Zimt

- 1 MS Nelken
- 1 MS Ingerwpulver
- 250 g Weizenvollkornmehl
- 1 P Weinsteinbackpulver

Guss:
- 80 g Vivani 99 % mit
- Agavendicksaft im Wasserbad erhitzen.
- Deko: Schokoladenkügelchen (optional)

Schokolade im TM zerkleinern (7 Sek./Stufe 6). Umfüllen und Kürbis zerkleinern (11 Sek./Stufe 5). Umfüllen und Butter im TM erwärmen (2 Min./37°C/Stufe 1). Zucker, Eier, Aroma, Gewürze, Salz, Mehl, Haselnüsse und Backpulver in den TM geben und verrühren (1 Min./Stufe 5).

Nüsse, Schokolade und Kürbisraspel zugeben und unterrühren (30 Sek./Stufe 5). Der Teig war flüssig, daher habe ich keine Milch mehr zugegeben.

Den Teig in eine mit Backpapier ausgelegte Springform geben und im auf 175 °C vorgeheizten Ofen 50 Min. backen. Im ausgeschalteten, offenen Backofen noch 5 Min. stehen lassen.

13553. Skyrdessert simpel, September 2022

2 Portion
- 140 g Skyr
- 2-3 TL Marmelade (selbstgemacht)
- Deko mit Butter-Karamellkügelchen oder Kakaonibs

Skyr auf zwei Schüsselchen verteilen, in die Mitte die Marmelade geben. Dekorieren.

13554. Pfannenkartoffeln mit Kürbis, September 2022
- 20 g Sonnenblumenöl
- 30 g Wasser
- 185 g Hokkaido, in Streifen
- 155 g Kartoffeln, halbiert

Flüssigkeiten in die Pfanne (Aluguss, 24 cm), Kartoffeln mit der Schnittfläche in die Pfanne geben. Mit Hokkaido „ausfüllen". Als Gemüsepfanne 25 Min. garen.

Hinweis: Ofenkartoffeln verbrauchen sehr viel Strom für eine Mahlzeit. Also habe ich das in der Pfanne gemacht. Das ist anders im Ergebnis, aber genauso lecker.

13555. Tortellini mit Kürbissoße, September 2022
- 110 g Hokkaido
- 100 g Tomaten, klein geschnitten
- 1 Knoblauchzehe, in Scheiben
- 1 TL Gemüsebrühe
- 205 g Wasser
- 125 g frische Tortellini mit Steinpilzen
- 35 g Cashewnussmus
- Pfeffer (optional)
- Muskat (optional)

Hokkaido würfeln, Tomaten klein schneiden. Ohne Nudeln und Nussmus als Gemüsepfanne 20 Min. garen. Tortellini zugeben, alles 5 Min. erhitzen. Nussmus unterrühren und aufkochen. Nach Belieben mit Pfeffer und Muskat abschmecken.

13556. Möhren-Schoko-Nusskuchen, September 2022

Vorläufer 13550; eine 26-cm-Springform

- 100 g gem. Haselnüsse
- 150 g Schokolade, 70 %
- 300 g Möhren in groben Stücken
- 170 g weiche Butter
- 200 g Rohrohrzucker
- 1 Prise Salz
- 4 Eier
- 1 x Vanillearoma „Finesse"
- 1 TL Zimt
- 1 MS Nelken
- 1/2 TL Ingwerpulver
- 250 g Weizenvollkornmehl
- 1 P Weinsteinbackpulver

Guss:

- 1 Tafel bio zartbitter, 70 %
- Agavendicksaft im Wasserbad erhitzen.
- 3-4 EL White Chocolate Flakes (optional)

Schokolade im TM zerkleinern (7 Sek./Stufe 6). Umfüllen und Möhren zerkleinern (11 Sek./Stufe 5). Umfüllen und Butter im TM erwärmen (2 Min./37°C/Stufe 1). Zucker, Eier, Aroma, Gewürze, Salz, Mehl, Haselnüsse und Backpulver in den TM geben und verrühren (1 Min./Stufe 5).

Nüsse, Schokolade und Möhrenraspel zugeben und unterrühren (30 Sek./Stufe 5). Der Teig war flüssig, daher habe ich keine Milch mehr zugegeben. Den Teig in eine mit Backpapier ausgelegte Springform geben und im auf 175 °C vorgeheizten Ofen 45 Min. backen. Im ausgeschalteten, offenen Backofen noch 5 Min. stehen lassen.

13557. Spaghetti carbonara Mikrowelle, Sep. 2022

Vorläufer 13553

- 105 g Hokkaido
- 1 Tomate (100 g)
- 25-30 g Brot
- 2 EL Skyrdressing aus dem Thermomix 13462
- 350 g Spaghetti carbonara (Penny Kühltheke)

Gemüse und Brot würfeln. Gemüse in einer Schüssel in der Mikrowelle vorgaren (5 Min./800 Watt). Spaghetti mit den restlichen Zutaten verrühren. Erhitzen (3 Min./800 Watt).

13558. Tassenkuchen, 1 Portion, September 2022

1 Stück (Cappuccinotasse)

- 30 g Weizenmehl, Typ 1050
- 15 g Rohrohrzucker
- 1 TL (5 g) Backpulver
- 20 g Hafermilch
- 4 g (1 TL) Sonnenblumenöl
- 3 g Zitronensaft
- 15 g Skyr
- 5 grüne kernlose Trauben

Zutaten mit einem Teelöffel gut verrühren und auf zwei Tassen verteilen. Auf den Teig die Trauben geben.

In die Mikrowelle stellen. Bei 800 Watt 2,5 Min. erhitzen.

13559. Apfel-Mohnkuchen, September 2022

25-30 cm Kastenform; nach einem Rezept aus der Zeitschrift
Meine Familie & Ich

- 390 g Äpfel, ohne Kerngehäuse, ungeschält
- 80 g Mohn *
- 75 g (= 2 P) Puddingpulver Vanille *
- 50 g Rohrohrzucker *
- 200 g weiche Butter
- 130 g Rohrohrzucker
- 1 P Vanillearoma „Finesse"
- 1 Prise Salz
- 4 Eier
- 300 g Weizenmehl 1050
- 2 TL (13 g) Weinsteinbackpulver
- 100 g Buttermilch (wahlweise Hafermilch)
- Butter und Grieß für die Form

130 g Äpfel im Thermomix raspeln (5 Sek./Stufe 5). Den Rest in Spalten schneiden.

Die restlichen Zutaten (bis auf die mit * gekennzeichneten) mit dem Handrührgerät 2 Min. verrühren. Die Hälfte (ca. 500 g) umfüllen. Mohnmischung unter den Rest rühren, in die Form geben. Den hellen Teig darauf streichen und mit einer Gabel Spiralen ziehen zum Marmorieren. Oberfläche mit Apfelspalten besetzen, leicht andrücken. Heißluftofen auf 165 °C vorheizen. Kuchen 60 Min. bei 165 °C backen und 5 Min. im ausgeschalteten Ofen nachbacken.

*Fazit: Mehr Mohn wäre besser und die Mohnmasse könnte mehr Feuchtigkeit vertragen. Nach 4 Tagen schmeckte der Kuchen richtig gut. **Hinweis:** * Diese drei Zutaten ersetzen 250 g Mohnback aus dem Rezept.*

13560. Grießpudding III, September 2022

- 1 Liter Hafermilch
- 1 Päckchen Finesse (Vanillearoma)
- 1 Prise Salz
- 110 g Weizenvollkorngrieß

Alle Zutaten bis auf den Grieß in den Thermomix geben. Auf Stufe 3 stellen und Grieß einrieseln lassen. Kochen (14 Min./105 °C/Stufe 2 Linkslauf).

Fazit: Wird etwas fester, gefällt mir besser.

13561. Skyrdressing TM XVII, September 2022

Vorläufer 13462

- 375 g Buttermilch
- 70 g Bohnenwasser (Dose)
- 155 g Wasser
- Ca. 800 g Skyr (= 2 Becher)
- 50 g Sonnenblumenöl
- 110 g Agavendicksaft
- 2 Knoblauchzehen (9 g)
- 1 TL Gemüsebrühpulver
- 2 TL Salz (20 g)
- 1 Prise Pfeffer
- 1 Prise Currypulver
- 10 g Zitronensaft
- 1 TL Senf
- 1 TL getr. Kräuter „Duft der Macchia"
- 10 g Guarkernmehl

Alle Zutaten bis auf das Guarkernmehl gut mixen (1,5 Min./Stufe 10). Guarkernmehl dann während des Rührens einrieseln lassen, nochmals 10-20 Sek./Stufe 10.

13562. Patisson mit Reis, September 2022

Kürbis
- 1 kleiner Patisson (570 g)
- 50 g Wasser

Reis
- 75 g weißer Reis
- 1 TL Gemüsebrühe
- 200 g Wasser

Den Kürbis im Wasser 30 Min. als Gemüsepfanne garen. Den Reis 25 Min. kochen. Vom Kürbis etwa ein Drittel zu dem Reis reichen.

Hinweis: Superschlichtes Gericht. Da der Kürbis (auch Ufo-Kürbis genannt) nach gar nichts und das noch nicht so toll schmeckt, streiche ich diesen Kürbis aus meinem Repertoire.

13563. Tomatenketchup Nussmus XVI, September 2022

Vorlage 13520; 3 größere Schraubgläser
- 2 Dosen Tomaten inklusive Saft (800 g)
- 155 g Apfelessig
- 110 + 225 g Wasser
- 65 g Datteln Deglet Nour
- 170 g Sultaninen
- 9 g Knoblauchzehen (frisch)
- 1 EL Mandelmus weiß (50 g)
- 150 g Zwiebeln, halbiert
- 1 Apfel (165 g)
- 1/2 grüne Paprika (75 g)
- 1 Stück Essigpeperoni 7/4573 (8 g)
- 2 gestr. TL Salz (21 g)
- 1 gestr. TL Gemüsebrühe
- 1 Prise (1/4 TL) Pfeffer
- 2 geh. TL Paprikapulver
- 1/2 TL Curry
- 1 TL (7 g) Sojasoße
- 50 g Tomatenmark

Alle Zutaten bis auf die zweite Menge Wasser in den Mixtopf geben. 25 Sek./Stufe 10 zerkleinern, dabei den Messbecher fest andrücken, anschließend garen (35 Min./105 °C/Stufe 3). Nach Ende der Garzeit 225 g Wasser zugeben und fein pürieren (20 Sek./Stufe 10). Direkt in Schraubgläser füllen.

13564. Zwiebel-Relish mit Möhren IX, September 2022

Vorlage 13521; 2,5 Gurkengläser oder Ähnliches
- 400 g Möhren
- 350 g Zwiebeln
- 1 Apfel (180 g, ohne Kerne)
- 1 Knoblauchzehe (frisch 7 g)
- 1 Stück Hokkaido (105 g)
- 250 g Sultaninen
- 35 g roter Paprika
- 120 g selbstgemachter Tomatenketchup
- 1 geh. TL Salz
- 1 geh. MS gem. Nelken
- 1/2 TL Zimt
- 1 TL Paprikapulver edelsüß
- 1/2 TL gem. Kreuzkümmel
- 1 gestr. TL Curry

- 1 Prise Masala
- 1 TL Pizzagewürz
- 10 g Sojasoße
- 10 g Tomatenmark
- 155 g Apfelessig
- 205 g Wasser

Möhren, Zwiebeln und Hokkaido im TM zerkleinern (6 Sek./Stufe 7) und umfüllen. Rosinen, Knoblauch, Äpfel und Paprika zerkleinern (5 Sek./Stufe 6). Zerkleinertes Gemüse und die restlichen Zutaten zugeben. 50 Min./105 °C/Linkslauf/Stufe 1 (evtl. 55 Min.) ohne Messbecher garen. Sobald es kocht, wenn nötig Garkörbchen als Spritzschutz aufsetzen. Relish in leere Schraubgläser füllen. Sofort verschließen und abgekühlt im Kühlschrank aufbewahren.

13565. Penne aus der Mikrowelle, September 2022

Vorläufer 13557

- 1 Tomate (125 g), in Halbscheiben
- 115 g Patisson (gegart), gewürfelt
- 1 EL weiße Jumbobohnen aus der Dose (35 g)
- 1 EL Skyrdressing aus dem Thermomix 13561
- 1 EL Ketchup
- 35 g Käse, gewürfelt
- 350 g Penne (Penny Kühltheke)

Tomate in einer Schüssel in der Mikrowelle vorgaren (3 Min./620 Watt). Penne mit den restlichen Zutaten verrühren. Erhitzen (6 (4+2) Min./620 Watt).

13566. Tassenkuchen mit Grieß, 1 Portion

1 Stück (Cappuccinotasse)

- 1 EL gekochter Grieß (50 g)
- 1 TL Skyr (15 g)
- 20 g Weizenmehl, Typ 1050
- 12 g Rohrohrzucker
- 0,5 TL (3 g) Backpulver
- 25 g Hafermilch
- 4 g (1 TL) Sonnenblumenöl
- 3 g Zitronensaft
- 15 g Skyr
- 1 Zwetschge, halbiert

Grieß und Skyr verrühren. Restliche Zutaten verrühren und mit dem Grießgemisch verrühren. Die Zwetschge auf den Boden einer Tasse legen, Teig darüber geben. In die Mikrowelle stellen. Bei 800 Watt/4 Min. erhitzen. Eine Stunde abkühlen lassen: zusammengefallen, lässt sich aus der Form stülpen. Geschmack wie Pfannkuchen.

13567. Tortellini fertig mit Blumenkohl, September 2022

- 125 g Wasser
- 1 TL Gemüsebrühe
- 490 g Blumenkohl am Stück
- 125 g Tortellini gefüllt mit Steinpilzen, Kühltheke
- 145 g Wasser
- 45 g Wasser
- 30 g Cashewnussmus

125 g Wasser, Gemüsebrühpulver und Blumenkohl als Gemüsepfanne insgesamt 25 Min. dünsten. In den letzten 15 Min. die Tortellini und 145 g Wasser hinzugeben, weiter dünsten. Kohl auf einen Teller geben. Rest Flüssigkeit mit 45 g Wasser und Cashewmus aufkochen.

13568. Apfelkuchen, angeblich schnell, September 2022

Nach Rezept aus der HörZu, September; 26-cm-Springform

Teig
- 125 g Skyr
- 60 g Sonnenblumenöl
- 90 g Hafermilch
- 1 Ei
- 1 P Vanillezucker mit Rohrohrzucker
- 100 g Rohrohrzucker
- 235 g Weizenvollkornmehl
- 65 g Weizenmehl Typ 550
- 1 P Weinsteinbackpulver
- 1 Prise Salz
- 1 TL Zimt

Belag
- 350 g Apfelmark
- 320 g Äpfel, grob gewürfelt
- 45 g gehackte Mandeln
- 2 EL Rohrohrzucker, gemischt mit
- 1 TL Zimt

Die Teigzutaten in eine Rührschüssel geben und mit dem Handrührgerät 2 Min. auf höchster Stufe schlagen. In eine mit Backpapier ausgelegte Springform geben, glattstreichen. Mit Apfelmark bedecken. Apfelwürfel mit Mandeln und der Zuckermischung (3-4 TL zurückhalten) mischen und auf dem Mark verteilen. Mit dem restlichen Zimtzucker bestreuen. Apfelkuchen im vorgeheizten Ofen (Heißluft) 45 Min. bei 185 °C backen und 10 Min. im ausgeschalteten Ofen nachbacken.

Hinweis: *Der Teig könnte etwas nasser sein. Der Kuchen insgesamt gewinnt sehr durch 3-4 Tage stehen lassen!*

13569. Spaghetti carbonara Mikrowelle II, September 2022

Vorläufer 13557

- 1 große Zwiebel (90 g), fein gewürfelt
- 1 Tomate (55 g), gewürfelt
- 1 EL Skyrdressing aus dem Thermomix 13561
- 30 g Frischkäse
- 350 g Spaghetti carbonara (Penny Kühltheke)

Gemüse in einer Schüssel in der Mikrowelle vorgaren (5 Min./800 Watt). Spaghetti mit den restlichen Zutaten verrühren. Erhitzen (3 Min./800 Watt, 2 x 620 Watt).

13570. Apfel-Mohnkuchen II, September 2022

Vorläufer 13559; 25-30 cm Kastenform

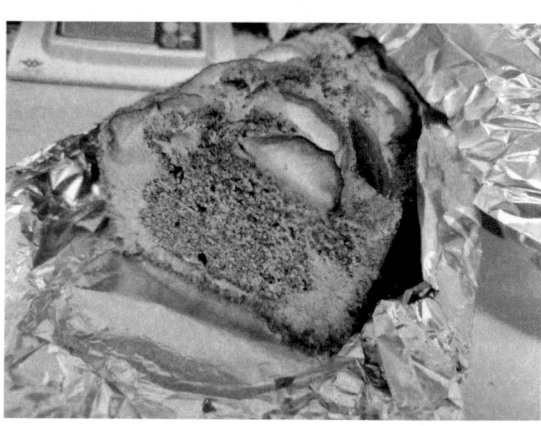

- 410 g Äpfel, ohne Kerngehäuse, ungeschält
- 120 g Mohn
- 75 g (= 2 P) Puddingpulver Vanille
- 200 g weiche Butter
- 180 g Rohrohrzucker
- 1 P Vanillearoma „Finesse"
- 1 Prise Salz
- 4 Eier
- 300 g Dinkelmehl 1050
- 2 TL (13 g) Weinsteinbackpulver
- 100 g + 3 EL Hafermilch
- Butter und Grieß für die Form

135 g Äpfel im Thermomix raspeln (5 Sek./Stufe 5). Den Rest in Spalten schneiden.

Die restlichen Zutaten mit dem Handrührgerät 2 Min. verrühren. Die Hälfte (ca. 500 g) in die Backform geben. Mohnmischung und 3 EL Hafermilch unter den Rest rühren, auf den hellen Teig streichen und mit einer Gabel Spiralen ziehen zum Marmorieren. Oberfläche mit Apfelspalten besetzen, leicht andrücken.

Heißluftofen auf 165 °C vorheizen. Kuchen 70 Min. bei 165 °C backen, 5 Min. im ausgeschalteten Ofen nachbacken.

13571. Spaghetti mit Fenchel, September 2022

- 75 g Spaghetti, Vollkorn
- 1 TL Gemüsebrühe
- 140 g Fenchel, kleingeschnitten
- 1 Feige frisch (45 g), gewürfelt
- 80 g Bohnenwasser (von weißen Bohnen in der Dose)
- 125 g Wasser

Als Gemüsepfanne 15 Min. kochen. Abrunden mit:

- 65 g Wasser
- 30 g Cashewnussmus

2 Min. auf Stufe 5 erhitzen. Ich habe einen Bratling miterhitzt.

13572. Tortellini Pomodoro mit Fenchel, September 2022

- 150 g Fenchel, klein geschnitten
- 75 g Möhre, in Halbscheiben
- 1 TL Gemüsebrühe
- 260 g Wasser

15 Min. als Gemüsepfanne garen.

- 125 g Tortellini Pomodoro Mozzarella (Kühltheke) zugeben und 5 Min. zusammen erhitzen. Unterrühren:
- 1 TL Cashewnussmus
- 1 Prise Salz

Ich habe noch einen Bratling mit erhitzt.

13573. Skyrdressing Gemüsebrühe, September 2022
Vorläufer 13561

- 500 g Wasser
- 100 g Bohnenkochwasser
- ca. 800 g Skyr (= 2 Becher)
- 55 g Sonnenblumenöl
- 105 g Agavendicksaft
- 2 Knoblauchzehen (10 g)
- 2 TL Gemüsebrühpulver
- 5 g Salz
- 1 Prise Pfeffer
- 1 Prise Currypulver
- 15 g Zitronensaft
- 1 TL Senf
- 1 TL getr. Kräuter „Duft der Macchia"
- 10 g Guarkernmehl

Alle Zutaten bis auf das Guarkernmehl gut mixen (1,5 Min./Stufe 10). Guarkernmehl dann während des Rührens einrieseln lassen, nochmals 10-20 Sek./Stufe 10.

Hinweis: *Könnte etwas salziger sein.*

13574. Penne aus der Mikrowelle II, Oktober 2022

Vorläufer 13565

- 1 Tomate (100 g), in Halbscheiben
- 135 g Patisson (gegart), gewürfelt
- 50 g weiße Bohnen aus dem Glas
- 1 EL Skyrdressing aus dem Thermomix 13561
- 1 EL Ketchup
- 25 g Frischkäse
- 350 g Penne (Penny Kühltheke)

Tomatenwürfel in einer Schüssel in der Mikrowelle vorgaren (3 Min./800 Watt). Penne mit den restlichen Zutaten verrühren. Erhitzen (3 Min./800 W + 3 Min./620 W).

13575. Möhren-Schoko-Nusskuchen II, Oktober 2022

Vorläufer 13552

- 100 g gem. Haselnüsse
- 150 g Schokolade, 70 %
- 300 g Möhren in groben Stücken
- 170 g weiche Butter
- 50 g Skyr
- 200 g Rohrohrzucker
- 1 Prise Salz
- 4 Eier
- 1 x Vanillearoma „Finesse"
- 1 TL Zimt
- 1 MS Nelken
- 1/2 TL Ingwerpulver
- 100 g Roggenvollkornmehl
- 150 g Weizenvollkornmehl
- 1 P Weinsteinbackpulver
- 100 g Karamell-Chunks

Guss:
- 1 Tafel Schokolade 99 % (80 g)
- Agavendicksaft im Wasserbad erhitzen.
- Zum Bestreuen: 1 P Caramell Bits (optional)

Schokolade im TM zerkleinern (7 Sek./Stufe 6). Umfüllen und Möhren zerkleinern (11 Sek./Stufe 5). Umfüllen und Butter im TM erwärmen (2 Min./37°C/Stufe 1). Zucker, Eier, Aroma, Gewürze, Salz, Skyr, Mehl, Haselnüsse und Backpulver in den TM geben und verrühren (1 Min./Stufe 5).

Nüsse, Schokolade, Karamell-Chunks* und Möhrenraspel zugeben und unterrühren (30 Sek./Stufe 5). Der Teig war flüssig genug, daher habe ich keine Milch mehr zugegeben.

Den Teig in eine mit Backpapier ausgelegte Springform geben und im auf 175 °C vorgeheizten Ofen 45 Min. backen. Im ausgeschalteten, offenen Backofen noch 5 Min. stehen lassen.

* Die Chunks wurden fast komplett zuschlagen, besser mit einem Spatel unterziehen.

13576. Kartoffeln, Weißkohl, Putenstreifen, Oktober 2022

- 100 g + 70 g Wasser
- 1 TL Gemüsebrühe
- 125 g Kartoffeln, ungeschält & in Scheiben
- 160 g Weißkohl, zerkleinert
- 1 geh. TL Cashewmus
- 60 g Putenstreifen (aus der Bio-Kühltheke)

100 g Wasser, Brühe und Gemüse als Gemüsepfanne 25 Min. dünsten. Cashewmus und Putenstreifen zugeben und mit erhitzen.

13577. Spaghetti carbonara Mikrowelle III, Oktober 2022

Vorläufer 13569

- 70 g Weißkohl, kleingeschnitten
- 4 EL Wasser (besser 50 g)
- 115 g Tomate, kleingeschnitten
- 45 g Schwarzbrot, kleingeschnitten
- 1 EL Skyrdressing aus dem Thermomix 13561
- 1 EL Ketchup
- 20 g Frischkäse
- 1 x Spaghetti carbonara (Penny Kühltheke, 350 g)

Kohl und 2 EL Wasser in einer Mikrowelle garen (5 Min./800 Watt). Tomate und weitere 2 EL Wasser zugeben, garen (2 Min./800 Watt). Restliche Spaghetti kleinschneiden und mit den restlichen Zutaten verrühren. Erhitzen (3 Min./800 Watt, 2 x 620 Watt).

13578. Simpler Gemüseeintopf, Oktober 2022

- 100 g Wasser
- 100 g Kartoffelscheiben, ungeschält
- 120 g Weißkohl, kleingeschnitten
- 65 g Möhrenscheiben
- 80 g Apfelwürfel
- 1 Prise Salz
- 10 g Butter

Ohne Salz und Butter als Gemüsepfanne 25 Min. garen. Abschmecken mit Salz und Butter.

13579. Skyrdressing Gemüsebrühe II, Oktober 2022

Vorläufer 13573

- 460 g Wasser
- 140 g Bohnenkochwasser
- ca. 800 g Skyr (= 2 Becher)
- 50 g Sonnenblumenöl
- 105 g Agavendicksaft
- 2 Knoblauchzehen (10 g)
- 2 TL Gemüsebrühpulver
- 15 g Salz
- 1 Prise Pfeffer
- 1 Prise Currypulver
- 15 g Zitronensaft
- 1 TL Senf
- 1 TL getr. Kräuter „Duft der Macchia"
- 10 g Guarkernmehl

Alle Zutaten bis auf das Guarkernmehl gut mixen (1,5 Min./Stufe 10). Guarkernmehl dann während des Rührens einrieseln lassen, nochmals 10-20 Sek./Stufe 10.

13580. Tortellini gekauft mit Weißkohl, Oktober 2022

- 130 + 100 g Wasser
- 300 g Weißkohl, kleingeschnitten
- 1 TL Gemüsebrühe
- 125 g Tortellini pomodoro aus dem Kühlregal
- 30 g Cashewmus

Kohl mit Brühe und 130 g Wasser 30 Min. als Gemüsepfanne garen. In den letzten 5 Min. Nudeln zufügen. Zum Schluss 100 g Wasser und Cashewmus einrühren und aufkochen.

13581. Apfeltaler, Oktober 2022

24 Stück

- 250 g Skyr
- 1 Prise Salz
- 1 Ei
- 90 g Sonnenblumenöl
- 115 g Rohrohrzucker
- 1 P Finesse Vanillearoma
- 1 P Backpulver
- 220 g Dinkelmehl 1050
- 180 g Dinkelvollkornmehl
- 20 g geh. Mandeln
- 1 EL Hafermilch
- 5 Äpfel (ungeschält, aber ohne Kerngehäuse 655 g)

Skyr, Salz, Ei, Öl, Zucker und Vanillearoma mixen. Backpulver und Mehl mischen und zum Teig geben. Der Teig wird eine bombenfeste Masse, die die Rührquirle hochkriecht, bis in die Maschine hinein. Deshalb habe ich noch etwas Milch hinzugegeben, aber das half nicht. Noch flüssiger wollte ich den Teig nicht machen, weil ja die Äpfel noch hinein sollten.

Äpfel vierteln und im Thermomix zerkleinern (5 Sek./Stufe 6). Äpfel in den Teig einarbeiten. Backbleche mit Backpapier abdecken und mit dem Esslöffel den Teig auf das Blech geben. Zerfließt sofort. Ofen (Umluft) auf 185 °C vorheizen und etwa 20 Min. backen (das erste Blech habe ich nach 15 Min. aus dem dampfenden Ofen gerettet, das zweite brauchte dann bei 165 °C noch mal 7 Min..

Hinweis: Kaum sind die Fladen eine Stunde alt, werden sie labberig. Lecker ist wirklich anders. Sie schmecken eher wie langweilige Pfannkuchen. Ich toaste sie vor dem Essen auf, sonst wird es noch langweiliger.

13582. Penne aus der Mikrowelle III, Oktober 2022

Vorläufer 13574

- 80 g Weißkohl, kleingeschnitten
- 1 kleine Peperoni, in Ringen (mit Cornichons eingelegt)
- 125 g Wasser
- 1 Tomate (110 g), gewürfelt
- 20 g Skydressing aus dem Thermomix 13561
- 10 g Cornichons, in Scheiben
- 25 g Frischkäse
- 350 g Penne (Penny Kühltheke)

Kohl, Peperoni und Wasser in einer Schüssel (bespannt mit Mikrowellenfolie) 5 Min./800 Watt garen. Penne mit den restlichen Zutaten verrühren. Erhitzen (3 Min./800 W + 3 Min./620 W).

13583. Spaghetti Bolognese Mikrowelle II, Okt. 2022

Vorläufer 13574

- 100 g Tomate
- 60 g Brot, gewürfelt
- 140 g Erbsen aus der Dose
- 60 g Erbsenwasser
- 55 g Kichererbsen
- 1 EL Skyrdressing aus dem Thermomix 15361
- 350 g Spaghetti Bolognese (Penny Kühltheke)

Tomate in der Mikrowelle in einer Schüssel 3 Min./800 Watt garen. Penne mit den restlichen Zutaten verrühren. Erhitzen (3 Min./800 W + 3 Min./620 W).

13584. Spaghetti carbonara Mikrowelle IV, Okt. 2022

Vorläufer 13577

- 90 g Hokkaido, kleingeschnitten
- 1 Tomate (95 g), gewürfelt
- 35 g Brot, kleingeschnitten
- 2 EL Skyrdressing aus dem Thermomix
- 40 g Möhrenkäse, gewürfelt
- 1 x Spaghetti carbonara (Penny Kühltheke, 350 g)

Kürbis und Tomate in der Mikrowelle garen (3 Min./800 Watt). Alle Zutaten miteinander verrühren, Spaghetti kleinschneiden und erhitzen (3 Min./800 Watt, 2 x 620 Watt).

13585. Tomatenketchup Nussmus XVII, Okt. 2022

Vorläufer 13563; 4 größere Schraubgläser

- 2 Dosen Tomaten inklusive Saft (800 g)
- 150 g Apfelessig
- 110 g Wasser
- 90 g Datteln Deglet Nour
- 160 g Sultaninen
- 9 g Knoblauchzehen (eingelegt)
- 1 EL Mandelmus weiß (30 g)
- 1 knapper EL Erdnussmus (20 g)
- 150 g Zwiebeln, halbiert
- 1 Apfel (165 g)
- 1/2 rote Paprika (65 g)
- 1 Stück Essigpeperoni 7/4573 (10 g)
- 2 gestr. TL Salz (21 g)
- 2 gestr. TL Gemüsebrühe
- 1 Prise (1/4 TL) Pfeffer
- 2 geh. TL Paprikapulver
- 1/2 TL Curry
- 1 TL (5 g) Sojasoße
- 50 g Tomatenmark
- 225 g Wasser

Alle Zutaten bis auf die zweite Menge Wasser in den Mixtopf geben. 25 Sek./Stufe 10 zerkleinern, dabei den Messbecher fest andrücken, anschließend garen (35 Min./105 °C/Stufe 3). Nach Ende der Garzeit Rest Wasser zugeben und fein pürieren (20 Sek./Stufe 10). Direkt in Schraubgläser füllen.

13586. One-Pot-Spaghetti mit Hokkaido, Okt. 2022

- 10 g Öl
- 160 g Hokkaido, in großen Stücken
- 75 g Vollkornspaghetti
- 210 g Wasser
- 1 TL Gemüsebrühe

15 Min. als Gemüsepfanne dünsten.

- 25 g Erdnussmus
- 75 g Wasser
- 3-4 Tropfen Agavendicksaft

unterrühren und aufkochen.

13587. Zwiebel-Möhren-Relish, November 2022

Vorläufer 13564

- 400 g Möhren
- 465 g Zwiebeln
- 1 Apfel (180 g, ohne Kerne)
- 1 Knoblauchzehe (eingelegt 11 (7) g)
- 1 Stück Hokkaido (115 g)
- 250 g Sultaninen
- 40 g roter Paprika
- 80 g selbstgemachter Tomatenketchup
- 1 geh. TL Salz
- 1 geh. MS gem. Nelken
- 1 knapper TL Zimt
- 1 TL Paprikapulver edelsüß
- 1/2 TL gem. Kreuzkümmel
- 1 gestr. TL Curry
- 1 Prise Masala
- 1 TL Pizzagewürz
- 10 g Sojasoße
- 10 g Tomatenmark
- 155 g Apfelessig
- 205 g Wasser

Möhren, Zwiebeln und Hokkaido im TM zerkleinern (6 Sek./Stufe 7) und umfüllen. Rosinen, Knoblauch, Apfel und Paprika zerkleinern (5 Sek./Stufe 6). Zerkleinertes Gemüse und die restlichen Zutaten zugeben. 55 Min./ 105 °C/Linkslauf/Stufe 1 (evtl. 60 Min., dann evtl. etwas mehr Wasser) ohne Messbecher garen. Sobald es kocht, wenn nötig Garkörbchen als Spritzschutz aufsetzen. Relish direkt in leere Schraubgläser füllen. Sofort verschließen und abgekühlt im Kühlschrank aufbewahren.

13588. Hokkaido mit Roulade, November 2022

- 10 g Öl
- 40 g Wasser
- 180 g Hokkaido, in Stücken
- 1 Glas Bio-Rinderroulade

Öl, Wasser und Kürbis 15 Min. als Gemüsepfanne garen. Die Roulade unterrühren unterrühren und mit erhitzen.

Hinweis: *Die Roulade kann ich nicht empfehlen, das Fleisch ist sehr fest.*

13589. Möhren-Schoko-Nusskuchen III, November 2022

Vorläufer 13575

- 100 g gem. Haselnüsse
- 150 g Schokolade, 70 %
- 250 g Möhren in groben Stücken
- 50 g Hokkaido, in Stücken
- 170 g weiche Butter
- 50 g Skyr
- 200 g Rohrohrzucker
- 1 Prise Salz
- 4 Eier
- 1 x Vanillearoma „Finesse"
- 1 TL Zimt
- 1 MS Nelken
- 1/2 TL Ingwerpulver
- 125 g Roggenvollkornmehl
- 125 g Dinkelvollkornmehl

- 1 P Weinsteinbackpulver
- 2 EL Hafermilch (könnte etwas mehr sein)
- 100 g White Chocolate Chunks

Guss:
- 150 g Schokolade 70 %
- Agavendicksaft im Wasserbad erhitzen.
- 1 P Caramell Bits (nach Wunsch)

Schokolade im TM zerkleinern (7 Sek./Stufe 6). Umfüllen und Möhren zerkleinern (11 Sek./Stufe 5). Butter, Zucker, Eier, Hafermilch, Aroma, Gewürze, Skyr, Salz, Mehl, Haselnüsse und Backpulver zu den zerkleinerten Möhren geben und verrühren (1 Min./Stufe 5). Schokolade und White Chocolate Chunks zugeben und unterrühren (30 Sek./Stufe 5 Linkslauf).

Den Teig in eine mit Backpapier ausgelegte Springform geben und im auf 175 °C vorgeheizten Ofen 45 Min. backen. Im ausgeschalteten, offenen Backofen noch 5 Min. stehen lassen. Mit Guss überziehen und nach Wunsch mit Caramell Bits bestreuen.

13590. Skyrdressing Gemüsebrühe III, Nov. 2022
Vorläufer 13579
- 455 g Wasser
- 145 g Flüssigkeit von einem Glas Cornichons
- ca. 800 g Skyr (= 2 Becher)
- 50 g Sonnenblumenöl
- 105 g Agavendicksaft
- 2 Knoblauchzehen (10 g)
- 2 TL Gemüsebrühpulver
- 16 g Salz
- 1 Prise Pfeffer
- 1 Prise Currypulver
- 15 g Zitronensaft
- 1 TL Senf
- 1 TL getr. Pizzakräuter
- 10 g Guarkernmehl

Alle Zutaten bis auf das Guarkernmehl im TM gut mixen (1,5 Min./Stufe 10). Guarkernmehl dann während des Rührens einrieseln lassen, nochmals 10-20 Sek./Stufe 10.

13591. Spaghetti Bolognese Mikrowelle III, November 2022
Vorläufer 13582
- 60 g Hokkaido, kleingeschnitten
- 130 g Tomate, gewürfelt
- 85 g Kichererbsen
- 2 EL Skydressing aus dem Thermomix 13590
- 45 g Käse, gewürfelt (mit Waldkräutern)
- 350 g Spaghetti Bolognese (Penny Kühltheke)

Gemüse in der Mikrowelle in einer Schüssel 3 Min./800 Watt garen. Spaghetti mit den restlichen Zutaten verrühren. Erhitzen (3 Min./800 W + 2 Min./620 W).

13592. Schweinerahmgeschnetzeltes mit Reis, Nov. 2022

- 10 g Öl
- 75 g weißer Reis
- 1 TL Gemüsebrühe
- 175 g Wasser
- 1 Glas Schweinerahmgeschnetzeltes Bioladen

Ohne den Glasinhalt aufkochen und 25 Min. auf kleiner Einstellung quellen lassen. Geschnetzeltes dazugeben und 5 Min. mit erhitzen.

13593. Süßkartoffelsuppe Dose, November 2022

- 80 g Hokkadio, kleingeschnitten
- 40 g Cherrytomaten, halbiert
- 1 TL Gemüsebrühe
- 25 g Spaghetti, in Stücke gebrochen
- 105 g Wasser

Als Gemüsepfanne 15 Min. dünsten.

- 1 Dose Süßkartoffelcremesuppe (Bio von Penny), 400 g
- 1 TL Erdnussmus (ca. 25 g)

Inhalt der Dose mit Erdnussmus zufügen und erhitzen, nicht aufkochen.

13594. Penne aus der Mikrowelle IV, November 2022

Vorläufer 13574

- 80 g Hokkaido, kleingeschnitten
- 1 Tomate (120 g), in Halbscheiben
- 2 EL Wasser
- 25 g Frischkäse
- 25 g Erdnussmus
- 90 g weiße Jumbobohnen, gekocht
- 350 g Penne (Penny Kühltheke)

Gemüse mit Wasser in einer Schüssel in der Mikrowelle vorgaren (3 Min./800 Watt). Penne mit den restlichen Zutaten verrühren. Erhitzen (3 Min./800 W + 2 Min./620 W).

13595. Möhren-Schoko-Nusskuchen IV, November 2022

Vorläufer 13589

- 100 g gem. Mandeln
- 150 g Schokolade, 70 %
- 300 g Möhren in groben Stücken
- 170 g weiche Butter
- 50 g Skyr
- 200 g Rohrohrzucker
- 1 Prise Salz
- 4 Eier
- 1 x Vanillearoma „Finesse"
- 1 TL Zimt
- 1 MS Nelken
- 1/2 TL Ingwerpulver
- 125 g Roggenvollkornmehl
- 125 g Weizenvollkornmehl
- 1 P Weinsteinbackpulver
- 3 EL Hafermilch

Guss:

- 1 Tafel Schokolade 99 %
- Agavendicksaft im Wasserbad erhitzen.
- Weiße Schokoladenflakes (nach Wunsch).

Schokolade im TM zerkleinern (7 Sek./Stufe 6). Umfüllen und Möhren zerkleinern (11 Sek./Stufe 5). Restliche Zutaten außer Schokolade und Mandeln in den TM geben und verrühren (1 Min./Stufe 5). Schokolade und Mandeln zufügen und unterrühren (30 Sek./Stufe 5).

Den Teig in eine mit Backpapier ausgelegte Springform geben und im auf 175 °C vorgeheizten Ofen 45 Min. backen. Im ausgeschalteten, offenen Backofen noch 5 Min. stehen lassen. Mit Guss überziehen und nach Wunsch mit Schokoladenflakes bestreuen.

13596. Spaghetti Bolognese Mikrowelle IV, Nov. 2022

Vorläufer 13591

- 70 g Tomate
- 70 g gelbe Paprika
- 50 g Wasser
- 25 g Frischkäse
- 20 g Erdnussmus
- 125 g weiße Jumbobohnen (Dose)
- 1 Prise Salz
- 350 g Spaghetti Bolognese (Penny, Kühltheke)

Gemüse kleinschneiden und mit Wasser in der Mikrowelle in einer Schüssel 5 Min./800 Watt garen. Spaghetti mit den restlichen Zutaten verrühren. Erhitzen (3 Min./800 W + 2 Min./620 W).

13597. Linsen mit Rotkohl (Reiskochtopf), Nov. 2022

- 80 g Tellerlinsen
- 240 g Wasser
- 1 TL Öl
- 180 g Rotkohl

Linsen zusammen mit Wasser und etwas Öl in den Reistopf geben. Den Rotkohl grob zerteilen und in die Dünstauflage legen. Das Ganze im Modus für braunen Reis garen. Dabei ist zu beachten, dass die Linsen nach dem Garen möglicherweise nicht besonders ansprechend aussehen und der Rotkohl eine ledrige Konsistenz entwickeln kann. Diese Ergebnisse könnten jedoch durch das Alter oder die Qualität des verwendeten Rotkohls beeinflusst sein.

13598. Weißer Reis mit Gemüse, November 2022

- 60 g rote Paprika
- 70 g Kartoffeln
- 120 g Kohlrabi
- 95 g weißer Reis
- 1 TL Gemüsebrühe
- 300 g Wasser
- 10 g Öl

Paprika, Kartoffeln und Kohlrabi in kleine Würfel schneiden. Zusammen mit dem Reis, der Gemüsebrühe, dem Wasser und dem Öl in einen Topf geben. Alles zum Kochen bringen, dann die Hitze reduzieren und bei kleiner Einstellung etwa 25 Min. köcheln lassen, bis das Gemüse weich und der Reis gar ist.

13599. Skyrdressing Gemüsebrühe IV, November 2022

Vorläufer 13590

- ca. 800 g Skyr (= 2 Becher)
- 50 g Sonnenblumenöl
- 110 g Agavendicksaft
- 2 Knoblauchzehen (11 g)
- 1 EL (15 g) Gemüsebrühpulver
- 30 (vorher 16!) g Salz
- 1 Prise Pfeffer
- 1/2 TL Currypulver
- 1 Prise Masala
- 1 TL getr. Pizzakräuter
- 20 g Zitronensaft
- 1 TL Senf
- 425 g Wasser
- 175 g Kichererbsenwasser (Dose)
- 10 g Guarkernmehl

Alle Zutaten bis auf das Guarkernmehl gut mixen (1,5 Min./Stufe 10). Guarkernmehl dann während des Rührens einrieseln lassen, nochmals 10-20 Sek./Stufe 10.

13600. Schneller Obstkuchen, Nov. 2022

26-cm-Springform

- 140 g Skyr
- 35 g Sonnenblumenöl
- 100 g Rohrohrzucker
- 1 Prise Salz
- 1 x Vanillearoma Finesse
- 3 Eier
- 250 g Weizenmehl, Typ 550
- 1/2 Päckchen (= 10 g) Weinsteinbackpulver
- 515 g Äpfel brutto (505 g netto)
- 500 g Heidelbeeren
- 100 g Karamell-Chunks

Belag:

- 50 g Butter, in ca. 10 Stückchen
- 1 EL Rohrohrzucker

Skyr, Öl, Zucker, Salz und Vanillearoma mit dem Handrührgerät schaumig schlagen. Eier einzeln einrühren, dann das Mehl, gemischt mit dem Backpulver, portionsweise einarbeiten. Äpfel (ohne Stiel) in nicht zu kleine Stücke schneiden. Mit den Heidelbeeren in den Teig einarbeiten (mit einem Spatel o. Ä.), dann noch die Chunks.

Teigmasse in eine mit Backpapier ausgelegte Springform geben, glatt streichen. Ofen auf 175 °C vorheizen. Kuchen insgesamt 55 Min. backen. Nach 45 Min. Butter auf den Kuchen legen, mit dem Zucker bestreuen und zu Ende backen. Ofen ausschalten und im ausgeschal-

teten Ofen 10 Min. stehen lassen. Auf einem Gitterrost auskühlen lassen. Schmeckt auch warm.

13601. Penne aus der Mikrowelle V, November 2022

Vorläufer 13594

- 80 g gelbe Paprika, kleingeschnitten
- 1 Tomate (95 g), in Halbscheiben
- 3 EL Wasser
- 30 g Frischkäse
- 20 g Brot, kleingeschnitten
- 70 g Kichererbsen
- 350 g Penne (Penny, Kühltheke)

Paprika und Tomate in kleine Stücke schneiden und in einer mikrowellengeeigneten Schüssel bei 800 Watt etwa 3 Min. vorgaren. In der Zwischenzeit die Penne mit den übrigen Zutaten gründlich vermischen. Anschließend alles zusammen in die Schüssel geben und bei 800 Watt für 2 Min. erhitzen. Danach die Leistung auf 620 Watt reduzieren und weitere 3 Min. garen, bis die Pasta vollständig durchgewärmt und das Gemüse bissfest ist.

13602. Zwiebelreis mit Süßkartoffel, November 2022

- 100 g weißer Reis
- 1 TL Gemüsebrühe
- 115 g Zwiebeln, gewürfelt
- 110 g Süßkartoffel, gewürfelt
- 30 g Kartoffel, in Halbscheiben
- 250 g Wasser
- 15 g Sonnenblumenöl

Aufkochen, etwa 1 Min. ohne Deckel kochen lassen. 30 Min. garen, dabei auf möglichst kleine Einstellung bringen. Abschmecken mit:

- 1 Prise Salz
- 1 EL Zitronensaft

13603. Süßkartoffelgulasch, Dezember 2022

- 20 g Sonnenblumenöl
- 115 g Zwiebel, in Würfeln
- 1 Knoblauchzehe, in Scheiben
- 45 g rote Paprika, in Würfeln
- 1 kleine getr. Chilischote ohne Kerne
- 1 TL Paprika
- 130 g Süßkartoffeln, in Würfeln
- 180 g Tomaten, in Würfeln
- 1 TL Gemüsebrühe
- 1/2 TL gem. Kümmel
- 1 gestr. TL Zucker
- 100 g Wasser

Nach dem Kochen:

- 20 g Cashewmus
- 1-2 Prisen Salz

Öl, fein gehackte Zwiebel und zerdrückten Knoblauch in eine 20 cm große Pfanne geben und bei hoher Hitze unter ständigem Rühren anbraten, bis sie leicht Farbe annehmen. Dann das Paprikapulver einstreuen und kurz mitrösten, damit es sein Aroma entfalten kann. Sobald die Zwiebeln glasig sind, die gewürfelte Paprika und die fein geschnittene Chilischote hinzufügen und einige Min. mitbraten. Anschließend die restlichen Zutaten – bis auf das Wasser – dazugeben und ebenfalls kurz anrösten. Danach das Wasser angießen, die Hitze reduzieren und die Mischung etwa 15 Min. bei kleiner Stufe köcheln lassen. Zum Schluss das Nussmus sowie Salz unterrühren und weiterkochen, bis sich das Mus vollständig aufgelöst hat und die Soße eine dickliche Konsistenz erreicht.

13604. Penne Mikrowelle VI, Dezember 2022

Vorläufer 13601

- 65 g rote Paprika, kleingeschnitten
- 1 Tomate (150 g), in Halbscheiben
- 3 EL Wasser
- 40 g weiße Riesenbohnen (Dose)
- 50 g Gouda, gewürfelt
- 350 g Penne (Penny, Kühltheke)

Gemüse mit 3 EL Wasser in einer Schüssel in der Mikrowelle vorgaren (3 Min./800 Watt). Penne mit den restlichen Zutaten verrühren. Erhitzen (3 Min./800 W + 2 Min./620 W).

13605. Bunter Gemüsereis, Dezember 2022

- 15 g Sonnenblumenöl
- 90 g Reis (weiß)
- 1 TL Gemüsebrühe
- 105 g Süßkartoffeln, gewürfelt
- 100 g rote Paprika, gewürfelt
- 45 g Apfel, gewürfelt
- 20 g Frischkäse
- 1-2 Prisen Salz

Ohne Frischkäse und Salz aufkochen. 30 Min. auf kleiner Einstellung kochen und quellen lassen. Abschmecken mit Käse und Salz abschmecken.

13606. Gemüseeintopf, Dezember 2022

- 125 g Süßkartoffel, gewürfelt
- 60 g Zwiebeln, gehackt
- 60 g Tomate, in Halbscheiben
- 120 g Kartoffeln, in dünnen Halbscheiben
- 60 g Möhre, in Scheiben
- 1 TL Gemüsebrühe
- 145 g Wasser
- 1 TL Zitronensaft
- 1 Prise Salz (nach Geschmack)

Ohne Zitronensaft und Salz als Gemüsepfanne, jedoch in einem kleinen Topf, 20 Min. garen. Abschmecken mit Zitronensaft und Salz.

13607. Schokokuchen „Lebkuchen", Dezember 2022

Vorläufer: 13439; Springform 26 cm

- 300 g Softdatteln
- 200 g Soft-Feigen
- 500 g Wasser
- 200 g Äpfel
- 50 g Kakaopulver schwach entölt
- 1 P Orangenschale
- 12 g (3 TL) Lebkuchengewürz
- 150 g Dinkelvollkornmehl
- 50 g Roggenvollkornmehl
- 100 g Haselnüsse gemahlen
- 100 g Vollkornweizengrieß
- 3 EL Rum
- 1 Prise Salz
- 2 P Weinsteinbackpulver

- 1 TL Natron
- 250 g Rohmarzipan

Guss:
- 50 g Agavendicksaft
- 90 g Schokolade 99 %
- Zum Bestreuen: 100 g Butterkaramellkugeln

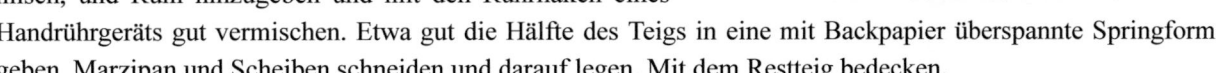

Trockenfrüchte in einer Pengdose mit dem Wasser übergießen und über Nacht gut verschlossen stehen lassen. Die Fruchtmasse mit der Einweichflüssigkeit und dem Apfel im Vitamix zu einer glatten Masse pürieren.

Die trockenen Zutaten ohne das Marzipan mischen. Fruchtgemisch, und Rum hinzugeben und mit den Rührhaken eines Handrührgeräts gut vermischen. Etwa gut die Hälfte des Teigs in eine mit Backpapier überspannte Springform geben. Marzipan und Scheiben schneiden und darauf legen. Mit dem Restteig bedecken.

In den auf 165 °C (Heißluft) vorgeheizten Ofen einschieben und 42 Min. bei 165 °C backen, 10 Min. im ausgeschalteten Ofen nachbacken. Kuchen auf einem Gitterrost auskühlen lassen.

Gusszutaten vorsichtig im Wasserbad erhitzen und mit einem Messer auf dem Kuchen verteilen, bestreuen mit den Butterkaramellkugeln.

13608. Skyrdressing mit Riesenbohnen, Dezember 2022

Vorlage 13599

- Ca. 800 g Skyr (= 2 Becher)
- 50 g Sonnenblumenöl
- 110 g Agavendicksaft
- 2 Knoblauchzehen (9 (11) g)
- 1 EL (15 g) Gemüsebrühpulver
- 25 g Salz
- 1 Prise Pfeffer
- 1/2 TL Currypulver
- 1 Prise Masala
- 1 TL getr. Pizzakräuter
- 20 g Zitronensaft
- 1 TL Senf
- 1 EL (30 g) Riesenbohnen, aus der Dose
- 440 g Wasser
- 160 g Flüssigkeit von Riesenbohnen (Dose)
- 10 g Guarkernmehl

Alle Zutaten bis auf das Guarkernmehl gut mixen (1,5 Min./Stufe 10). Guarkernmehl dann während des Rührens einrieseln lassen, nochmals 10-20 Sek./Stufe 10.

13609. Spaghetti carbonara Mikrowelle V

Vorläufer 13584

- 1 Tomate (95 g), gewürfelt
- 2 EL (55 g) Skyrdressing aus dem Thermomix 13608
- 1 EL Wasser
- 35 g Brot, kleingeschnitten
- 25 g Frischkäse
- 35 g Riesenbohnen
- 1 x Spaghetti carbonara (Penny, Kühltheke 350 g)

Tomate mit Dressing und Wasser in der Mikrowelle garen (3 Min./620 Watt). Spaghetti kleinschneiden und mit den restlichen Zutaten verrühren. Erhitzen (2 x 2 Min./620 Watt).

13610. Berliner Brot, Dezember 2022

Vorlage 13360

- 3 Eier
- 2 EL Wasser
- 250 g Farinzucker
- 1 P Vanillearoma „Finesse"
- 2 geh. EL Apfel-Birnenkraut (135 g)
- 2 EL Rum
- 1 TL Spekulatiusgewürz (Brecht) (5 g)
- 1 geh. EL Zimt
- 1 geh. EL Kakaopulver (13 g)
- 220 g Dinkelmehl Typ 550
- 40 g Dinkelmehl Typ 1050
- 2 gestr. TL Weinsteinbackpulver
- 100 g bittere Schokolade (70 %) (zerkleinert im TM 14 Sek./Stufe 7)
- 150 g ganze Haselnüsse

Eier mit Wasser schaumig schlagen, den Zucker hinzugeben und bis zu einer cremeartigen Masse schlagen. Apfelkraut, Vanillearoma und Rum unterrühren, Gewürze mit Mehl, Kakaopulver und Backpulver sieben und ebenfalls unterrühren. Schokolade einmischen, Haselnüsse unterziehen und den Teig auf einem mit Backpapier ausgelegten Backblech glatt streichen (ca. 1/2 cm dick, das Blech ist nicht ganz bedeckt).

Backofen auf 185 °C (Heißluft) vorheizen. Blech einschieben und 25 Min. bei 185 °C backen, 5 Min. im ausgeschalteten Ofen nachbacken. Auf einem Gitterrost auskühlen lassen und in 2 x 5 cm-Streifen schneiden.

13611. Porree mit Chilibohnen, Dezember 2022

- 200 g Porree (in Ringe geschnitten)
- 125 g Wasser
- 1 TL Gemüsebrühe
- 80 g Sauerkraut
- 125 g rote Chilibohnen (Dose)
- 1 Prise Salz
- 1/2 TL Kümmel
- 1 getr. TL Rohrohrzucker
- 1 Prise Pfeffer

Porree in Ringe schneiden und zusammen mit dem Wasser und der Gemüsebrühe in eine Pfanne geben. Als Gemüsepfanne etwa 10 Min. dünsten, bis der Porree weich wird. Anschließend das Sauerkraut hinzufügen und weitere 5 Min. mitdünsten. Dann die Chilibohnen, Salz, Kümmel, Zucker und Pfeffer unterrühren. Alles kurz erhitzen, bis die Bohnen warm sind.

13612. Eingelegte Peperoni, Dezember 2022

1 Glas zu 750 g

- Peperoni
- 1 Zwiebel, geschält und geviertelt
- 2 Knoblauchzehen, geschält
- Apfelessig

Die genauen Mengen spielen bei diesem Rezept ausnahmsweise keine Rolle. Ich hatte etwa drei großzügige Handvoll Peperoni zur Verfügung. Diese gründlich waschen, anschließend gut abtrocknen. Stiele entfernen und die Peperoni in grobe Stücke schneiden. Danach kamen die Peperonistücke in ein großes Glas. Darauf einige geviertelte Zwiebeln sowie ganze, geschälte Knoblauchzehen verteilen. Zum Schluss alles bis zum Rand mit Apfelessig auffüllen.

13613. Schokokuchen „Lebkuchen" II, Dezember 2022

Vorläufer: 13607; Springform 26 cm

- 300 g Softdatteln
- 200 g Feigen
- 500 g Wasser
- 225 g Äpfel
- 50 g Kakaopulver
- 1 P Orangenschale
- 10 g (3 TL) Lebkuchengewürz
- 125 g Dinkelvollkornmehl
- 125 g Roggenvollkornmehl
- 100 g Haselnüsse gemahlen
- 65 g Vollkornweizengrieß
- 3 EL Rum
- 1 Prise Salz
- 2 P Weinsteinbackpulver
- 250 g Rohmarzipan
- 100 g Karamell-Chunks

Guss:
- 65 g Agavendicksaft
- 90 g Schokolade 99 %
- 5 g Sonnenblumenöl
- Zum Bestreuen: 50 g Karamelltröpfchen

Trockenfrüchte in einer Pengdose mit dem Wasser übergießen und über Nacht gut verschlossen stehen lassen. Die Fruchtmasse mit der Einweichflüssigkeit und dem Apfel im Vitamix zu einer glatten Masse pürieren. Die trockenen Zutaten ohne das Marzipan mischen. Fruchtgemisch und Rum hinzugeben und mit den Rührhaken eines Handrührgeräts gut vermischen.

Etwa gut die Hälfte des Teigs in eine mit Backpapier überspannte Springform geben. Marzipan in Scheiben schneiden und darauf legen. Darüber Karamell-Chunks streuen. Mit dem Restteig bedecken.

In den auf 165 °C (Heißluft) vorgeheizten Ofen einschieben und 42 Min. bei 165 °C backen, 10 Min. im ausgeschalteten Ofen nachbacken. Abkühlen lassen. Gusszutaten vorsichtig im Wasserbad erhitzen und mit einem Messer auf dem Kuchen verteilen, bestreuen mit Karamelltröpfchen.

13614. Penne Mikrowelle VII, Dezember 2022

Vorläufer 13604

- 50 g Porree, in feinen Ringen
- 125 g Wasser
- 130 g Tomate, in Stücken
- 40 g Brot, gewürfelt
- 25 g Frischkäse
- 350 g Penne (Penny Kühltheke)

Porree mit Wasser in einer Schüssel in der Mikrowelle vorgaren (3 Min./800 Watt). Tomate in Stücken zugeben und 3 Min./800 g Watt garen. Penne mit allen Zutaten verrühren. Erhitzen (3 Min./630 W + 2 Min./620 W).

13615. Brotpizza I, Dezember 2022

- 2 Scheiben Brot (85 g)
- 45 g Frischkäse
- 50 g Riesenbohnen
- 2 Tomaten ohne Enden (145 g), in Scheiben
- 2 Scheiben (50 g) Butterkäse

Pizzaform mit Backpapier auslegen. Brotscheiben mit Frischkäse bestreichen und eng aneinanderlegen. Bohnen darauf verteilen, mit Tomatenscheiben bedecken. Käsescheiben darüberlegen. In den kalten Ofen schieben. 21 Min. bei 185 °C backen. Zusätzlich im Ofen war eine Pizza aus der Kühltheke, daher die etwas längere Backzeit.

13616. Tomatenketchup Nussmus XVIII, Dezember 2022

Vorläufer 13585; 4 größere Schraubgläser

- 2 Dosen Tomaten inklusive Saft (800 g)
- 150 g Apfelessig
- 110 g Wasser
- 250 g Trockenfrüchte = 155 g Datteln Deglet Nour + 95 g Sultaninen
- 8 g Knoblauchzehen
- 1 EL Erdnussmus (50 g)
- 150 g Zwiebeln, halbiert
- 1 Apfel (125 g)
- 1/2 rote Paprika (125 g)
- 1 Stück Essigpeperoni 7/4573 (10 g)
- 20 g Salz
- 2 TL Gemüsebrühe
- 1 Prise (1/4 TL) Pfeffer
- 2 geh. TL Paprikapulver
- 1/2 TL Curry
- 1 TL (5 g) Sojasoße
- 50 g Tomatenmark
- 100 g Wasser

Alle Zutaten bis auf die zweite Menge Wasser in den Mixtopf geben. 25 Sek. auf Stufe 10 zerkleinern, dabei den Messbecher fest andrücken, anschließend garen (35 Min./105 °C/Stufe 3). Nach Ende der Garzeit Rest Wasser zugeben und fein pürieren (20 Sek./Stufe 10). Direkt in Schraubgläser füllen.

13617. Zwiebel-Süßkartoffel-Relish, Dezember 2022

13587; 2,5 Gurkengläser oder Ähnliches

- 355 g Süßkartoffel
- 500 g Zwiebeln
- 1 Apfel (220 g, ohne Kerne)
- 1 Knoblauchzehe (8 g)
- 1 Möhre (85 g)
- 250 g Sultaninen
- 40 g roter Paprika
- 90 g selbstgemachter Tomatenketchup
- 1 geh. TL Salz
- 1 geh. MS gem. Nelken
- 1 knapper TL Zimt
- 1 TL Paprikapulver edelsüß
- 1/2 TL gem. Kreuzkümmel
- 1 gestr. TL Curry
- 1 Prise Masala
- 1 TL Pizzagewürz
- 10 g Sojasoße
- 10 g Tomatenmark
- 130 g Apfelessig
- 20 g scharfer Essig (von eingelegten Peperoni 7/4573)
- 205 g Wasser

Möhren, Zwiebeln und Süßkartoffel im TM zerkleinern (6 Sek./Stufe 7). Rosinen, Knoblauch, Apfel, Möhre und Paprika zugeben und zerkleinern (6 Sek./Stufe 7). Die restlichen Zutaten zugeben, nochmals zerkleinern (5 Sek./Stufe 6). Mit einem Spatel umrühren. 55 Min./105 °C/Linkslauf/Stufe 1 ohne Messbecher garen. Sobald es kocht, wenn nötig Garkörbchen als Spritzschutz aufsetzen. Relish in leere Schraubgläser füllen. Sofort verschließen und abgekühlt im Kühlschrank aufbewahren.

13618. Austernpilz-Reispfanne, Dezember 2022

- 10 g Sonnenblumenöl
- 1/2 TL Curry
- 85 g weißer Reis
- 1 kleine getr. Chilischote, ohne Kerne, in Streifen
- 25 g Porree, in Halbringen
- 145 g Austernpilze, in Scheiben
- 1 kleine Tomate (75 g), klein geschnitten
- 1 TL Gemüsebrühe
- 245 g Wasser
- 15 g Rosinen

Curry und Reis im Sonnenblumenöl andünsten. Chili, Pilze und Tomate zugeben, mit erhitzen. Gemüsebrühe darüber streuen, Wasser und Rosinen zugeben und 25 Min- als Gemüsepfanne dünsten.

13619. Spaghetti Bolognese Mikrowelle V, Dezember 2022

Vorläufer 13596

- 65 g Tomate
- 100 g Sauerkraut
- 35 g Brot, gewürfelt
- 35 g Frischkäse
- 2 EL Skyrdressing aus dem Thermomix 13608
- 350 g Spaghetti Bolognese (Penny, Kühltheke)

Gemüse kleinschneiden und in der Mikrowelle in einer Schüssel 3 Min./620 Watt garen. Spaghetti mit den restlichen Zutaten verrühren. Erhitzen (3 Min./620 W + 2 Min./620 W).

13620. Schneller Apfelkuchen, Dezember 2022

Vorgänger 13600; 26-cm-Springform

- 150 g Skyr
- 35 g Sonnenblumenöl
- 100 g Rohrohrzucker
- 1 Prise Salz
- 1 x Vanillearoma Finesse
- 3 Eier
- 250 g Dinkelmehl, Typ 1050
- 1/2 Päckchen (= 10 g) Weinsteinbackpulver
- 100 g gehackte Mandeln
- 965 g Äpfel netto

Belag:

- 50 g Butter, in ca. 10 Stückchen
- 1 EL Rohrohrzucker, gemischt mit
- 1 TL Zimt

Skyr, Öl, Zucker, Salz und Vanillearoma mit dem Handrührgerät schaumig schlagen. Eier einzeln einrühren, dann das Mehl, gemischt mit dem Backpulver, portionsweise einarbeiten. Mandelstücke unterziehen. Äpfel (ohne Stiel) in nicht zu kleine Stücke schneiden. In den Teig einarbeiten (mit einem Spatel o. Ä.). Teigmasse in eine mit Backpapier ausgelegte Springform geben, glatt streichen. Ofen auf 175 °C vorheizen. Kuchen insgesamt 55 Min. backen. Nach 45 Min. Butter auf den Kuchen legen, mit dem Zucker bestreuen und zu Ende backen. Ofen ausschalten und Kuchen im ausgeschalteten Ofen 10 Min. stehen lassen. Auf einem Gitterrost auskühlen lassen.

Tipp: *Schmeckt auch warm.*

13621. Skyrdressing mit Kichererbsen, Dezember 2022

Vorläufer 13608

- ca. 800 g Skyr (= 2 Becher)
- 50 g Sonnenblumenöl
- 110 g Agavendicksaft
- 2 Knoblauchzehen (10 g)
- 1 EL (15 g) Gemüsebrühpulver
- 15 g Salz
- 1 Prise Pfeffer
- 1/2 TL Currypulver
- 1 Prise Masala
- 1 TL getr. Pizzakräuter
- 20 g Zitronensaft
- 1 TL Senf
- 40 g Kichererbsen, aus der Dose
- 440 g Wasser
- 160 g Flüssigkeit von Kichererbsen (Dose)
- 10 g Guarkernmehl

Alle Zutaten bis auf das Guarkernmehl gut mixen (1,5 Min./Stufe 10). Guarkernmehl dann während des Rührens einrieseln lassen, nochmals 10-20 Sek./Stufe 10.

13622. Kartoffelauflauf überbacken, Dezember 2022

2 Portionen

Gemüse:
- 20 g Sonnenblumenöl
- 115 g Zwiebel, gehackt
- 1 TL Gemüsebrühe
- Ca. 600 g Kartoffeln, ungeschält und in Scheiben (waren bei mir 630 g)
- 260 g Wasser

Soße:
- 30 g Cashewnussmus
- Salz nach Geschmack

Käse:
- 125 g Mozzarella, in Scheiben
- 65 g Butterkäsescheiben (Mozzarella reichte nur für eine Hälfte)

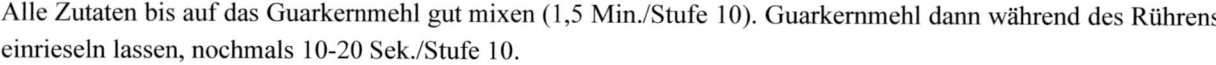

Gemüsezutaten als Gemüsepfanne 25 Min. dünsten. Soßenzutaten einrühren, bis die Soße dickt. Mit Käse belegen und in den kalten Backofen schieben. Bei 185 °C 20-30 Min. backen (je nachdem, wie braun man den Käse will) und in der Pfanne servieren.

13623. Kartoffel-Sauerkrautpfanne, Dezember 2022

- 10 g Sonnenblumenöl
- 215 g Kartoffeln, in Scheiben
- 1 TL Gemüsebrühe
- 85 g Sauerkraut, klein geschnitten
- 125 g Wasser

Öl, Kartoffeln, Brühe, Sauerkraut und Wasser als Gemüsepfanne 25-30 Min. garen.

Tipp: *Salzen nicht nötig!*

13624. Schokokuchen „Dominostein", Dez. 2022

Vorläufer: 13613; Springform 26 cm

- 200 g Softdatteln
- 85 g Rosinen
- 215 g Feigen
- 500 g Wasser
- 215 g Äpfel
- 50 g Kakaopulver schwach entölt
- 1 P ger. Zitronenschale
- 2 TL Lebkuchengewürz
- 1 TL Zimt
- 1 P Finesse Vanillearoma
- 125 g Dinkelvollkornmehl
- 125 g Roggenvollkornmehl
- 110 g Mandeln gemahlen
- 55 g Vollkornweizengrieß
- 3 EL Rum
- 1 Prise Salz
- 2 P Weinsteinbackpulver
- 250 g Rohmarzipan
- 250 g Erdbeermarmelade

Guss:

- 65 g Agavendicksaft
- 80 g Schokolade 99 %
- Zum Bestreuen: 50 g Karamelltröpfchen

Trockenfrüchte in einer Pengdose mit dem Wasser übergießen und über Nacht gut verschlossen stehen lassen. Die Fruchtmasse mit der Einweichflüssigkeit und dem Apfel im Vitamix zu einer glatten Masse pürieren.

Die trockenen Zutaten ohne Marzipan und Marmelade mischen. Fruchtgemisch und Rum hinzugeben und mit den Rührhaken eines Handrührgeräts gut vermischen. Etwa die Hälfte des Teigs in eine mit Backpapier überspannte Springform geben. Marzipan in Scheiben schneiden und darauf legen. Mit Marmelade bestreichen. Mit dem Restteig bedecken.

In den auf 165 °C (Heißluft) vorgeheizten Ofen einschieben und 42 Min. bei 165 °C backen, 10 Min. im ausgeschalteten Ofen nachbacken, noch 10 Min. im geöffneten Ofen stehen lassen. Auskühlen lassen.

Gusszutaten vorsichtig im Wasserbad erhitzen und mit einem Messer auf dem Kuchen verteilen, mit den Karamelltröpfchen bestreuen.

13625. Spaghetti Bolognese Mikrowelle VI, Dezember 2022

Vorläufer 13618

- 70 g Tomate
- 60 g Sauerkrautsaft
- 50 g Brot, gewürfelt
- 50 g Hummus
- 25 g Parmesan
- 350 g Spaghetti Bolognese (Penny Kühltheke)

Die Tomate in kleine Stücke schneiden und zusammen mit dem Sauerkrautsaft in eine mikrowellengeeignete Schüssel geben. Bei 620 Watt etwa 3 Min. garen.

In einer separaten Schüssel die Spaghetti mit den restlichen Zutaten gründlich vermengen. Die Mischung anschließend ebenfalls in die Mikrowelle stellen und zunächst 3 Min. bei 620 Watt erhitzen. Einmal gut umrühren und weitere 2 Min. bei 620 Watt garen, bis alles gleichmäßig heiß ist.

13626. Kartoffel in Erdnusssoße, Januar 2023

Als Gemüsepfanne 25 Min.:

- 10 g Sonnenblumenöl
- 55 g Zwiebel, gehackt
- 1 Knoblauchzehe, in Scheibchen
- 280 g Kartoffeln, in Scheiben
- 150 g Tomate, klein geschnitten
- 150 g Wasser

Abschmecken mit:

- Salz
- 60 g Erdnussmus ungesalzen
- 30 g Tahini-Hummus (gekauft)

13627. Dünstkartoffeln, Januar 2023

- 370 g Kartoffeln, festkochend, in Scheiben
- 125 g Wasser
- 1 TL Gemüsebrühe
- Salz

Kartoffeln in Scheiben schneiden. Mit Wasser und Gemüse-brühe in einer 20-cm-Alugusspfanne als Gemüsepfanne 25 Min. garen. Die Garzeit richtet sich nach der Kartoffelsorte. Mit Salz abschmecken.

13628. Kirschapfelkuchen mit Quarkölteig, Januar 2023

Dr. Oetker „Apfel- oder Kirschkuchen sehr fein"

- 100 g Skyr
- 3 EL Hafermilch
- 1 P Vanillearoma Finesse
- 4 EL = 40 g Sonnenblumenöl
- 3 Eier
- 4 Tropfen Backöl Zitrone
- 200 g Dinkelmehl 1050
- 2 TL Backpulver
- 320 g abgetropfte Kirschen aus dem Glas
- 1 Apfel (140 g) in dünneren Spalten

Skyr, Milch, Vanille, Backöl und Öl miteinander verquirlen. Eier einzeln einrühren, Mehl dazugeben. Nicht zu lange rühren. Springform (26 cm) mit Backpapier überziehen und Teig darauf verstreichen. Apfelspalten am Rand als Kranz legen, Kirschen in die Mitte und die Zwischenräume geben. Backofen auf 165 °C (Heißluft) vorheizen und Kuchen ein-schieben. 40 Min. bei 165 °C backen, 5 Min. im ausgeschal-teten Ofen nachbacken. Auf einem Gitterrost abkühlen lassen.

13629. Kartoffelsalat gekocht und heiß, Januar 2023

- 10 g Sonnenblumenöl
- 90 g Kartoffeln, in Scheiben
- 1 TL Gemüsebrühe
- 50 g weißer Reis
- 30 g rote Linsen
- 245 g Wasser
- 200 g Salat aus der Tüte, Sorte „Rohkost"

Alle Zutaten in einer 20-cm-Pfanne als Gemüsepfanne 25 Min. garen. Die Pfanne ist voll, aber das Essen sackt bald zusammen.

13630. Brotpizza II, Januar 2023

- 2 Scheiben Brot (145 g)
- 50 g Hummus natur (bio)
- 85 g Riesenbohnen
- 2 Tomaten (170 g), in Scheiben geschnitten, ohne Enden
- 1 Scheibe (25 g) Butterkäse
- 80 g Mozzarella in Scheiben

Pizzaform mit Backpapier auslegen. Brotscheiben mit Hummus bestreichen und eng aneinanderlegen. Bohnen darauf verteilen, mit Tomatenscheiben bedecken. Käsescheibe in die Mitte geben, Mozzarella um die Käsescheibe legen. In den kalten Ofen schieben. 20 Min. bei 185 °C backen. *(Das Brot war noch nicht heiß, der Rest schon.)*

13631. Schokokrümeltorte mit Äpfeln, Januar 2023

Springform 26 cm; angelehnt an Krümeltorte Dr. Oetker (Backen macht Freude).

- 200 g weiche Butter
- 200 g Rohrohrzucker
- 1 P Vanillearoma Finesse
- 1 Ei
- 400 g Dinkelmehl Typ 1050
- 100 g Dinkelvollkornmehl
- 1 P Weinsteinbackpulver
- 1 Prise Salz
- 45 g Kakao
- 2 EL Hafermilch
- 2 EL Flohsamenschalen (oder Semmelmehl)

Belag:
- 30 g Rohrohrzucker
- 575 g Äpfel (ohne Kerngehäuse, ungeschält)

Butter schaumig rühren und Zucker, Aroma, Ei, Salz und Milch zugeben. Gut mixen. Mehl, Kakao (gesiebt) und Backpulver mischen und die Hälfte der Mischung portionsweise einrühren (Handrührgerät). Den Rest Mischung darauf schütten und solange mit den Rührbesen schlagen (niedrigere Stufe), bis eine krümelige Masse entsteht.
Für die Füllung die Äpfel entkernen und in Scheiben schneiden. Mit den Händen mit dem Zucker vermischen. Die Hälfte des Teigs in eine mit Backpapier ausgelegte Springform geben, den Teig am Boden gut andrücken und am Rand hochdrücken. Mit Flohsamenschalen bestreuen. Die Äpfel so darauf geben, dass sie den Rand nicht berühren. Den Rest der Streusel über die Füllung verteilen und am Rand leicht andrücken.
Ofen (Heißluft) auf 165 °C vorheizen. Kuchen einschieben und 45 Min. bei 165 °C backen. Im ausgeschalteten Ofen 10 Min. nachbacken. Gut durchziehen lassen (gute Zeit: 2 Tage im Kühlschrank).

13632. Kleine Kartoffeln aus der Pfanne, Januar 2023

- 10 g Sonnenblumenöl
- 465 g kleine Kartoffeln, ungeschält
- 100 g Wasser

Zutaten in eine 20-cm-Alugusspfanne geben. Als Gemüsepfanne 35 Min. dünsten. Die Dünstzeit richtet sich auch nach der Kartoffelsorte, weichkochende Kartoffeln garen deutlich schneller als hartkochende. Auf jeden Fall nach 35 Min. erst einen Messertest machen: Ein spitzes Messer in eine Kartoffel stechen. Wenn es leicht hineingleitet, sind die Kartoffeln gar.
Tipp: *Die Kartoffel schmecken ohne Beilage, daher ist auch die Kartoffelmenge für eine Person recht hoch gewählt.*

13633. Skyrdressing Riesenbohnen II, Januar 2023

Vorläufer 13608

- ca. 800 g Skyr (= 2 Becher)
- 50 g Sonnenblumenöl
- 110 g Agavendicksaft
- 2 Knoblauchzehen (9 g)
- 1 EL (15 g) Gemüsebrühpulver
- 15 g Salz
- 1 Prise Pfeffer
- 1/2 TL Currypulver
- 1 Prise Masala
- 1 TL getr. Pizzakräuter
- 20 g Zitronensaft
- 1 TL Senf
- 2 EL (65 g) Riesenbohnen, aus der Dose
- 600 g Wasser
- 10 g Guarkernmehl

Alle Zutaten bis auf das Guarkernmehl gut mixen (1,5 Min./Stufe 10). Guarkernmehl dann während des Rührens einrieseln lassen, nochmals 10-20 Sek./Stufe 10.

13634. Schokokuchen „Dominostein" II, Januar 2023

Vorläufer: 13623; Springform 26 cm

- 300 g Softdatteln
- 40 g Rosinen
- 160 g Feigen
- 500 g Wasser
- 220 g Äpfel
- 50 g Kakaopulver schwach entölt
- 1 P Zitronenschale
- 1 TL Lebkuchengewürz
- 1 TL Zimt
- 1 P Finesse Vanillearoma
- 125 g Dinkelvollkornmehl
- 100 g Roggenvollkornmehl
- 100 g Haselnüsse gemahlen
- 100 g Vollkornweizengrieß
- 3 EL Rum
- 1 Prise Salz
- 2 P Weinsteinbackpulver
- 250 g Rohmarzipan
- 250 g Himbeermarmelade (2 EL = 100 g zum „Aprikotieren")
- 50 g kochendes Wasser

Guss:
- 65 g Agavendicksaft
- 80 g Schokolade 99 %
- 50 g Karamelltröpfchen

Trockenfrüchte in einer Pengdose mit dem Wasser übergießen und über Nacht gut verschlossen stehen lassen. Die Fruchtmasse mit der Einweichflüssigkeit und dem Apfel im Vitamix zu einer glatten Masse pürieren. Die trockenen Zutaten ohne Marzipan und Marmelade mischen. Fruchtgemisch und Rum hinzugeben und mit den Rührhaken eines Handrührgeräts gut vermischen. Etwa die Hälfte des Teigs in eine mit Backpapier überspannte Springform geben. Marzipan in Scheiben schneiden und darauf legen. Mit ca. 150 g Marmelade bestreichen. Mit dem Restteig bedecken.

In den auf 165 °C (Heißluft) vorgeheizten Ofen einschieben und 43 Min. bei 165 °C backen, 10 Min. im ausgeschalteten Ofen nachbacken, noch 10 Min. im geöffneten Ofen stehen lassen.

Zum Aprikotieren 100 g der Himbeermarmelade mit dem kochenden Wasser mit einem kleinen Schneebesen glattrühren. Kalt und fest werden lassen. Agavendicksaft und Schokolade vorsichtig im Wasserbad erhitzen und mit einem Messer auf dem Kuchen verteilen und mit Karamelltröpfchen bestreuen.

13635. Brotpizza III, Januar 2023
Vorläufer 13630

- 2 Scheiben Brot (130 g)
- 35 g Erdnussmus (gekauft)
- 70 g Riesenbohnen (Dose)
- 1 Tomate (80 g), in dünne Scheiben geschnitten
- 3 Scheiben (70 g) Butterkäse

Pizzaform mit Backpapier auslegen. Brotscheiben mit Nussmus bestreichen und eng aneinanderlegen. Bohnen darauf verteilen, mit Tomatenscheiben bedecken. Käsescheiben darüberlegen.

In den kalten Ofen schieben. 21 Min. bei 185 °C backen. Im Ofen befand sich außerdem eine Pizza aus der Kühltheke, daher die etwas längere Backzeit.

13636. Kleine Salatplatten, Januar 2023
2 Personen, zwei Essteller

- Pro Person 275 g Salatgemüse, z. B. hier:
  - 2 EL Riesenbohnen (Dose)
  - 2 Tomaten
   1 Paprikaschote rot
  - 1/3 Salatgurke
- 3 EL Skyrdressing aus dem Thermomix 13631
- 6 EL Wasser

Gemüse kleinschneiden und in Häufchen auf den Teller platzieren. Dressing und Wasser verquirlen und über das klein geschnittene Gemüse geben.

13637. Kartoffelallerlei II, Januar 2023

- 10 g Sonnenblumenöl
- 35 g Zwiebeln
- 160 g Kartoffeln
- 60 g weißer Reis
- 100 g Erbsenkochwasser (Dose)
- 1 TL Gemüsebrühe
- 100 g Wasser
- 55 g Erbsen aus der Dose

Gemüse kleinschneiden. Alle Zutaten bis auf die Erbsen in einer 20-cm-Pfanne als Gemüsepfanne 25 Min. dünsten. Am Ende der Kochzeit Erbsen zugeben und miterhitzen.

13638. Geburtstagskuchen Trockenfrucht, Januar 2023
Vorläufer: 13634; Springform 26 cm

- 300 g Softdatteln
- 200 g Feigen
- 500 g Wasser
- 220 g Äpfel ohne Kerngehäuse
- 50 g Kakaopulver schwach entölt
- 1 P Zitronenschale
- 1 TL Lebkuchengewürz
- 1 TL Zimt

- 1 P Finesse Vanillearoma
- 125 g Dinkelvollkornmehl
- 100 g Roggenvollkornmehl
- 95 g Haselnüsse gemahlen
- 105 g Vollkornweizengrieß
- 3 EL Rum
- 1 Prise Salz
- 2 P Weinsteinbackpulver
- 250 g Rohmarzipan
- 200 g Denree Doppelschokocreme
- Guss: 150 g Vollmilch-Weihnachtsmänner
- Bestreuen: 50 g Karamell-Chunks

Trockenfrüchte in einer Pengdose mit dem Wasser übergießen und über Nacht gut verschlossen stehen lassen. Die Fruchtmasse mit der Einweichflüssigkeit und dem Apfel im Vitamix (2 L-Behälter) zu einer glatten Masse pürieren.

Die trockenen Zutaten ohne Marzipan und Schokocreme mischen. Fruchtgemisch und Rum hinzugeben und mit den Rührhaken eines Handrührgeräts gut vermischen. Etwa die Hälfte des Teigs in eine mit Backpapier überspannte Springform geben. Marzipan in Scheiben schneiden und darauf legen. Mit Schokocreme bestreichen. Mit dem Restteig bedecken. In den auf 165 °C (Heißluft) vorgeheizten Ofen einschieben und 43 Min. bei 165 °C backen, 10 Min. im ausgeschalteten Ofen nachbacken. Weihnachtsmänner vorsichtig im Wasserbad erhitzen und mit einem Messer auf dem Kuchen verteilen. Vorsichtig heißt: Bei kleiner Einstellung langsam erhitzen. Ich habe festgestellt, dass ein Wasserbad auf größerer Einstellung Schokolade auch gerinnen lassen kann, vor allem solche aus konventioneller Schokolade. Bestreuen mit Karamell-Chunks. Mindestens abgedeckt 2 Tage im Kühlschrank ruhen lassen.

13639. Orangenmarmelade III, Januar 2023

Vorlage 13413

- 990 g ungeschälte Bio-Orangen, obere Kappe abgeschnitten, geviertelt
- 145 g Apfel
- 350 g Mischung aus Vollrohr- und Rohrohrzucker
- 33 g Zitronensaft
- 3 EL Cointreau
- 1 geh. TL Johannisbrotkernmehl

Obst grob vorschneiden und im TM pürieren (10 Sek./Stufe 10). Zucker und Zitronensaft zugeben, Gärkörbchen als Spritzschutz aufsetzen und kochen (18 Min./Varoma/Stufe 1).

Sobald es richtig kocht, auf 105 °C herunterstellen. (Vorsicht, wenn die Orangen nicht sehr saftig sind, setzt die Menge an.)

Cointreau zugeben, dann 1 TL Johannisbrotkernmehl durch ein Sieb bei Stufe 3,5-4 einlaufen lassen. Schon vorher vorbereiten: Schraubgläser auf ein Handtuch stellen und mit kochendem Wasser füllen, Deckel ebenfalls füllen. Wenn die Konfitüre fertig ist, Wasser ausgießen, Konfitüre einfüllen und Deckel festschrauben.

13640. Tomatenreis mit Chilibohnen, Januar 2023

- 15 g Sonnenblumenöl
- 80 g weißer Reis
- 2 Tomaten (235 g), klein geschnitten
- 1 TL Gemüsebrühe
- 200 g Wasser
- 140 g Chilibohnen aus der Dose
- 1 Prise Salz
- 1 MS Sambal Oelek (selbstgemacht und sehr scharf)

Öl, Reis, Tomaten, Gemüsebrühe und Wasser zum Kochen bringen. Auf kleiner Einstellung 25-30 Min. garen. Chilibohnen, Salz und Sambal zufügen und kurz zusammen erwärmen.

13641. Heidelbeer-Orangenmarmelade, Januar 2023

Vorläufer 13413

- 2 ungeschälte Bio-Orangen (285 g), obere Kappe abgeschnitten und geviertelt
- 495 g Heidelbeeren
- 130 g Apfel
- 275 g Rohrohrzucker
- 30 g Zitronensaft
- 1 P Vanillearoma Finesse
- 1 gestr. Eierlöffel Johannisbrotkernmehl

Orangen grob vorschneiden und im TM zerkleinern (5 Sek./Stufe 5). Heidelbeeren, Apfel, Zucker, Zitronensaft und Vanillearoma zugeben und pürieren (10 Sek./Stufe 8). Gärkörbchen als Spritzschutz aufsetzen und kochen (16 Min./Varoma/Stufe 1). Sobald es richtig kocht, auf 105 °C herunterstellen. 1 TL Johannisbrotkernmehl durch ein Sieb bei Stufe 3,5-4 einlaufen lassen.

Schon vorher vorbereiten: Schraubgläser auf ein Handtuch stellen und mit kochendem Wasser füllen, Deckel ebenfalls füllen. Wenn die Konfitüre fertig ist, Wasser ausgießen, Konfitüre einfüllen und Deckel festschrauben.

13642. Englischer Kuchen, Januar 2023

1 Kastenform 30 cm

Teig:

- 150 g Butter
- 100 g Skyr
- 225 g Rohrohrzucker
- 1 P Vanillearoma Finesse
- 1 Prise Salz
- 4-6 Tropfen Backöl Orange
- 1 Fläschchen Rumaroma
- 1 Prise Salz
- 4 Eier
- 250 g Dinkelmehl Typ 1050
- 75 g Kartoffelstärke o. Ä.
- 1 P Vanillepuddingpulver
- 1 P Weinsteinbackpulver
- 1 EL Hafermilch

Einlage:

- 50 g gehackte Mandeln
- 125 g Sultaninen
- 100 g Zitronat
- Butter für die Form
- Grieß für die Form

Guss:

- 140 g Weihnachtsmänner
- 50 g Karamell-Chunks zum Bestreuen

Zutaten in eine Rührschüssel geben und mit einem Handrührgerät mischen. Wenn es nicht mehr spritzt, auf höchster Stufe 2 Min. rühren. Einlage Zugeben und vorsichtig unterrühren. Eine Kastenform mit Butter einfetten und mit Grieß ausstreuen. Teig hineingeben und im vorgeheizten Ofen bei 165 °C/70 Min. backen. 10 Min. im ausgeschalteten Ofen nachbacken. Schokolade im Wasserbad vorsichtig (2/14) erhitzen, bis sie streichbar ist. Kuchen vor allem von oben einpinseln und mit Chunks bestreuen.

Hinweis: *Der Kuchen ist sehr lecker, aber er könnte feuchter sein. 60 Min. backen und 10 min. nachbacken wäre ein Experiment wert. Ich habe nachgebacken, weil am Stäbchen noch etwas feuchter Teig war.*

13643. Porree mit drei Kohlehydraten, Januar 2023

- 10 g Sonnenblumenöl
- 120 g Kartoffeln, in Scheiben
- 1 EL (20 g) rote Linsen
- 1 EL (20 g) weißer Reis
- 1 TL Gemüsebrühe
- 150 g Porree, in Scheiben
- 150 g Wasser

Als Gemüsepfanne 25-30 Min. garen.

13644. Skyrdressing Kichererbsen I, Januar 2023

Vorläufer 13633

- Ca. 800 g Skyr (= 2 Becher)
- 50 g Sonnenblumenöl
- 110 g Agavendicksaft
- 2 Knoblauchzehen (9 (11) g)
- 1 EL (15 g) Gemüsebrühpulver
- 17 (15) g Salz
- 1 Prise Pfeffer
- 1/2 TL Currypulver
- 1 Prise Masala
- 1 TL getr. Pizzakräuter
- 20 g Zitronensaft
- 1 TL Senf
- 3 EL (70 g) Kichererbsen, aus der Dose
- 140 g Kichererbsenwasser
- 460 g Wasser
- 10 g Guarkernmehl

Alle Zutaten bis auf das Guarkernmehl gut mixen (1,5 Min./Stufe 10). Guarkernmehl dann während des Rührens einrieseln lassen, nochmals 10-20 Sek./Stufe 10.

13645. Dosengemüse überbacken, Februar 2023

- 220 g Prinzessbohnen aus der Dose
- 105 g Kichererbsen aus der Dose
- 1 Ei
- 30 g Skyr
- 1 Prise Salz
- 4 EL Wasser (von den Bohnen)
- 2 Scheiben Butterkäse (50 g)

Abgetropftes Gemüse in eine feuerfeste Form geben. Ei, Skyr, Salz und Wasser verquirlen und über das Gemüse geben. Mit Käse abdecken.

In den kalten Ofen schieben (zusammen mit einer Pizza aus der Kühltheke) und 21 Min. bei 185 °C backen.

13646. Porreegemüse mit Brotwürfeln, Februar 2023

- 165 g Porree, in Scheiben
- 75 g Süßkartoffeln, in Scheiben
- 125 g Wasser
- 1 TL Gemüsebrühe
- 2 Scheiben Brot (100 g), gewürfelt
- 25 g Cashewnussmus

Gemüse, Wasser und Brühe als Gemüsepfanne 20 Min. garen. Brotwürfel und Nussmus einrühren und miterhitzen.

13647. Möhrenrelish süß, Februar 2023

Vorläufer 13217 (Möhrenmarmelade)

- 750 g Möhren, ungeschält, Schadstellen entfernt
- 50 g Wasser
- 100 g Zitronensaft
- 325 g Rohrohrzucker
- 100 g Sultaninen
- 2 x Vanilleextrakt Finesse
- 1 Apfel, ohne Kerngehäuse (130 g)
- 2 EL Cointreau
- 1 gestr. TL Johannisbrotkernmehl

Möhren mit Wasser und Zitronensaft im TM zerkleinern (20 Sek./Stufe 7). Dann angaren (10 Min./105 °C/Stufe 4). Zucker, Sultaninen, Vanilleextrakt und Apfel hinzufügen. Mixen (5 Sek./Stufe 6) und garen (12 Min./105 °C/ Stufe 1). Johannisbrotkernmehl und Cointreau zufügen und nochmals einige Sek. auf Stufe 7 laufen lassen.

Fazit: *Zucker kann noch reduziert werden.*

13648. Tomatenketchup Nussmus XIX, Februar 2023

Vorläufer 13616; 4 größere Schraubgläser

- 2 Dosen Tomaten inklusive Saft (800 g)
- 150 g Apfelessig
- 110 g Wasser
- 250 g Trockenfrüchte = 200 g Softdatteln + 50 g Sultaninen
- 11 g Knoblauchzehen
- 1 EL Erdnussmus (50 g)
- 1/2 Gemüsezwiebel (180), geviertelt
- 1 Apfel (145 (165) g)
- 1/2 rote Paprika (90 (65) g)
- 1 Stück Essigpeperoni 7/4573 (10 g)
- 20 g Salz
- 2 TL Gemüsebrühe
- 1/2 Pfeffer
- 2 geh. TL Paprikapulver
- 1/2 TL Curry
- 50 g Tomatenmark
- 125 g Wasser

Alle Zutaten bis auf die zweite Menge Wasser in den Mixtopf geben. 25 Sek. auf Stufe 10 zerkleinern, dabei den Messbecher fest andrücken, anschließend garen (35 Min./105 °C/Stufe 3). Nach Ende der Garzeit Rest Wasser zugeben und fein pürieren (20 Sek./Stufe 10). Direkt in Schraubgläser füllen.

13649. Selleriekartoffeln überbacken, Februar 2023

- Kartoffeln 210 g, in Scheiben
- 1 Zwiebel 65 g, gewürfelt
- 105 g Sellerie, gewürfelt
- 1 TL Gemüsebrühe
- 175 g Wasser
- 25 g Cashewmus
- 1 Tomate 80 g, in Scheiben
- 2 Scheiben Butterkäse, 45 g

Gemüse mit Brühe und Wasser als Gemüsepfanne 20 Min. garen. Cashewmus unterrühren, kurz aufkochen und in eine kleine Glasform umfüllen. Mit Tomatenscheiben und abschließend mit Käse belegen.

In den kalten Ofen schieben und mit einer Pizza von der Kühltheke 21 Min. bei 185 °C backen.

13650. Zwiebel-Gemüse-Relish, Februar 2023

Vorläufer 13617; 2,5 Gurkengläser oder Ähnliches

- 125 g Süßkartoffel
- 275 g Möhren
- 570 g Zwiebeln
- 1 Apfel (230 g, ohne Kerne)
- 1 Knoblauchzehe (13 g)
- 250 g Sultaninen
- 90 g selbstgemachter Tomatenketchup
- 1 geh. TL Salz
- 1 geh. MS gem. Nelken
- 1 gehäufter (knapper) TL Zimt
- 1 TL Paprikapulver edelsüß
- 1 TL gem. Kreuzkümmel
- 1 gestr. TL Curry
- 1 Prise Masala
- 1 TL Pizzagewürz
- 10 g Tomatenmark
- 5 g Meerrettich aus dem Glas (Bode)
- 130 g Apfelessig
- 20 g scharfer Essig (von eingelegten Peperoni)
- 205 g Wasser

Möhren und Süßkartoffel im TM zerkleinern (5 Sek./Stufe 6) und umfüllen. Zwiebeln zerkleinern (5 Sek./Stufe 6) und umfüllen. Rosinen, Knoblauch und Apfel zerkleinern (5 Sek./Stufe 6). Zerkleinertes Gemüse und die restlichen Zutaten zugeben. 55 Min./105 °C/Linkslauf/Stufe 1 (evtl. 60 Min., das Gemüse ist nicht weich) ohne Messbecher garen. Sobald es kocht, wenn nötig Garkörbchen als Spritzschutz aufsetzen. Relish in leere Schraubgläser füllen. Sofort verschließen und abgekühlt im Kühlschrank aufbewahren.

13651. Brotlasagne, Februar 2023

- 2 Scheiben Brot (90 g)
- 5 g Butter
- 20 g Frischkäse
- 2 EL Skyrdressing aus dem Thermomix 13644
- 2 EL Ketchup
- 80 g Mais aus der Dose
- 1 Tomate (90 g), in Scheiben
- 2 Scheiben Käse (50 g)

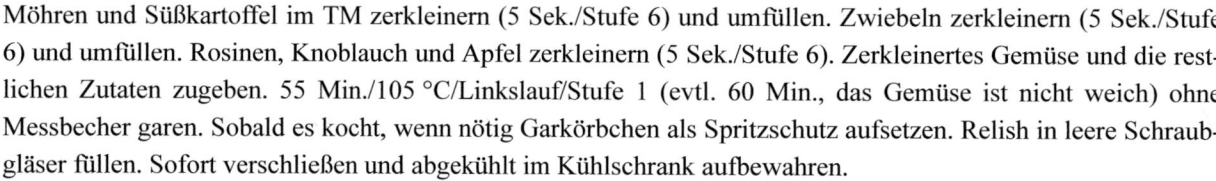

Brot toasten und abkühlen lassen. Eine Scheibe mit Butter bestreichen und mit der gebutterten Seite nach unten in eine Glasform o. Ö. geben. Mit einem 1 EL Ketchup bedecken und Mais darauf geben. 1 EL Dressing darauf verteilen. Zweite Scheibe Brot auflegen, darauf den 2. EL Ketchup verteilen. Die Tomatenscheiben auflegen und Rest Dressing darauf tröpfeln. Mit Käse belegen.

In den kalten Ofen schieben und (gleichzeitig mit einer Fertigpizza aus der Kühltheke) 21 Min. bei 185 °C (Heißluft) erhitzen.

13652. Heidelbeerkuchen mit Quarkölteig, Februar 2023

Vorläufer 13628

- 100 g Skyr
- 1 P Vanillearoma Finesse
- 4 EL = 40 g Sonnenblumenöl
- 2 Eier
- 200 g Dinkelmehl 1050
- 2 TL Backpulver
- 2 gestr. EL Flohsamenschalen.
- 100 g gehackte Haselnüsse

- 50 g Butter
- 1 EL Hafermilch
- 50 g Zucker
- 325 g Heidelbeeren, frisch

Skyr, Milch, und Öl miteinander verquirlen. Eier einzeln ein-rühren, Mehl und Backpulver dazugeben. Nicht zu lange rühren. Springform (26 cm) mit Backpapier überziehen und Teig darauf verstreichen. Mit Flohsamenschalen bestreuen und Heidelbeeren darauf verteilen. Haselnüsse in der zerlasse-nen Butter und 1 EL Hafermilch verrühren und gleichmäßig auf dem Obst verstreichen.

Backofen auf 165 °C (Heißluft) vorheizen und Kuchen ein-schieben. 35 Min. bei 165 °C backen, 5 Min. im ausgeschalteten Ofen nachbacken. Auf einem Gitterrost abkühlen lassen.

13653. Rodonkuchen, Februar 2023

Nach einem alten Dr.-Oetker-Rezept (Backen macht Freude, Seite 28).

- 200 g Butter
- 200 g Zucker
- 1 P Finesse (Vanillearoma)
- 100 g Dinkelvollkornmehl
- 360 g Dinkelmehl Typ 1050
- 1 P Vanillepuddingpulver (37 g)
- 4 Eier
- Etwas Salz
- 1 P Weinsteinbackpulver
- 150 g Hafermilch
- 250 g Sultaninen
- 50 g gehackte Mandeln
- Butter und Vollkorngrieß für die Form
- Schokoladenguss: 175 g Schokoladenweihnachtsmänner (Vollmilch)
- Bestreuen: White Chocolate Chunks (nach Wunsch)

Zutaten in eine Schüssel geben und mit dem Handrührgerät oder einer Küchenmaschine 2 Min. verrühren. Napfkuchen-form mit Butter einfetten und mit Grieß ausstreuen. Teig hineingeben. Ofen (Heißluft) auf 165 °C vorheizen.

Kuchen 60 Min. bei 165 °C backen (55 Min. wäre es wert zu probieren). Ein nasses Tuch auf einen Gitterrost legen, Form aus dem Ofen nehmen und auf das Tuch stellen. Wenn die Form lauwarm ist, Kuchen stürzen. Erkalten lassen und mit Schokoladenguss (Schokomänner auf klei-ner Einstellung im Wasserbad flüssig werden lassen) überziehen und White Chocolate Chunks oben auf den Kuchen setzen.

13654. Kohlrabireis, Februar 2023

- 75 g weißer Reis
- 155 g Kohlrabi, gewürfelt
- 75 g rote Paprika, gewürfelt
- 25 g Cashewbruch
- 1 TL Gemüsebrühe
- 225 g Wasser

30 Min. auf kleiner Einstellung kochen. Fertig.

13655. Skyrdressing Riesenbohnen III, Februar 2023

Vorläufer 13644

- ca. 800 g Skyr (= 2 Becher)
- 50 g Sonnenblumenöl
- 25 g Agavendicksaft
- 80 g Ahornsirup (sollte weniger sein)
- 2 Knoblauchzehen (12 g)
- 1 EL (15 g) Gemüsebrühpulver
- 15 g Salz
- 1 Prise Pfeffer
- 1/2 TL Currypulver
- 1 Prise Masala
- 1 TL getr. Pizzakräuter
- 20 g Zitronensaft
- 1 TL Senf
- 100 g Riesenbohnen aus der Dose
- 600 g Wasser
- 10 g Guarkernmehl

Alle Zutaten bis auf das Guarkernmehl gut mixen (1,5 Min./Stufe 10). Guarkernmehl dann während des Rührens einrieseln lassen, nochmals 10-20 Sek./Stufe 10.

13656. Auberginenpfanne, Februar 2023

- 1 kleine Dose Kichererbsen (160 g Flüssigkeit, 240 g Gemüseeinwaage)
- 1 TL Gemüsebrühe
- 14 g Knoblauch, klein geschnitten
- 235 g Aubergine, in Scheiben
- 1 (80 g) Tomate, gewürfelt
- 1 Prise Salz
- 1 Prise Pfeffer
- 30 g Cashewmus

Gemüse, Gemüsebrühe und Kichererbsen als Gemüsepfanne 15 Min. garen. Abschmecken mit Salz und Pfeffer. Cashewmus unterrühren, kurz erhitzen und warten, bis die Soße eingedickt ist.

13657. Russisch-Wuppertaler Zupfkuchen, Februar 2023

1 Springform 26 cm

Teig:
- 150 g weiche Butter
- 150 g Rohrohrzucker
- 1 P Vanillearoma Finesse
- 1 Ei
- 300 g Dinkelvollkornmehl
- 2 gestr. TL Weinsteinbackpulver
- 1 Prise Salz
- 30 g Kakao
- 1 EL Hafermilch

Käsemasse:
- 500 g Quarkzubereitung *
- 2 Eier
- 120 g Ahornsirup
- 50 g Sonnenblumenöl
- 50 g Sahne
- 2 P Vanillepuddingpulver
- 215 g Hafermilch

Butter schaumig rühren und Zucker, Aroma, Ei, Salz und Milch zugeben. Gut mixen. Mehl, Kakao und Backpulver mischen und etwas mehr als die Hälfte der Mischung portionsweise einrühren (Handrührgerät). Den Rest Mischung darauf schütten und solange mit den Rührbesen (niedrige Stufe) schlagen, bis eine krümelige Masse entsteht. Knapp zwei Drittel des Teigs in einer mit Backpapier ausgelegten Springform an den Boden drücken, am Rand etwas hochziehen.

Zutaten im TM vermischen (30 Sek./Stufe 5). Auf den Teig gießen und den restlichen Teig darüber krümeln. Ofen (Heißluft) auf 185 °C vorheizen. Kuchen einschieben und 55 Min. bei 185 °C backen. 10 Min. im ausgestellten Ofen nachbacken.

* Es sollte Quark sein, aber was ich in Bioqualität für Quark hielt, war die hier verwendete Quarkzubereitung (25 % Joghurt). Daher habe ich die Hafermilchmenge (eigentlich 245 g) reduziert.

13658. Süßlicher Kartoffelmöhrentopf, Februar 2023

- 100 g Kartoffeln, in Scheiben
- 1 TL Gemüsebrühe
- 195 g Möhren, in Scheiben
- 20 g Weinbeeren
- 30 g rote Linsen
- 150 g Wasser

Auf kleiner Einstellung 30 Min. kochen.

Tipp: *Mir war es auch ohne Zugabe von Salz salzig genug.*

13659. Winterliches Allerlei, März 2023

- 100 g rote Paprika, gewürfelt
- 135 g Kartoffeln, in Scheiben
- 140 g Möhren, in Scheiben
- 1 TL Gemüsebrühe
- 1 EL Cashewbruch (15 g)
- 20 g weißer Reis
- 1 Tomate (80 g), kleingeschnitten
- 155 g Wasser

Tipp: *Mir war es auch ohne Zugabe von Salz salzig genug.*

13660. Skyrdressing Riesenbohnen IV, März 2023

Vorläufer 13655

- ca. 800 g Skyr (= 2 Becher)
- 50 g Sonnenblumenöl
- 100 g Ahornsirup
- 2 Knoblauchzehen (11) g)
- 1 EL (15 g) Gemüsebrühpulver
- 15 g Salz
- 1 Prise Pfeffer
- 1/2 TL Currypulver
- 1 Prise Masala
- 1 TL getr. Pizzakräuter
- 20 g Zitronensaft
- 1 TL Senf
- 125 g Riesenbohnen aus der Dose
- 160 g Bohnenflüssigkeit
- 440 g Wasser
- 10 g Guarkernmehl

Alle Zutaten bis auf das Guarkernmehl gut mixen (1,5 Min./Stufe 10). Guarkernmehl dann während des Rührens einrieseln lassen, nochmals 10-20 Sek./Stufe 10.

13661. Marmorkuchen Doppeldeluxe, März 2023

Nach einem alten Dr.-Oetker-Rezept (Seite 27, Backen macht Freude).

Teig:
- 125 g Vollmilch-Weihnachtsmann, ca. 1-2 Std. im Tiefkühlfach gekühlt
- 250 g Butter (davon 20 g zum Einfetten der Form)
- 225 g Rohrohrzucker
- 1 P Finesse (Vanillearoma)
- 4 Eier
- 2 EL Rum
- 150 g Dinkelvollkornmehl
- 200 g Dinkelmehl Typ 1050
- 150 g gemahlene Mandeln
- Etwas Salz
- 1 P Weinsteinbackpulver
- 125 g Hafermilch

Dunkler Teig:
- 30 g Kakao
- 20 g Rohrohrzucker
- 4 EL Hafermilch

Schokoladenguss:
- 200 g Schokoladenweihnachtsmänner (Vollmilch)

Schokolade im TM mahlen (8 Sek./Stufe 8). Teigzutaten in eine Schüssel geben und mit dem Handrührgerät oder einer Küchenmaschine 2 Min. verrühren. 30-cm-Kastenform mit Butter einfetten und mit Grieß ausstreuen. Zwei Drittel des Teigs (ca. 800 g) hineingeben.

Rest des Teigs mit den Zutaten für den dunklen Teig verrühren. Auf dem hellen Teig verteilen. Eine Gabel spiralenförmig durch die beiden Teigschichten ziehen.

Ofen (Heißluft) auf 165 °C vorheizen. Kuchen 60 Min. bei 165 °C backen (55 Min. wäre es wert zu probieren). Ein nasses Tuch auf einen Gitterrost legen, Form aus dem Ofen nehmen und auf das Tuch stellen. Wenn die Form lauwarm ist, Kuchen stürzen. Erkalten lassen. Schokogusszutaten auf kleiner Einstellung im Wasserbad flüssig werden lassen. Den Kuchen damit überziehen.

Tipp: *White Chocolate Chunks oben auf den Kuchen setzen.*

13662. Reis-Linsen mit Möhren, März 2023
- 25 g rote Linsen
- 65 g weißer Reis
- 160 g Möhrenscheiben
- 1 Knoblauchzehe, in Scheiben (2 g)
- 15 g Sonnenblumenöl
- 1 TL Gemüsebrühe
- 250 g Wasser

Zutaten in eine 20-cm-Pfanne geben und zum Kochen bringen. Auf kleinere Einstellung bringen, aber es muss die ganze Zeit kochen (sonst garen die Linsen nicht). Nach 30 Min. ist das Essen fertig.

13663. Apfelkuchen, sehr fein, mit Mandeln, März 2023

26-cm-Springform; Dr. Oetker-Rezept
- 100 g Butter
- 120 g Rohrohrzucker
- 3 Eier
- 1 Prise Salz
- 50 g gem. Mandeln

- 135 g Dinkel-Vollkornmehl
- 15 g Dinkelmehl 1050
- 4 EL Hafermilch
- 1/2 P Weinsteinbackpulver
- Ca. 600 g Äpfel
- 1 EL Rohrohrzucker

Zutaten bis auf Äpfel und 1 EL Zucker in eine Rührschüssel geben und 2 Min. mit dem Handrührgerät verrühren. Teig in eine mit Backpapier ausgelegte Springform geben. Äpfel vierteln, mehrmals der Länge nach einritzen und kranzförmig auf den Teig legen. Ofen auf 165 °C vorheizen. 40-45 Min. bei 165 °C backen.

13664. Champignons zu Brot, März 2023
- 15 g Sonnenblumenöl
- 235 Champignons, in Scheiben
- 45 g Porree, in Ringen
- 60 g Wasser
- 4 g Knoblauch, gehackt
- 25 g Cashewnussmus

Zutaten ohne Cashewnussmus als Gemüsepfanne 15 Min. dünsten. Dann das Nussmus unterrühren und aufkochen. Die Soße sollte dicken. Mit Brot servieren.

13665. Nusskuchen Thermomix, März 2023

1 Kastenform 30 cm

- Butter für die Form
- Grieß für die Form
- 180 g Butter
- 1 Prise Salz
- 4 kleine Eier
- 200 g gem. Haselnüsse

- 200 g Rohrohrzucker
- 200 g Dinkel-Vollkornmehl
- 10 g Weinsteinbackpulver
- 100 g Hafermilch
- 30 g Rum

Guss und Deko:
- 1 Weihnachsmann Vollmilch 175 g
- White Chocolate Chunks (optional)

Form mit Butter einfetten und mit Grieß ausstreuen. Butter, Zucker, Salz und Eier im TM verrühren (1 Min./30 Sek./37 °C/Stufe 5). Nüsse, Mehl, Backpulver, Milch und Rum zugeben. Erneut verrühren (30 Sek./Stufe 5). In die Kastenform geben, Ofen (Heißluft) auf 165 °C vorheizen. 50 Min. bei dieser Temperatur backen und 5 Min. im ausgeschalteten Ofen nachbacken.

Kalt aus der Form stürzen und nach Geschmack mit Glasur überziehen. Für die Glasur die Schokolade grob zerteilen und im Wasserbad auf kleiner Einstellung (2/14) verflüssigen. Kuchen damit bestreichen. Mit den Chunks bestreuen.

Fazit: Empfehlenswert, sehr saftig und nussig!

13666. Süßkartoffeln mit Spaghetti, März 2023
- 50 g in Stücke gebrochene Spaghetti
- 1 TL Gemüsebrühpulver
- 1 TL Sonnenblumenöl
- 1 Tomate (130 g), in Stücken
- 165 g Süßkartoffel (gewürfelt)
- 150 g Wasser
- 25 g Frischkäse einrühren

Ohne den Frischkäse als Gemüsepfanne 15 Min. garen. Käse einrühren, 5 Min. auf kleinster Stufe stehenlassen.

13667. Skyrdressing Kichererbsen II, März 2023

Vorläufer 13660

- ca. 800 g Skyr (= 2 Becher)
- 50 g Sonnenblumenöl
- 100 g Ahornsirup
- 2 Knoblauchzehen (11) g)
- 1 EL (15 g) Gemüsebrühpulver
- 17 g Salz
- 1 Prise Pfeffer
- 1/2 TL Currypulver
- 1 Prise Masala
- 1 TL getr. Pizzakräuter
- 20 g Zitronensaft
- 1 TL Senf
- 2 g Meerrettich (Bode)
- 1 Dose Kichererbsen mit 265 g Kichererbsen und 135 g Kochwasser
- 465 g Wasser
- 10 g Guarkernmehl

Alle Zutaten bis auf das Guarkernmehl gut mixen (1,5 Min./Stufe 10). Guarkernmehl dann während des Rührens einrieseln lassen, nochmals 10-20 Sek./Stufe 10.

13668. Gemüsepfanne pur, März 2023

- 90 g Porree in Ringen
- 145 g Tomate, in dickeren Scheiben
- 150 g Aubergine, in Halbscheiben
- 15 g Sonnenblumenöl
- 50 g Wasser
- Zum Abschmecken: etwas Salz

Als Gemüsepfanne 15 Min. in einer 24-cm-Keramikpfanne garen. Mit etwas Salz abschmecken (1-2 Prisen).

13669. Tomatenketchup Nussmus XX, März 2023

Vorläufer 13648; 4 größere Schraubgläser

- 2 Dosen Tomaten inklusive Saft (800 g)
- 150 g Apfelessig
- 110 g Wasser
- 200 g Softdatteln
- 50 g Sultaninen
- 9 g Knoblauchzehen
- 1 EL Erdnussmus (50 g)
- 215 g Zwiebeln (180), davon 120 g eine rote Zwiebel
- 1 Apfel (170 g)
- 1/2 rote Spitzpaprika (35 g)
- 1 Stück Essigpeperoni 7/4573 (10 g)
- 20 g Salz
- 2 TL Gemüsebrühe
- 1/2 TL Pfeffer
- 2 geh. TL Paprikapulver
- 1/2 TL Curry
- 50 g Tomatenmark
- 10 g Peperoniessig
- 115 g Wasser

Alle Zutaten bis auf die zweite Menge Wasser in den Mixtopf geben. Zerkleinern (25 Sek./Stufe 10), dabei den Messbecher fest andrücken, anschließend garen (35 Min./105 °C/Stufe 3). Nach Ende der Garzeit Rest Wasser zugeben und fein pürieren (20 Sek./Stufe 10). Direkt in Schraubgläser füllen.

13670. Zwiebel-Möhren-Relish II, März 2023

Vorläufer 13647; 2,5 Gurkengläser oder Ähnliches

- 405 g Möhren
- 600 g Zwiebeln
- 1 Apfel (230 g, ohne Kerne)
- 1 Knoblauchzehe (13 g)
- 250 g Sultaninen
- 100 g selbstgemachter Tomatenketchup
- 1 geh. TL Salz
- 1 geh. MS gem. Nelken
- 1 gehäufter (knapper) TL Zimt
- 1 TL Paprikapulver edelsüß
- 1 TL gem. Kreuzkümmel
- 1 gestr. TL Curry
- 1 Prise Masala
- 1 TL Pizzagewürz
- 10 g Tomatenmark
- 5 g Meerrettich aus dem Glas (Bode)
- 130 g Apfelessig
- 20 g scharfer Essig (von eingelegten Peperoni)
- 205 g Wasser

Herstellung im Thermomix. Möhren zerkleinern (5 Sek./Stufe 5) und umfüllen. Zwiebeln zerkleinern (5 Sek./Stufe 6) und umfüllen. Rosinen, Knoblauch und Apfel zerkleinern (5 Sek./Stufe 6). Zerkleinertes Gemüse und die restlichen Zutaten zugeben. 55 Min./105 °C/Linkslauf/Stufe 1 (evtl. 60 Min., das Gemüse ist nicht weich) ohne Messbecher garen. Sobald es kocht, wenn nötig Garkörbchen als Spritzschutz aufsetzen. Relish in leere Schraubgläser füllen. Sofort verschließen und abgekühlt im Kühlschrank aufbewahren.

13671. Schokokuchen Trockenfrucht Oldie, April 2023

Vorläufer: 13638; Springform 26 cm

- 200 g Datteln Deglet Nour
- 200 g Softfeigen
- 100 g Weinbeeren
- 500 g Wasser
- 190 g Äpfel ohne Kerngehäuse
- 50 g Kakaopulver schwach entölt
- 2 Tropfen Bittermandelöl
- 1 P Finesse Vanillearoma
- 200 g Roggenvollkornmehl
- 200 g Haselnüsse gemahlen
- 3 EL Rum
- 1 Prise Salz
- 2 P Weinsteinbackpulver
- Guss:
- 150 g Vollmilch-Weihnachtsmänner
- Sonnenblumenkerne

Trockenfrüchte in einer Pengdose mit dem Wasser übergießen und über Nacht gut verschlossen stehen lassen. Die Fruchtmasse mit der Einweichflüssigkeit und dem Apfel im Vitamix (2 L-Behälter) zu einer glatten Masse pürieren.

Die trockenen Zutaten mischen. Fruchtgemisch und Rum hinzugeben und mit den Rührhaken eines Handrührgeräts gut vermischen. Den Teig in eine mit Backpapier überspannte Springform geben. In den auf 165 °C (Heißluft) vorgeheizten Ofen einschieben und 43 Min. bei 165 °C backen, 10 Min. im ausgeschalteten Ofen nachbacken. Für den Guss die Schokolade vorsichtig im Wasserbad erhitzen und mit einem Messer auf dem Kuchen verteilen. Bestreuen mit Sonnenblumenkernen. Mindestens abgedeckt 2 Tage im Kühlschrank ruhen lassen.

Fazit: *Erst ist lecker, aber warum er so wenig luftig ist, weiß ich nicht. Das neue Handrührgerät von Bosch? Ist es nicht kräftig genug? Geschmacklich nichts zu beanstanden.*

13672. Babyspinat mit roten Linsen, März 2023

- 115 g Zwiebel, in Würfeln
- 25 g Apfel, in Würfeln
- 50 g Linsen
- 140 + 50 g Wasser
- 2 EL Öl
- 135 g Babyspinat
- Salz

Zwiebeln, Apfel, Linsen und 140 g Wasser in eine Pfanne (20 cm) geben. 25 Min. als Gemüsepfanne garen. Spinat und 50 g Wasser zugeben und weitere 5 Min. auf kleiner Einstellung kochen. Mit Salz abschmecken.

13673. Schokomuffins II, April 2023

Ca. 17 Muffins

- 170 g Schokoladenweihnachtsmänner
- 100 g Rohrohrzucker
- 2 Eier
- 100 g Butter
- 120 g Hafermilch
- 200 g Dinkelvollkornmehl
- 1 P Backpulver
- 1/2 TL Zimtpulver
- 1 Prise Salz
- Guss: 55 g Vollmilchschokolade

Muffinförmchen auf ein Backblech stellen. Schokolade im TM mahlen (6 Sek./Stufe 10; hätten nur 4 Sek. sein sollen). Umfüllen. Zucker, Eier, Butter und Milch schaumig schlagen (15 Sek./Stufe 6; das war nicht schaumig, sondern klumpig). Die restlichen Zutaten einschließlich der gemahlenen Schokolade zugeben und verrühren (15 Sek./Stufe 5). Ofen auf 165 °C (Umluft) vorheizen und Muffins 20 Min. bei 165 °C backen, 6 Min. im offenen ausgeschalteten Ofen etwas abkühlen lassen. Auf einem Gitterrost abkühlen lassen. Wenn sie kalt sind, Schokolade im Wasserbad erhitzen und jeweils einen Strich auf die Muffinoberfläche geben.

13674. Grüner Spargel mit Süßkartoffel, April 2023

2 Portionen

- 395 g grüner Spargel (Enden abgeschnitten), in 2-3 cm langen Stücken
- 230 g Süßkartoffel, gewürfelt
- 1 TL Gemüsebrühe
- 1 Tomate (190 g), gewürfelt
- 150 g Wasser
- 40 g Frischkäse
- 2 Eier
- 1 Prise Salz

Gemüse mit Gemüsebrühe und Wasser als Gemüsepfanne 15-20 Min. dünsten. Käse, Eier und Salz mixen (Pürierstab) und unterrühren. Stocken lassen.

13675. Schokokuchen Trockenfrucht ‚Dinkel‘, April 2023

Vorläufer: 13671; Springform 26 cm

- 200 g Datteln Deglet Nour
- 200 g Softfeigen
- 100 g Weinbeeren
- 500 g Wasser
- 220 g Äpfel ohne Kerngehäuse
- 50 g Kakaopulver schwach entölt
- 1 P Finesse Vanillearoma

- 200 g Dinkelvollkornmehl
- 200 g Haselnüsse gemahlen
- 3 EL Rum
- 1 Prise Salz
- 2 P Weinsteinbackpulver
- Guss: 150 g Vollmilch-Weihnachtsmänner

Trockenfrüchte in einer Pengdose mit dem Wasser übergießen und über Nacht gut verschlossen stehen lassen. Die Fruchtmasse mit der Einweichflüssigkeit, Rum und Apfel im Vitamix (2 L-Behälter) zu einer glatten Masse pürieren.

Die trockenen Zutaten mischen. Fruchtgemisch und Vanillearoma hinzugeben und mit den Rührhaken eines Handrührgeräts gut vermischen. Den Teig in eine mit Backpapier überspannte Springform geben.

In den auf 165 °C (Heißluft) vorgeheizten Ofen einschieben und 43 Min. bei 165 °C backen, 10 Min. im ausgeschalteten Ofen nachbacken.

Schokolade vorsichtig im Wasserbad erhitzen und mit einem Messer auf dem Kuchen verteilen. Vorsichtig heißt: Bei kleiner Einstellung langsam erhitzen. Ich habe festgestellt, dass ein Wasserbad auf größerer Einstellung Schokolade auch gerinnen lassen kann, vor allem solche aus konventioneller Schokolade.

Tipp: Bestreuen nach Belieben. Mindestens abgedeckt 2 Tage im Kühlschrank ruhen lassen.

13676. Skyrdressing Riesenbohnen II, April 2023

Vorläufer 13667

- ca. 800 g Skyr (= 2 Becher)
- 175 g Frischkäse (Philadelphia)
- 70 g Ahornsirup
- 2 Knoblauchzehen (5 g)
- 1 EL (15 g) Gemüsebrühpulver
- 18 g Salz
- 1 Prise Pfeffer
- 1/2 TL Currypulver
- 1 Prise Masala
- 1 TL getr. Pizzakräuter
- 20 g Zitronensaft
- 1 TL Senf
- 2 g Meerrettich (Bode)
- 1 Dose weiße Riesenbohnen mit 250 g Bohnen und 150 g Flüssigkeit
- 450 g Wasser
- 10 g Guarkernmehl

Alle Zutaten bis auf das Guarkernmehl gut mixen (1,5 Min./Stufe 10). Guarkernmehl dann während des Rührens einrieseln lassen, nochmals 10-20 Sek./Stufe 10.

13677. Blumenkohl mit Spaghetti, April 2023

2 Portionen

- 100 g Spaghetti, in Stücken
- 350 g Blumenkohl, in Röschen
- 260 g Tomate, gewürfelt
- 250 g + 70 g Wasser
- 1 TL Gemüsebrühe
- 1 EL Senf
- 40 g Erdnussmus
- 75 g Wasser
- 1 Prise Salz

Nudeln, Gemüse, Brühe und 250 g Wasser als Gemüsepfanne 15 Min. dünsten. Restliche Zutaten unterrühren und kurz aufkochen.

13678. Schokokuchen Trockenfrucht ‚Dinkel' 2, April 2023

Vorläufer: 13675; Springform 26 cm

- 200 g Datteln Deglet Nour
- 200 g Softfeigen
- 100 g Weinbeeren
- 500 g Wasser
- 235 g Äpfel ohne Kerngehäuse
- 50 g Kakaopulver schwach entölt
- 1 P Finesse Vanillearoma
- 200 g Dinkelvollkornmehl
- 200 g Haselnüsse gemahlen
- 3 EL Rum
- 1 Prise Salz
- 2 P Weinsteinbackpulver
- Guss: 150 g Vollmilch-Osterhasen

Trockenfrüchte in einer Pengdose mit dem Wasser übergießen und über Nacht gut verschlossen stehen lassen. Die Fruchtmasse mit der Einweichflüssigkeit, Rum und Apfel im Vitamix (2 L-Behälter) zu einer glatten Masse pürieren.

Die trockenen Zutaten mischen. Fruchtgemisch, Rum und Vanillearoma hinzugeben und mit den Rührhaken eines Handrührgeräts gut vermischen. Den Teig in eine mit Backpapier überspannte Springform geben.

In den auf 165 °C (Heißluft) vorgeheizten Ofen einschieben und 43 Min. bei 165 °C backen, 10 Min. im ausgeschalteten Ofen nachbacken. Für den Guss Schokolade vorsichtig im Wasserbad erhitzen und mit einem Messer auf dem Kuchen verteilen.

Tipp: Bestreuen nach Belieben. Bestreuen nach Belieben. Mindestens abgedeckt 2 Tage im Kühlschrank ruhen lassen. – Er ist nicht ganz so kompakt wie die beiden Vorgänger und schmeckt uns beiden noch etwas besser. Der einzige Unterschied: Ich habe den Teig mit einem Krups 3 Mix statt einem Bosch-Handrührgerät hergestellt.

13679. Mandelkuchen mit Rhabarber, April 2023

Nach dem Rezept Nusskuchen mit Kirschen 5/2003, Meine Familie & Ich

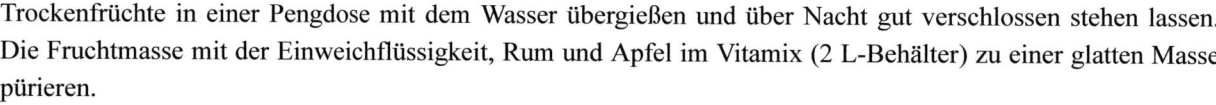

- 1 Schokohase ‚After Eight' (85 g)
- 1 Kopf Vollmilchschokohase (15 g)
- 350 g Rhabarber, in Stücken (netto)
- 150 g weiche Butter
- 200 g Rohrohrzucker
- 1 P Finesse Vanillearoma
- 4 Eier
- 200 g Hafermilch
- 300 g Dinkelvollkornmehl
- 1 Prise Salz
- 1 P Weinsteinbackpulver
- 200 g gem. Mandeln

Als Belag:
- 100 g gehobelte Mandeln
- 2 EL Rohrohrzucker
- 100 g Butter in Stücken

Schokolade in einen Gefrierbeutel geben und zerdrücken bzw. mit einer Teigrolle zerkleinern.

Butter, Zucker, Aroma, Eier und Milch verquirlen. Die trockenen Zutaten mischen und portionsweise einarbeiten. Ein Backblech mit Backpapier auslegen. Den Teig darauf verstreichen. Mit Mandeln und Zucker bestreuen, die Butterstückchen gleichmäßig darauf verteilen.

Ofen (Heißluft) auf 185 °C vorheizen und 35 Min. bei 185 °C backen. Vor dem Zerteilen und Abnahme vom Blech erst abkühlen lassen, er bröselt sonst stark.

13680. Selleriesuppe mit Rhabarber, April 2023

- 35 g Zwiebel, gehackt
- 60 g Kartoffeln, grob zerkleinert
- 30 g Rhabarber
- 175 g Sellerie, vorgeschnitten
- 1 TL Gemüsebrühe
- 400 g Wasser

Die Zutaten ohne das Wasser zerkleinern (10 Sek./Stufe 6). Wasser zugeben und garen (17 Min./105 °C/Stufe 1) und pürieren (10 Sek./Stufe 10).

Tipp: Nach Belieben wie auf dem Foto mit Sonnenblumenkernen dekorieren.

13681. Schokokuchen Trockenfrucht Cointreau, April 2023

Vorläufer: 13671; Springform 26 cm

- 200 g Datteln Deglet Nour
- 200 g Softfeigen
- 100 g Weinbeeren
- 500 g Wasser
- 215 g Äpfel ohne Kerngehäuse
- 50 g Kakaopulver schwach entölt
- 1 P Finesse Vanillearoma
- 200 g Dinkelvollkornmehl
- 200 g gem. Mandeln
- 3 EL Cointreau (Orangenlikör)
- 1 Prise Salz
- 2 P Weinsteinbackpulver
- Guss:
- 150 g Vollmilch-Weihnachtsmänner
- 1 P Mokkabohnen

Trockenfrüchte in einer Pengdose mit dem Wasser übergießen und über Nacht gut verschlossen stehen lassen. Die Fruchtmasse mit der Einweichflüssigkeit und dem Apfel im Vitamix (2 L-Behälter) zu einer glatten Masse pürieren.

Die trockenen Zutaten mischen. Fruchtgemisch und Cointreau hinzugeben und mit den Rührhaken eines Handrührgeräts gut vermischen. Den Teig in eine mit Backpapier überspannte Springform geben.

In den auf 165 °C (Heißluft) vorgeheizten Ofen einschieben und 43 Min. bei 165 °C backen, 10 Min. im ausgeschalteten Ofen nachbacken. Für den Guss die Schokolade vorsichtig im Wasserbad erhitzen und mit einem Messer auf dem Kuchen verteilen. Bestreuen mit Mokkabohnen. Mindestens abgedeckt 2 Tage im Kühlschrank ruhen lassen.

13682. Haferflocken-Tiramisu, April 2023

2 Portionen

- 40 g Haferflocken
- 3 TL Carokaffeepulver
- 120 ml heißes Wasser
- 10 g Rosinen
- 1 knapper TL + 10 g Agavendicksaft
- 130 g Skyr
- Deko: 2 g Trinkkakao (25 % Rohrohrzucker)
- Deko: 11 g Mokkabohnen

Zutaten ohne Skyr, nur 1 TL Agavendicksaft und ohne Deko miteinander verrühren und auf zwei Gläser verteilen. Skyr und 10 g Agavendicksaft verrühren, auf der Haferflockenschicht verteilen. Dekorieren mit Kakao und Mokkabohnen. *Tipp: Für Süßspechte noch 15 g Honig unter die Hauptmasse rühren.*

13683. Klare Selleriesuppe, Mai 2023

- 120 g Sellerie, geschält
- 85 g Möhre
- 95 g Kartoffeln
- 60 g Zwiebel
- 1 TL Gemüsebrühe
- 460 g Wasser
- 1 EL Sonnenblumenöl
- 1 EL Zitronensaft
- 1 Prise Salz

Gemüse, jeweils kleingeschnitten, mit Gemüsebrühe und Wasser in einem kleinen Topf 25 Min. auf kleiner Einstellung kochen. Mit Öl, Saft und Salz abschmecken.

13684. Schoko-Mandelkuchen, Mai 2023

Angelehnt an ein Rezept aus der Rezeptewelt von Vorwerk.

- 200 g Mandeln, ganz
- 100 g Vollmilchschokolade (Osterhasen)
- 4 Eier
- 200 g Hafermilch
- 200 g Rohrohrzucker
- 200 g Butter, weich
- 300 g Dinkelvollkornmehl
- 1 P Backpulver
- 1 EL Cointreau
- Butter und Grieß für die Form

Mandeln im TM mahlen (2 x 5 Sek./Stufe 8). Umfüllen und Schokolade mahlen (20 Sek./Stufe 4), ebenfalls umfüllen. Eier, Zucker, Milch und Butter verrühren (2 Min./Stufe 8). Trockene Zutaten einschließlich der gemahlenen Mandeln in einer Schüssel mischen und mit dem Cointreau in den TM geben. Verrühren (1 Min./Stufe 10). Schokolade hinzugeben und unterheben (Stufe 4/10 Sek. Linkslauf).

Im vorgeheizten Ofen (Heißluft) 60 Min. bei 165 °C backen. 5 Min. im ausgeschalteten Ofen stehen lassen. Auf ein Gitterrost stürzen, abkühlen lassen und mit zerlassener Vollmilchschokolade (Osterhasen; s. 13681) bestreichen.

13685. Skyrdressing Chilibohnen, Mai 2023

Vorläufer 13667

- ca. 800 g Skyr (= 2 Becher)
- 50 g Sonnenblumenöl
- 100 g Ahornsirup
- 2 Knoblauchzehen (13 g)
- 1 EL (15 g) Gemüsebrühpulver
- 20 g Salz
- 1 Prise Pfeffer
- 1/2 TL Currypulver
- 1 Prise Masala
- 1 TL getr. Pizzakräuter
- 20 g Zitronensaft
- 1 TL Senf
- 3 g Meerrettich (Bode)
- 1 Dose Chilibohnen 420 g (etwa 75 g Flüssigkeit)
- 525 g Wasser
- 10 g Guarkernmehl

Alle Zutaten bis auf das Guarkernmehl gut mixen (1,5 Min./Stufe 10). Guarkernmehl dann während des Rührens einrieseln lassen, nochmals 10-20 Sek./Stufe 10.

13686. Unklare Selleriesuppe, Mai 2023

- 90 g Sellerie, geschält
- 145 g gelbe Paprika
- 145 g Kartoffeln
- 30 g Rhabarber
- 1 TL Gemüsebrühe
- 410 g Wasser
- 1 EL Zitronensaft
- 1 TL Cashewnussmus

Gemüse jeweils kleinschneiden. Mit Gemüsebrühe und Wasser in einem kleinen Topf 25 Min. auf kleiner Einstellung kochen. Abschmecken mit Zitronensaft. Nussmus einrühren, bis es sich gelöst hat.

13687. Champignons mit roten Linsen, Mai 2023

- 20 g Sonnenblumenöl
- 50 g Zwiebel, gehackt
- 50 g rote Linsen
- 1 TL Gemüsebrühe
- 240 g Champignons in dickeren Scheiben
- 150 g Wasser

Als Gemüsepfanne 25 Min. garen.

13688. Pak Choi mit Spaghetti, Mai 2023

- 20 g Sonnenblumenöl
- 330 g Pak Choi, klein geschnitten
- 50 g Spaghetti, in Stücke gebrochen
- 1 TL Gemüsebrühe
- 150 g Wasser
- 1 Prise Salz
- 1 Prise schw. gem. Pfeffer

Öl, Gemüse, Nudeln, Gemüsebrühe und Wasser als Gemüsepfanne 15 Min. garen. Mit Salz und Pfeffer abschmecken.

13689. Pfirsichkuchen, schokofein, Mai 2023

26-cm-Springform; nach Dr. Oetker.

- 110 g Osterhase Vollmilch-Nuss
- 385 g Pfirsiche aus dem Glas, abgetropft
- 125 g Butter, weich
- 120 g Rohrohrzucker
- 3 Eier
- 1 Prise Salz
- 1 P Finesse Vanille-Aroma
- 4 Tropfen Backöl Zitrone
- 200 g Dinkelmehl Typ 1050
- 2 TL Weinsteinbackpulver
- 4 EL Hafermilch

Osterhase in einer Plastiktüte mit einer Teigrolle in Stücke drücken. Pfirsichhälften halbieren. Butter mit Zucker, Eiern, Salz und Aromen 2 Min. mit dem Handrührgerät aufschlagen. Mehl mit Backpulver mischen, mit der Milch zugeben und rühren (der Teig muss schwerreißend vom Löffel fallen). Auf kleiner Einstellung die Schokoladenstücke unterziehen. In einer mit Backpapier ausgelegten Springform geben und verstreichen. Mit den Pfirsichstücken belegen.

Im auf 165 °C vorgeheizten Ofen 30 Min. backen (Stäbchenprobe), im ausgeschalteten Ofen 5 Min. nachbacken.

13690. Tomatenmöhren mit Reis, Mai 2023

- 190 g Möhren, in Scheiben
- 50 g weißer Reis
- 185 g Tomate, in Stücken
- 25 g Cashewbruch
- 150 g Wasser
- Salz
- Pfeffer

Gemüse, Reis, Cashewbruch und 150 g Wasser als Gemüsepfanne 25 Min. garen. Abschmecken mit Salz und Pfeffer.

13691. Ottilienkuchen II, Mai 2023

Kastenform; Vorläufer 13468

- 250 g Butter
- 175 g Rohrohrzucker
- 1 P Vanillearoma Finesse
- 4 Eier
- 1/2 Fläschchen Rum-Aroma
- 200 g Dinkelmehl Typ 1050
- 50 g Speisestärke
- 6 g Weinsteinbackpulver (2 gestr. TL)
- 100 g gem. Mandeln
- 75 g Karamell-Chunks
- 50 g Zitronat
- Butter und Grieß für die Form

Fett schaumig rühren und nach und nach Zucker, Finesse, Eier und Gewürze zugeben. Mehl mit Backpulver und Mandeln mischen, 2 Min. einarbeiten. Chunks und Zitronat am Ende unterziehen.

Ofen (Heißluft) auf 165 °C vorheizen. Eine Kastenform mit Butter einfetten, mit Grieß ausstreuen und den Teig gleichmäßig darin verteilen. 60 (besser 55) Min. bei 165 °C backen. Aus der leicht abgekühlten Form stürzen, auf einem Gitterrost abkühlen lassen. (Eine kleinere Kastenform, größer als 30 cm, wäre besser gewesen.)

Tipp: Nach Wahl: Einen 105-g-Osterhasen „Erdbeer" im Wasserbad schmelzen und die Oberfläche damit bestreichen.

13692. Spargel-Porree-Pfanne, Mai 2023

2 Portionen

- 40 g Sonnenblumenöl
- 200 g Porree, in Ringen
- 100 g weißer Reis
- 2 Knoblauchzehen (10 g)
- 275 g grüne Spargelstücke
- 1 TL Gemüsebrühe
- 300 g Wasser
- 10 g Tomatenmark
- 2 Prisen Salz
- 1/2 TL Kreuzkümmel
- 1 TL Paprika edelsüß
- 1 Dose Kidneybohnen (420 g Einwaage)
- 1 MS Sambal Oelek

Öl, Gemüse, Reis, Gemüsebrühe und Wasser als Gemüsepfanne 20 Min. dünsten. Die restlichen Zutaten unterrühren und nochmals zusammen erhitzen.

13693. Tomatenketchup mit Kakao, Mai 2023

13669; 4 größere Schraubgläser

- 2 Dosen Tomaten inklusive Saft (800 g)
- 150 g Apfelessig
- 110 g Wasser
- 250 g Trockenfrüchte = 200 g Softdatteln + 50 g Sultaninen
- 11 g Knoblauchzehen, frischer ungeschälter
- 1 EL Erdnussmus (50 g)
- 200 g Zwiebeln, davon 105 g eine rote Zwiebel

- 1 Apfel (185 g)
- 1/2 rote Paprika (70 g)
- 1 Stück Essigpeperoni 7/4573 (13 g)
- 20 g Salz
- 2 TL Gemüsebrühe
- 1/4 TL Pfeffer
- 1 TL Kakao (6 g)
- 2 geh. TL Paprikapulver
- 1/2 TL Curry
- 50 g Tomatenmark
- 20 g Peperoniessig
- 105 g Wasser

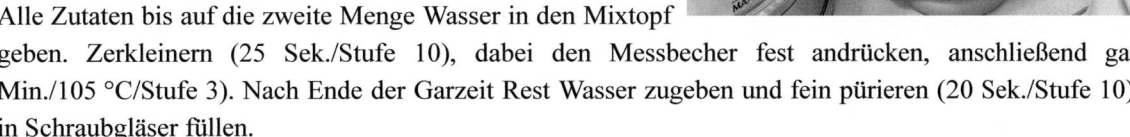

Alle Zutaten bis auf die zweite Menge Wasser in den Mixtopf geben. Zerkleinern (25 Sek./Stufe 10), dabei den Messbecher fest andrücken, anschließend garen (35 Min./105 °C/Stufe 3). Nach Ende der Garzeit Rest Wasser zugeben und fein pürieren (20 Sek./Stufe 10). Direkt in Schraubgläser füllen.

13694. Zwiebel-Möhren-Relish III, Mai 2023

Vorläufer 13670; 2,5 Gurkengläser oder Ähnliches
- 405 g Möhren
- 500 g Zwiebeln
- 1 Apfel (185 g, ohne Kerne)
- 1 Knoblauchzehe (11 g)
- 250 g Sultaninen
- 100 g selbstgemachter Tomatenketchup
- 1 geh. TL Salz
- 1 geh. MS gem. Nelken
- 1 gehäufter (knapper) TL Zimt
- 1 TL Paprikapulver edelsüß
- 1 TL gem. Kreuzkümmel
- 1 gestr. TL Curry
- 1/2 TL Masala
- 1 TL Pizzagewürz
- 10 g Tomatenmark
- 5 g Meerrettich aus dem Glas (Bode)
- 130 g Apfelessig
- 20 g scharfer Essig (von eingelegten Peperoni)
- 200 g Wasser

Möhren im TM zerkleinern (5 Sek./Stufe 5) und umfüllen. Zwiebeln zerkleinern (5 Sek./Stufe 6) und umfüllen. Rosinen, Knoblauch und Apfel zerkleinern (5 Sek./Stufe 6). Zerkleinertes Gemüse und die restlichen Zutaten zugeben. 55 Min./105 °C/Linkslauf/Stufe 1 ohne Messbecher garen. Sobald es kocht, wenn nötig Garkörbchen als Spritzschutz aufsetzen. Relish in leere Schraubgläser füllen. Sofort verschließen und abgekühlt im Kühlschrank aufbewahren.

13695. Kartoffel-Porreepfanne, Mai 2023

- 20 g Öl
- 50 g Zwiebeln, gehackt
- 120 g Porree, in Ringen
- 60 g Tomate, in Stücken
- 245 g Kartoffeln, in dünnen Scheiben
- 145 g Wasser
- 2 Prisen Salz
- 2 TL Erdnussmus

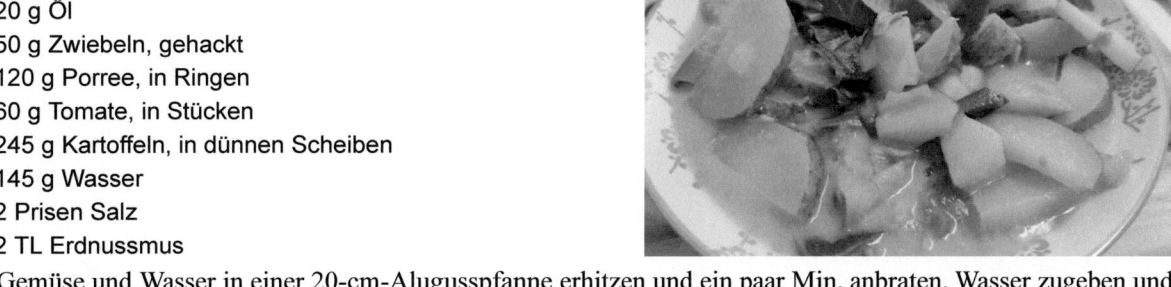

Öl, Gemüse und Wasser in einer 20-cm-Alugusspfanne erhitzen und ein paar Min. anbraten. Wasser zugeben und als Gemüsepfanne 30 Min. garen. Abschmecken mit Salz und Erdnussmus.

13696. Skyrdressing Kidneybohnen, Mai 2023

Vorläufer 13685

- ca. 800 g Skyr (= 2 Becher)
- 50 g Sonnenblumenöl
- 100 g Ahornsirup
- 2 Knoblauchzehen (8 (11)) g)
- 1 EL (17 g) Gemüsebrühpulver
- 15 g Salz
- 1 Prise Pfeffer
- 1/2 TL Currypulver
- 1 Prise Masala
- 1 TL getr. Pizzakräuter
- 20 g Zitronensaft
- 1 TL Senf
- 3 g Meerrettich (Bode)
- 1 Dose Kidneybohnen 420 g (etwa 145 g Flüssigkeit)
- 455 g Wasser
- 10 g Guarkernmehl

Alle Zutaten bis auf das Guarkernmehl gut mixen (1,5 Min./Stufe 10). Guarkernmehl dann während des Rührens einrieseln lassen, nochmals 10-20 Sek./Stufe 10.

13697. Fitness-Käsekuchen klein, Mai 2023

18-cm-Springform

Teig

- 150 g Hafer (oder Haferflocken)
- 1 EL Hafermilch
- 30 g Sonnenblumenöl
- 100 g Cashewmus
- 1 Prise Salz
- 40 g Agavendicksaft

Füllung

- 500 g Skyr
- 1 Ei
- 1 TL Zitronensaft
- 1 P Finesse Vanillearoma
- 40 g Agavendicksaft
- 2 TL Grieß

Herstellung im Thermomix: Hafer fein mahlen (20 Sek./Stufe 10). Restliche Teigzutaten zugeben und verrühren (20 Sek./Stufe 3). Auf zwei kleine Schüsselchen zu je 160 g verteilen und mindestens 15 Min. in den Kühlschrank stellen.

Springform mit Backpapier überziehen. Die Hälfte des Teigs gleichmäßig auf den Boden drücken, evtl. einen kleinen Rand hochziehen. Die Zutaten für die Füllung verrühren (20 Sek./Stufe 5). Füllung auf dem Boden verteilen. Die zweite Teighälfte auf der Oberfläche verkrümeln.

Ofen auf 165 °C (Heißluft) vorheizen. Kuchen 30 Min. backen und 5 Min. im ausgeschalteten Ofen nachbacken.

13698. Fitness-Käsekuchen klein II, Mai 2023

18-cm-Springform

Teig

- 150 g Hafer (oder Haferflocken)
- 1 EL Hafermilch
- 40 g weiche Butter
- 80 g Erdnussmus
- 1 Prise Salz (hier vergessen)
- 40 g Agavendicksaft

Füllung

- 500 g Skyr
- 1 Ei
- 1 TL Zitronensaft
- 1 P Finesse Vanillearoma
- 40 g Agavendicksaft
- 2 TL Grieß

Herstellung im Thermomix: Hafer fein mahlen (20 Sek./Stufe 10). Restliche Teigzutaten zugeben und verrühren (20 Sek./Stufe 3). Auf zwei kleine Schüsselchen zu je 156 g verteilen und eine Schüssel mindestens 15 Min. in den Kühlschrank stellen.

Eine Springform mit Backpapier überziehen. Die Hälfte des Teigs gleichmäßig auf den Boden drücken, evtl. einen kleinen Rand hochziehen. Die Zutaten für die Füllung verrühren (20 Sek./Stufe 5). Füllung auf dem Boden verteilen. Die zweite Teighälfte auf der Oberfläche verkrümeln.

Ofen auf 165 °C (Heißluft) vorheizen. Kuchen 30 Min. backen und 5 Min. im ausgeschalteten, offenen Ofen stehen lassen.

13699. Selleriestangen-Sauerkrautpfanne, Juni 2023

- 20 g Sonnenblumenöl
- 140 g Kartoffeln, in Scheiben
- 95 g Selleriestange, in Scheibchen
- 95 g Apfel, gewürfelt
- 95 g Sauerkraut
- 80 g Wasser
- 1 TL Gemüsebrühe

Zutaten im Öl ohne Wasser kurz anbraten. Wasser zufügen und als Gemüsepfanne 30 Min. garen.

Tipp: *Abschmecken mit Salz nicht nötig.*

13700. Schokokuchen Trockenfrucht Grieß, Juni 2023

Vorläufer: 13681; Springform 26 cm

- 200 g Datteln Medjool
- 200 g Softfeigen
- 100 g Weinbeeren
- 500 g Wasser
- 215 g Äpfel ohne Kerngehäuse
- 50 g Kakaopulver schwach entölt
- 1 P Finesse Vanillearoma
- 140 g Dinkelmehl Vollkorn
- 60 g Dinkelmehl 1050
- 200 g Vollkorndinkelgrieß
- 3 EL Cointreau
- 1 Prise Salz
- 2 P Weinsteinbackpulver

Trockenfrüchte in einer Pengdose mit dem Wasser übergießen und über Nacht gut verschlossen stehen lassen. Die Fruchtmasse mit der Einweichflüssigkeit und dem Apfel im Vitamix (2 L-Behälter) zu einer glatten Masse pürieren.

Die trockenen Zutaten mischen. Fruchtgemisch und Cointreau hinzugeben und mit den Rührhaken eines Handrührgeräts gut vermischen. Den Teig in eine mit Backpapier überspannte Springform geben. In den auf 165 °C (Heißluft) vorgeheizten Ofen einschieben und 43 Min. bei 165 °C backen, 10 Min. im ausgeschalteten Ofen nachbacken.

Guss und Bestreuen nach Wunsch, wie im Vorläufer 13681.

13701. Muffins Haferflocken Quark, Juni 2023

15 Muffinförmchen; nach der Zeitschrift „Freundin" online

- 150 g Hafer
- 250 g Skyr
- 2 Eier
- 1 Prise Salz
- 1 P Finesse (Vanillearoma)
- 1 P Weinsteinbackpulver
- 1 TL (15 g) Cashewnussmus
- 30 g Agavendicksaft
- 50 g Rosinen

Hafer mahlen (TM 20 Sek./Stufe 10). Zutaten ohne die Rosinen zufügen und verrühren (12 Sek./Stufe 5; 10 Sek./Stufe 7). Rosinen unterziehen (10 Sek./Stufe 2/Linkslauf). Ofen (Heißluft) auf 175 °C vorheizen. Teig auf 15 Muffinförmchen verteilen. 20 Min. bei 175 °C backen.

ACHTUNG: *Keine Papierförmchen verwenden, die Muffins bleiben sehr fest drin kleben! Schmecken ein bisschen wie lockere Rosinenbrötchen.*

13702. Schokokugeln à la Agnes, Juni 2023

- 340 g Datteln Medjool
- 200 g Haferflocken (keine kernigen)
- 35 g Kakao
- 100 g Cashewmus
- 1 Prise Salz
- 3 EL Hafermilch
- Kokosraspeln zum Wälzen

Herstellung im TM: Datteln entkernen und zerkleinern (10 Sek./Stufe 4). Restliche Zutaten zugeben, erst ohne Milch, und verrühren (15 Sek./Stufe 5). Milch zugeben und nochmals verrühren (10 Sek./Stufe 5). Zu Kugeln formen und in Kokosraspeln wälzen.

Info: Agnes hat das Rezept in der WhatsApp-Gruppe vorgestellt, B. hat eine interessante Variante mit gehackten gerösteten Mandeln statt Kokosflocken hergestellt. Statt Butter habe ich Cashewnussmus und statt Sahne Hafermilch genommen. – Ich habe sie im Kühlschrank aufbewahrt. Am besten erst ab dem nächsten Tag verzehren, dann sind sie so lecker, dass ich mich entschlossen habe, sie nicht noch einmal zu machen. Es ist wirklich einfach, aber ich kann nicht aufhören.

13703. Skyrdressing Linsen, Juni 2023

Vorläufer 13696

- ca. 800 g Skyr (= 2 Becher)
- 50 g Sonnenblumenöl
- 100 g Ahornsirup
- 2 Knoblauchzehen (8 g)
- 1 EL (17 g) Gemüsebrühpulver
- 15 g Salz
- 1 Prise Pfeffer
- 1/2 TL Currypulver
- 1 Prise Masala
- 1 TL getr. Pizzakräuter
- 20 g Chili-Cornichon Essig (Zitronensaft)
- 1 TL Senf
- 3 g Meerrettich (Bode)
- 1 Dose Linsen (400 g) (etwa 160 g Flüssigkeit)
- 440 g Wasser
- 10 g Guarkernmehl

Alle Zutaten bis auf das Guarkernmehl gut mixen (1,5 Min./Stufe 10). Guarkernmehl dann während des Rührens einrieseln lassen, nochmals 10-20 Sek./Stufe 10.

13704. Fitness-Käsekuchen klein III, Juni 2023

Vorläufer 13698; 20-cm-Springform

Teig
- 150 g Hafer (oder Haferflocken)
- 1 EL Hafermilch
- 40 g weiche Butter
- 80 g Mischnussmus (20 g Öl, 60 g kompakte Masse)
- 1 Prise Salz
- 40 g Agavendicksaft

Füllung
- 500 g Skyr
- 1 Ei
- 1 TL Zitronensaft
- 1 P Finesse Vanillearoma
- 40 g Agavendicksaft
- 2 TL Grieß

Hafer im TM fein mahlen (20 Sek./Stufe 10). Restliche Teigzutaten zugeben und verrühren (20 Sek./Stufe 3). Auf zwei kleine Schüsselchen zu je 133 g verteilen und eine der Schüsseln mindestens 1 Std. (Der Teig war sehr weich) in den Kühlschrank stellen.

Eine Springform mit Backpapier überziehen. Die Hälfte des Teigs gleichmäßig auf den Boden drücken, evtl. einen kleinen Rand hochziehen. Die Zutaten für die Füllung verrühren (20 Sek./Stufe 5). Füllung auf dem Boden verteilen. Die zweite Teighälfte auf der Oberfläche verkrümeln. Ofen auf 165 °C (Heißluft) vorheizen. Kuchen 29 Min. backen und 5 Min. im ausgeschalteten, offenen Ofen stehen lassen.

13705. Schüttelpizza mit Hüttenkäse, Juni 2023

- 90 g körniger Frischkäse
- 1 Ei
- 65 g Raspelkäse Emmentaler
- 8-10 g Dinkelmehl 1050
- 1 Prise Salz
- 1/4 TL Pizzagewürz
- 70 g gelbe Paprika
- 125 g Aubergine

Ei mit einer Gabel verschlagen, Frischkäse, Emmentaler, Mehl, Salz und Gewürz unterrühren. Gemüsewürfeln und mit dem Teig vermischen. 22-cm-Springform mit Backpapier auslegen. Teig darin verteilen. Ofen auf 185 °C (Heißluft) vorheizen und 35 Min. backen.

13706. Schüttelpizza mit Mehl, Juni 2023

Vorläufer 13705

- 50 g Dinkelmehl 1050
- 60 g Hafermilch
- 1 Ei
- 80 g Sauerkraut, kleingeschnitten
- 110 g Auberginen, gewürfelt
- 80 g Raspelkäse Emmenthaler
- 1 Prise Salz
- 1 TL Pizzagewürz

Zutaten ohne Gemüse mit einem Quirl gut vermischen. Gemüsewürfel mit dem Teig verrühren. 22-cm-Springform mit Backpapier auslegen. Teig darin verteilen. Form in den kalten Ofen geben und bei 185 °C (Heißluft) 30 Min. backen.

13707. Schokokuchen Trockenfrucht Grieß II, Juli 2023

Vorläufer: 13700; Springform 26 cm

- 200 g Datteln Medjool
- 200 g Softfeigen
- 100 g Weinbeeren
- 500 g Wasser
- 215 g Äpfel ohne Kerngehäuse
- 50 g Kakaopulver schwach entölt
- 1 P Finesse Vanillearoma
- 150 g Dinkelmehl 1050
- 50 g Roggenvollkornmehl
- 200 g Vollkorndinkelgrieß
- 3 EL Rum
- 1 Prise Salz
- 2 P Weinsteinbackpulver
- 100 g Zitronat

Trockenfrüchte in einer Pengdose mit dem Wasser übergießen und über Nacht gut verschlossen stehen lassen. Die Fruchtmasse mit der Einweichflüssigkeit und dem Apfel im Vitamix (2 L-Behälter) zu einer glatten Masse pürieren.

Die trockenen Zutaten mischen. Fruchtgemisch und Rum hinzugeben und mit den Rührhaken eines Handrührgeräts gut vermischen. Zitronat unterziehen. Den Teig in eine mit Backpapier überspannte Springform geben. In den auf 165 °C (Heißluft) vorgeheizten Ofen einschieben und 43 Min. bei 165 °C backen, 10 Min. im ausgeschalteten Ofen nachbacken.

Guss (Weihnachtsmann weiße Schokolade) nach Wunsch, wie in 13681.

Hinweis: *Mir schmeckt er nicht so dolle. Könnte am Roggen liegen.*

13708. Schokokuchen Trockenfrucht Cointreau II, Juli 2023

Vorläufer: 13681; Springform 26 cm

- 215 g Datteln Medjool
- 245 g Softfeigen
- 40 g Weinbeeren
- 500 g Wasser
- 265 g Äpfel ohne Kerngehäuse
- 1 Kitkat-Osterhase
- 45 g Kakaopulver schwach entölt
- 1 P Finesse Vanillearoma
- 200 g Dinkelmehl 1050
- 200 g gem. Haselnüsse
- 3 EL Cointreau
- 1 Prise Salz
- 2 P Weinsteinbackpulver

Guss:
- 100 g Vollmilch-Osterhase
- 50 g Schokolade Zartbitter

Trockenfrüchte in einer Pengdose mit dem Wasser übergießen und über Nacht gut verschlossen stehen lassen. Schokolade im Vitamix (2-L-Behälter) mahlen, vorsichtig verhärtete Ecken auflockern. Die Fruchtmasse mit der Einweichflüssigkeit und dem Apfel dazugeben und zu einer glatten Masse pürieren.

Die trockenen Zutaten mischen. Fruchtgemisch und Cointreau hinzugeben und mit den Rührhaken eines Handrührgeräts gut vermischen. Den Teig in eine mit Backpapier überspannte Springform geben. In den auf 165 °C (Heißluft) vorgeheizten Ofen einschieben und 43 Min. bei 165 °C backen, 10 Min. im ausgeschalteten Ofen nachbacken. Gusszutaten im Wasserbad erhitzen. Mit einem Messer auf dem Kuchen verteilen.

Hinweis: *Nach Wunsch Bestreuen mit White Chocolate Chunks. Mindestens abgedeckt 2 Tage im Kühlschrank ruhen lassen.*

13709. Spaghetti mit Gewürzgurken, Juli 2023

- 50 g Zwiebeln
- 100 Spaghetti (kein Vollkorn)
- 1 TL Gemüsebrühe
- 250 g Wasser
- 100 g Gewürzgurken (mit Waldblütenhonig gesüßt) in Scheiben schneiden und unterziehen.
- 1 TL Cashewnussmus unterrühren.

Zwiebeln, Nudeln, Brühe und Wasser in eine Pfanne geben und 15 Min. garen. Gurkenscheiben unterziehen, Mus unterrühren. Erhitzen, bis sich das Mus gelöst hat.

13710. Pfannkuchen mit Eiern, Juli 2023

Nach einem Rezept von Agnes; 4 Pfannkuchen aus einer 20-cm-Pfanne

- 125 g Dinkelmehl 1050
- 125 g Hafermilch
- 125 g Wasser
- 1 gestr. TL Salz
- 1 Ei

Mit dem Handrührgerät gründlich mixen und mindestens 30 Min. ruhen lassen. Etwas Öl (in meiner Keramikpfanne 10 g) auf hoher Einstellung erhitzen (empfehlenswert 10-12 von 14), zwei Suppenkellen Teig hineingeben und auf jeder Seite 1,5 Min. braten. Später die Einstellung auf 8 herunterstellen.

13711. Tomatenfüllung, Juli 2023

Reicht z. B. für 2 Pfannkuchen zu je 20 cm Durchmesser.

- 10 g Sonnenblumenöl
- 45 g Zwiebel, gehackt
- 100 g Tomate, in Stücken
- 3 g Knoblauch, gehackt
- 1 Prise Salz
- 1 TL Essig

Als Gemüsepfanne 15 Min. dünsten.

13712. Champignons mit Pfannkuchenstreifen, Juli 2023

- 20 g Sonnenblumenöl
- 240 g Champignons, in Scheiben
- 110 g Tomatenstücke
- 1 Pfannkuchen, ca. 80 g, in Streifen geschnitten
- 1 Prise Salz
- 1 TL (15 g) Cashewnussmus

Öl und Gemüse als Gemüsepfanne in einer 20-cm-Pfanne 15 Min. garen. Pfannkuchenstreifen und Salz unterrühren und erhitzen. Cashewnussmus einrühren und aufkochen.

13713. Bohnenhack, Juli 2023

4 Portionen

- 1 Zwiebel (90 g), halbiert
- 1 Knoblauchzehe (8 g)
- 255 g Kidneybohnen (1 kleine Dose abgetropft)
- 1 Prise gemahlener Kümmel
- 80 g kernige Haferflocken (gekauft, Kölln)
- 1 EL Flüssigkeit von den Kidneybohnen
- 20 g Öl

Zwiebel und Knoblauch im TM zerkleinern (5 Sek./Stufe 5). Restliche Zutaten bis auf das Öl zugeben und zweimal mischen (je 5 Sek./Stufe 6), nach dem ersten Schritt mit dem Spatel herunterschieben.

Öl in einer 24-cm-Keramikpfanne erhitzen und die Masse hineingeben. Auf Stufe 8-9 (von 14) braten, dabei immer wieder mit dem Pfannenwender zerkleinern, bis die Masse aus gebratenen mittelgroßen Krümeln besteht. (Das dauerte bei mir ziemlich lang.) Abkühlen lassen. Lässt sich in 4 Portionen teilen und auch einfrieren.

Hinweise: Es funktioniert im Backofen nicht, nur in der Pfanne. Wird als Hackfleischersatz angepriesen, das ist es natürlich nicht wirklich. Aber: Konsistenz und Geschmack finde ich sehr gut und es gibt dem Essen eine neue Note (z. B. in der Bolognese).

13714. Kleiner Skyrkuchen ohne Boden, Juli 2023

24-cm-Springform

- 100 g weiche Butter
- 45 g Sonnenblumenöl
- 120 g Rohrohrzucker
- 4 Eier
- 770 g Skyr
- 1 x Vanillearoma ,Finesse'
- 1 Päckchen Vanille Puddingpulver (38 g)
- 87 g Dinkelmehl 1050 (d. h. mit Dinkelmehl auf 125 g auffüllen)
- 1 EL Zitronensaft

Zutaten bis einschließlich ,Finesse' im TM mixen (10 Sek. /Stufe 6). Nach unten schieben und die restlichen Zutaten zufügen. Wieder mixen (8 Sek./Stufe 10). In eine am Boden mit Backpapier überspannte Springform (24 cm Durchmesser) füllen und in den auf 155 °C vorgeheizten Ofen (Heißluft) schieben. 65 Min. bei 155 °C backen, bei leicht geöffneter Backofentür abkühlen lassen. Er ist mir trotzdem zusammengefallen.

13715. Spaghetti Bolognese mit Veggi-Hack, Juli 2023

- 15 g Sonnenblumenöl
- 120 g Zwiebel, gehackt
- 1 Knoblauchzehe, gehackt (3 g)
- 25 g Möhre, in feinen Scheiben
- 245 g gehackte Tomaten
- 1 EL Essig
- 70 g in Stücke gebrochene Hartweizen-Spaghetti
- 200 g Wasser
- 1 Prise Salz
- 1-3 Prisen schwarzer Pfeffer
- Einige Tropfen Agavendicksaft
- 25 g Tomatenmark
- 65 g Veggie-Hack

Zwiebel, Knoblauch, Möhre, Tomaten und Essig als Gemüsepfanne (20 cm-Alugusspfanne) 15 Min. garen. Nudeln und Wasser zugeben, weitere 15 Min. garen. Restliche Zutaten zufügen und unter Rühren einmal aufkochen.

13716. Joghurtdressing mit Kidneybohnen, Juli 2023

Vorläufer 13696; Herstellung siehe Vorläufer.

- 800 g Joghurt (3,5 % Fett)
- 100 g Ahornsirup
- 2 Knoblauchzehen (8 g)
- 1 EL (17 g) Gemüsebrühpulver
- 18 g Salz
- 1 Prise Pfeffer
- 1/2 TL Currypulver
- 1 Prise Masala
- 1 TL getr. Pizzakräuter
- 20 g Zitronensaft
- 1 TL Senf
- 3 g Meerrettich (Bode)
- 1 Dose Kidneybohnen 420 g (etwa 145 g Flüssigkeit)
- 455 g Wasser
- 10 g Guarkernmehl

13717. Spaghetti Paprika mit Bohnenhack, Juli 2023

- 20 g Sonnenblumenöl
- 90 g Zwiebel, gehackt
- 130 g Tomate, in Würfeln
- 100 g rote Spitzpaprikastreifen
- 2 EL scharfer Essig
- 70 g zerbrochene Spaghetti
- 180 g Wasser
- 1 Prise Salz
- 1 Prise Pfeffer
- 1/2 TL Kreuzkümmel
- 1 Portion Bohnen-Hack
- 15 g Tomatenmark

Öl, Gemüse und Essig als Gemüsepfanne 20 Min. garen. Nudeln und Wasser zufügen und weitere 20 Min. garen. Restliche Zutaten zugeben und erhitzen, abschmecken.

13718. Bechamelsoße, Juli 2023

Herstellung im Thermomix:
- 40 g Butter (3 Min./105 °C/Stufe 1) plus
- 40 g Mehl (3 Min./105 °C/Stufe 1) plus
- 500 g Hafermilch
- 1 gute Prise Salz
- 1 MS Pfeffer (6 Min./95 °C/Stufe 4).

13719. Moussaka mit Bohnenhack, Juli 2023

Für die Gemüsepfanne (20 Min.):
- 10 g Sonnenblumenöl
- 60 g Zwiebel, gehackt
- 100 g Kartoffeln, in Scheiben
- 105 g Aubergine, in Stücken
- 135 g Tomate, gewürfelt
- 2 EL Wasser

Zum Fertigstellen:
- 225 g Bechamelsoße 13718
- 75 g Bohnen-Hack (leicht angetaut)
- 50 g Edamer gerieben

Bohnen-Hack auf die Pfanne geben. Soße darüber gießen, mit Käse bestreuen. In den kalten Ofen (Umluft) schieben und 30 Min. bei 185 °C backen (25 Min. könnten evtl. auch reichen).

13720. Schoko-Birnenkuchen, Juli 2023

26 cm Springform

- 100 g Zartbitter-Schokolade (70 % Kakao)
- 150 g weiche Butter
- 130 g Rohrohrzucker
- 1 Prise Salz
- 3 Eier
- 200 g Dinkelmehl 1050
- 100 g Dinkelvollkornmehl
- 50 g Haferflocken (nicht kernig)
- 3 TL Weinsteinbackpulver
- 125 g Hafermilch
- 1 geh. EL (15 g) Kakao
- 1 EL Rum
- 1 P „Finesse" Vanillearoma
- 950-1000 g Birnen (Bruttogewicht)
- 1 EL Rum
- 1 EL Hafermilch
- Ca. 100 g Schokolade zum Bestreichen

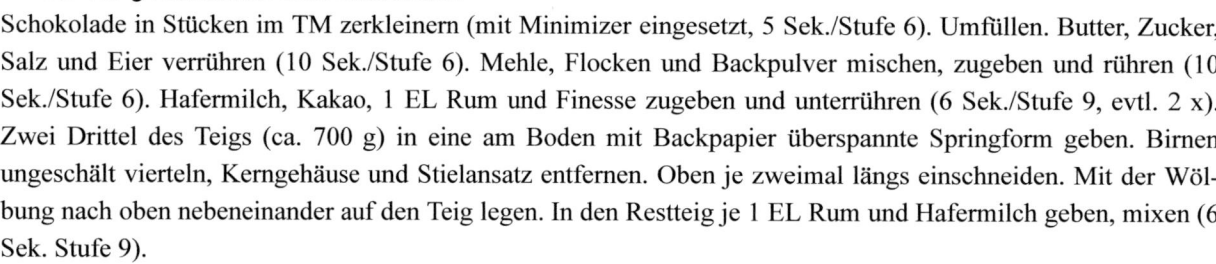

Schokolade in Stücken im TM zerkleinern (mit Minimizer eingesetzt, 5 Sek./Stufe 6). Umfüllen. Butter, Zucker, Salz und Eier verrühren (10 Sek./Stufe 6). Mehle, Flocken und Backpulver mischen, zugeben und rühren (10 Sek./Stufe 6). Hafermilch, Kakao, 1 EL Rum und Finesse zugeben und unterrühren (6 Sek./Stufe 9, evtl. 2 x). Zwei Drittel des Teigs (ca. 700 g) in eine am Boden mit Backpapier überspannte Springform geben. Birnen ungeschält vierteln, Kerngehäuse und Stielansatz entfernen. Oben je zweimal längs einschneiden. Mit der Wölbung nach oben nebeneinander auf den Teig legen. In den Restteig je 1 EL Rum und Hafermilch geben, mixen (6 Sek. Stufe 9).

In den kalten Ofen (Heißluft) schieben und 45 Min. bei 175 °C backen (Stäbchenprobe machen). Schokolade im Wasserbad zerlassen und auf die Oberfläche des Kuchens geben.

13721. Zoodles, Juli 2023

- 1 Zucchini (ca. 300 g)
- 250 g Bechamelsoße 13718
- 50 g geriebener Käse

Im Zoodle-Aufsatz für den Thermomix (von Wundermix) die Zucchini in „Tagliatelle" schneiden. Bechamelsoße (hatte ich noch im Kühlschrank) erhitzen, Käse unterrühren, bis er sich gelöst hat. Zucchini unterrühren und 3-5 Min. köcheln. Die Kochzeit war mir zu kurz. Die Soße muss dickflüssiger sein, die Zucchini geben noch Wasser ab.

13722. Blaubeer-Haferflocken-Kuchen, Juli 2023

Nach einem Rezept für Apfel-Haferflocken-Kuchen aus dem Internet; 26-cm-Springform

- 250 g Hafer
- 2 TL Backpulver
- 3 Eier
- 150 g weiche Butter
- 140 g Rohrohrzucker
- 1 Finesse Vanillearoma
- 475 g Blaubeeren
- 50 g gehackte Mandeln
- 2 TL Rohrohrzucker (10 g)
- Ca. 30 g Butterflöckchen

Hafer im TM mahlen (20 Sek./Stufe 10). Eier mit Butter, Zucker und Aroma schaumig schlagen. Mehl mit Backpulver mischen und gut unterrühren. Blaubeeren mit einem Spatel unterheben (sie sinken leider fast alle zum Boden, lecker ist der Kuchen trotzdem).

Den Boden einer 26-cm-Springform mit Backpapier überspannen, Teig darin verteilen. Teig mit Mandeln bestreuen, darüber den Zucker geben und mit den Butterflöckchen abschließen. Ofen auf 175 °C (Umluft) vorheizen und 45 Min. bei 175 °C backen.

13723. Kleiner Skyrkuchen ohne Boden II, Juli 2023

24-cm-Springform; Vorläufer 13714

- 150 g weiche Butter
- 120 g Rohrohrzucker
- 4 Eier
- 800 g Skyr
- 1 x Vanillearoma ‚Finesse'
- 2 TL Backpulver
- 1 P vanille Puddingpulver (38 g)
- 87 g Dinkelmehl 1050 (d. h. mit Dinkelmehl auf 125 g auffüllen)
- 1 EL Zitronensaft

Butter, Zucker, Eier, Skyr und Vanillearoma im TM mixen (10 Sek./Stufe 6). Nach unten schieben und die restlichen Zutaten zufügen.

Wieder mixen (8 Sek./Stufe 10). In eine am Boden mit Backpapier überspannte Springform (24 cm Durchmesser) füllen und in den auf 155 °C vorgeheizten Ofen (Heißluft) schieben. 60 Min. bei 155 °C backen, bei leicht geöffneter Backofentür abkühlen lassen. Er ist mir trotzdem zusammengefallen.

13724. Chili con carne-Variante, Juli 2023

2 Portionen

- 100 g weißer Reis (auf 230 g Wasser/20 Min. Kochzeit)
- 2 EL Sonnenblumenöl
- 130 g Rindergehacktes
- 1 EL Tomatenmark
- 120 g Zwiebel, gehackt
- 12 g Knofi, in Scheiben
- 130 g Aubergine, gewürfelt
- 2 Tomaten (285 g), gewürfelt
- 1 Dose (420 g) Chilibohnen (oder Kidneybohnen)
- 1/2 TL Salz
- 1 TL Gemüsebrühe
- 1 Prise Zucker
- 1 gute Prise Pfeffer

Öl erhitzen, Gehacktes darin anbraten. Tomatenmark mit anschwitzen. Zwiebel und Knoblauch dazugeben und anbraten. Frisches Gemüse hinzufügen und 15 Min. auf kleiner Einstellung garen. Bohnen und Gewürze unterrühren, und nochmals 15 Min. garen. Reis und Gewürze zufügen, erhitzen.

13725. Vorratsdressing, Juli 2023

- 225 ml Essig
- 90 ml Sonnenblumenöl
- 250 ml Wasser
- 110 g Agavendicksaft
- 2 TL Gemüsebrühpulver
- 1 TL Salz
- 1/4 TL Pfeffer
- 1 Knoblauchzehe

Alle Zutaten im Vitamix kräftig durchmischen. Im Kühlschrank hält sich das Salatdressing mehrere Wochen.

Tipp: *Etwas zu sauer.*

13726. Skyrkäsekuchen mit Boden, Juli 2023

26-cm-Springform; Vorläufer 13723; Berechnung der Mengen mit ChatGPT.

Boden:
- 150 g Dinkelmehl 1050
- 2 EL Hafermilch
- 100 g weiche Butter
- 1 Prise Salz
- 40 g Agavendicksaft

Käsemasse:
- 200 g weiche Butter
- 160 g Rohrohrzucker
- 5 Eier
- 1000 g Skyr
- 1 x Vanillearoma ‚Finesse‘
- 2 TL Backpulver
- 1 OP Vanillepuddingpulver (38 g)
- 125 g Dinkelmehl 1050
- 1 EL Zitronensaft

Teigzutaten im TM verrühren (20 Sek./Stufe 3; 10 Sek./Stufe 5. Springformboden mit Backpapier überspannen. Teig gleichmäßig darauf ausstreichen bzw. auseinanderdrücken. 1 Std. in den Kühlschrank stellen. Butter, Zucker, Eier, Skyr und Aroma im TM mixen (10 Sek./Stufe 6). Nach unten schieben und die restlichen Zutaten zufügen. Wieder mixen (8 Sek./Stufe 10). In die Springform füllen und in den auf 155 °C vorgeheizten Ofen (Heißluft) schieben. Unter dem Gitterrost hatte ich ein Backblech geschoben. 60 Min. bei 155 °C backen, bei leicht geöffneter Backofentür abkühlen lassen. Er ist kaum zusammengefallen.

13727. One-Pot-Spaghetti in Käsesoße mit Pastrami, August 2023

- 75 g Spaghetti, roh und in Stücke gebrochen
- 70 g Pastrami, in Streifen geschnitten (oder gekochter/ roher Schinken)
- 15 g Butter
- 10 g Dinkelmehl 1050
- 125 g Milch
- 25 g Wasser
- 30 g ger. Emmenthaler
- Salz und
- Pfeffer zum Abschmecken

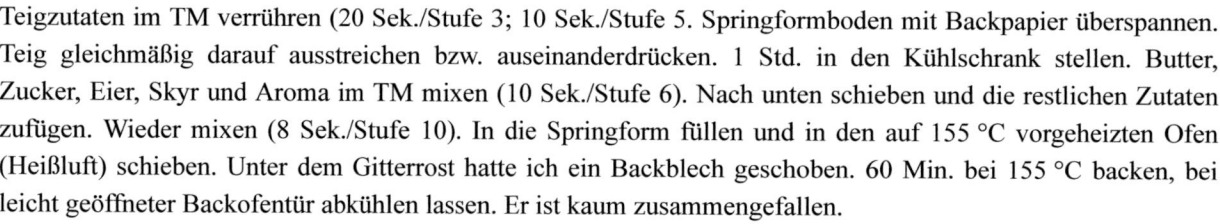

Butter in einer 20-cm-Alugusspfanne bei mittlerer Hitze schmelzen. Mehl einrühren und erhitzen. Milch langsam in die Pfanne geben, dabei ständig mit einem Kunststoffquirl rühren. Geriebenen Käse hinzufügen und rühren, bis der Käse geschmolzen ist. Mit Salz und Pfeffer abschmecken. Spaghetti und Pastrami zugeben. Spaghetti müssen gut in der Soße verteilt sein. Bei mittlerer Hitze kochen ca. 15-20 Min. bis die Spaghetti den gewünschten Härtegrad haben.

Tipp: Flüssigkeit könnte 20 ml mehr sein.

13728. Skyrdressing Kichererbsen III, August 2023

Vorläufer 13685

- ca. 800 g Skyr (= 2 Becher)
- 65 g Sonnenblumenöl
- 200 g Ahornsirup
- 2 Knoblauchzehen (7) g)
- 1 EL (15 g) Gemüsebrühpulver
- 15 g Salz
- 1 Prise Pfeffer
- 1/2 TL Currypulver

- 1 Prise Masala
- 1 TL getr. Pizzakräuter
- 50 g leicht scharfer Essig (Chiligurken, gekauft)
- 1 TL Senf
- 3 g Meerrettich (Bode)
- 1 Dose Kichererbsen 400 g (etwa 135 g Flüssigkeit)
- 475 g Wasser
- 10 g Guarkernmehl

Alle Zutaten bis auf das Guarkernmehl gut mixen (1,5 Min./ Stufe 10). Guarkernmehl dann während des Rührens einrieseln lassen, nochmals 10-20 Sek./Stufe 10.

Hinweis: 200 g Ahornsirup war ein Versehen, normalerweise 100 g. Mir ist es etwas zu viel, „Mitesser" waren begeistert.

13729. Spaghetti-Auflauf mit Hähnchen, August 2023

2 Portionen, nach einem Rezept von go feminin; geändert mit ChatGPT.

- 150 g Spaghetti (in Stücke gebrochen)
- 1 Zwiebel (150 g, gehackt)
- 4 g Knoblauchzehe, in Scheiben
- 1 rote Spitzpaprika, in Stücken (100 g)
- 200 g Hähnchenbrust, in Stücken
- 2 EL Öl
- 20 g Mehl
- 220 ml Brühe (Wasser mit Gemüsebrühpulver)
- 280 g Tomaten, kleingeschnitten
- 100 g Milch, 3,8 % Fett
- Salz, Pfeffer, Paprika nach Geschmack
- 75 g geriebener Emmentaler

Öl in einer 24-cm-Alugusspfanne erhitzen und die Hühnerstücke darin scharf anbraten. Zwiebel, Knoblauch und Paprika mit anbraten (2-3 Min.). Mit Mehl bestäuben und erhitzen. Vorsichtig und langsam die Brühe unter Rühren zugeben, damit es nicht klumpt. Milch ebenso zufügen. Sobald es kocht, Tomaten zugeben, aufkochen. Spaghetti zugeben und gut unterrühren. 15 Min. garen. Mit den Gewürzen abschmecken.

Käse darüber streuen, Deckel auflegen und in den kalten Ofen (Heißluft) schieben. 20 Min. bei 185 °C erhitzen, in den letzten 5 Min. den Deckel abnehmen.

13730. Hackfleisch mit roten Linsen, August 2023

3 Portionen

- 20 g Öl zum Braten
- 100 g Zwiebel
- 15 g Knoblauch
- 250 g Rinderhackfleisch
- 40 g Möhre, in Scheiben
- 2 Tomaten (210 g)

- 200 g rote Linsen
- 355 g Wasser
- 1 TL Gemüsebrühpulver
- 15 g Tomatenmark
- 1/2 TL gem. Kreuzkümmel
- 30 g Frischkäse

Zwiebel und Knoblauch klein schneiden, Tomaten würfeln. Öl auf hoch-mittlerer Einstellung erhitzen. Zwiebel und Knoblauch darin 2-3 Min. anbraten. Fleisch zugeben und unter gelegentlichem Rühren mit anbraten, bis das Fleisch nicht mehr rot ist. Möhre und Tomate ebenfalls kurz mitanbraten. Linsen, Wasser und Gemüsebrühpulver hinzugeben und 25 Min. auf kleiner Einstellung kochen. Tomatenmark, Kreuzkümmel und Frischkäse unterrühren.

13731. Tomatenketchup mit Kakao II, August 2023

Vorläufer 13693; 3,5 größere Schraubgläser

- 2 Dosen Tomaten inklusive Saft (800 g)
- 150 g Essig, in den Peperoni eingelegt waren
- 110 g Wasser
- 250 g Trockenfrüchte = 200 g Softdatteln + 50 g Sultaninen
- 7 g Knoblauchzehen
- 1 EL Erdnussmus (50 g)
- 200 g rote Gemüsezwiebel
- 1 Apfel (170 g)
- 1/2 gelbe Paprika (75 g)
- 1 Stück Essigpeperoni 7/4573 (4 g)
- 20 g Salz
- 2 TL Gemüsebrühe
- 1/4 TL Pfeffer
- 1 TL Kakao (6 g)
- 2 geh. TL Paprikapulver
- 1/2 TL Curry
- 50 g Tomatenmark
- 25 g Peperoniessig
- 100 g Wasser

Alle Zutaten bis auf die zweite Menge Wasser in den Mixtopf geben. Zerkleinern (25 Sek./Stufe 10), dabei den Messbecher fest andrücken, anschließend garen (35 Min./105 °C/Stufe 3). Nach Ende der Garzeit Rest Wasser zugeben und fein pürieren (20 Sek./Stufe 10). Direkt in Schraubgläser füllen.

13732. Zwiebel-Möhren-Relish IV, August 2023

Vorläufer 13694; 2,5 Gurkengläser oder Ähnliches

- 160 g Möhren
- 740 g Gemüsezwiebeln, rot
- 1 Apfel (185 g, ohne Kerne)
- 1 Knoblauchzehe (7 g)
- 250 g Sultaninen
- 80 g selbstgemachter Tomatenketchup
- 1 geh. TL Salz
- 1 geh. MS gem. Nelken
- 1 gehäufter (knapper) TL Zimt
- 1 TL Paprikapulver edelsüß
- 1 TL gem. Kreuzkümmel
- 1 gestr. TL Curry
- 1 Prise schwarzer Pfeffer
- 1/2 TL Masala
- 1 TL Pizzagewürz
- 10 g Tomatenmark
- 5 g Meerrettich aus dem Glas (Bode)
- 150 g scharfer Essig (von eingelegten Peperoni)
- 200 g Wasser

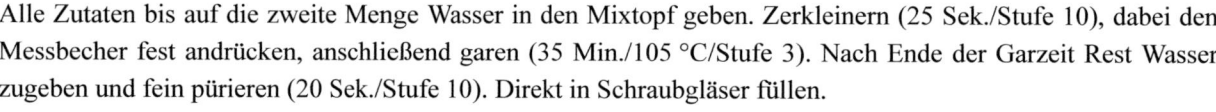

Zwiebeln und Möhren im TM zerkleinern (5 Sek./Stufe 6). Restliche Zutaten zugeben und zerkleinern (5 Sek./Stufe 6). 55 Min./105 °C/Linkslauf/Stufe 1 ohne Messbecher garen. Sobald es kocht, wenn nötig Garkörbchen als Spritzschutz aufsetzen. Relish in leere Schraubgläser füllen. Sofort verschließen und abgekühlt im Kühlschrank aufbewahren.

13733. Pflaumenkuchen mit ChatGPT, August 2023

Springform 26 cm

Für den Rührteig

- 200 g weiche Butter
- 150 g Rohrohrzucker
- 1 Prise Salz
- 3 Eier
- 50 g Dinkelvollkornmehl
- 200 g Dinkelmehl Typ 1050
- 2 TL Backpulver
- 4 EL Milch

Für den Belag:

- 700 g frische Pflaumen
- 2 TL Flohsamenschalen
- 2 EL Rohrohrzucker
- 1 TL Zimt
- 50 g gehackte Mandeln
- 30-40 g Butterflöckchen (nach dem Backen)

Heize den Backofen auf 165 °C (Heißlufther) vor und lege eine runde Springform mit 26 cm Durchmesser mit Backpapier aus. In einer großen Schüssel schlage die weiche Butter, den Zucker und die Prise Salz mit einem Handmixer oder einer Küchenmaschine cremig. Füge die Eier einzeln hinzu und mixe jedes Ei gut unter, bevor du das nächste hinzugibst.

In einer separaten Schüssel mische das Mehl und das Backpulver. Gib die Mehlmischung abwechselnd mit 4 EL Milch in die Eier-Butter-Masse und rühre alles zu einem glatten Rührteig. Wenn der Teig zu fest erscheint, kannst du bei Bedarf noch etwas mehr Milch hinzufügen, bis er die gewünschte Konsistenz erreicht. Gib den Rührteig in die vorbereitete Springform und streiche ihn gleichmäßig glatt.

Wasche die Pflaumen, halbiere und entsteine sie. Verteile die Pflaumenhälften mit der Schnittseite nach oben auf dem Rührteig. Bestreue die Pflaumen mit den Mandeln, Flohsamenschalen, dem Zucker und dem Zimt. Backe den Pflaumenkuchen im vorgeheizten Backofen für etwa 60 Min. oder bis der Rührteig goldbraun ist und die Pflaumen weich sind. Lege die Butterflöckchen auf den noch heißen Teig. Lasse den Kuchen etwas abkühlen, bevor du ihn aus der Springform löst,

13734. Gedeckter Apfelkuchen mit Hüttenkäse, Aug. 2023

26-cm-Springform; mit ChatGPT

- 3 Äpfel, entkernt und in dünnen Scheiben (465 g)
- 200 g Hüttenkäse
- 100 g Frischkäse (vollfett)
- 100 g Butter, geschmolzen
- 1 TL Vanilleextrakt (Finesse)
- 100 ml Hafermilch
- 150 g Rohrohrzucker
- 3 Eier
- 50 g Dinkelvollkornmehl
- 150 g Dinkelmehl Typ 1050
- 1 TL Backpulver
- 1 Prise Salz

Hüttenkäse, Frischkäse, geschmolzene Butter, Milch, Vanilleextrakt und Eier im TM mixen (10 Sek./Stufe 4.) Zucker einmixen (10 Sek./Stufe 4). Mehl, Backpulver und Salz untermischen (10 Sek./Stufe 4). Hälfte des Teigs in die vorbereitete Springform gießen, Apfelscheiben gleichmäßig darauf legen. Restlichen Teig über die Äpfel gießen und gleichmäßig verteilen. Im auf 165 °C vorgeheizten Heißluftofen 35 Min. backen (Stäbchenprobe). Kuchen in der Form abkühlen lassen.

Optional: *Abgekühlten Kuchen mit Puderzucker bestäuben.*

13735. ChatGPT-Vollkornrührkuchen, August 2023

30 cm Kastenform

- 250 g Vollkornmehl
- 175 g Zucker
- 4 Eier (RT)
- 200 g weiche Butter
- 150 ml Milch
- 1 P Vanillezucker
- 1 P Backpulver
- 1 Prise Salz
- Etwas Zitronenaroma
- Etwas Vanillearoma

Glasur (im Wasserbad):

- 100 g Schokolade 70 %
- 30 g Butter, wenn gelöst, zufügen:
- 1 EL Agavendicksaft
- 1 Prise Salz

Heißluftofen auf 165 °C vorheizen. Kastenform einfetten und leicht mit Mehl bestäuben.

Weiche Butter mit dem Zucker und Vanillezucker schaumig schlagen, bis die Mischung heller und luftiger wird. Eier einzeln hinzufügen und jeweils gut unterrühren, bis die Masse glatt ist. Falls gewünscht, Zitronenabrieb oder Vanilleextrakt hinzufügen.

Vollkornmehl, Backpulver und Salz vermischen. Die Mehlmischung abwechselnd mit der Milch zur Eiermischung geben. Mit Mehlmischung beginnen und enden. Nur so lange rühren, bis die Zutaten gerade eben miteinander vermischt sind. Nicht zu stark rühren, um eine zähe Konsistenz zu vermeiden.

Falls gewünscht, Nüsse, Trockenfrüchte oder Schokoladenstücke vorsichtig unter den Teig heben. Teig gleichmäßig in die vorbereitete Kastenform gießen und glattstreichen. Kuchen im vorgeheizten Heißluftofen für ca. 45-55 Min. backen. Stäbchenprobe machen. Kuchen aus dem Ofen nehmen, in der Form für etwa 10 Min. abkühlen lassen. Dann vorsichtig aus der Form nehmen und auf einem Kuchengitter vollständig auskühlen lassen.

Hinweis: *Nach dem Abkühlen kann der Kuchen nach Belieben mit Puderzucker bestäubt oder mit einer Glasur verziert werden.*

13736. ChatGPT-Vollkornrührkuchen (ohne Butter), August 2023

30 cm Kastenform; Vorläufer 13734

- 250 g Vollkornmehl
- 175 g Zucker
- 4 Eier (RT)
- 50 g Cashewmus
- 35 g Sonnenblumenöl
- 100 g Skyr
- 65 ml Milch
- 1 P Vanillezucker
- 1 P Backpulver
- 1 Prise Salz
- Zitronenaroma ein paar Tropfen
- Vanillearoma

Heißluftofen auf 165 °C vorheizen. Kastenform einfetten und leicht mit Mehl bestäuben.

Weiche Butter mit dem Zucker und Vanillezucker schaumig schlagen, bis die Mischung heller und luftiger wird. Eier einzeln hinzufügen und jeweils gut unterrühren, bis die Masse glatt ist. Falls gewünscht, Zitronenabrieb oder Vanilleextrakt hinzufügen. Nussmus, Öl und Skyr einarbeiten. Rest der Herstellung siehe Vorläufer 13735.

13737. Skyrkuchen ohne Boden, September 2023

26-cm-Springform; Vorläufer 13723

- 175 g weiche Butter
- 1 Prise Salz
- 130 g Rohrohrzucker
- 4 Eier
- 1000 g Skyr
- 1 x Vanillearoma ‚Finesse'
- 2 TL Backpulver
- 1 P Vanille Puddingpulver (38 g)
- 125 g Dinkelmehl 630
- 20 g Rohrohrzucker
- 1 EL Zitronensaft

Butter, Salz, Zucker, Eier, Skyr und Aroma im TM mixen (2 x 10 Sek./Stufe 6). Nach unten schieben und die restlichen Zutaten zufügen. Wieder mixen (20 Sek./Stufe 6,5). In eine am Boden mit Backpapier überspannte Springform füllen und in den auf 155 °C vorgeheizten Ofen (Heißluft) schieben. 70 Min. bei 155 °C backen, 10 Min. im ausgeschalteten Ofen. Bei leicht geöffneter Backofentür abkühlen lassen. *(Er ist mir trotzdem zusammengefallen.)*

13738. Skyrührteigkuchen, September 2023

26-cm-Springform; Vorläufer 13723

- 175 g weiche Butter
- 1 Prise Salz
- 150 g Rohrohrzucker
- 4 Eier
- 1000 g Skyr
- 1 x Vanillearoma ‚Finesse'
- 1/2 P Backpulver
- 1 P Vanillepuddingpulver
- 140 g Dinkelvollkornmehl
- 110 g Weizenmehl 550
- 1 EL Zitronensaft

Butter, Salz, Zucker, Eier, Skyr und Aroma im TM mixen (20 Sek./Stufe 6). Nach unten schieben und die restlichen Zutaten zufügen. Wieder mixen (20 Sek./Stufe 6,5). In eine am Boden mit Backpapier überspannte Springform füllen und in den auf 155 °C vorgeheizten Ofen (Heißluft) schieben. 70 Min. bei 155 °C backen, 10 Min. im ausgeschalteten Ofen. Bei leicht geöffneter Backofentür abkühlen lassen.

13739. Paprika mit Schinkenwürfel-Eintopf, Sep. 2023

Nach einem Rezept von BARD (jetzt: Gemini).

- 1 kleine gelbe Paprika (100 g)
- 1 große Tomaten (160 g)
- 50 g Schinkenspeckwürfel
- 1/2 Zwiebel (60 g)
- 1 Knoblauchzehen (10 g)
- 1 EL Sonnenblumenöl
- 1 gestr. TL Tomatenmark
- 1 gestr. TL Paprikapulver
- 1/4 TL Salz
- 1/8 TL Pfeffer
- 90 g Kartoffeln (geschält und gewürfelt)
- 100 g Wasser
- 1 TL Gemüsebrühe

Zwiebel und den Knoblauch schälen und fein hacken. Öl in einem Topf erhitzen und die Zwiebel und den Knoblauch darin glasig dünsten. Tomatenmark und Paprikapulver hinzufügen und kurz mitdünsten. Tomaten in Würfel schneiden und hinzufügen. Paprika würfeln, mit den Kartoffeln hinzufügen. Schinken hinzufügen und unterrühren. Salz und Pfeffer hinzufügen und alles mit der Gemüsebrühe auffüllen. Zugedeckt bei mittlerer Hitze 25 Min. köcheln lassen, bis das Gemüse weich ist.

13740. Kürbisgericht mit Schinken, September 2023

2 Personen; ChatGPT

- 300 g Hokkaido-Kürbis, gewürfelt
- 75 g Schinkenwürfel
- 85 g Zwiebel, gewürfelt
- 100 g Vollkornspiralnudeln
- 100 g rote Linsen
- 1 TL Gemüsebrühpulver
- 400 g Wasser
- 165 g Tomaten, gewürfelt
- 2 EL Öl zum Braten
- Salz und Pfeffer nach Geschmack

Öl in einer tiefen Pfanne erhitzen. Gewürfelte Zwiebel und Schinkenwürfel hinzufügen und anbraten, bis die Zwiebeln glasig sind und der Schinken leicht gebräunt ist. Gewürfelten Hokkaido-Kürbis hinzufügen und kurz anschwitzen, bis er leicht anbräunt. Vollkornspiralnudeln, rote Linsen, gewürfelte Tomaten und Gemüsebrühe hinzufügen. Gut umrühren.

Den Topf abdecken und bei mittlerer Hitze 15-20 Min. köcheln lassen. Ab und zu umrühren. Bei Bedarf etwas Wasser oder Brühe hinzufügen. Mit Salz und Pfeffer nach Geschmack würzen.

13741. Apfel-Skyrkuchen, September 2023

26-cm-Springform; Vorlage 13737

Teig:

- 175 g weiche Butter
- 1 Prise Salz
- 150 g Rohrohrzucker
- 4 Eier
- 1000 g Skyr
- 1 x Vanillearoma ‚Finesse'
- 1/2 P Weinsteinbackpulver (10 g)
- 1 P Vanillepuddingpulver (38 g)
- 100 g Dinkelvollkornmehl
- 250 g Weizenmehl Typ 550
- 1 EL Zitronensaft

Belag:

- 4 Äpfel (ca. 400-450 g)

Butter, Salz, Zucker, Eier, Skyr und Aroma im TM mixen (20 Sek. /Stufe 6). Nach unten schieben und die restlichen Teigzutaten zufügen. Wieder mixen (20 Sek./Stufe 6,5, einmal durchrühren und 15 Sek./Stufe 6,5). In eine am Boden mit Backpapier überspannte Springform (26 cm Durchmesser) füllen. Äpfel vierteln und Oberseite mehrmals einschneiden. Am Rand entlang legen. In den auf 165 °C vorgeheizten Ofen (Heißluft) schieben. 60 Min. bei 165 °C backen, 10 Min. im ausgeschalteten, mit einem Spalt geöffneten Ofen stehen lassen.

13742. Kartoffel-Hackfleischpfanne, Oktober 2023

2 Portionen; ChatGPT

- 400 g Kartoffeln gewürfelt
- 250 g Hackfleisch (Rind)
- 1 Zwiebel (ca. 95 g), fein gehackt
- 2 Knoblauchzehen (11 g), fein gehackt
- 1 Tomate (ca. 100 g), gewürfelt
- 2 EL Bratöl
- Gemüsebrühpulver 1 TL
- Pfeffer nach Geschmack
- 1 TL Paprikapulver
- 1 gestr. TL Kreuzkümmel
- 200 ml Wasser

Pflanzenöl in einer großen Pfanne bei mittlerer Hitze erhitzen. Zwiebel hinzufügen und etwa 2-3 Min. lang anbraten, bis sie weich und glasig ist. Hackfleisch in die Pfanne geben und unter gelegentlichem Rühren anbraten, bis es braun und durchgekocht ist. Knoblauch hinzufügen und bis zum Duften 1 Min. anbraten. Tomaten hinzufügen und 2-3 Min. köcheln. Kartoffelwürfel in die Pfanne geben und zusammen mit dem Hackfleisch und den Gewürzen etwa 5 Min. anbraten.

200 ml Wasser über die Mischung gießen, sodass die Kartoffeln gerade bedeckt sind. Deckel auflegen Kartoffeln etwa 15-20 Min. köcheln lassen oder bis sie weich sind. Gelegentlich umrühren.

Hinweis: Essen war lecker, aber bei Denns kaufe ich das Hackfleisch nicht mehr, ich mag die Optik nicht.

13743. Hokkaido-Hühner-One-Pot mit Reis, Oktober 2023

2 Personen; Bard (Gemini)

- 495 g Hokkaido-Kürbis, gewürfelt
- 400 g Hühnerbrust, gewürfelt
- 105 g Zwiebel, gewürfelt
- 1 Knoblauchzehen, in Scheibchen
- 325 g Tomaten, gewürfelt
- 100 g Langkornreis
- 1 TL Gemüsebrühextrakt
- 200 g Wasser
- 2 EL Bratöl
- 1 LS Sambal Oelek (gekauft)

Abschmecken mit:

- Salz
- Pfeffer
- Paprikapulver
- 1 TL Agavendicksaft

In einem großen Topf Öl erhitzen und Zwiebel und Knoblauch darin glasig dünsten. Hühnerbrustwürfel hinzufügen und rundherum anbraten. Die Kürbiswürfel und Tomatenwürfel hinzufügen und kurz mitbraten.

Gemüsebrühe, Sambal Oelek und Reis hinzufügen und zum Kochen bringen. Hitze reduzieren und den Reis ca. 20 Min. köcheln lassen, bis er gar ist. Mit Salz, Pfeffer, Paprikapulver und Agavendicksaft abschmecken.

13744. Tomatenketchup Chat-GPT, Oktober 2023

- 2 Dosen Tomaten (800 g), inklusive Saft
- 175 g Essig (Apfelessig oder weißer Essig)
- 100 g Wasser
- 250 g Trockenfrüchte (Datteln und Sultaninen gemischt; hier: Datteln)
- 4-5 Knoblauchzehen (hier: 11 g)
- 1 EL Vier- Nuss-Mus (50 g)
- 200 g Gemüsezwiebeln
- 1 Apfel (mittelgroß; hier 145 g)
- 1 kleine rote Paprika (60 g)
- 1 Stück Essigpeperoni 7/4753
- 15 g Salz
- 2 TL Paprikapulver
- 1 TL Currypulver
- 1 TL Kakao
- 100 g Wasser

Zutaten bis auf 100 g Wasser im TM zerkleinern (20 Sek./Stufe 10). Mischung garen (35 Min./105 °C/Stufe 3). 100 g Wasser zugeben und die Mischung fein pürieren (20 Sek./Stufe 10). Ketchup in saubere Schraubgläser füllen und verschließen. Im Kühlschrank aufbewahren.

13745. Zwiebelrelish ChatGPT-Improved, Oktober 2023

- 525 g Gemüsezwiebeln
- 1 Apfel (140 g)
- 1 Knoblauchzehe
- 250 g Sultaninen
- 50 g Tomatenketchup
- 1 TL Salz
- 1/2 gestr. TL gem. Nelken
- 1 TL Zimt
- 1 TL Paprika edelsüß
- 1 TL gem. Kreuzkümmel
- 1 TL Currypulver
- 1 Prise schw Pfeffer
- 1 TL Tomatenmark
- 100 g Apfelessig
- 150 g Wasser

Zwiebeln, Apfel und Knoblauch grob zerkleinert in den TM geben. Alle übrigen Zutaten zufügen und zerkleinern (5 Sek./ Stufe 4). Dann 45-60 Min. bei 105 °C auf Stufe 1 im Linkslauf kochen lassen. Dabei den Messbecher abnehmen und stattdessen das Garkörbchen als Spritzschutz verwenden.

Nach dem Kochen in Gläser füllen und sofort verschließen. Gläser für etwa 10 Min. auf den Kopf stellen (zum Bilden eines Vakuums) und dann umdrehen und abkühlen lassen. Im Kühlschrank aufbewahren; Haltbarkeit mehrere Monate.

13746. Apfel-Skyrkuchen II, Oktober 2023

26-cm-Springform; Vorlage 13741

Teig:

- 175 g weiche Butter
- 1 Prise Salz
- 150 g Rohrohrzucker
- 4 Eier
- 1000 g Skyr
- 1 x Vanillearoma ‚Finesse'
- 1 EL Zitronensaft
- 1/2 P Weinsteinbackpulver (10 g)
- 1 P Vanillepuddingpulver (38 g)
- 100 g Dinkelvollkornmehl
- 225 g Dinkelmehl Typ 1050

Füllung

- 4 Äpfel (ca. 475 g)

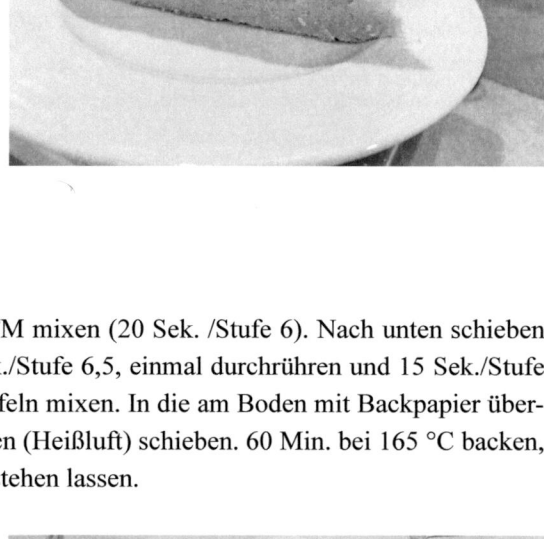

Butter, Salz, Zucker, Eier, Skyr, Aroma und Zitronensaft im TM mixen (20 Sek. /Stufe 6). Nach unten schieben und die restlichen Teigzutaten zufügen. Wieder mixen (20 Sek./Stufe 6,5, einmal durchrühren und 15 Sek./Stufe 6,5). Äpfel würfeln und den Teig in einer Schüssel mit den Äpfeln mixen. In die am Boden mit Backpapier überspannte Springform füllen. In den auf 165 °C vorgeheizten Ofen (Heißluft) schieben. 60 Min. bei 165 °C backen, 10 Min. im ausgeschalteten, mit einem Spalt geöffneten Ofen stehen lassen.

13747. Vorratsdressing 2023 Nr. 2, Oktober 2023

Vorläufer 13725

- 225 ml Essig (aus Gurkenglas)
- 100 ml Sonnenblumenöl
- 250 ml Wasser
- 115 g Agavendicksaft
- 1 TL Pizzagewürz
- 1 TL Salz
- 1/4 TL Pfeffer
- 1 Knoblauchzehe

Alle Zutaten im Vitamix kräftig durchmischen. Im Kühlschrank hält sich das Salatdressing mehrere Wochen.

13748. Porree-Hackfleischpfanne mit Nudeln, Okt. 2023

3 Personen; nach ChatGPT

- 300 g Vollkornspiralnudeln
- 300 g Rinderhackfleisch
- 300 g Lauch, in Ringe geschnitten
- 1 Zwiebel, gewürfelt (50 g)
- 55 g Wasser
- 2 Knoblauchzehen, gehackt
- 50 g Schmelzkäse
- 200 g Skyr
- 8 EL Nudelkochwasser
- Salz und Pfeffer nach Geschmack
- 2 + 1 EL Öl zum Braten

Vollkornspiralnudeln nach Packungsanweisung in Wasser kochen, abgießen und beiseite stellen.

In einer Pfanne 2 EL Öl erhitzen und Rinderhackfleisch anbraten, bis es braun und krümelig ist. Mit Salz und Pfeffer würzen und beiseite stellen.

In Pfanne einen weiteren EL Öl erhitzen und gewürfelte Zwiebel, gehackten Knoblauch und Lauchringe hinzufügen. Alles zusammen mit dem Fleisch und 55 g Wasser braten, bis das Gemüse weich wird.

Den Schmelzkäse hinzufügen und unter Rühren schmelzen lassen, Skyr unterrühren, sodass die Soße dünnflüssiger wird. Gekochte Vollkornspiralnudeln zur Pfanne geben und alles gut vermengen. Mischung einige Min. köcheln lassen, damit sich die Aromen vermischen. Mit Salz und Pfeffer abschmecken und nach Bedarf mehr Skyr hinzufügen, um die gewünschte Konsistenz zu erreichen.

Das Gericht heiß servieren und nach Belieben mit frischen Kräutern oder geriebenem Käse garnieren.

Hinweis: Es ist lecker, aber ein ganz klein wenig zu trocken. Beim Aufwärmen der anderen Portionen werde ich noch Flüssigkeit hinzufügen.

13749. Kirsch-Vollkornrührkuchen mit Karamell, Okt. 2023

Vorläufer 13734; 26-cm-Springform

- 200 g weiche Butter
- 160 g Rohrohrzucker
- 1 P Finesse Vanillearoma
- 1 Prise Salz
- 4 Eier
- 250 g Vollkornmehl
- 1 P Weinsteinbackpulver
- 200 g Skyr
- 100 g Karamell-Chunks
- 1 Glas Sauerkirschen (Einwaage 350 g)

Kirschen gründlich abtropfen lassen.

Heißluftofen auf 165 °C vorheizen. Springform mit Backpapier überspannen.

Weiche Butter mit Zucker und Vanillearoma schaumig schlagen, bis die Mischung heller und luftiger wird. Eier einzeln hinzufügen und jeweils gut unterrühren, bis die Masse glatt ist. In einer separaten Schüssel Vollkornmehl und Backpulver vermischen.

Mehlmischung abwechselnd mit Skyr zur Eiermischung geben. Mit der Mehlmischung beginnen und enden. Dabei nur so lange rühren, bis die Zutaten gerade eben miteinander vermischt sind. Nicht zu stark rühren, um eine zähe Konsistenz zu vermeiden. Karamell-Chunks vorsichtig unter den Teig heben.

Teig gleichmäßig in die vorbereitete Springform gießen und glattstreichen. Mit den abgetropften Kirschen belegen. Kuchen im vorgeheizten Heißluftofen für ca. 45-55 Min. backen. Stäbchenprobe.

Den Kuchen aus dem Ofen nehmen und in der Form für etwa 10 Min. abkühlen lassen. Vorsichtig aus der Form nehmen und auf einem Kuchengitter vollständig auskühlen lassen.

13750. Schweinegulasch mit Hokkaido, Oktober 2023

2 Portionen; ChatGPT mit Zutatenvorgabe.

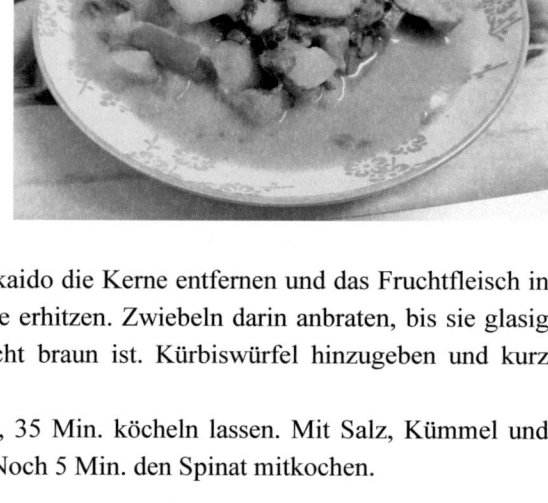

- 200 g Schweinegulasch
- 1 Hokkaido-Kürbis (430 g)
- 300 g Kartoffeln
- 1 Zwiebel (ca. 100 g)
- Salz
- gem. Kümmel
- Pfeffer
- 2 EL Bratöl
- 250 g Wasser
- 50 g Schmelzkäse Paprika
- 100 g Babyspinat

Kartoffeln würfeln. Zwiebeln schälen und würfeln. Vom Hokkaido die Kerne entfernen und das Fruchtfleisch in kleine Würfel schneiden. Öl in einem Topf bei mittlerer Hitze erhitzen. Zwiebeln darin anbraten, bis sie glasig sind. Schweinegulasch hinzufügen und anbraten, bis es leicht braun ist. Kürbiswürfel hinzugeben und kurz anbraten.

Wasser in den Topf. Kartoffeln hinzufügen. Deckel auflegen, 35 Min. köcheln lassen. Mit Salz, Kümmel und Pfeffer abschmecken. Schmelzkäse zum Dicken unterrühren. Noch 5 Min. den Spinat mitkochen.

13751. Kirsch-Vollkornrührkuchen Karamell II, Okt. 2023

Vorläufer 13749; 26-cm-Springform

- 200 g weiche Butter
- 150 g Rohrohrzucker
- 1 P Finesse Vanillearoma
- 1 Prise Salz
- 4 Eier
- 250 g Vollkornmehl
- 1 P Weinsteinbackpulver
- 230 g Himbeerjoghurt Schrozberger
- 100 g Karamell-Chunks
- 1 Glas Sauerkirschen (Einwaage 350 g)

Kirschen gründlich abtropfen lassen.

Heißluftofen auf 165 °C vorheizen. Springform mit Backpapier überspannen.

Weiche Butter mit Zucker und Vanillearoma schaumig schlagen, bis die Mischung heller und luftiger wird. Eier einzeln hinzufügen und jeweils gut unterrühren, bis die Masse glatt ist. In einer separaten Schüssel Vollkornmehl und Backpulver vermischen.

Mehlmischung abwechselnd mit den Joghurt zur Eiermischung geben. Mit der Mehlmischung beginnen und enden. Dabei nur so lange rühren, bis die Zutaten gerade eben miteinander vermischt sind. Nicht zu stark rühren, um eine zähe Konsistenz zu vermeiden. Karamell-Chunks vorsichtig unter den Teig heben.

Teig gleichmäßig in die vorbereitete Springform gießen und glattstreichen. Mit den abgetropften Kirschen belegen. Kuchen im vorgeheizten Heißluftofen für ca. 35-40 Min. backen. Stäbchenprobe.

Den Kuchen aus dem Ofen nehmen und in der Form für etwa 10 Min. abkühlen lassen. Vorsichtig aus der Form nehmen und auf einem Kuchengitter vollständig auskühlen lassen.

13752. Berliner Brot, Oktober 2023

Vorläufer 13610

- 3 Eier
- 2 EL Wasser
- 250 g Farinzucker
- 1 P Vanillearoma „Finesse"
- 2 geh. EL Apfelkraut (125 g)
- 2 EL Rum
- 1 P Lebkuchengewürz (Brecht) (5 g)

- 1 geh. EL Zimt
- 1 geh. EL Kakaopulver (13 g)
- 260 g Dinkelmehl Typ 550
- 1/2 P Weinsteinbackpulver
- 100 g bittere Schokolade (70 %) (zerkleinert im TM 14 Sek./Stufe 7)
- 150 g ganze Haselnüsse

Eier mit Wasser schaumig schlagen, den Zucker hinzugeben und bis zu einer cremeartigen Masse schlagen. Apfelkraut, Vanillearoma und Rum unterrühren, Gewürze mit Mehl, Kakaopulver und Backpulver sieben und ebenfalls unterrühren. Schokolade einmischen, Haselnüsse unterziehen und den Teig auf einem mit Backpapier ausgelegten Backblech glatt streichen (ca. 1/2 cm dick, das Blech ist nicht ganz bedeckt). Backofen auf 185 °C (Heißluft) vorheizen. Blech einschieben und 25 Min. bei 185 °C backen, 5 Min. im ausgeschalteten Ofen nachbacken. Auf einem Gitterrost auskühlen lassen und in 2 x 5 cm-Streifen schneiden.

13753. Spitzkohl mit Thunfisch (ChatGPT), Oktober 2023

- 200 g Vollkornspiralnudeln
- 400 g Wasser
- 1 TL Gemüsebrühpulver
- 100 g Skyr
- 1 TL Essig
- 400 g Spitzkohl, in feine Streifen geschnitten
- 1 rote Spitzpaprika (65 g), in kleine Würfel geschnitten
- 1 Dose Thunfisch (135 g Abtropfgewicht), in Stücken
- Salz, Pfeffer, Paprikapulver, nach Geschmack

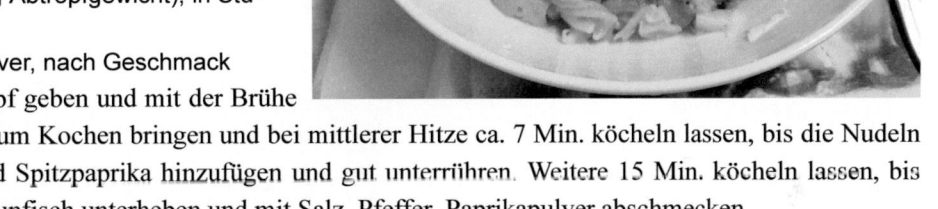

Nudeln in einen großen Topf geben und mit der Brühe und der Sahne bedecken. Zum Kochen bringen und bei mittlerer Hitze ca. 7 Min. köcheln lassen, bis die Nudeln fast gar sind. Spitzkohl und Spitzpaprika hinzufügen und gut unterrühren. Weitere 15 Min. köcheln lassen, bis das Gemüse bissfest ist. Thunfisch unterheben und mit Salz, Pfeffer, Paprikapulver abschmecken.

Hinweis: Ich habe den Spitzkohl schon länger gekocht als vorgesehen (das waren mal gerade 5 Min.), mir war der immer noch gerade an der Grenze zu gar. Bei einem zweiten Mal würde ich alles sofort zusammen kochen.

13754. Vorratsdressing Nr. 3, November 2023
Vorläufer 13747

- 140 ml Essig (aus einem Gurkenglas)
- 85 g Apfelessig (zusammen 225 g)
- 100 g Sonnenblumenöl
- 140 g Kichererbsenwasser
- 110 g Wasser
- 115 g Agavendicksaft
- 1 TL Pizzagewürz
- 1 TL Salz
- 1/4 TL Pfeffer
- 1 Knoblauchzehe

Alle Zutaten im Vitamix kräftig durchmischen. Im Kühlschrank hält sich das Salatdressing mehrere Wochen.

13755. Kirschrührkuchen mit White Choc, November 2023

Vorläufer 13751; 26-cm-Springform

- 200 g weiche Butter
- 165 g Rohrohrzucker
- 1 P Finesse Vanillearoma
- 3-4 Tropfen Zitronenöl
- 1 Prise Salz
- 4 Eier
- 250 g Dinkelmehl Typ 630
- 1/2 P Weinsteinbackpulver
- 200 g Skyr
- 1 EL Milch
- 100 g White Chocolate Chunks
- 1 Glas Sauerkirschen (Einwaage 350 g)

Kirschen gründlich abtropfen lassen.

Heißluftofen auf 165 °C vorheizen. Springform mit Backpapier überspannen.

Weiche Butter mit Zucker, Zitronenöl und Vanillearoma schaumig schlagen, bis die Mischung heller und luftiger wird. Eier einzeln hinzufügen und jeweils gut unterrühren, bis die Masse glatt ist. In einer separaten Schüssel Mehl und Backpulver vermischen.

Mehlmischung abwechselnd mit Skyr und Milch zur Eiermischung geben. Mit der Mehlmischung beginnen und enden. Dabei nur so lange rühren, bis die Zutaten gerade eben miteinander vermischt sind. Nicht zu stark rühren, um eine zähe Konsistenz zu vermeiden. White Chocolate Chuns vorsichtig unter den Teig heben.

Teig gleichmäßig in die vorbereitete Springform gießen und glattstreichen. Mit den abgetropften Kirschen belegen. Kuchen im vorgeheizten Heißluftofen für ca. 50-55 Min. backen. Stäbchenprobe.

Den Kuchen aus dem Ofen nehmen und in der Form für etwa 10 Min. abkühlen lassen. Vorsichtig aus der Form nehmen und auf einem Kuchengitter vollständig auskühlen lassen.

13756. Berliner Brot, November 2023

Vorläufer 13752

- 4 kleine Eier
- 2 EL Wasser
- 250 g Farinzucker
- 1 P Vanillearoma „Finesse"
- 1 Prise Salz
- 2 geh. EL Apfelkraut (125 g)
- 2 EL Rum
- 1 P Lebkuchengewürz (Brecht) (5 g)
- 1 geh. EL Zimt
- 1 geh. EL Kakaopulver (13 g)
- 260 g Dinkelmehl Typ 630
- 1/2 P Weinsteinbackpulver
- 100 g bittere Schokolade (70 %) (zerkleinert im TM 14 Sek./Stufe 7)
- 150 g ganze Haselnüsse

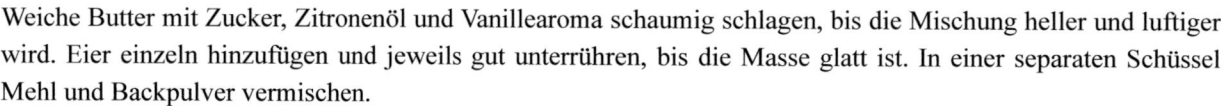

Eier mit Wasser schaumig schlagen, Zucker und Salz hinzugeben und bis zu einer cremeartigen Masse schlagen. Apfelkraut, Vanillearoma und Rum unterrühren, Gewürze mit Mehl, Kakaopulver und Backpulver sieben und ebenfalls unterrühren. Schokolade einmischen, Haselnüsse unterziehen und den Teig auf einem mit Backpapier ausgelegten Backblech glatt streichen (ca. 1/2 cm dick, das Blech ist nicht ganz bedeckt).

Backofen auf 185 °C (Heißluft) vorheizen. Blech einschieben und 35 Min. bei 185 °C backen, 5 Min. im ausgeschalteten Ofen nachbacken. Auf einem Gitterrost auskühlen lassen und in 2 x 5 cm-Streifen schneiden.

13757. Mangold mit Schinkenwürfeln, November 2023

- 220 g Mangold (gewaschen und grob gehackt)
- 150 g Schinken (gewürfelt)
- 315 g Kartoffeln (geschält, gewürfelt)
- 100 g Maronen (gegart und geschält, optional vorgekocht)
- 100 g Sauerkraut
- 100 g Kichererbsen aus der Dose
- 1 Zwiebel (fein gehackt), 100 g
- 2 Knoblauchzehen (gehackt)
- 2 EL Sonnenblumenöl
- 1 TL Paprikapulver
- Pfeffer nach Geschmack
- 250 g Wasser
- 1 TL Gemüsebrühextrakt

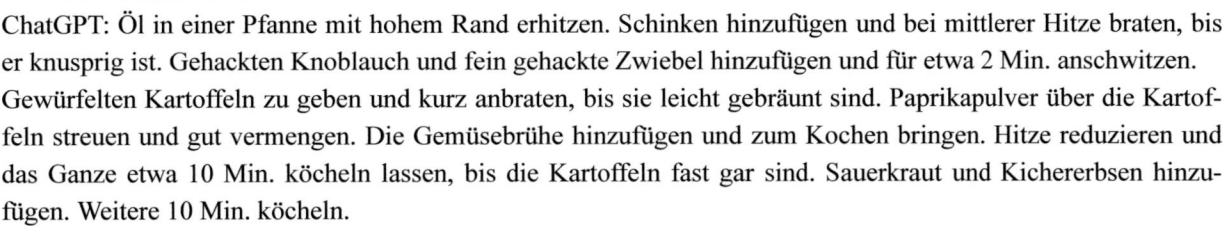

ChatGPT: Öl in einer Pfanne mit hohem Rand erhitzen. Schinken hinzufügen und bei mittlerer Hitze braten, bis er knusprig ist. Gehackten Knoblauch und fein gehackte Zwiebel hinzufügen und für etwa 2 Min. anschwitzen. Gewürfelten Kartoffeln zu geben und kurz anbraten, bis sie leicht gebräunt sind. Paprikapulver über die Kartoffeln streuen und gut vermengen. Die Gemüsebrühe hinzufügen und zum Kochen bringen. Hitze reduzieren und das Ganze etwa 10 Min. köcheln lassen, bis die Kartoffeln fast gar sind. Sauerkraut und Kichererbsen hinzufügen. Weitere 10 Min. köcheln.

Zum Schluss gehackten Mangold und Maronen in den Topf geben. Mangold langsam zusammenfallen lassen, 5-10 Min. kochen und die Maronen erwärmen. Dies sollte nur 3-5 Min. dauern. Mit Pfeffer abschmecken.

13758. Kaki-Skyrkuchen, November 2023

Vorläufer 13746; 26-cm-Springform
Teig:
- 175 g weiche Butter
- 1 Prise Salz
- 175 g Rohrohrzucker
- 4 Eier
- 1000 g Skyr
- 1 x Vanillearoma ‚Finesse‘
- 1 EL Zitronensaft
- 1/2 Backpulver (10 g)
- 1 P Vanillepuddingpulver
- 125 g Dinkelvollkornmehl
- 225 g Dinkelmehl Typ 1050

Füllung
- 2 mittelgroße Kaki (ca. 475 g)

Weiche Butter schaumig schlagen (Handrührgerät. Die Teigzutaten nach und nach zugeben, wenn alle in der Schüssel sind, 2 Min. rühren. Die Hälfte der Mehlmischung zugeben und mixen. Rest Mischung zugeben und nochmals mixen. Kaki würfeln und Teig mit den Kakistückchen mixen. In eine am Boden mit Backpapier überspannte Springform füllen. In den auf 165 °C vorgeheizten Ofen (Heißluft) schieben. 60 Min. bei 165 °C backen, 10 Min. im ausgeschalteten, mit einem Spalt geöffneten Ofen stehen lassen.

13759. Vorratsdressing Nr. 4, November 2023

Vorläufer 13754
- 225 g Apfelessig
- 100 g Sonnenblumenöl
- 250 g Wasser
- 130 g Agavendicksaft
- 6 g Alpensalz Bergkräuter
- 1/4 TL Pfeffer
- 2 Knoblauchzehen, 8 g

Alle Zutaten im Vitamix kräftig durchmischen. Im Kühlschrank hält sich das Salatdressing mehrere Wochen.

13760. Bananenbrot, klassisch, November 2023

30-cm-Kastenform

- 450 g reife Bananen geschält (ca. 4-5 mittelgroße)
- 225 g Farinzucker
- 180 g Sonnenblumenöl
- 3 Eier
- 1 P Vanilleextrakt „Finesse"
- 375 g Dinkelmehl 1050
- 3 TL Backpulver
- 1,5 TL Salz
- 1,5 TL Zimt
- 100 g Zartbitter Chocolate Chunks
- 50 g Sonnenblumenkerne

Backofen (Heißluft) auf 165 °C vorheizen. Eine Kastenform einfetten.

Bananen mit den Rührbesen eines Handrührgeräts pürieren. Zucker, Öl, Eier und Vanilleextrakt hinzufügen. 2 Min. schlagen. Separat Mehl, Backpulver, Salz und Zimt vermischen. Die trockenen Zutaten nach und nach zu der Bananenmischung hinzufügen und gut verrühren, bis alles gerade so vermengt ist. Nicht übermäßig rühren, um ein zu dichtes Brot zu vermeiden. Sonnenblumenkerne und Schokoladenstückchen unter den Teig heben.

Den Teig in die vorbereitete Kastenform gießen und glattstreichen. Das Bananenbrot im vorgeheizten Ofen etwa 60-70 Min. backen (Stäbchenprobe). Brot aus dem Ofen nehmen und in der Form etwa 5 Min. abkühlen lassen, dabei auf ein Kuchengitter mit nassem (kalten) Küchentuch stellen. Auf ein Kuchengitter stürzen, um es vollständig auskühlen zu lassen.

13761. Szegedinger Gulasch mit ChatGPT, November 2023

2 Portionen

- 400 g Schweinegulasch
- 1 große Zwiebel (ca. 150 g)
- 2 Knoblauchzehen
- 3 EL Bratöl
- 2 EL Paprikapulver (edelsüß)
- 1 TL Kümmel
- 1 Spitzpaprika (75 g) in Streifen
- 1 Tomate, gewürfelt (110 g)
- 250 g Wasser
- 1 TL Gemüsebrühe
- 50 Tomatenmark
- 150 g Sauerkraut
- 1 EL Kartoffelstärke
- Salz
- Pfeffer

Zwiebeln und Knoblauchzehen fein hacken. Schweinegulasch salzen und pfeffern.

In einem großen Topf das Öl erhitzen und das Gulasch darin scharf anbraten, bis es braun ist. Zwiebeln und Knoblauch hinzufügen und glasig dünsten. Paprikapulver, Kümmel und Majoran einrühren und kurz mitbraten. Paprika und Tomate kurz mit anbraten. Mit Gemüsebrühe ablöschen und das Gulasch bei niedriger Hitze ca. 1,5 Std. schmoren lassen, bis das Fleisch zart ist. Sauerkraut abtropfen lassen und zum Gulasch geben. Tomatenmark einrühren und weitere 30 Min. köcheln lassen. Stärkemehl mit etwas Wasser verrühren, hinzugeben und unter Rühren aufkochen. Mit Salz und Pfeffer abschmecken.

Hinweis: *Dazu habe ich Reis gemacht (120 g Vollkornreis, 250 g Wasser, 40 Min.).*

13762. Wurstgulasch mit Rotweinsoße, November 2023

2 Portionen

- 2 EL Sonnenblumenöl
- 140 g Minicabanossi
- 180 g Rindswürstchen aus dem Glas
- 1 Zwiebel (130 g), gehackt
- 1 Knoblauchzehe, fein gehackt
- 200 g Rotwein
- 100 g Sauerkraut
- 1 kleine Dose Tomaten in Stücken (400 g)
-
- 1 EL Tomatenmark
- 1 TL Paprikapulver
- 1 Lorbeerblatt
- 1/2 TL gem. Kümmel
- 2 TL Agavendicksaft
- Salz
- Pfeffer

Wurst in Scheiben schneiden. Zwiebel und Knoblauch vorbereiten. Öl in einer Pfanne erhitzen, Wurstscheiben gut anbraten, dann aus der Pfanne nehmen und beiseite legen. Zwiebeln und Knoblauch im verbliebenen Öl anschwitzen. Mit Rotwein ablöschen, Tomaten, Tomatenmark, Paprikapulver, Lorbeerblatt, Sauerkraut und Kümmel hinzufügen. Zum Kochen bringen. Die gebratenen Wurstscheiben wieder in den Topf geben, alles gut vermengen und bei mittlerer Hitze köcheln lassen, bis die Soße etwas eingedickt ist (ca. 15-20 Min.). Nach Bedarf dicken mit 1-2 TL Stärkepulver verrührt in etwas Wasser aufkochen. Mit Salz und Pfeffer abschmecken.

13763. Rotweinkuchen (ChatGPT), November 2023

Vorläufer 1/70; 26-cm-Springform

- 100 g zartbitter Schokolade (70 %)
- 100 g Mandeln
- 250 g Butter
- 250 g brauner Rohrohrzucker
- 4 Eier
- 375 g Dinkelmehl (100 g Typ 630; 100 g Typ 1050; 175 g Vollkornmehl)
- 1 P Backpulver (ca. 15 g)
- 1 Prise Salz
- 250 g Rotwein
- 50 g Kakaopulver

Schokolade im TM mahlen (Einsatz auf Volumenhälfte, 7 Sek./Stufe 5; einige Stückchen bleiben noch). Umfüllen und Mandeln mahlen (mit Einsatz, 10 Sek./Stufe 7).

Kuchenform am Rand einfetten und mit Backpapier überspannen. Butter mit Zucker und Kakao schaumig schlagen, insgesamt 2 Min. (Handrührgerät). Eier einzeln unterrühren. Mehle, Backpulver und Salz vermischen und abwechselnd mit dem Rotwein unter die Buttermasse rühren. Gemahlene Mandeln hinzufügen und gut verrühren, bis ein homogener Teig entsteht. Zum Schluss die gemahlene Schokolade unterziehen.

Teig in die vorbereitete Form geben und glatt streichen. Kuchen im auf 165 °C vorgeheizten Ofen (Heißluft) etwa 50-60 Min. backen. Stäbchenprobe machen, um sicherzustellen, dass der Kuchen durchgebacken ist. Aus dem Ofen nehmen, etwas abkühlen lassen und aus der Form nehmen. Wenn er vollständig ausgekühlt ist, nach Wunsch noch mit Schokoladenglasur überziehen.

13764. Thunfisch-Spitzkohlpfanne, November 2023

2 Portionen

- 135 g Thunfisch aus der Dose
- 2 EL Bratöl
- 100 g Zwiebel, gewürfelt
- 1 Knoblauchzehe, gewürfelt
- 300 g Spitzkohl, fein geschnitten
- 1 Spitzpaprika (65 g), in Streifen
- 200 g Kartoffeln, gewürfelt
- 120 ml Rotwein
- Salz und Pfeffer

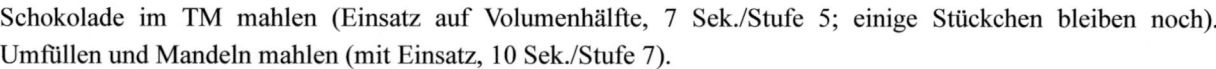

Öl ein einer 24-cm-Alugusspfanne erhitzen. Zwiebel und Knoblauch darin anbraten, bis die Zwiebeln leicht glasig sind. Kartoffeln und Spitzpaprika zugeben, 5 Min. anbraten. Spitzkohl hinzufügen und weitere 3 Min. anbraten. Mit Rotwein ablöschen und 20 Min. bei geschlossenem Deckel dünsten. Mit Salz und Pfeffer abschmecken, Thunfisch abtropfen lassen und unterziehen. Weitere 5 Min. erwärmen.

13765. Rotweinkuchen II, November 2023

26-cm-Springform; Vorläufer 13763

- 100 g zartbitter Schokolade (70 %)
- 100 g Mandeln
- 250 g Butter
- 250 g brauner Rohrohrzucker
- 4 Eier
- 375 g Dinkelmehl (175 g Typ 1050; 200 g Vollkornmehl)
- 1 P Backpulver (ca. 15 g)
- 1 Prise Salz
- 285 g Rotwein
- 50 g Kakaopulver

Schokolade im TM mahlen (Einsatz auf Volumenhälfte, 7 Sek./Stufe 5; einige Stückchen bleiben noch). Umfüllen und Mandeln mahlen (mit Einsatz, 10 Sek./Stufe 7).

Kuchenform am Rand einfetten und mit Backpapier überspannen. Butter mit Zucker und Kakao schaumig schlagen, insgesamt 2 Min. (Handrührgerät). Eier einzeln unterrühren. Mehle, Backpulver und Salz vermischen und abwechselnd mit dem Rotwein unter die Buttermasse rühren. Gemahlene Mandeln hinzufügen und gut verrühren, bis ein homogener Teig entsteht. Zum Schluss die gemahlene Schokolade unterziehen.

Teig in die vorbereitete Form geben und glatt streichen. Kuchen im auf 165 °C vorgeheizten Ofen (Heißluft) etwa 50-60 Min. backen. Stäbchenprobe machen, um sicherzustellen, dass der Kuchen durchgebacken ist. Aus dem Ofen nehmen, etwas abkühlen lassen und aus der Form nehmen. Wenn er vollständig ausgekühlt ist, nach Wunsch noch mit Schokoladenglasur überziehen und White Chocolate Chunks darüber streuen.

13766. Skyr-Cassata, November 2023

30-cm-Kastenform; Vorläufer 13746

- 80 g Sonnenblumenöl
- 1 Prise Salz
- 75 g Rohrohrzucker
- 2 Eier
- 500 g Skyr
- 1 x Vanillearoma ‚Finesse‘
- 5 g Weinsteinbackpulver
- 1 P Vanillepuddingpulver (38 g)
- 175 g Dinkelvollkornmehl
- 100 g Vollmilch Chunks
- 100 g Orangeat
- 100 g Sultaninen
- Butter und Dinkelgrieß für die Form

Öl, Salz, Zucker, Eier, Skyr und Aroma im TM mixen (20 Sek./Stufe 6). Die Hälfte der Mehlmischung zugeben und mixen (20 Sek./Stufe 6,5). Rest Mischung zugeben und nochmals mixen (20 Sek./Stufe 6,5). Schokolade, Orangeat und Sultaninen zugeben und untermischen (einige Sek./Stufe 5). In eine mit Butter gefettete und Dinkelgrieß ausgestreute Kastenform füllen. In den auf 165 °C vorgeheizten Ofen (Heißluft) schieben. 40 Min. bei 165 °C backen, 5 Min. im ausgeschalteten Ofen stehen lassen.

13767. Rotweinreis, November 2023

2 Portionen

- 120 g Vollkornreis
- 250 g Rotwein

Reis mit Wein in einen Topf geben, zum Kochen bringen und dabei den Deckel geschlossen halten. Sobald es kocht, die Hitze stark reduzieren und den Reis bei minimaler Temperatur 40 Min. lang sanft köcheln lassen, ohne den Deckel zwischendurch zu öffnen. So kann der Reis die Flüssigkeit gleichmäßig aufnehmen und sein volles Aroma entfalten.

13768. Thunfisch mit Rotweinreis, November 2023

2 Portionen

- 2 EL Bratöl
- 85 g Zwiebel, gehackt
- 400 g Spitzkohl, klein geschnitten
- 1 in Streifen geschnittene getr. Chilischote (klein)
- 1 TL Paprika edelsüß
- 1 TL Gemüsebrühe
- 125 g Wasser
- 1 Dose Thunfisch (135 g abgetropft)
- Salz zum Abschmecken
- Rotweinreis 13767

Zwiebeln im heißen Bratöl anbraten, Chili und Paprika kurz miterhitzen. Spitzkohl zufügen und Deckel auflegen, 3-4 Min. braten. Gemüsebrühpulver und Wasser zufügen, 30 Min. als Gemüsepfanne dünsten. Thunfisch in Stücken und Reis zugeben, unterrühren und mit Salz abschmecken. Noch ca. 5 Min. auf kleiner Einstellung stehen lassen.

13769. Berliner Brot, Dezember 2023

Vorläufer 13756

- 4 kleine Eier
- 2 EL Wasser
- 250 g Farinzucker
- 1 P Vanillearoma „Finesse"
- 1 Prise Salz
- 2 geh. EL Apfelkraut (125 g; kein reines Apfelkraut, sondern mit Zucker u. a. m.)
- 2 EL Rum
- 7 g Lebkuchengewürz (Ostmann)
- 1 geh. EL Zimt
- 1 geh. EL Kakaopulver (13 g)
- 260 g Dinkelmehl Typ 630
- 1/2 P Weinsteinbackpulver
- 100 g bittere Schokolade (70 %) (zerkleinert im TM 14 Sek./Stufe 7)
- 150 g ganze Haselnüsse

Eier mit Wasser schaumig schlagen, Zucker und Salz hinzugeben und bis zu einer cremeartigen Masse schlagen. Apfelkraut, Vanillearoma und Rum unterrühren, Gewürze mit Mehl, Kakaopulver und Backpulver sieben und ebenfalls unterrühren. Schokolade einmischen, Haselnüsse unterziehen und den Teig auf einem mit Backpapier ausgelegten Backblech glatt streichen (ca. 1/2 cm dick, das Blech ist nicht ganz bedeckt).
Backofen auf 185 °C (Heißluft) vorheizen. Blech einschieben und 35 Min. bei 185 °C backen, 5 Min. im ausgeschalteten Ofen nachbacken. Auf einem Gitterrost auskühlen lassen und in 2 x 5 cm-Streifen schneiden.

13770. Vorratsdressing Nr. 5, Dezember 2023

Vorlage 13759

- 225 g Apfelessig
- 125 g Sonnenblumenöl
- 250 g Wasser
- 130 g Agavendicksaft
- 1 TL Pizzagewürz
- 1/4 TL Pfeffer
- 1 Knoblauchzehe, 7 g

Alle Zutaten im Vitamix kräftig durchmischen. Im Kühlschrank hält sich das Salatdressing mehrere Wochen.

13771. Pak Choi mit Rinderhack, Dezember 2023

2 Portionen:

- 315 g Pak Choi, in Streifen geschnitten (gewogen nach Waschen, wenn noch etwas feucht)
- 250 g Rinderhackfleisch
- 1 Knoblauchzehen (7 g), gehackt
- 5 g frischer Ingwer, gerieben
- 1 kleine getr. Chilischote
- 15 g Sojasauce
- 2 EL Bratöl zum Braten
- Salz
- Pfeffer
- 50 g Rotwein

Öl in einer 24-cm-Pfanne erhitzen. Knoblauch, zerbröselte Chilischote und Ingwer in die Pfanne 30 Sek. anbraten, bis sie duften. Hackfleisch hinzufügen und unter gelegentlichem Umrühren anbraten, bis es braun und angebraten ist. Pak Choi hinzugeben, einige Min. mit dem Hackfleisch braten, bis er leicht verwelkt, aber immer noch knackig ist. Rotwein hinzufügen und 15 Min. dünsten. Abschmecken mit Sojasauce, Salz und Pfeffer.

Mit Sojareis 13772 servieren.

Die zweite Portion kann man am nächsten Tag „aufgeppen“: In Butter anbraten, darauf zwei Eier geben.

13772. Sojareis, Dezember 2023

2 Portionen

- 140 g Vollkornreis
- 2 TL Sojasoße
- 300 g Wasser

In einem kleinen Topf zusammen aufkochen und auf kleiner Einstellung 35 Min. quellen lassen.

13773. Kartoffeln mit Ei, Dezember 2023

- 30 g Bratöl
- 50 g Wasser
- 1 Knoblauchzehe, in dünnen Scheiben
- 1 kleine Zwiebel (20 g), in dünnen Scheiben
- 280 Kartoffeln, nicht zu dick geschnitten
- 2 Eier

Flüssigkeiten in eine 24-cm-Keramikpfanne geben. Gemüse hinzufügen und als Gemüsepfanne 25 Min. dünsten. In den letzten 5 Min. die aufgeschlagenen Eier zugeben und stocken lassen.

13774. Bolognesesoße, Original (ChatGPT), Dezember 2023

2 Portionen

- 250 g Rinderhackfleisch
- 1 kleine Zwiebel, fein gehackt (30 g)
- 1 Knoblauchzehe, fein gehackt
- 1 Karotte, gewürfelt (ca. 50 g)
- 1 Stück gelbe Paprika, gewürfelt (ca. 50 g)
- 1 Dose (400 g) Tomaten, fein stückig
- 1 TL Gemüsebrühextrakt

- 60 g Wasser
- 100 g Rotwein
- 1 EL Paprikatomatenmark
- 1 EL Bratöl
- Salz
- Pfeffer
- Rohrohrzucker

Etwas Öl in einer Pfanne (24 cm Durchmesser, Aluguss) auf hoher Hitze erhitzen. Sobald das Öl heiß ist, die fein gehackte Zwiebel und den Knoblauch hineingeben und unter regelmäßigem Rühren anbraten, bis sie glasig sind und leicht zu duften beginnen. Danach das Hackfleisch hinzufügen und kräftig anbraten, dabei mit einem Kochlöffel zerteilen, bis es rundherum braun ist und sich eine krümelige Konsistenz bildet. Anschließend die gewürfelte Karotte und Paprika dazugeben und alles zusammen etwa 3–4 Min. weiterbraten, bis das Gemüse leicht weicher wird, dabei gelegentlich umrühren. Tomatenmark einrühren und etwa 1 Min. mitbraten, damit es sein volles Aroma entfalten kann. Den Rotwein dazugießen und die Mischung etwa 4 Min. köcheln lassen, bis sich die Flüssigkeit sichtbar reduziert hat. Danach den gesamten Doseninhalt sowie 60 g Wasser in die Pfanne geben, gut umrühren und die Hitze reduzieren. Die Sauce bei kleiner Hitze etwa 30 Min. köcheln lassen, bis sie sämig eingedickt ist, davon für ca. 10 Min. mit geschlossenem Deckel. Zum Schluss die Sauce mit Salz, Pfeffer und einer Prise Zucker abschmecken.

Hinweis: Dazu habe ich Vollkornspiralnudeln (200 g Rohgewicht) serviert, die ich parallel nach Packungsanweisung in reichlich Wasser gekocht habe. Salzen erst nach dem Kochen.

13775. Fenchel mit Huhn, Dezember 2023

2 Personen; ChatGPT
- 325 g Hühnerbrustfilet, in Streifen
- 200 g Fenchel, in dünnen Scheiben
- 80 g gelbe Paprika, in dünnen Streifen
- 1 TL Gemüsebrühextrakt
- 150 g Wasser
- 100 g Sahne
- 75 g geriebener Käse (z. B. Gouda)
- 1 Knoblauchzehe, fein gehackt
- 2 EL Bratöl
- Salz
- Pfeffer

Etwas Öl in einer großen Pfanne auf mittlerer Hitze erwärmen. Sobald das Öl heiß ist, die Hühnerbruststreifen in die Pfanne geben und unter gelegentlichem Wenden rundherum anbraten, bis sie eine goldbraune Farbe angenommen haben. Dann die fein gehackte Knoblauchzehe hinzufügen und kurz mitbraten, bis sie ihr Aroma verströmt, aber noch nicht gebräunt ist. Anschließend das vorbereitete Gemüse in die Pfanne geben und alles zusammen für etwa 5–7 Min. braten, dabei regelmäßig umrühren, bis insbesondere der Fenchel leicht gebräunt ist. Die Hitze nun auf mittel-niedrig reduzieren.

Den Gemüsebrühextrakt zusammen mit der angegebenen Menge Wasser in die Pfanne geben, gut umrühren und mit einem Deckel abdecken. Das Gericht bei geschlossenem Deckel ca. 15 Min. schmoren lassen, damit das Gemüse weich wird und die Aromen sich verbinden. Danach die Sahne dazugießen und alles weitere 2–3 Min. leicht köcheln lassen, bis die Soße etwas eindickt. Zum Schluss den geriebenen Käse über das Gericht streuen und warten, bis er vollständig geschmolzen ist und sich mit der Sahne zu einer cremigen Soße verbunden hat. Abschließend mit Salz und Pfeffer nach Geschmack würzen.

Tipp: Wenn die Soße nicht dicklich genug ist: 1 gestr. TL Stärke in 2 TL Wasser auflösen, einrühren und aufkochen.

13776. Wuppertaler Brot, Dezember 2023

Vorläufer 13769; angelehnt an Berliner Brot.

- 4 kleine Eier
- 2 EL Wasser
- 30 g Farinzucker
- 200 g Rohrohrzucker
- 1 P Vanillearoma „Finesse"
- 1 Prise Salz
- 2 geh. EL Apfelkraut (125 g; kein reines Apfelkraut, sondern mit Zucker u. a. m.)
- 2 EL Rum
- 9 g Lebkuchengewürz (Ostmann)
- 1 geh. EL Zimt
- 1 geh. EL Kakaopulver (15 g)
- 200 g gem. Haselnüsse
- 150 g Dinkelmehl Typ 1050
- 1/2 P Weinsteinbackpulver
- 100 g bittere Schokolade (70 %) (zerkleinert im TM 14 Sek./Stufe 7)
- 150 g ganze Haselnüsse

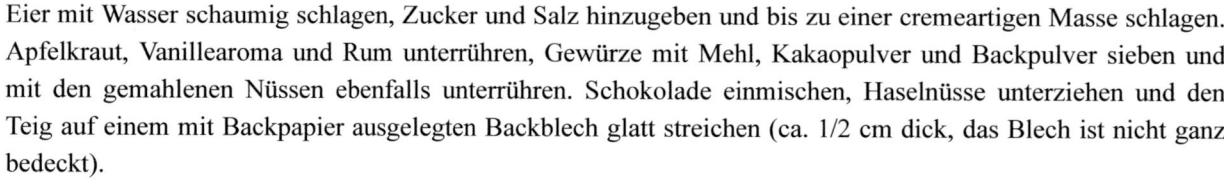

Eier mit Wasser schaumig schlagen, Zucker und Salz hinzugeben und bis zu einer cremeartigen Masse schlagen. Apfelkraut, Vanillearoma und Rum unterrühren, Gewürze mit Mehl, Kakaopulver und Backpulver sieben und mit den gemahlenen Nüssen ebenfalls unterrühren. Schokolade einmischen, Haselnüsse unterziehen und den Teig auf einem mit Backpapier ausgelegten Backblech glatt streichen (ca. 1/2 cm dick, das Blech ist nicht ganz bedeckt).

Backofen auf 185 °C (Heißluft) vorheizen. Blech bei 165 °C einschieben und 25 Min. bei 185 °C backen, 5 Min. im ausgeschalteten Ofen nachbacken. Auf einem Gitterrost auskühlen lassen und in 2 x 5 cm-Streifen schneiden.

13777. Vorratsdressing Nr. 6, Dezember 2023

Vorläufer 13770

- 175 g Apfelessig
- 150 g Sonnenblumenöl
- 250 g Wasser
- 130 g Agavendicksaft
- 1 TL Salz
- 1 TL Pizzagewürz
- 1/4 TL Pfeffer
- 1 Knoblauchzehe, 7 g

Alle Zutaten im Vitamix kräftig durchmischen. Im Kühlschrank hält sich das Salatdressing mehrere Wochen.

13778. Gemüse mit Bratwurstbällchen, Dezember 2023

2 Portionen (mit Reis)

- 180 g Champignons
- 90 g Frühlingszwiebeln
- 180 g Süßkartoffeln
- 20 g Fenchel (insgesamt 470 g)
- 2 EL Bratöl
- 1 TL Gemüsebrühpulver
- 50 g Rotwein
- 50 g Wasser
- 2 Bratwürste, fein (180 g)

Soße:
- 40 g Frischkäse
- 1 TL Sojasoße
- 2 EL Milch

Gemüse wenn nötig waschen und klein schneiden. Öl in einem Topf stark erhitzen, Gemüse darin anbraten, bis es leicht zusammengefallen ist. Brühpulver darüber streuen, Flüssigkeiten darauf gießen. Bratwurst in Kugeln aus der Schale auf das Gemüse drücken. Dann als Gemüsepfanne 15 Min. garen.

Soßenzutaten vermischen, unterrühren und aufkochen.

13779. Honigbrot, Dezember 2023

Angelehnt an ChatGPT-Rezept; 30-cm-Kastenform.

- 250 g Honig
- 100 g Rohrohrzucker
- 125 g weiche Butter
- 2 Eier
- 270 g Dinkelmehl 1050
- 105 g Dinkelvollkornmehl
- 70 g Dinkelmehl 630
- 1 TL Backpulver
- 1 TL Natron
- 1 TL gem. Zimt
- 1 TL gem. Ingwer
- 1/2 TL gem. Nelken
- 60 g Milch
- 100 g Orangeat, fein gehackt
- 100 g Zitronat, fein gehackt
- Butter und Dinkelgrieß für die Form

Ofen auf 165 °C (Umluft) vorheizen. Kastenform einfetten und mit etwas Grieß bestäuben.

In einem Topf Honig zusammen mit Zucker erwärmen, bis sich der Zucker aufgelöst hat. Vom Herd nehmen und die Butter einrühren, bis sie geschmolzen ist. Mischung abkühlen lassen.

Eier einzeln zur Honigmischung hinzufügen und gut verrühren. Separat Mehl mit Backpulver, Natron sowie den Gewürzen vermengen. Abwechselnd die Mehlmischung und die Milch zur Honigmischung hinzufügen und gut verrühren, bis ein glatter Teig entsteht. Gehacktes Orangeat und Zitronat unter den Teig heben. Teig in die vorbereitete Kastenform füllen und glattstreichen. Kuchen in den vorgeheizten Ofen einschieben und etwa 50 Min. backen (bei mir war das viel zu kurz, Kuchen ist anschließend in der Mitte abgestürzt). Die Stäbchenprobe machen, um zu überprüfen, ob der Kuchen durchgebacken ist. Aus dem Ofen nehmen und in der Form auskühlen lassen.

13780. Putenfilet Paprika Bohnen, Dezember 2023

2 Portionen

- 2 EL Bratöl
- 415 g Putenfilet, in Stücke geschnitten
- 1 rote Zwiebel (65 g), gewürfelt
- 1 Knoblauchzehe, fein gewürfelt
- 290 g rote Paprika, gewürfelt
- 1 Dose Prinzessbohnen (220 g Gemüse, 145 g Saft)
- 50 g Frischkäse
- Salz
- Pfeffer

Öl stark erhitzen, Putenstücke darin ca. 7-9 Min. anbraten, bis sie hellbraun sind. Aus der Pfanne nehmen. Zwiebel und Knoblauchzehe in der Pfanne kürz erhitzen, Paprika hinzufügen. Etwa 5 Min. anbraten. Kochflüssigkeit der Bohnen zugeben und 15 Min. dünsten. Frischkäse in der Soße unter Rühren lösen. Fleisch und Bohnen in die Pfanne geben. Zum Kochen bringen und 5 Min. erhitzen. Mit Salz und Pfeffer abschmecken.

Tipp: *Bei mir gab es Vollkornreis dazu.*

13781. Schoko-Marzipan-Karamell-Cookies, Dez. 2023

Ca. 30 Stück; zwei Bleche voll

- 200 g Schokolade (100 g Vollmilch Chunks, 100 g Karamell-Chunks)
- 250 g Butter, zimmerwarm, in Stücken
- 200 g Rohrzucker
- 1 Prise Salz
- 2 Eier
- 175 g Dinkelvollkornmehl
- 175 g Dinkelmehl 630
- 2 TL Backpulver
- 4 EL Milch
- 200 g Marzipanrohmasse, in kleinen Stücken

Butter, Zucker und Salz mit dem Handrührgerät schaumig schlagen. Eier hinzugeben, ca. 30 Sek. einarbeiten. Mehle und Backpulver mischen. Einarbeiten. Wenn der Teig zu krümelig wird, noch die Milch einarbeiten. Die Chunks einarbeiten. Marzipan zugeben und mit einem Teigspatel unterziehen (sonst lösen sie sich möglicherweise im Teig auf).

Teig esslöffelweise als kleine Häufchen auf zwei mit Backpapier ausgelegte Backbleche geben. Etwas Abstand lassen, da die Kekse noch etwas aufgehen. Mit Hilfe von einem kleinen Löffel die Häufchen etwas platt drücken. *(Tipp: Löffel ab und zu in Wasser tauchen, dann bleibt der Teig nicht daran kleben.)* Cookies für ca. 18-21 Min. in den auf 165 °C vorgeheizten Ofen schieben und hellbraun ausbacken.

13782. Kartoffel-Porree-Auflauf mit Bratwurst, Dez. 2023

2 Portionen

- 30 g Bratöl
- 510 g Kartoffeln (Drillinge, längs halbiert)
- 1 Prise Salz
- 235 g Bratwurst, in Kugeln aus der Pelle gedrückt (250 g brutto)
- 250 g Porree, in Scheiben
- 100 g Wasser
- 40 g Butter
- 40 g Mehl
- 500 g Milch
- 1/2 TL Salz
- 1 Prise Pfeffer
- 100 g Mozzarella gerieben

Öl in eine ofenfeste Pfanne geben. Kartoffeln, Salz, Bratwurst und Porree darauf schichten. 4-5 Min. auf hoher Einstellung erhitzen. Mit Wasser aufgießen und als Gemüsepfanne 25 Min. dünsten. Butter, Mehl, Milch, Salz und Pfeffer in den TM geben und zu einer Soße kochen (7 Min./95 °C/Stufe 4). Soße über den Porree gießen. Käse darüber streuen. Im vorgeheizten Ofen (Heißluft) 20-25 Min. bei 195 °C garen.

Tipp: Für die Soße wären 25-30 g Butter/Mehl besser, sie ist mir zu dickflüssig.

13783. Frischkäsesoße, Dezember 2023

2-4 Portionen

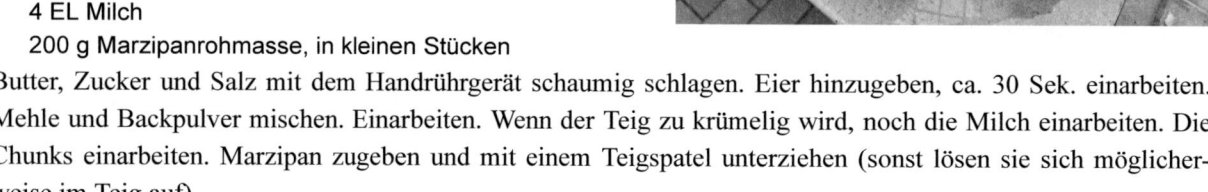

- 40 g Butter
- 35 g Mehl
- 1/2 TL Salz
- 1 Prise Pfeffer
- 40 g Frischkäse
- 500 g Milch

Butter zerlassen (3 Min./105 °C/Stufe 1). Mehl hinzufügen und anrösten (3 Min./105 °C/Stufe 1). Salz, Pfeffer, Frischkäse und Milch durch die Öffnung geben und erhitzen (6 Min./95 °C/Stufe 4).

13784. Kartoffel-Brokkoli-Pfanne mit Schinkenspeck, Dezember 2023

2 Portionen; dazu passt gut die Frischkäsesoße 13783.

- 2 EL Bratöl
- 100 g Schinkenspeck, gewürfelt
- 1 rote Zwiebel, gehackt (60 g)
- 400 g Kartoffel, in Scheiben
- 400 g Brokkoli, in Röschen
- Etwas Salz
- 100 g Wasser

Alle Zutaten bis einschließlich dem Brokkoli in der angegebenen Reihenfolge in eine 24-cm-Alugusspfanne geben. 4 Min. auf höchster Stufe anbraten, Wasser zugeben und als Gemüsepfanne 20 Min. dünsten (15 Min. reichen für bissfest). Nach Geschmack salzen.

13785. Tomatenketchup Chat-GPT 2, Dezember 2023

Vorläufer 13744

- 2 Dosen Tomaten (800 g), inklusive Saft
- 175 g Essig (Apfelessig oder weißer Essig)
- 100 g Wasser
- 250 g Trockenfrüchte (Datteln und Sultaninen gemischt)
- 4-5 Knoblauchzehen (hier: 11 g)
- 1 EL Erdnussmus (50 g)
- 200 g Gemüsezwiebeln
- 1 Apfel (mittelgroß; hier 145 g)
- 1 kleine rote Paprika (60 g)
- 1 Stück Essigpeperoni 7/4753
- 15 g Salz
- 2 TL Paprikapulver
- 1 TL Currypulver
- 1 TL Kakao
- 100 g Wasser
- 50 g Tomatenmark

Zutaten bis auf 100 g Wasser im TM zerkleinern (20 Sek./Stufe 10). Mischung garen (35 Min./105 °C/Stufe 3). 100 g Wasser zugeben und die Mischung fein pürieren (20 Sek./Stufe 10). Ketchup in saubere Schraubgläser füllen und verschließen. Im Kühlschrank aufbewahren.

13786. Zwiebelrelish ChatGPT 2, Dezember 2023

Vorläufer 13745

- 500 g Gemüsezwiebeln
- 1 Apfel (125 g)
- 1 Knoblauchzehe
- 200 g Softfeigen
- 50 g Sultaninen
- 50 g Tomatenketchup
- 1 TL Salz
- 1/2 gestr. TL gem. Nelken
- 1 TL Zimt
- 1 TL Paprika edelsüß
- 1 TL gem. Kreuzkümmel
- 1 TL Currypulver
- 1 Prise schw Pfeffer
- 1 TL Paprikatomatenmark
- 100 g Apfelessig
- 150 g Wasser

Zwiebeln, Apfel und Knoblauch grob zerkleinert in den TM geben. Alle übrigen Zutaten zufügen und zerkleinern (5 Sek./Stufe 6). Kochen lassen (45-60 Min./105 °C/Stufe 1 Linkslauf). Dabei den Messbecher abnehmen und stattdessen das Garkörbchen als Spritzschutz verwenden.

Nach dem Kochen in Gläser füllen und sofort verschließen. Gläser für etwa 10 Min. auf den Kopf stellen (zum Bilden eines Vakuums) und dann umdrehen und abkühlen lassen. Im Kühlschrank aufbewahren; Haltbarkeit mehrere Monate.

13787. Lasagne, Januar 2024

Angelehnt an ein Rezept von Bing. 2 Portionen

- 6 Lasagneblätter

Rote Soße:

- 250 g Rinderhackfleisch
- 1 Zwiebel, fein gehackt (135 g)
- 2 Knoblauchzehen, gehackt
- 2 EL Bratöl
- 400 g Tomate in Stücken (eine Dose)
- 1 TL Pizzagewürz
- Salz und Pfeffer nach Geschmack

Weiße Soße:

- 40 g Butter
- 40 g Mehl
- 350 g Milch
- 150 g Wasser
- 100 g geriebener Käse (z. B. Gouda oder Emmentaler)
- Evtl. Salz
- 50 g geriebener Käse zum Bestreuen

Hackfleisch in einer Pfanne bei höherer Einstellung anbraten, bis es krümelig und braun ist. Zwiebel und Knoblauch hinzufügen und unter Rühren weiterbraten, bis die Zwiebel weich ist. Tomaten, Pizzagewürz, Salz und Pfeffer hinzufügen und zum Kochen bringen. Hitze reduzieren und die Sauce etwa 15 Min. köcheln lassen.

In einem kleinen Topf die Butter schmelzen. Mehl einrühren und unter ständigem Rühren 2 Min. kochen lassen. Milch-/Wassergemisch nach und nach unter Rühren hinzufügen und die Mischung zum Kochen bringen. Die Hitze reduzieren und die Bechamelsauce etwa 10 Min. köcheln lassen, bis sie glatt und dickflüssig ist. Den Käse einrühren und mit Salz und Pfeffer abschmecken.

Etwas Hackfleischsauce in die leicht eingefetteten Formen geben, eine Schicht Lasagneblätter darauf legen. Hackfleischsoße und weiße Soße darüber geben, eine weitere Schicht Lasagneblätter auflegen. Das wiederholen. Die restliche Hackfleischsauce darüber verteilen. Die letzte Schicht Lasagneblätter darauf legen. Bechamelsauce gleichmäßig darüber gießen.

Die Lasagne im auf 185 °C vorgeheizten Backofen etwa 25 Min. backen, bis sie goldbraun und blubbernd ist. Vor dem Servieren etwas abkühlen lassen.

13788. Risikababisinossi, Januar 2024

2 Portionen

- 2 EL Bratöl
- 2 Zwiebeln (1 rot, 1 weiß), 90 g, klein gehackt
- 1 Knoblauchzehe, klein gehackt
- 2 Kabanossi (zusammen 150 g), in Scheiben
- 150 g Vollkornreis
- 300 g TK-Erbsen
- 500 g Wasser
- 1 TL Gemüsebrühextrakt
- 25 g Butter
- 35 g Bergkäse, klein geschnitten
- Salz nach Geschmack
- Pfeffer nach Geschmack

Öl in einem breiten Topf erhitzen. Zwiebel und Knoblauch darin anbraten, bis sie glasig sind. Wurstscheiben zufügen und mit anbraten, ca. 2 Min.. Den Vollkornreis hinzufügen und für etwa 1 Min. unter Rühren anbraten, bis die Reiskörner leicht glasig werden. Die grünen Erbsen hinzufügen und unter den Reis mischen. Wasser und Gemüsebrühextrakt zufügen, aufkochen und den Deckel auflegen. 10 Min. auf kleiner Einstellung köcheln lassen. 3-4 Min. ohne Deckel bei mittlerer Hitze unter gelegentlichem Rühren garen, zum Schluss bei geschlossenem Deckel zu Ende kochen lassen. Topf vom Herd nehmen, Butter und Käse unterrühren. Mit Salz und Pfeffer abschmecken.

13789. Kirsch-Nusskuchen sehr fein, Januar 2024

26-cm-Springform; Vorläufer 13263

Teig:

- 100 g Butter
- 125 g Rohrohrzucker
- 1 Prise Salz
- 3 Eier
- 4 Tropfen Zitronenöl
- 200 g gem. Haselnüsse
- 100 g Dinkelvollkornmehl
- 2-3 TL Backpulver (6 g)
- 6 EL Milch

Belag:
- 1 Glas Sauerkirschen (700 g netto, Einwaage 350 g) (abtropfen lassen).

Butter, Zucker, Salz, Eier und Zitronenöl in eine Rührschüssel geben. Die trockenen Zutaten mischen, mit der Milch in die Rührschüssel schütten. Mit dem Handrührgerät (Rührbesen) kurz durchrühren, dann 2 Min. schlagen. In die mit Backpapier überspannte Form geben, mit den Kirschen belegen. In den auf 165 °C (Heißluft) vorgeheizten Ofen schieben und 40-45 Min. backen.

13790. Vorratsdressing 2024 Nr. 1, Januar 2024

Vorläufer 13777

- 340 g Apfelessig
- 310 g Sonnenblumenöl
- 500 g Wasser
- 190 g Agavendicksaft
- 2 TL Salz
- 2 TL Pizzagewürz
- 1/4 TL Pfeffer
- 3 Knoblauchzehe, 11 g

Alle Zutaten im Vitamix kräftig durchmischen. Im Kühlschrank hält sich das Salatdressing mehrere Wochen.

13791. Gemüse-Thunfischtopf mit Reis, Januar 2024

2 Portionen

- 150 g weißer Reis
- 1 Knoblauchzehe in Scheiben (4 g)
- 1 rote Zwiebel (70 g)
- 1 rote Spitzpaprika (110 g) gewürfelt
- 1 Aubergine, gewürfelt (240 g)
- 1 TL Gemüsebrühpulver
- 2 Tomaten, gewürfelt (180 g)
- 40 g Rotwein
- 20 g Wasser
- 135 g Thunfisch
- 100 g tiefgekühlte Erbsen
- 1-2 Prisen Salz

Ohne Thunfisch und Erbsen in der angegebenen Reihenfolge in einen Topf schichten. Zum Kochen bringen und 20 Min. auf kleiner Einstellung kochen. Fisch und Erbsen zufügen, 5 Min. erhitzen und mit Salz abschmecken.

13792. Honigbrot 2, Januar 2024

Vorläufer 13779

- 250 g Honig
- 100 g Rohrohrzucker
- 125 g weiche Butter
- 2 Eier
- 300 g Dinkelmehl 1050
- 150 g Dinkelvollkornmehl
- 1 TL Backpulver
- 1 TL Natron
- 1 TL gem. Zimt
- 1 TL gem. Ingwer
- 1/2 TL gem. Nelken
- 60 g Milch
- 100 g Orangeat, fein gehackt
- 100 g Zitronat, fein gehackt
- 100 g gehackte Mandeln
- Butter und Dinkelgrieß für die Form

Ofen auf 165 °C (Umluft) vorheizen. Kastenform einfetten und mit etwas Grieß bestäuben.

In einem Topf Honig zusammen mit Zucker erwärmen, bis sich der Zucker aufgelöst hat. Vom Herd nehmen und die Butter einrühren, bis sie geschmolzen ist. Mischung abkühlen lassen.

Eier einzeln zur Honigmischung hinzufügen und gut verrühren. Separat Mehl mit Backpulver, Natron sowie den Gewürzen vermengen. Abwechselnd die Mehlmischung und die Milch zur Honigmischung hinzufügen und gut verrühren, bis ein glatter Teig entsteht. Gehacktes Orangeat, Zitronat und Mandeln unter den Teig heben. Teig in die vorbereitete Kastenform füllen und glattstreichen. Kuchen in den vorgeheizten Ofen einschieben und etwa 65 Min. backen. Die Stäbchenprobe machen, um zu überprüfen, ob der Kuchen durchgebacken ist. Aus dem Ofen nehmen und in der Form auskühlen lassen.

13793. Kartoffeln in Rotwein, Januar 2024

- 20 g Bratöl
- 310 g Kartoffeln (geschält, da alt), in Scheiben
- 65 g rote Zwiebel, in Scheiben
- 2 kleine Knoblauchzehen, in Scheiben
- 1 Prise Salz
- 125 g Rotwein
- 30 g Schmelzkäse
- 2 EL Preiselbeeren aus dem Glas

Öl, in eine 20-cm-Alugusspfanne geben und gleichmäßig verteilen. Mit Kartoffelscheiben belegen, darüber Zwiebeln und Knoblauch geben. Leicht salzen. Bei starker Hitze einige Min. anbraten. Rotwein zugießen und auf kleiner Einstellung 25 Min. dünsten. Schmelzkäse einrühren und aufkochen. Mit Preiselbeeren servieren.

13794. Weißkohl mit Hackfleisch und Kartoffeln, Jan. 2024

T-Online verbessert durch ChatGPT; 2 Portionen.

- 350 g Kohl
- 250 g Hackfleisch
- 1/2 (30 g) rote Zwiebel, fein gehackt
- 1 Knoblauchzehe, fein gehackt
- 1 EL Tomatenmark
- 1/2 TL Honig
- Salz nach Geschmack
- Pfeffer nach Geschmack
- 1 TL Paprikapulver
- 1/2 TL Kümmel

- 250 g Kartoffeln, geschält und in Stücke geschnitten
- 1 EL Öl (zum Braten)
- 100 g Rotwein
- 100 g Wasser
- Optional: 1/2 Tasse Gemüsebrühe oder Wasser

Kohl putzen, vierteln und den Strunk entfernen. Anschließend den Kohl in kleine Stücke oder dünne Streifen schneiden. Zwiebel schälen und fein hacken. In einer Pfanne das Hackfleisch mit etwas Öl scharf anbraten und mit Salz und Pfeffer würzen. Zwiebel und Knoblauch zum Hackfleisch geben und glasig dünsten. Tomatenmark und Honig zum Fleisch geben und alles gut vermengen. Rotwein hinzufügen und kurz einkochen lassen, um den Alkohol zu verdampfen. Kohl und Kartoffeln hinzufügen. Mit Paprikapulver und Kümmel würzen. Wasser hinzufügen. Pfanne abdecken und bei niedriger Hitze ca. 30-40 Min. schmoren lassen, bis der Kohl weich ist und die Kartoffeln gar sind. Gelegentlich umrühren und bei Bedarf mehr Flüssigkeit hinzufügen. Nach Bedarf mit Salz und Pfeffer abschmecken.

13795. Eierlikörkuchen, Januar 2024

1/8 (Band 1, Seite 10); Gugelhupfform

- 5 Eier
- 205 g Rohrohrzucker
- 1 P Vanillearoma „Finesse"
- 250 g Eierlikör
- 250 g Sonnenblumenöl
- 3 P Vanillepuddingpulver (ca. 110 g)
- 150 g Weizenmehl Typ 550
- 1 P Backpulver
- Butter und Grieß für die Form

Zucker im Thermomix pulverisieren (10 Sek./Stufe 10). (5 g sind für den Schwund eingerechnet.) Eier mit dem Zucker 2 Min. schaumig schlagen. Eierlikör und Öl einrühren, die Mehlmischung in den Teig geben und einrühren. Den Teig (er ist flüssig) in eine gefettete und mit Grieß ausgestreute Napfkuchenform füllen. 45-50 Min. bei 175 °C (Heißluft) backen. Optional mit Schokoguss überziehen.

13796. Rotkohlauflauf mit Maronen Püree, Januar 2024

2 Portionen

- 1 Packung Bio-Rotkohl (Tüte mit 385 g Rotkohl)
- 1 Packung Maronen, essfertig (200 g)
- 1 Päckchen Kartoffelpüree
- 250 g Wasser
- 125 g + 125 g Milch
- 25 + 55 g geriebener Mozzarella

Rotkohl auf dem Boden einer 24-cm-Alugusspfanne verteilen. Mit Maronen belegen. Püree nach Anweisung kochen. Nach Einrühren des Pulvers 25 g Käse einrühren und kurz stehen lassen. Esslöffelweise über die Maronen verteilen und mit 55 g Käse bestreuen. In den kalten Ofen schieben und 20 Min. bei Einstellung 205 °C überbacken.

13797. Honigbrot 3, Januar 2024

Vorläufer 13792

- 250 g Honig
- 100 g Rohrohrzucker
- 125 g weiche Butter
- 2 Eier
- 145 g Dinkelmehl 1050
- 300 g Dinkelvollkornmehl
- 1 TL Backpulver
- 1 TL Natron
- 1 TL gem. Zimt
- 1 TL gem. Ingwer
- 1/2 TL gem. Nelken
- 1 P Finesse Vanillearoma
- 60 g Milch
- 100 g Orangeat, fein gehackt
- 100 g Zitronat, fein gehackt
- Butter und Dinkelgrieß für die Form

Ofen auf 165 °C (Umluft) vorheizen. Kastenform einfetten und mit etwas Grieß bestäuben.

In einem Topf Honig zusammen mit Zucker erwärmen, bis sich der Zucker aufgelöst hat. Vom Herd nehmen und die Butter einrühren, bis sie geschmolzen ist. Mischung abkühlen lassen.

Eier einzeln zur Honigmischung hinzufügen und gut verrühren. Separat Mehl mit Backpulver, Natron sowie den Gewürzen vermengen. Abwechselnd die Mehlmischung und die Milch zur Honigmischung hinzufügen und gut verrühren, bis ein glatter Teig entsteht. Gehacktes Orangeat und Zitronat unter den Teig heben. Teig in die vorbereitete Kastenform füllen und glattstreichen. Kuchen in den vorgeheizten Ofen einschieben und 60 Min. backen. 5 Min. im ausgeschalteten Ofen nachbacken. (Stäbchenprobe). In der Form auskühlen lassen.

13798. Pastinakenpfanne mit Bratwurstkugeln, Jan. 2024

2 Portionen

- 15 g Bratöl
- 250 g grobe Bratwurst
- 1 Zwiebel (30 g), gehackt
- 290 g Kartoffeln, in Scheiben (5-6 mm)
- 315 g Pastinaken, geschält und in Scheiben
- 150 g Rotwein
- 1 TL Gemüsebrühextrakt

Bratöl in eine 24-cm-Alugusspfanne geben. Bratwurstmasse in Kugeln herausdrücken und in die Pfanne geben. Darüber in Schichten Zwiebel, Kartoffeln und Pastinaken. Auf großer Einstellung ca. 7 Min. braten. Mit Gemüsebrühextrakt bestreuen und Rotwein darüber gießen. Wie eine Gemüsepfanne 25 Min. garen.

13799. Ananas-Eierlikörkuchen, Januar 2024

24-cm-Springform

- 200 g Skyr
- 185 g (200 g vor dem Abtropfen) Ananasstücke aus dem Glas, zuckerfrei
- 3 Eier
- 200 g Zucker
- 100 g Sonnenblumenöl
- 150 g Eierlikör
- 250 g Weizenmehl 550
- 1 P Backpulver
- 1 Prise Salz
- Butter und Grieß für die Form

Kuchenform einfetten und mit Grieß bestäuben. Skyr, Eier und Zucker in einer Schüssel gut verrühren. Öl und Eierlikör hinzufügen, erneut gut verrühren. Separat Mehl, Backpulver und Salz vermengen. Die trockenen Zutaten nach und nach zur Skyr-Mischung hinzufügen und gut verrühren, bis ein glatter Teig entsteht. Gewürfelte Ananasstücke vorsichtig unter den Teig heben. Teig in die mit Backpapier ausgelegte Springform gießen und glatt streichen. Kuchen 45 Min. im auf 165 °C vorgeheizten Ofen backen, bis er goldbraun ist und ein in die Mitte gesteckter Zahnstocher sauber heraus-kommt. 5 Min. im ausgeschalteten Ofen stehen lassen, lang-

sam bei geöffneter Backofentür abkühlen lassen. Kuchen aus dem Ofen nehmen und in der Form etwas abkühlen lassen, bevor er auf ein Kuchengitter gestürzt wird.

Prompt an ChatGPT: *Bitte ein Rezept für einen Kuchen mit Skyr, Ananas und Eierlikör.*

13800. Coq au vin, unklassisch, Januar 2024

2 Portionen

- 150 g Naturreis
- 350 g Wasser
- 150 g Rotwein
- 300 g noch leicht gefrorenes Hühnerfilet
- 140 g Fenchel, gewürfelt
- 225 g Kohlrabi, gewürfelt (1 mittelgroße)
- 1 TL Gemüsebrühpulver
- 50 g Doppelrahmfrischkäse
- 1-2 Prisen Salz
- 1 Prise Pfeffer
- 1 Prise Rohrohrzucker

Reis mit Wasser zum Kochen aufsetzen. Sobald das Wasser kräftig kocht, Hitze allmählich herunterstellen und auf kleiner Einstellung 30 Min. kochen lassen. Stehen lassen. Rotwein in einen Topf geben (20 cm). Hühnerfilet in 1-cm-dicke Scheiben schneiden, würfeln. Mit Gemüse und Gemüsebrühpulver zum Rotwein geben. Auf-kochen und 20-25 Min. auf kleiner Einstellung kochen lassen. Probieren ob das Fleisch gar ist, sonst länger kochen. Doppelrahmfrischkäse einrühren und lösen. Mit Salz und Pfeffer abschmecken. Mit dem Reis servieren.

13801. Tomaten-Paprika-Reispfanne in Rotwein, Feb. 2024

2 Portionen

- 15 g Bratöl
- 45 g rote Zwiebel, gehackt
- 5 g Knoblauch, in Scheiben
- 180 g rote Paprika, gewürfelt
- 150 g weißer Reis
- 380 g Tomaten, gewürfelt
- 1 geh. TL Gemüsebrühpulver
- 300 g Rotwein
- 40 g Doppelfrischkäse
- 1 Prise Salz
- 1 Prise Pfeffer
- 2 Prisen Zucker
- 1 TL Paprika edelsüß

Öl in eine hochwandige Pfanne geben. Zwiebel und Knoblauch darüber verteilen, Paprika hinzufügen. Auf hoher Einstellung anbraten, Reis hinzufügen, kurz mitbraten. Tomaten und Gemüsebrühpulver zufügen und ebenfalls kurz mit anbraten. Mit Rotwein ablöschen. Bei kleiner Einstellung 20 Min. garen. Frischkäse unterrühren und auflösen, mit Salz, Pfeffer, Zucker und Paprikapulver abschmecken.

13802. Aprikosenmilchreis, Februar 2024

- 140 g Rundkornnaturreis
- 1 P Finesse Vanillearoma
- 1 Liter Hafermilch
- 155 g getr. Aprikosen

Im Thermomix: 80 Min./95 °C/links/Stufe 1
+ 60 Min./98 °C/links Stufe 1.

13803. Milchreisdessert, Februar 2024

2 Portionen

- 200 + 25 g Aprikosenmilchreis (Nr. 13802)
- 150 g Skyr
- 170 g Heidelbeeren
- 20 g Cashewbruch

200 g Milchreis mit Skyr mischen und auf zwei Schüsselchen verteilen. Am Rand mit Heidelbeeren belegen. Aus 25 g Aprikosenmilchreis zwei Kugeln formen und in die Mitte des Desserts setzen. Den Zwischenraum zwischen Kugel und Heidelbeeren mit Cashewbruch bestreuen.

13804. Blumenkohl-Hackfleischpfanne, Februar 2024

2 Portionen

- 20 g Bratöl
- 250 g Hackfleisch halb Rind, halb Schwein
- 50 g geh. rote Zwiebel
- 280 g Kartoffeln in Scheiben
- 1 Prise Salz
- 280 g Blumenkohlröschen (1 kleiner)
- 105 g Wasser

Öl in einer Pfanne verteilen. Hackfleisch in Stücken auf das Öl leben, Zwiebel darüber streuen. Kartoffeln auflegen, salzen und mit Blumenkohl schließen. Auf höchster Einstellung zum Kochen/Braten bringen, sobald es duftet ein wenig herunterstellen, aber es soll weiter braten. Nach 7 Min. nach Anschalten des Herdes Wasser zugeben und als Gemüsepfanne 25 Min. garen.

Tipp: Dazu eine weiße Soße nach Grundrezept, mit 20 g Butter, 20 g Mehl und 250 g Flüssigkeit.

13805. Vorratsdressing 2024 Nr. 2, Februar 2024

Vorläufer 13790

- 340 g Apfelessig
- 320 g Sonnenblumenöl
- 20 g Cashewnussmus
- 500 g Wasser
- 190 g Ahornsirup
- 70 g Agavendicksaft
- 2 TL Pizzagewürz
- 2 TL Salz
- 1/4 TL gem. schw. Pfeffer
- 1/4 TL gem. Ingwer

Alle Zutaten im Vitamix kräftig durchmischen. Im Kühlschrank hält sich das Salatdressing mehrere Wochen.

13806. Aprikosenreisdessert, Februar 2024

2 Portionen

- 290 g Aprikosenmilchreis 13802
- 1 Banane (brutto 150 g)
- 2 Erdbeeren
- 16 Heidelbeeren
- 8 halbe Cashewkerne

In zwei kleine Glasschüsseln jeweils 1 EL Aprikosenmilchreis füllen, glattstreichen. Die Banane in 16 Stücke schneiden und jede Schüssel mit 8 Stück auslegen. Einen weiteren Esslöffel Reis darauf verstreichen. Die Erdbeeren vierteln, auf 12, 15, 18 und 21 Uhr legen, dazwischen jeweils 2 Heidelbeeren. Die Lücken in der Mitte mit den Cashewnüssen auffüllen, dass diese wie ein Windrad liegen.

13807. Eierlikörkuchen TM, Februar 2024

Vorläufer 13795

- 205 g Rohrohrzucker
- 5 Eier
- 1 P Vanillearoma „Finesse"
- 250 g Eierlikör
- 250 g Sonnenblumenöl
- 3 P Vanillepuddingpulver (ca. 110 g)
- 150 g Weizenmehl Typ 550
- 1 P Backpulver
- Butter und Grieß für die Form

Zucker im Thermomix pulverisieren (10 Sek./Stufe 10). Eier mit dem Zucker unter Verwendung des Rühraufsatzes 3 Min./Stufe 4 schaumig schlagen. Eierlikör, Öl und Aroma einrühren (10 Sek./Stufe 5). Die restlichen trockenen Zutaten mischen und unterrühren (6 Sek./Stufe 5). Den Teig (er ist flüssig) in eine gefettete und mit Grieß ausgestreute Napfkuchenform füllen. 45 Min. bei 175 °C (Heißluft) backen, 5 Min. im ausgeschalteten Ofen stehen lassen. Optional mit Schokoguss überziehen.

Hinweis: *Er wurde schräger als der handgerührte Kuchen. Zufall?*

13808. Reis-in-Schichten-Dessert, Februar 2024

2-3 Portionen

- 75 g Kuchenreste (hier: Eierlikörkuchen 13807)
- 70 g Milch
- 160 g Aprikosenmilchreis 13802
- 20 g Mandelsplitter
- 8 g Fruchtaufstrich Erdbeere

Kuchenreste krümeln und auf zwei Schüsselchen verteilen, mit der Milch tränken und mit einem Teelöffel glattdrücken. Milchreis darauf verteilen, mit Mandelsplitter bestreuen und in die Mitte einen Klecks Fruchtaufstrich geben.

13809. Naturreis aus dem Thermomix, Februar 2024

2 Portionen

- 1250 g Wasser
- 1 TL Gemüsebrühextrakt
- 10 g Butter
- 150 g Naturreis

Wasser, Gemüsebrühextrakt und Butter in den Mixtopf geben, den Reis in den Gareinsatz, Deckel und Messbecher einsetzen. Einstellung 40 Min./105 °C/Stufe 4.

Fazit: *Unkompliziert, aber die Zeit ist zu lang.*

13810. Austernpilze mit Kassler, Februar 2024

2 Portionen

- 15 g Bratöl
- 220 g Kasseler in drei Scheiben, gewürfelt
- 55 g Zwiebel, gehackt
- 265 g Austernpilze, kleingeschnitten
- 225 g Tomaten, gewürfelt
- 1 Prise Salz
- 70 g Wasser
- 1 geh. TL Stärke
- 55 g Wasser

In der angegebenen Reihenfolge in eine Aluguss-Pfanne schichten. 5 Min. auf hoher Einstellung anbraten, 70 g Wasser zufügen und 15 Min. garen. Stärke mit Wasser vermischen, unterrühren und kurz aufkochen.

13811. Krümelkuchen mit Öl, Februar 2024

26-cm-Springform; mit Copilot-Hilfe

- 200 g Rohrohrzucker
- 200 g Sonnenblumenöl
- 1 P Finesse (Vanillearoma)
- 1 Ei
- 300 g Dinkelmehl 1050
- 200 g Dinkelmehl 550
- 1 P Backpulver
- 1 Prise Salz
- 500 g Heidelbeeren

Zucker, Öl, Vanillezucker und Ei mit dem Handrührgerät verrühren. Separat Mehl, Backpulver und Salz mischen und nach und nach unter die Öl-Zucker-Mischung rühren, bis ein krümeliger Teig entsteht. Etwa zwei Drittel des Teigs gleichmäßig in die mit Backpapier ausgelegte Springform drücken und einen kleinen Rand hochziehen. Obst gleichmäßig auf dem Teigboden verteilen. Den restlichen Teig über dem Obst zerkrümeln und leicht andrücken.

Im auf 165 °C vorgeheizten Backofen ca. 40 Min. backen, bis er goldbraun ist. Im ausgeschalteten Ofen 5 Min. stehen lassen.

13812. Nudel-Süßkartoffel-Eintopf, Februar 2024

- 10 g Bratöl
- 130 g Hackfleisch halb/halb
- 30 g Zwiebel, gewürfelt
- 200 g Süßkartoffel, in 2-3 mm Scheiben
- 75 g Spiralnudeln
- 135 g Tomate, gewürfelt
- 1 TL Gemüsebrühextrakt
- 75 g Rotwein
- 150 g Wasser
- 1 Schmelzkäse 31,25 g
- 1 Prise gem. Nelken

Zutaten in der angegebenen Reihenfolge in eine 20-cm-Hochwandpfanne geben. Auf hoher Einstellung zum Kochen bringen (ca. 7 Min.) und bei mittlerer Einstellung 20 Min. kochen lassen. Mit Nelken, Salz und Schmelzkäse aufkochen.

13813. Pute mit Salat, Februar 2024

2 Portionen; Resteverwertung

- 20 g Bratöl
- 250-260 g Putenbrust, gewürfelt
- 1 Prise Salz
- 80 g Feldsalat
- 155 g Tomate, gewürfelt
- 150 g weißer Langkornreis
- 1 TL Gemüsebrühextrakt
- 200 g Rohkostsalat (Fertigtüte)
- 205 g Wasser
- 100 g Rotwein

Abschmecken mit:

- 1 Prise Salz
- 1 Prise Pfeffer
- 1 TL Paprika edelsüß

In der angegebenen Reihenfolge ohne Flüssigkeiten in eine 26-cm-Alugusspfanne schichten. Auf höchste Einstellung drehen und insgesamt 6 Min. anbraten. Sobald Bratenduft aufsteigt, bis auf eine hohe mittlere Einstellung zurückdrehen. Flüssigkeiten zugeben und 20 Min. kochen bzw. dünsten.

13814. Frühstück All-In-One, Februar 2024

- 65 g Skyr
- 10 g Zitronensaft
- 300 g Obst
- 130 g Banane
- 110 g Apfel
- 65 g tiefgekühlte Heidelbeeren
- 55 g Kernflocken
- 15 g Cashewnüsse
- Deko: Macadamianüsse, Weintrauben

Alle Zutaten bis auf die Deko in den Vitamix geben und gut durchmixen. In eine flache Müslischale geben und glattstreichen. Mit Trauben und je einer halben Macadamianuss (als Nasen) ein Gesicht legen. Je nach Laune, Mundwinkel nach oben oder nach unten ziehen.

13815. Rinderhack mit Schmorgurken, Februar 2024

2 Portionen

- 20 g Bratol
- 225 g Kartoffeln in Scheiben
- 1 TL Gemüsebrühpulver
- 300 g Schlangengurke in Scheiben
- 1 Tomate (140 g) in Scheiben
- 100 g Wasser
- Salz
- Pfeffer

Die Zutaten ohne das Wasser in eine 26-cm-Alugusspfanne schichten. 6-7 Min. scharf anbraten. Wasser zufügen und Hitze reduzieren, es muss aber immer kochen, Kochzeit 20 Min. Mit Salz und Pfeffer abschmecken.

13816. Rinderhack Gemüse rote Linsen, Februar 2024

2 Portionen

- 15 g Bratöl
- 250 g Rinderhack
- 1/2 Zwiebel (20 g), gehackt
- 1 Knoblauchzehe, gehackt
- 220 g Champignons, in Scheiben
- 100 g rote Linsen
- 200 g Wirsing, klein geschnitten
- 460 g Wasser
- Salz
- Pfeffer
- Oregano

Bis auf die Gewürze und ohne das Wasser wie angegeben in eine 24-cm-Aluguss-Pfanne schichten. Auf höchster Einstellung ca. 6 Min. erhitzen (bis es nach gebratenem Fleisch riecht, und Dampf austritt). Wasser zugeben, wieder zum Kochen bringen und bei kleinstmöglicher Einstellung 25 Min. kochen. Mit Salz, Pfeffer und Oregano abschmecken.

13817. Tomatenketchup Chat-GPT 3, Februar 2024

Vorläufer 13785

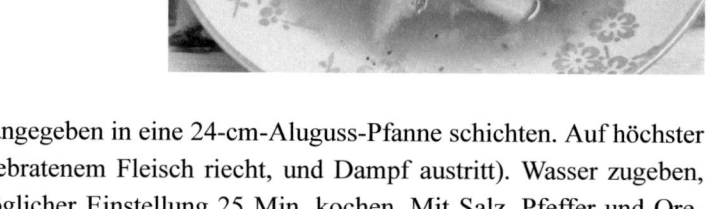

- 2 Dosen Tomaten (800 g), inklusive Saft
- 175 g Essig (Apfelessig oder weißer Essig)
- 100 g Wasser
- 250 g Trockenfrüchte (Datteln)
- 12 g Knoblauchzehen
- 50 g Viernussmus plus 10 g Öl aus dem Glas
- 200 g Gemüsezwiebeln
- 1 Apfel (mittelgroß; hier 155 g)
- 1 Stück rote Paprika (70 g)
- 1 Stück Essigpeperoni 7/4753
- 15 g Salz
- 2 TL Paprikapulver
- 1 TL Currypulver
- 1 TL Kakao
- 50 g Tomatenmark
- 100 g Wasser

Zutaten bis auf 100 g Wasser im TM zerkleinern (20 Sek./Stufe 10). Mischung garen (35 Min./105 °C/Stufe 3). 100 g Wasser zugeben und die Mischung fein pürieren (20 Sek./Stufe 10). Ketchup in saubere Schraubgläser füllen und verschließen. Im Kühlschrank aufbewahren.

13818. Zwiebelrelish ChatGPT 3, Februar 2024

Vorläufer 13786

- 585 g Gemüsezwiebeln
- 1 Apfel (145 g)
- 1 Knoblauchzehe
- 200 g Softfeigen
- 50 g Sultaninen
- 50 g Tomatenketchup
- 1 TL Salz
- 1/2 gestr. TL gem. Nelken
- 1 TL Zimt
- 1 TL Paprika edelsüß
- 1 TL gem. Kreuzkümmel
- 1 TL Currypulver
- 1 Prise schw Pfeffer
- 1 TL Tomatenmark
- 100 g Apfelessig
- 150 g Wasser

Zwiebeln, Apfel und Knoblauch grob zerkleinert in den TM geben. Alle übrigen Zutaten zufügen und zerkleinern (9 Sek./Stufe 6). Kochen lassen (45-60 Min./105 °C/Stufe 1 Linkslauf). Dabei den Messbecher abnehmen und stattdessen das Garkörbchen als Spritzschutz verwenden. Nach dem Kochen in Gläser füllen und sofort verschließen. Im Kühlschrank aufbewahren; Haltbarkeit mehrere Monate.

13819. Heidelbeertorte, März 2024

26 cm-Springform;

Rezept Apfeltorte aus „modernes backen", 1972.

- 200 g weiche Butter
- 1 TL getr. Zitronenschale
- 225 g Rohrohrzucker
- 3 Eier
- 100 g Speisestärke
- 215 g Dinkelmehl 1050
- 75 g Dinkelvollkornmehl
- 3 gestr. TL Backpulver
- 75 g + 50 g Milch

Füllung:
- 250 g frische Heidelbeeren
- 200 g tiefgekühlte Heidelbeeren
- 40 g gestiftelte Mandeln

Guss: Rumguss 13822

Butter mit Zitronenschale, Zucker, Eiern, Speisestärke, Mehl, Backpulver und 75 g Milch in eine Schüssel geben und alles mit einem Handrührgerät auf der höchsten Schaltstufe verrühren, Gesamtdauer etwa 2 Min.

Hälfte des Teiges in eine mit Backpapier ausgelegte 26-cm-Springform geben, Rand mit Butter einpinseln. Füllung gleichmäßig darüber verteilen. 50 g Milch unter den restlichen Teig geben und über dem Obst verteilen.

Form in den auf 165 °C vorgeheizten Backofen (Heißluft) geben und 65 Min. backen.

Für den Guss Zucker im TM zu Puderzucker verarbeiten (10 Sek./Stufe 10). Rum und dann Wasser esslöffelweise unterziehen, bis sich eine streichbare Masse ergibt. Auf den abgekühlten Kuchen geben.

13820. Rumguss, März 2024

Reicht für die Oberfläche einer 26-cm-Torte.

- 150 g Rohrohrzucker
- 1 EL Rum
- Etwa 2 EL Wasser

Zucker im TM zu Puderzucker verarbeiten (10 Sek./Stufe 10). Rum und dann Wasser esslöffelweise unterziehen, bis sich eine streichbare Masse ergibt.

13821. Wirsing scharf mit Hack, März 2024

2 Portionen

- 1 EL Bratöl
- 2 kleine getr. Chilischoten
- 230 g Rindergehacktes
- 1 TL Paprika edelsüß
- 30 g Tomatenmark
- 335 g Kartoffeln, in Scheiben
- 270 g Wirsing (netto), in feinen Streifen
- 160 g Wasser
- 1-2 TL Salz
- 150 g Milch
- 2 EL Soßenbinder *

Öl erhitzen, Schoten und Gehacktes darin anbraten, bis das Fleisch leicht gebräunt ist. Paprikapulver und Tomatenmark unterrühren und mit anbraten. Kartoffeln und Wirsing darüber schichten. Auf hoher Einstellung 5 Min. braten. Wasser und Salz zufügen und 25 Min. wie eine Gemüsepfanne dünsten. Milch und Soßenbinder zugeben und 1 Min. kochen lassen.

* Ein Versuch. Aber nicht alle nicht-vollwertigen Produkte sind eine Offenbarung, dies auf jeden Fall nicht. Da kann ich einfach Stärkemehl mit Wasser anrühren und mit aufkochen. Deutlich weniger Zusatzstoffe.

13822. Eierlikörkuchen TM II, März 2024

Vorläufer 13807

- 200 g Rohrohrzucker
- 5 Eier
- 1 P Vanillearoma „Finesse"
- 260 g Eierlikör
- 240 g Sonnenblumenöl
- 3 P Vanillepuddingpulver (ca. 110 g)
- 100 g Weizenmehl Typ 550
- 50 g Dinkelmehl 1050
- 1 P Backpulver
- Butter und Grieß für die Form

Zucker im Thermomix pulverisieren (10 Sek./Stufe 10). Eier mit Zucker und Aroma [versehentlich das Aroma hier eingebunden, da es Öl enthält, bin ich gespannt, ob sich der Kuchen dadurch ändert] unter Verwendung des Rühraufsatzes 3 Min./Stufe 4 schaumig schlagen. Eierlikör und Öl einrühren (10 Sek./Stufe 5). Die restlichen trockenen Zutaten mischen und unterrühren (1ß Sek./Stufe 5). Den Teig (er ist flüssig) in eine gefettete und mit Grieß ausgestreute Napfkuchenform füllen. 45 Min. bei 175 °C (Heißluft) backen, 5 Min. im ausgeschalteten Ofen stehen lassen. Optional mit Schokoguss überziehen und mit kleinen Chocolate Chips belegen.

Hinweis: Er wird schräger als der handgerührte Kuchen.

13823. Wirsing mit Schinkenspeck, März 2024

1 Portion (wenn ohne Beilage)

- 100 g gewürfelter Schinkenspeck
- 100 g Zwiebel, gehackt
- 200 g Wirsing, klein geschnitten
- 95 g rote Spitzpaprika, in Halbringen
- 100 g Tomate, gewürfelt
- 1 TL Gemüsebrühextrakt
- 100 g Rotwein
- 60 g Wasser

Schinkenspeck in eine 24-cm-Alugusspfanne geben, Zwiebel, Wirsing, Paprika und Tomate darüber schichten. Scharf anbraten (5-6 Min.), mit Extrakt bestreuen und Flüssigkeiten zugeben. 20 Min. als Gemüsepfanne dünsten. Salz fand ich nicht nötig.

13824. Einfaches Wurstgulasch, März 2024

- 400 g gewürfelte Fleischwurst (ohne Pelle)
- 220 g Zwiebeln
- 1 Knoblauchzehe
- 125 g rote Spitzpaprika
- 1 getr. Chilischote, zerbröselt
- 1 EL Bratöl
- 1 getr. Chilischote
- 2 EL Tomatenmark
- 450 g Tomaten, geviertelt
- 200 g Gemüsebrühe
- 100 g Milch
- 1 TL Salz
- 1 Prise Pfeffer

- 1/2 TL Oregano
- 1 TL Paprikapulver edelsüß

Die Zwiebeln und den Knoblauch fein hacken. Die Paprika waschen, entkernen und in kleine Würfel schneiden. Etwas Öl in einem Topf erhitzen und die Zwiebeln darin bei mittlerer Hitze glasig anschwitzen. Anschließend den Knoblauch und die gewürfelte Paprika hinzufügen und beides kurz mit anschwitzen, bis die Paprika leicht weich wird und der Knoblauch duftet. Dann die Tomaten sowie Tomatenmark einrühren und ebenfalls kurz mit anschwitzen, damit sich die Aromen entfalten. Mit der Brühe ablöschen, gut umrühren und alles einmal aufkochen lassen. Die Soße bei reduzierter Hitze etwa 15 Min. köcheln lassen. Danach die Wurst in Scheiben oder Stücke schneiden und zusammen mit der Milch zur Soße geben. Alles erneut kurz aufkochen lassen. Mit Salz, Pfeffer und Paprikapulver nach Geschmack würzen und die Soße weitere 5 Min. köcheln lassen. Falls die Konsistenz zu dünn ist, die Soße nach Bedarf mit Soßenbinder etwas andicken.

13825. Schoko-Mandel-Karamell-Cookies, März 2024

Vorläufer 13781, ca. 25 Stück

- 250 g Schokolade (100 g White Chocolate Chunks, 100 g Karamell-Chunks, 50 g Dark Chocolate Chunks)
- 50 g gestiftelte Mandeln
- 250 g Butter, zimmerwarm, in Stücken
- 200 g Rohrzucker
- 1 P Vanillearoma „Finesse"
- 1 Prise Salz
- 2 Eier
- 110 g Dinkelmehl 630
- 110 g Dinkelmehl 1050
- 130 g Dinkelvollkornmehl
- 2 TL Backpulver
- 50 g Milch

Butter, Zucker, Vanillearoma und Salz mit dem Handrührgerät schaumig schlagen. Eier hinzugeben, ca. 1 Min. einarbeiten. Mehle und Backpulver mit der Milch einarbeiten. Chunks und Mandeln einrühren.

Teig esslöffelweise als kleine Häufchen auf zwei mit Backpapier ausgelegte Backbleche geben. Etwas Abstand lassen, da die Kekse noch aufgehen. Mit Hilfe von einem kleinen Löffel die Häufchen etwas platt drucken. *(Tipp: Löffel ab und zu in Wasser tauchen, dann bleibt der Teig nicht daran kleben.)* Cookies für ca. 18-21 Min. in den auf 165 °C vorgeheizten Ofen schieben und hellbraun ausbacken.

13826. Naturreis aus dem TM II, März 2024

Vorläufer 13809; 2 Portionen

- 1250 g Wasser
- 1 TL Gemüsebrühextrakt
- 10 g Sonnenblumenöl
- 150 g Naturreis

Wasser, Gemüsebrühextrakt und Öl in den Mixtopf geben, den Reis in den Gareinsatz, Deckel und Messbecher einsetzen. Einstellung 35 Min./105 °C/Stufe 4. Unkompliziert. Wer Reis ausgesprochen bissfest möchte, kocht 30 Min.

Tipp: Das übrige Kochwasser muss nicht weggeschüttet werden, sondern lässt sich vielseitig weiterverwenden – zum Beispiel als Basis für Gemüsepfannen, zum Verlängern von Soßen oder als aromatische Zutat in Dressings und Marinaden.

13827. Marmorkuchen Sprenkulina, März 2024

Nach „modernes Backen" (vergriffen); ca. 1970.

* Butter und Grieß für die Form

Heller Teig:

* 250 g Butter
* 220 g Rohrohrzucker
* 1 P Finesse (Vanillearoma)
* 3 Eier
* 150 g Milch
* 300 g Dinkelmehl Typ 1050
* 100 g Speisestärke
* 100 g gem. Mandeln
* 1 P Weinsteinbackpulver

Für den dunklen Teig noch:

* 50 g Kakao
* 60 g Rohrohrzucker
* 3 EL Rum
* 1 EL Milch
* 100 g weiße Chocolate Chips
* Schokoladenguss: 200 g Vollmilchschokolade im Wasserbad flüssig werden lassen.

Eine 30-cm-Kastenform mit Butter einfetten und mit Grieß ausstreuen. Rührschüssel wiegen. Zutaten für den hellen Teig in einer Rührschüssel mit dem Handrührgerät, Rührbesen, auf der höchsten Stufe 2 Min. verrühren. Schüssel jetzt erneut wiegen). Zwei Drittel des Teigs (berechnet) in die Kastenform geben, glatt streichen. Zutaten für den dunklen Teig ohne die Schokolade zugeben, gut verrühren. Schokoladenstückchen unterziehen. Auf den hellen Teig geben und mit einer Gabel spiralförmig durch den Teig ziehen. Wobei die Spiralen senkrecht zu ziehen sind, damit es sich auch in der Höhe vermischt.

Ofen (Heißluft) auf 165 °C vorheizen. Kuchen 50 Min. bei 165 °C backen, 5 Min. im ausgeschalteten Ofen nachbacken. Form aus dem Ofen nehmen und auf einem Gitterrost etwas auskühlen lassen. Kuchen stürzen. Erkalten lassen und mit Schokoladenguss überziehen und mit Nüssen o. Ä. dekorieren.

13828. Schoko-Schoko-Raisin-Cookies, März 2024

Vorlage 13825, ca. 25 Stück

* 200 g Schokolade (100 g Vollmilch Chocolate Chunks, 100 g White Chocolate Chunks)
* 50 g Rosinen
* 50 g gestiftelte Mandeln
* 250 g Butter, zimmerwarm, in Stücken
* 200 g Rohrzucker
* 1 P Vanillearoma „Finesse"
* 1 Prise Salz
* 2 Eier
* 100 g Dinkelmehl 630
* 100 g Dinkelmehl 1050
* 150 g Dinkelvollkornmehl
* 2 TL Backpulver
* 100 g Milch (die Eier waren sehr klein, sonst etwas weniger).

Butter, Zucker, Salz, Eier, mit Backpulver gemischte Mehle und Milch mit dem Handrührgerät 2 Min. schlagen. Je nach Eiergröße kann die Milchmenge schwanken. Schokoladen, Rosinen und Mandeln unterrühren.

Teig esslöffelweise als kleine Häufchen auf zwei mit Backpapier ausgelegte Backbleche geben. Etwas Abstand lassen, da die Kekse noch aufgehen. Mit Hilfe von einem kleinen Löffel die Häufchen etwas platt drücken. *(Tipp: Löffel ab und zu in Wasser tauchen, dann bleibt der Teig nicht daran kleben.)* Cookies für ca. 18-21 Min. in den auf 165 °C vorgeheizten (Heißluft) Ofen schieben und hellbraun ausbacken.

13829. Kartoffeln in Champignon-Hacksoße, März 2024

2 Portionen

- 2 EL Bratöl
- 250 g Rinderhack
- 1 rote Zwiebel gehackt (40 g)
- 1 geh. TL Paprika edelsüß
- 10 g Tomatenmark
- 390 g Kartoffeln, in Scheiben
- 230 g Champignons, in Scheiben
- 155 g Milch
- 1 TL Salz
- 1/2 TL Agavendicksaft
- 1/2 TL Sambal Oelek (je nach Geschmack)

Öl erhitzen, Hackfleisch darin anbraten, bis es kein rotes Fleisch mehr gibt. Zwiebeln, Paprika und Tomatenmark zufügen und kurz mitanbraten. Kartoffeln kräftig mit anbraten. Zum Schluss Champignons und Milch zufügen und 25 Min. kochen lassen (auf kleiner Einstellung). Salzen und mit Süße und Sambal abschmecken.

13830. Milchreis aus weißem Reis, März 2024

- 220 g Milchreis
- 1 Prise Salz
- 50 g Agavendicksaft
- 1 Liter Milch

Thermomix Einstellung 35 Min./95 °C/Linkslauf Stufe 1.

13831. Kleiner Snack, März 2024

2 Portionen

Die süße Variante:

- 1 EL Milchreis
- 1 EL Skyr
- 1 TL Fruchtaufstrich
- 1 TL Honig
- 1 EL Erdbeercrunch-Müsli
- 1/2 Erdbeere in Scheiben
- Ggf. ein paar Cashewnüsse

Die etwas weniger süße Variante:

- 1 EL Milchreis
- 1 EL Skyr
- 1 TL Fruchtaufstrich
- 1 EL Corn flakes ungezuckert
- 1/2 Erdbeere
- Ggf. ein paar Cashewnüsse

Reis und Skyr verrühren, Fruchtaufstrich (und Honig) darauf geben, mit dem entsprechenden Getreideprodukt bestreuen. Auf der anderen Seite Erdbeerscheiben fächerartig auflegen. Mit Cashewnüssen dekorieren.

13832. Kartoffeln in Champignon-Hacksoße II, März 2024

Vorläufer 13829

- Rest von Rezept 13829
- 1 kleine Dose Erbsen mit Saft
- 50-100 g Rotwein
- 1/2 TL Sambal Oelek
- 1 TL Salz
- 2-3 EL Soßenbinder

In einem kleinen Topf den Rest, die Erbsen und den Rotwein Öl erhitzen. Wenn alles heiß ist, die restlichen Zutaten zufügen, aufkochen und 1-2 Min. kochen lassen.

13833. Tomaten-Hackfleischsoße, März 2024

3 Portionen

- 2 EL Bratöl
- 250 g Rindergehacktes
- 210 g rote Zwiebeln, in groben Stücken
- 70 g Frühlingszwiebeln, kleingeschnitten
- 310 g Tomaten, grob gewürfelt
- 1 TL Paprika edelsüß
- 50 g Tomatenmark
- 1 TL Gemüsebrühpulver
- 500 g passierte Tomaten (Tetrapack)
- 100 g Rotwein
- 1 TL Salz
- 1 TL Zucker
- 1 TL Sambal Oelek (gekauft)

Öl erhitzen, Gehacktes darin anbraten/dünsten, bis kein rotes Fleisch mehr zu sehen ist. Rote Zwiebeln zufügen, mit anbraten. Frühlingszwiebeln, Tomaten, Paprikapulver und Tomatenmark zufügen und zusammen einige Min. anbraten. Gemüsebrühpulver, passierte Tomaten, Rotwein, Salz, Zucker und Sambal unterrühren. Insgesamt 25-30 Min. kochen. Ich musste dann nicht mehr weiter abschmecken.

Tipp: Dazu gab es bei mir gekochte Spaghetti aus 75 g Rohware.

13834. Milchreis Naturreis, TM, März 2024

- 140 g Naturreis
- 1 P Finesse Vanillearoma
- 1 Liter Milch, 1.5 % Fett

TM Einstellung 80 Min./95 °C/Linkslauf Stufe 1. Unterschied zu früher: 95 °C statt 95 %. 95 °C steht im TM-Handbuch. Deutlich zu wenig Reis.

13835. Skyrdressing schlicht mit Kichererbsen, März 2024

Vorläufer 13728

- ca. 800 g Skyr (= 2 Becher)
- 65 g Sonnenblumenöl
- 140 g Ahornsirup
- 2 Knoblauchzehen (13 g)
- 29 g Salz
- 1 Prise Pfeffer
- 1 TL getr. Pizzakräuter
- 55 g Essig
- 1 TL Senf
- 1 Dose Kichererbsen 400 g (etwa 135 g Flüssigkeit)

Alle Zutaten gut mixen (2 Min./Stufe 10). 1:1 oder nach Geschmack verdünnen.

13836. Zwiebelhack mit Babyspinat, März 2024

2 Portionen

- 1 EL Bratöl
- 250 g Hackfleisch halb und halb
- 265 g Gemüsezwiebel, klein geschnitten
- 305 g Kartoffeln, in Scheiben
- 1/2 TL Salz
- 1 TL Sambal Oelek
- 1 Prise Rohrohrzucker
- 125 g Milch (1,5 %)
- 125 g Babyspinat

Öl erhitzen, Hackfleisch darin andünsten. Zwiebel zugeben und dünsten, bis die Zwiebeln glasig sind. Kartoffeln zufügen und in der offenen Pfanne einige Min. anbraten. Milch unterrühren, aufkochen und 20 Min. garen lassen. Babyspinat unterrühren, weitere 5 Min. kochen. Evtl. noch etwas Milch zugeben.

13837. Milchreis-Frühlingsdessert, März 2024

2 Portionen

- 280 g gekochter Vollkorn-Milchreis (= 6 EL)
- 90 g Banane netto, gewürfelt
- 1 größere Erdbeere
- 1 TL Honig
- 2 TL roter Fruchtaufstrich

Milchreis auf zwei Schüsselchen verteilen, gewürfelte Banane unterrühren. Die Erdbeere in Scheiben schneiden, je drei Scheiben fächerförmig auf den Reis legen. Oberhalb der Erdbeerscheiben einen Klecks Fruchtaufstrich platzieren, auf einer Schüssel auch noch 1 TL Honig.

13838. Schokoregen auf Milchreis, März 2024

- 250 g gekochter Milchreis (noch relativ flüssig)
- 2 TL Rohrohrzucker
- 2 Prisen Zimt
- 40 g Vollmilch-Schokotröpfchen
- 1-2 TL Cashewkern-Bruch

Milchreis mit Zucker, Zimt und Schokolade verrühren. Auf zwei Schüsselchen verteilen. In die Mitte die Cashewkerne als Deko legen.

13839. Koffeinhaltiger kaffeefreier Milchkaffee, März 2024

Ein 500-ml-Becher

- 200 g Milch oder Hafermilch
- 2 TL Koawach (beliebige Sorte)
- 1 TL Getreidekaffee
- Ca. 250-280 g Wasser

Milch in der Mikrowelle erhitzen (1-2 Min./600 Watt). Wasser aufkochen. Pulver in etwas heißem Wasser auflösen, zu der Milch geben. Becher (ca. 500 ml Fassungsvermögen) mit heißem Wasser auffüllen.

13840. Kleiner Snack II, März 2024

2 Portionen; Vorläufer 3831

Süße Variante:	Weniger süße Variante:
• 1 EL gekochter Milchreis	• 1 EL gekochter Milchreis
• 1 EL Skyr (65 g)	• 1 EL Skyr (65 g)
• 1 TL Honig	• 1 EL Corn flakes ungezuckert
• 1 EL Erdbeercrunch-Müsli	
• 1 Erdbeere gewürfelt	• 1 Erdbeere gewürfelt
• 1/2 TL Schokotropfen	• 1/2 TL Schokotropfen
• 1/2 Pekannuss	• 1/2 Pekannuss

Reis und Skyr verrühren, Erdbeerwürfel unterrühren, ggf. Honig darauf geben. Mit dem entsprechenden Getreideprodukt bestreuen. Auf eine Seite die Schokotropfen geben, die Pekannuss senkrecht einstecken.

13841. Möhrenkuchen mit Guss, März 2024

26 cm Springform

- 340 g Möhren
- 4 Eier
- 225 g Zucker
- 120 g Sonnenblumenöl
- 200 g gem. Haselnüsse
- 250 g Dinkelvollkornmehl
- 2 TL Backpulver
- 1 TL Zimtpulver
- 1/2 TL Ingwerpulver
- 3 EL Zitronensaft

Guss

- 1 EL Zitronensaft
- 1 EL Wasser
- 125 g Puderzucker
- Deko: gehackte Pistazienkerne

Möhren zerkleinern und im TM reiben (5 Sek./Stufe 10). Eier mit dem Zucker schaumig schlagen. Öl gut unterrühren. Trockene Zutaten mischen und mit Möhren und Zitronensaft in den Teig einarbeiten (Handrührgerät, 90 Sek.). Den Teig in eine mit Backpapier ausgelegte 26-cm-Springform füllen. Den Backofen auf 165 °C vorheizen. Im vorgeheizten Ofen ca. 60 Min. goldgelb backen. Zutaten für den Guss verrühren. Kuchen damit überziehen und am Rand mit gehackten Pistazien bestreuen.

13842. Kohlrabi mit Wurstklößchen, März 2024

- 2 EL Öl
- 175 g Gemüsezwiebel, in Stücken
- 215 g Kohlrabi, gewürfelt
- 50 g rote Linsen
- 155 g Wasser
- 145 g Milch (1,5 %)
- 1 TL Gemüsebrühpulver
- 130 g Bratwurst (brutto)
- 50 g rote Linsen

Öl erhitzen, Zwiebel darin anbraten, bis sie glasig sind. Dabei ist der Deckel auf dem Topf. Kohlrabi kurz ebenfalls mit anbraten. Rote Linsen, Flüssigkeiten und Gemüsebrühpulver zufügen. Während die Zutaten kochen, die Bratwurst in Stücken aus der Pelle in den Topf pressen. Zum Kochen bringen und 20 Min. kochen.

Tipp: Nach Wunsch binden mit Cashewnussmus, Schmelzkäse oder Soßenbinder.

13843. Hackfleisch-Tomaten-Spinat-Sauce, April 2024

2 Hauptmahlzeiten.

- 2 EL Bratöl
- 1/2 Gemüsezwiebel (180 g)
- 2 Knoblauchzehen (ca. 10 g)
- 250 g Hackfleisch (Rind oder gemischt)
- 30 g Tomatenmark
- 1 TL Zucker
- 1 TL Sambal Oelek
- 2 mittelgroße Tomaten (ca. 230 g)
- 125 g Rotwein
- 1 TL Gemüsebrühpulver
- 125 g Babyspinat
- 1 TL Salz
- 1-2 Prisen Pfeffer
- 1 TL getr. Oregano

Zwiebel und Knoblauch fein hacken. Öl in einer Pfanne (24-cm-Alugusspfanne) erhitzen. Zwiebel und Knoblauch hinzufügen und bei mittlerer Hitze glasig dünsten. Hackfleisch hinzufügen und unter Rühren braten, bis es braun und durchgegart ist. Tomatenmark, Zucker und Sambal kurz mit anrösten. Klein geschnittene Tomate zugeben und ca. 5 Min. garen. Rotwein und Gemüsebrühpulver zugeben und 15 Min. auf kleiner Einstellung kochen. Babyspinat unterrühren, kochen bis er zusammengefallen und weich ist. Mit Salz, Pfeffer und Oregano abschmecken. *Hinweis: Dazu passt Naturreis 13826.*

13844. Milchreis Naturreis II, TM, April 2024

Vorläufer 13834

- 170 g Naturreis
- 1 P Finesse Vanillearoma
- 50 g Ahornsirup
- 1 Liter Milch, 1.5 % Fett

TM Einstellung 80 Min./95 °C/Linkslauf Stufe 1. Unterschied zu früher: 95 °C statt 95 %. Erste 20 Min. ohne Messbecher.

13845. Zucchini-Spaghetti mit Fleischklößchen, April 2024

- 110-150 g Bratwurst
- 2 EL Bratöl
- 2 Knoblauchzehen, gehackt (15 g)
- 100 g Zwiebel, gehackt
- 200 g Zucchini gewürfelt
- 150 g Vollkornspaghetti, in Stücke gebrochen
- 200 g Milch 1,5 %
- 230 g Wasser
- 1 TL Gemüsebrühextrakt
- 1 kleiner Schmelzkäse Kräuter (30 g)
- Salz
- Pfeffer

Öl erhitzen, Knoblauch darin etwa 1 Min. anschwitzen, bis er duftet. Zwiebel und Zucchini zufügen, weitere 3-4 Min. anbraten, bis sie weich werden. Vollkornspaghetti in den Topf geben und gut mit den Zutaten vermengen. Gemüsebrühpulver und Flüssigkeiten zugeben. Fleisch in Kugeln aus der Bratwurst in den Topf drücken. Den Topf zum Kochen bringen, dann die Hitze reduzieren und etwa 15 Min. köcheln lassen. Dabei gelegentlich umrühren, um ein Ankleben zu verhindern. Schmelzkäse einrühren, mit Salz und Pfeffer abschmecken. Noch 5 Min. kochen, wenn die Nudeln nicht gar sind.

13846. Zucchini-Rhabarber-Pfanne mit Reis, April 2024

2 Portionen

- 150 g weißen Reis garen wie 13848

Gemüse:

- 1-2 EL Bratöl
- 200 g Rinderhackfleisch
- 85 g Zwiebel, gehackt
- 240 g Zucchini, in Halbscheiben
- 100 g Rhabarber, in Stücken
- 120 g Tomate, gewürfelt
- 20 g Tomatenmark
- 50 g Wasser
- 1 TL Salz
- 1/2 TL getr. Oregano
- 1/2 TL Rohrohrzucker

Öl erhitzen, Fleisch anbraten (Deckel aufgelegt). Zwiebeln zugeben und braten, bis die Zwiebeln glasig sind. Gemüse, Tomatenmark und Wasser zugeben und 15-20 Min. kochen. Mit Salz, Oregano und Zucker abschmecken.

13847. Rhabarberkuchen mit Milchreis, April 2024

26-cm-Springform

Rhabarber:
- 500 g Rhabarber (netto), in Stücken
- 50 g Rohrohrzucker
- 1 EL Speisestärke
- 1 TL Zimt

Teig:
- 150 g weiche Butter
- 150 g Rohrohrzucker
- 3 Eier
- 250 g Dinkel-Vollkornmehl
- 1 Prise Salz (vergessen)
- 2 TL Backpulver
- 250 g gekochter Milchreis

Belag, zusätzlich:
- 100 g Skyr
- 1 Ei
- 1 EL Rohrohrzucker

Rhabarber: Zucker, Speisestärke und Zimt mischen. Über die Rhabarberstücke schütten und gut vermengen.

Teig: Butter, Zucker und Eier 1 Min. mit dem Handrührgerät verrühren. Mehl, Salz und Backpulver mischen und unterrühren. Zum Schluss den Milchreis einarbeiten. 600 g von dem Teig in eine mit Backpapier überspannte Springform geben und verstreichen. Rhabarber darauf verteilen.

Belag: Den Restteig mit den Zutaten für den Belag verrühren und über dem Rhabarber verstreichen.

Ofen (Heißluft) auf 165 °C vorheizen. 50 Min. bei 165 °C backen. Optional mit Puderzuckerguss versehen.

13848. Weißer Reis aus dem TM, April 2024

2 Portionen
- 1000 g Wasser
- 1 TL Gemüsebrühextrakt
- 150 g Langkornnaturreis

Wasser und Gemüsebrühextrakt in den Mixtopf geben, den Reis in den Gareinsatz, Deckel und Messbecher einsetzen. Einstellung 20 Min./105 °C/Stufe 4.

13849. Skyrdressing halbe Portion, April 2024

Vorläufer 13835
- ca. 400 g Skyr (= 2 Becher)
- 50 g Sonnenblumenöl
- 55 g Ahornsirup
- 1 Knoblauchzehe (4 g)
- 15 g Salz
- 1 Prise Pfeffer
- 1 gestr. TL getr. Pizzakräuter
- 30 g Essig
- 1 gestr. TL Senf (6 g)
- 1 EL Kichererbsen
- 100 g Kichererbsenflüssigkeit

Alle Zutaten im Vitamix gut mixen. 1:1 oder nach Geschmack verdünnen.

13850. Skyrkäsekuchen ohne Boden, April 2024

26-cm-Springform; sehr schnell mit TM.

- 250 g weiche Butter
- 250 g Rohrohrzucker
- 1 P „Finesse" Vanillearoma
- 4 Eier
- 2 P Vanillepuddingpulver
- 50 g Dinkelvollkornmehl
- 2 TL Backpulver
- 1000 g Skyr
- Ca. 300 g Äpfel (brutto)
- 25 g gestiftelte Mandeln

Butter, Zucker, Aroma und Eier im TM schaumig schlagen (1 Min./Stufe 4). Puddingpulver, Mehl und Backpulver mischen. Mit dem Skyr in den Mixtopf geben und rühren (30 Sek./Stufe 6). Äpfel entkernen, aber nicht schälen. In Spalten schneiden und mit der runden Seite nach oben kreisförmig leicht in die Käsemasse drücken. Mit den Mandeln bestreuen. Backen: 70 Min. im auf 165 °C vorgeheizten Heißluftofen. In den letzten Min. mit Alufolie abdecken, wenn er zu braun wird. Im offenen Ofen stehen lassen, dann in der Form auskühlen.

13851. Russischer Zupfkuchen, April 2024

26-cm-Springform

Teig:
- 200 g Butter, in Stücken
- 150 g Rohrohrzucker
- 100 g Weizenvollkornmehl
- 250 g Weizenmehl 550
- 30 g Kakaopulver
- 1 P Backpulver
- 1 Ei

Füllung:
- 180 g Butter, weich in Stücken
- 180 g Rohrohrzucker
- 4 Eier
- 500 g Skyr
- 1 P Finesse Vanillearoma
- 1 P Vanillepuddingpulver
- Zum Bestreuen: 100 g Vollmilch-Chocolate Chunks

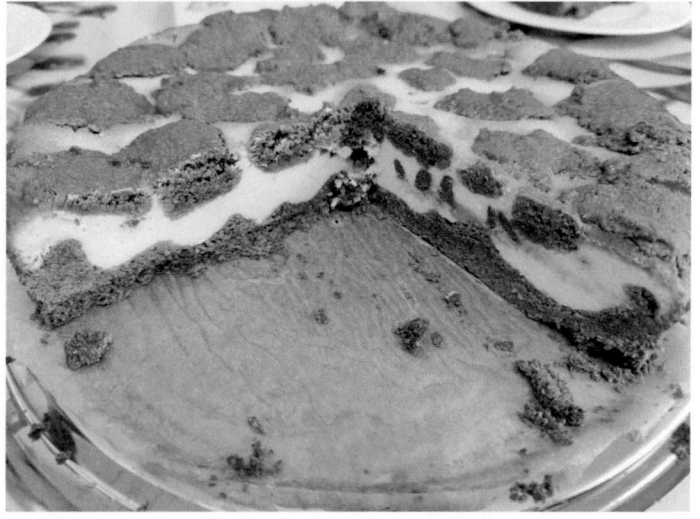

Springform (26 cm) mit Backpapier auslegen. Butter, Zucker, Mehle, Kakao, Backpulver und Ei in den Mixtopf geben und zu einem Teig verarbeiten (30 Sek./Stufe 6). Auf die Arbeitsfläche schütten und mit den Händen durchkneten. Ein Drittel (bei mir 260 g) Teig beiseitelegen. Den Rest in die Springform drücken und einen 3-cm-hohen Rand hochziehen.

Ofen (Heißluft) auf 165 °C vorheizen. Die Zutaten für die Füllung in den Mixtopf geben und verrühren (40 Sek./Stufe 5), auf den Boden gießen. Mit den Chunks bestreuen, mit einem Löffel leicht in die Masse drücken. Den restlichen Teig zerzupfen und auf der Füllung verteilen. In den Ofen schieben und 60-70 Min. bei 165 °C backen.

13852. Rinderhackfleisch mit Rotkohl und Reis, April 2024

2 Personen; Kochzeit 45 Min.

- 200 g Rinderhackfleisch
- 540 g Rotkohl
- 1 Äpfel (140 g)
- 1 kleine Zwiebel (ca. 70 g)
- 2 Knoblauchzehen
- 2 EL Bratöl
- 1 TL gem. Kümmel
- 1 TL Paprikapulver edelsüß
- 1 TL Salz
- 1/4 TL Pfeffer
- Agavendicksaft
- 100 g Rotwein

Rotkohl vorbereiten: Den Rotkohl vierteln, den Strunk herausschneiden und den Kohl in feine Streifen schneiden. Zwiebel und Knoblauch fein hacken. Den Apfel entkernen und in Würfel schneiden.

In einer 24-cm-Pfanne das Öl erhitzen. Zwiebel und Knoblauch darin glasig dünsten. Das Rinderhackfleisch hinzufügen und unter Rühren anbraten, bis es braun ist. Den vorbereiteten Rotkohl und die Apfelstücke hinzufügen. Gut vermischen. Mit Salz, Pfeffer, Kümmel und Paprikapulver würzen. Rotwein unterrühren. Bei mittlerer Hitze etwa 45 Min. köcheln lassen, bis der Rotkohl weich ist. Gelegentlich umrühren und bei Bedarf etwas Wasser hinzufügen, um ein Anbrennen zu verhindern.

13853. Russischer Zupfkuchen II, April 2024

Vorläufer 13851; 26-cm-Springform

Teig:
- 200 g Butter, in Stücken
- 130 g Rohrohrzucker
- 200 g Weizenvollkornmehl
- 150 g Weizenmehl 550
- 30 g Kakaopulver
- 1 P Backpulver
- 1 Prise Salz
- 1 Ei

Füllung:
- 180 g Butter, weich in Stücken
- 175 g Rohrohrzucker
- 4 Eier
- 500 g Skyr
- 1 P Finesse Vanillearoma
- 1 P Vanillepuddingpulver

Zum Bestreuen:
- 100 g Vollmilch-Chocolate Chunks
- 20 g gestiftelte Mandeln

Springform (26 cm) mit Backpapier auslegen. Butter, Zucker, Mehle, Kakao, Backpulver und Ei in den Mixtopf geben und zu einem Teig verarbeiten (30 Sek./Stufe 6). Auf die Arbeitsfläche schütten und mit den Händen durchkneten. Ein Drittel (bei mir 260 g) Teig beiseitelegen. Den Rest in die Springform drücken und einen 3-cm-hohen Rand hochziehen.

Ofen (Heißluft) auf 165 °C vorheizen. Die Zutaten für die Füllung in den Mixtopf geben und verrühren (40 Sek./Stufe 5), auf den Boden gießen. Mit den Chunks bestreuen, mit einem Löffel leicht in die Masse drücken. Den restlichen Teig zerzupfen und auf der Füllung verteilen. Mandeln in die Zwischenräume streuen. In den Ofen schieben und 60 Min. bei 165 °C backen. 5 Min. im ausgestellten Ofen.

13854. Thunfisch-Nudel-Auflauf, April 2024

20-cm-Alugusspfanne

- 1 EL Bratöl
- 80 g Zwiebel, gewürfelt
- 1 Tomate (100 g), gewürfelt
- 1 TL Paprika edelsüß
- 1 gestr. TL Salz
- 1 Prise gem. Pfeffer
- 1 gestr. TL Rohrohrzucker
- 1/2 TL Sambal Oelek
- 250 g Hafermilch (besser: 200)
- 75 g Vollkornspaghetti, in Stücke gebrochen
- 135 g Thunfisch aus der Dose (abgetropft)
- 50 g ger. Mozzarella

Öl erhitzen, Zwiebel anschwitzen. Tomate zufügen und eine Weile erhitzen, Gewürze noch mit anschwitzen. Milch und Nudeln zufügen und aufkochen. 11 Min. kochen lassen. Thunfisch unterziehen, wenn nötig noch 1 EL Soßenbinder. Mit Käse bestreuen und in den kalten Ofen einschieben. 25 Min. bei Einstellung 185 °C garen.

13855. Milchreis Naturreis III, TM, April 2024

Vorläufer 13844

- 180 g Naturreis
- 1 P Finesse Vanillearoma
- 30 g Ahornsirup
- 1 Liter Milch, 3.5 % Fett

Thermomix Einstellung 80 Min./95 °C/Linkslauf Stufe 1.

13856. Kartoffel-Möhrenpfanne mit Fleischwurst, April 2024

2 Hauptspeisen

- 2 EL Bratöl
- 95 g Zwiebel, gehackt
- 2 Knoblauchzehen in Scheiben (10 g)
- 195 g Fleischwurst, gewürfelt
- 1 TL Rohrohrzucker
- 1 TL Paprika edelsüß
- 285 g Möhren, in Scheiben
- 325 g Kartoffeln, in Scheiben
- 1 TL Sambal Oelek
- 1 TL Gemüsebrühextrakt
- 100 g Rotwein
- 1-2 EL Schnittlauch, gehackt

Öl erhitzen, Zwiebeln und Knoblauch darin anschwitzen. Fleischwurst mit anbraten. Mit Zucker und Paprika bestreuen, kurz weiterbraten. In dieser Zeit die Möhren vorbereiten und zugeben. Mit anbraten, bis die Kartoffeln vorbereitet sind. Kartoffeln, Sambal, Gemüseextrakt und Rotwein zugeben. Aufkochen, bis Dampf unter dem Deckel austritt. 25 Min. auf kleiner Einstellung kochen. Mit Schnittlauch servieren.

13857. Milchreis Naturreis Barista, TM, April 2024

Vorläufer 13855

- 200 g Rundkornnaturreis
- 20 g Ahornsirup
- 1 Liter Barista (Hafer-Soja)

TM Einstellung 80 Min./95 °C/Linkslauf Stufe 1, später herunterschalten auf 95 °C.

13858. Russischer Zupfkuchen III, April 2024

Vorläufer 13853; 26-cm-Springform

Teig:
- 200 g Butter, in Stücken
- 120 g Rohrohrzucker
- 200 g Dinkelvollkornmehl
- 150 g Dinkelmehl 1050
- 30 g Kakaopulver
- 1 P Backpulver
- 1 Prise Salz
- 1 Ei

Füllung:
- 180 g Butter, weich in Stücken
- 160 g Rohrohrzucker
- 4 Eier
- 500 g Skyr
- 1 P Finesse Vanillearoma
- 1 P Vanillepuddingpulver

Zum Bestreuen:
- 100 g Zartbitter-Chocolate Chunks
- 20 g Pinienkerne

Springform (26 cm) mit Backpapier auslegen. Butter, Zucker, Mehle, Kakao, Backpulver und Ei in den Mixtopf geben und zu einem Teig verarbeiten (30 Sek./Stufe 6). Auf die Arbeitsfläche schütten und mit den Händen durchkneten. Ein Drittel (bei mir 260 g) Teig beiseitelegen. Den Rest in die Springform drücken und einen 3-cm-hohen Rand hochziehen.

Ofen (Heißluft) auf 165 °C vorheizen. Die Zutaten für die Füllung in den Mixtopf geben und verrühren (40 Sek./Stufe 5), auf den Boden gießen. Mit den Chunks bestreuen, mit einem Löffel leicht in die Masse drücken. Den restlichen Teig zerzupfen und auf der Füllung verteilen. Pinienkerne in die Zwischenräume streuen. In den Ofen schieben und 60 Min. bei 165 °C backen. 5 Min. im ausgestellten Ofen.

Hinweis: Der Zuckergehalt ist jetzt schon deutlich niedriger als im Original.

13859. Möhren-Tomaten-Hackfleischnudeln, April 2024

2 Hauptspeisen

- 1 EL Bratöl
- 200 g Rinderhackfleisch
- 115 g Zwiebel, gewürfelt
- 2 TL Paprika edelsüß
- 1 TL Zucker
- 110 g gestiftelte Möhren
- 235 g Tomaten, gewürfelt
- 1 TL Gemüsebrühpulver
- 150 g Vollkornspaghetti
- 1 TL Salz
- 355 g Wasser

Öl erhitzen, nacheinander anbraten und zugeben: Fleisch, Zwiebel, Paprika und Zucker, Möhren, Tomaten und Pulver. Nach einigen Min. Nudeln, Salz und Wasser zugeben. Zum Kochen bringen und 20 Min. kochen lassen.

13860. Milchreis aus weißem Reis II, April 2024

Vorläufer 13830

- 200 g Milchreis
- 1 Prise Salz
- 25 g Agavendicksaft
- 10 g Butter
- 1 Liter Milch

TM Einstellung 35 Min./95 °C/Linkslauf Stufe 1.

13861. Nusskuchen TM 2, April 2024

Vorläufer 13665; 1 Kastenform 30 cm

- Butter für die Form
- Grieß für die Form
- 200 g Butter
- 1 Prise Salz
- 3 Eier
- 200 g gem. Haselnüsse
- 150 g Rohrohrzucker
- 200 g Dinkelvollkornmehl
- 1/2 P Backpulver
- 100 g Hafermilch
- 30 g Rum
- 1 knapper EL Essig

Form mit Butter einfetten und mit Grieß ausstreuen.

Butter, Zucker, Salz und Eier im TM verrühren (1 Min./30 Sek./37 °C/Stufe 5). Nüsse, Mehl, Backpulver, Milch; Essig und Rum zugeben. Erneut verrühren (30 Sek./Stufe 5). In die Kastenform geben, Ofen (Heißluft) auf 165 °C vorheizen. 45 Min. bei dieser Temperatur backen und 5 Min. im ausgeschalteten Ofen nachbacken.

Tipp: Nach Belieben mit Kuvertüre bestreichen.

13862. Grüner Spargel mit Rinderhack, Mai 2024

2 Hauptspeisen; ca. 40 Min. inklusive allem

- 200 g Rinderhack
- 250 g rote Paprika, in Stücken
- 285 g grüner Spargel, in Stücken ohne Enden
- 1 TL Gemüsebrühextrakt
- 155 g Hafermilch
- 1 gestr. TL Salz
- 1 TL Sambal Oelek
- 1 TL Sojasoße

Hack und Gemüse in eine Pfanne schichten und auf höchster Einstellung 2,5 Min. anbraten. Gemüsebrühe und Milch zufügen, auf kleiner Einstellung 20 Min. kochen lassen. Mit Salz, Sambal Oelek und Sojasoße abschmecken.

Tipp: Bei mir gab es dazu 2 Portionen Vollkornnaturreis (150 g).

13863. Pute mit Kartoffelmöhren, Mai 2024

2 Hauptspeisen.

- 250 g Putengulasch
- Salz
- Paprika edelsüß
- 95 g Zwiebel, in Stücken
- 215 g Kartoffeln, in Würfeln
- 335 g Möhren, in dickeren Scheiben
- 2 EL Bratöl
- 1 TL Gemüsebrühpulver
- 150 g Hafermilch
- 1 TL Sambal Oelek

Putengulasch (vor allem, wenn das Fleisch tiefgekühlt war) von allen Seiten gut abtropfen. Mit Salz und Paprika bestäuben, ein wenig einreiben. Gemüse vorbereiten. Öl in eine 24-cm-Alugusspfanne geben, Gulasch gefolgt von dem Gemüse hineinlegen. Deckel auflegen und auf höchster bis sehr hoher Einstellung 5 Min. anbraten. Brühpulver und Hafermilch zugeben, 20 Min. auf kleiner Einstellung kochen. Mit Sambal abschmecken.

13864. Russischer Zupfkuchen IV, Mai 2024

Vorläufer 13857; 26-cm-Springform

Teig:
- 200 g Butter, in Stücken
- 110 g Rohrohrzucker
- 200 g Weizenvollkornmehl
- 150 g Dinkelvollkornmehl
- 30 g Kakaopulver
- 1 P Backpulver
- 1 kleinePrise Salz
- 1 Ei

Füllung:
- 180 g Butter, weich in Stücken
- 150 g Rohrohrzucker
- 4 Eier
- 500 g Skyr
- 1 P Finesse Vanillearoma
- 1 P Vanillepuddingpulver

Zum Bestreuen:
- 100 g Vanille-Chocolate Chunks
- 25 g Macadamianüsse

Springform (26 cm) mit Backpapier auslegen. Butter, Zucker, Mehle, Kakao, Backpulver und Ei in den Mixtopf geben und zu einem Teig verarbeiten (30 Sek./Stufe 6). Auf die Arbeitsfläche schütten und mit den Händen durchkneten. Ein Drittel Teig beiseitelegen. Den Rest in die Springform drücken und einen 3-cm-hohen Rand hochziehen.

Ofen (Heißluft) auf 165 °C vorheizen. Die Zutaten für die Füllung in den Mixtopf geben und verrühren (40 Sek./Stufe 5), auf den Boden gießen. Mit den Chunks bestreuen, mit einem Löffel leicht in die Masse drücken. Den restlichen Teig zerzupfen und auf der Füllung verteilen. Pinienkerne in die Zwischenräume streuen. In den Ofen schieben und 60 Min. bei 165 °C backen. 5 Min. im ausgestellten Ofen.

Hinweis: *Da ich die Eier für die Füllung erst vergessen hatte, sah es bei mir aus: 25 Sek./Stufe 5, Zugabe Eier, 40 Sek./Stufe 5.*

13865. Bolognesesauce, Mai 2024

Zubereitung ca. 35 Min. (Arbeit 15 Min.);
4 Portionen
- 3 EL Bratöl
- 450 g Rinderhackfleisch
- 1 Gemüsezwiebel, fein gehackt (340 g)
- 4 Knoblauchzehen, gehackt (18 g)
- 800 g Tomate in Stücken (zwei Dosen)
- 30 g Wasser
- 3 TL Pizzagewürz
- 1 geh. TL Salz
- 2 TL Zucker
- 1/4 TL gem. Pfeffer
- 2 TL Paprika edelsüß

Öl in eine Pfanne geben (24 cm). Hackfleisch darüber bröseln, Zwiebeln und Knoblauch darauf verteilen. Deckel auflegen und bei höchster Einstellung 7 Min. braten (nach ca. 3 Min. etwas herunterstellen). Einmal durchrühren und Hackfleisch möglichst klein zerdrücken. Tomaten aus der Dose zugeben, Reste mit 30 g Wasser nachspülen. Gewürze hinzufügen und zum Kochen bringen. Die Hitze reduzieren und die Sauce etwa 20 Min. köcheln lassen. Mit Salz abschmecken.

13866. Kartoffeln Bolognese, Mai 2024

Arbeitszeit ca. 20 Min.; Zubereitung 40 Min.; 1 Hauptspeise.

- 20 g Zwiebeln, gehackt
- 1 Knoblauchzehe, gehackt
- 275 g Kartoffeln in Scheiben
- 100 g Möhren in Scheiben
- 1 TL Salz
- 1 TL Paprika edelsüß
- 75 g Rotwein
- 1 Portion Bolognesesauce 13864

Zwiebeln, Knoblauch, Kartoffeln und Möhren in eine 20-cm-Pfanne geben. Gewürze darüber streuen. Auf hoher Einstellung 6 Min. anbraten. Rotwein zugeben und 20 Min. auf kleiner Einstellung köcheln. Maximal 1 Portion Bolognese unterrühren.

13867. Lasagne II, Mai 2024

Vorläufer 13787; 9 Lasagneblätter
Rote Soße: s. 13864
Weiße Soße:

- 80 g Butter
- 80 g Mehl
- 700 g Milch
- 300 g Wasser
- 200 g geriebener Käse (z. B. Gouda oder Emmentaler)
- Evtl. Salz

Zum Abschluss

- 250 g Mozzarella in Scheiben

Backofen auf 185 °C (Heißluft) vorheizen. Drei Lasagneformen leicht einfetten. Die Zutaten für die weiße Soße in den Mixtopf des TM geben und 12 Min./105 °C/Stufe 3 kochen.

Etwas Hackfleischsauce in die Formen geben, eine Schicht Lasagneblätter darauf legen. Hackfleischsoße und weiße Soße darüber geben, eine weitere Schicht Lasagneblätter auflegen. Das wiederholen. Die restliche Hackfleischsauce darüber verteilen. Die letzte Schicht Lasagneblätter darauf legen. Die Bechamelsauce gleichmäßig darüber gießen.

Die Lasagne im vorgeheizten Backofen etwa 25 Min. (30 Min. wäre besser) backen, bis sie goldbraun und blubbernd ist. Vor dem Servieren etwas abkühlen lassen.

13868. Resteauflauf, Mai 2024

20 Min. + 25 Min. Backzeit; 1 Hauptspeise

- Etwas Öl für die Form
- 65 g älteres Brot
- 1 kleine Dose Mais (150 g Füllgewicht)
- 70 g geraspelte Möhre
- 1 EL Bärlaucholivenöl
- 300 g Rest weiße Soße von Lasagne II (13866)
- 60 g ger. Mozzarella

Eine flache Auflaufform (ca. 700-800 ml) mit etwas Öl einpinseln. Das Brot in ca. 1 cm-dicke Scheiben schneiden, bei mir reichte das gerade, um die Form damit auszulegen. Die Hälfte der restlichen weißen Soße darüber geben. Möhren im Saft der Dose Mais 15 Min. bei kleiner Einstellung garen und auf dem Mais verteilen. Mit dem Rest Soße bestreichen und mit dem geriebenen Käse bestreuen. In den kalten Ofen geben und 25 Min. bei 185 °C (Heißluft) garen.

13869. Skyrkäsekuchen ohne Boden II, Mai 2024

Vorläufer 13850; 26-cm-Springform

- 250 g weiche Butter
- 200 g Rohrohrzucker
- 1 P „Finesse" Vanillearoma
- 4 Eier
- 2 P Vanillepuddingpulver
- 50 g Weizenvollkornmehl
- 2 TL Backpulver
- 1000 g Skyr
- 100 g Orangeat
- 1000 g Sultaninen

Butter, Zucker, Aroma und Eier im TM schaumig schlagen (1 Min./Stufe 4). Puddingpulver, Mehl und Backpulver mischen. Mit dem Skyr in den Mixtopf geben und rühren (30 Sek./Stufe 6 + 40 Sek./Stufe 6). Rosinen und Orangeat zugeben und mischen (10 Sek./Stufe 4/Linkslauf). Backen: 60 Min. im auf 165 °C vorgeheizten Heißluftofen. Im Ofen steht eine mit Wasser gefüllte ofenfeste Form (Tipp vom Neffen). Im offenen ausgeschalteten Ofen stehen lassen, dann in der Form auskühlen.

13870. Champignons mit Rindergulasch (Glas), Mai 2024

Zubereitung ca. 35 Min.; 1 Hauptspeise.

- 10 g Bratöl
- 35 g Zwiebel, gehackt
- 8 g Knoblauch (frisch), gehackt
- 1 Tomate (80 g) in Scheiben
- 225 g Champignons in Scheiben
- 1 Prise Salz
- 50 g Rotwein
- 1 x Bio-Rindergulasch (Glas; Füllgewicht 380 g)
- TL Sambal Oelek
- 1 TL Sojasoße

Öl in eine 20-cm-Alugusspfanne geben. In Schichten darauf Zwiebeln, Knoblauch, Tomate und Champignons. Salzen und auf höchster Einstellung anbraten, bis es duftet. Rotwein zufügen und 15 Min. als Gemüsepfanne zubereiten. Mit Sambal, Sojasoße und Salz abschmecken.

13871. Grüner Spargel mit Thunfisch, Mai 2024

2-3 Personen

- 370 g grüner Spargel (netto), in Stücken
- 135 g Thunfisch (aus der Dose, abgetropft)
- 35 g Feta-Käse
- 2 Knoblauchzehen, gehackt (15 g)
- 80 g Zwiebel, gehackt
- 2 EL Bärlaucholivenöl
- 50 g Rotwein
- 2 EL Wasser
- 1 TL Sojasoße
- Salz und Pfeffer nach Geschmack
- 200 g Vollkornreis getrennt im TM kochen.

Grünen Spargel waschen, die Enden abschneiden und in etwa 3-4 cm lange Stücke schneiden. Reis getrennt im TM zubereiten. Olivenöl in einer Pfanne bei mittlerer Hitze erhitzen. Gehackten Knoblauch und Zwiebel hinzufügen und kurz anbraten, bis es duftet. Grünen Spargel in die Pfanne geben und etwa 10 Min. braten. Rotwein zugeben und 10 Min. als Gemüsepfanne dünsten. Thunfisch abtropfen lassen und in die Pfanne geben. Vorsichtig mit dem Spargel und Knoblauch vermischen und einige Min. erhitzen, bis der Thunfisch warm ist. Den Feta-Käse über die Pasta bröseln und mit 2 EL Wasser und Sojasoße vorsichtig unterrühren, bis er leicht geschmolzen ist. Reis unterrühren.

13872. Haferbrei Magenschoner, Mai 2024

1 Portion am Hafertag

- 75 g kernige Haferflocken
- 450 g Wasser
- 1 Prise Salz
- 1 geh. TL Honig
- 1 Banane in Scheiben (175 g brutto)

Hafer mit Wasser und Salz zusammen aufkochen, dann auf kleiner Flamme 10-15 Min, kochen. Honig unter Rühren darin auflösen und Bananenscheiben unterrühren. Auf einen Teller geben.

13873. Reste Grüner Spargel mit Thunfisch, Mai 2024

- 135 g Tomate, gehackt
- 100 g Möhren, gestiftelt
- 70 g Wasser
- Keine ganze Portion von „ Grüner Spargel...." 13870
- 1/2 TL Sambal Oelek
- 1 TL Sojasoße

Tomate, Möhren und Wasser als Gemüsepfanne 15 Min. garen. Grüne Spargelreste hinzugeben, erhitzen, Sambal und Sojasoße unterrühren.

13874. Reste Grüner Spargel mit Thunfisch II, Mai 2024

1 Hauptspeise; Arbeitszeit 10 Min. + 25 Min. Ofen

Keine ganze Portion von „ Grüner Spargel...." (Nr. 13870)

- 3 EL Wasser
- 1 kleine Tomate (65 g)
- 65 g Skyr
- 1 Prise Salz
- 1/2 TL Sambal Oelek
- 15 g Wasser
- 20 g Sonnenblumenkerne
- 1 Scheibe Käse (25 g)

Das Resteessen in eine Auflaufform geben, mit Wasser beträufeln. Tomate in Scheiben schneiden und auflegen. Skyr, Salz, Sambal, 15 g Wasser und Kerne verrühren, auf die Tomatenscheiben streichen. Käse in Streifen schneiden und auf die Oberfläche legen. In den kalten Ofen (Heißluft) schieben und 25 Min. bei 175 °C backen.

13875. Champignons Bolognese, Mai 2024

- 10 g Bärlaucholivenöl
- 65 g Zwiebel, gehackt
- 135 g Kartoffeln, in Scheiben
- 200 g Champignons, in Scheiben
- 30 g Rotwein
- Salz
- 1/2 Portion Bolognesesauce II 13874
- 1 TL Sojasoße

Öl erhitzen, Zwiebel darin kurz anbraten. Kartoffeln hinzufügen und 4 Min. erhitzen, dann noch 1 Min. mit den Champignons. Rotwein zugeben und 20 Min. als Gemüsepfanne garen. Mit Bolognese verrühren und mit Salz bzw. Sojasoße abschmecken.

13876. Donauwelle, Mai 2024

26-cm-Springform

Teig:

- 1 Glas Sauerkirschen (350 g Abtropfgewicht)
- 200 g weiche Butter
- 185 g Rohrohrzucker
- 1 P Finesse (Vanillearoma)
- 4 Eier
- 300 g Dinkelmehl 1050
- 1 Prise Salz
- 1 TL Backpulver
- 4 EL Hafermilch
- 1 EL Essig
- 3 EL Kakao
- 1 geh. TL Rohrohrzucker (für den dunklen Teig)
- 2 EL Hafermilch (für den dunklen Teig)
- Creme s. Buttercreme mit Skyr (13878)

Schokoladenschicht:

- 1 Tafel zartbitter (70 % Kakao)
- 75 g Agavendicksaft
- 15 g Butter

Kirschen abtropfen lassen. Butter, Zucker, Vanillearoma, Eier, Mehl, Salz, Backpulver, 4 EL Hafermilch und den Essig in eine Rührschüssel geben und 2 Min. mit dem Handrührgerät auf hoher Stufe vermischen. Eine Springform mit Backpapier überspannen und die Hälfte des Teigs (bei mir 475 g) auf dem Boden verstreichen. Kirschen darauf verteilen. Restteig mit Kakao, Zucker und Milch gründlich verrühren und auf den Kirschen verteilen. In den auf 165 °C vorgeheizten (Heißluft-)Ofen schieben und 45 Min. backen.

Buttercreme auf dem Teig verstreichen. Im Kühlschrank fest werden lassen. Schokoladenschichtzutaten im Wasserbad verflüssigen und leicht abkühlen lassen. Auftragen und mit der Gabel Linien ziehen.

Hinweis: *In Rezepten, bei denen man die Hälfte oder ein Drittel usw. des Teigs nehmen soll, empfiehlt es sich, die leere Schüssel vorher zu wiegen. Das Augenmaß täuscht da!*

13877. Bolognesesauce II, Mai 2024

Vorläufer 13865; Zubereitung ca. 35 Min. (Arbeit 15 Min.); 4 Portionen

- 4 EL Bratöl
- 590 g Rinderhackfleisch
- 1 Gemüsezwiebel, fein gehackt (350 g)
- 4 Knoblauchzehen, gehackt (18 g)
- 800 g Tomate in Stücken (zwei Dosen)
- 30 g Wasser
- 3 TL Pizzagewürz
- 2. TL Salz
- 2 TL Zucker
- 1/4 TL gem. Pfeffer
- 2 TL Paprika edelsüß

Öl in eine Pfanne geben (24 cm) und erhitzen. Hackfleisch darin anbraten und zerbröseln. Zwiebeln und Knoblauch darauf verteilen. Deckel auflegen und bei höchster Einstellung 5 Min. braten (nach ca. 3 Min. etwas herunter stellen). Tomaten aus der Dose zugeben, Reste mit 30 g Wasser nachspülen. Gewürze hinzufügen und zum Kochen bringen. Die Hitze reduzieren und die Sauce etwa 20 Min. köcheln lassen. Mit Salz abschmecken.

13878. Buttercreme mit Skyr, Mai 2024

- 150 g Rohrohrzucker
- 1 P Vanillepuddingpulver
- 350 g Milch (1,5 %)
- 100 g Skyr
- 150 g Butter

Butter am Vorabend aus dem Kühlschrank nehmen. Zucker im TM pulverisieren (10 Sek./Stufe 10). Puddingpulver und Milch zugeben und aufkochen (6 Min./ 105 °C/Stufe 3). Falls die 105 °C vor 6 Min. erreicht sind, abstellen. Skyr esslöffelweise auf Stufe 3-5 einarbeiten. Oberfläche mit Haushaltsfolie abdecken und im TM abkühlen lassen (das dauert; wer es eiliger hat, sollte die Creme umfüllen). Butter in einer breiten Schüssel gut aufschlagen (2 Min., höchste Stufe Handrührgerät) und Pudding esslöffelweise einarbeiten.

13879. Weiße Käsesoße, Mai 2024

1 Liter Flüssigkeit, mehr als 4 Portionen.

- 80 g Butter
- 80 g Mehl (hier: Weizenmehl Type 550)
- 700 g Milch
- 300 g Wasser
- 200 g geriebener Käse (hier: Mozzarella)
- 1 Prise Salz

Die Zutaten für die weiße Soße in den Mixtopf des TM geben und 12 Min./105 °C/Stufe 3 kochen.

13880. Lasagne III, Mai 2024

Vorläufer 13867

- 9 Lasagneblätter
- Rote Soße: s. 13877
- Weiße Soße: s. 13879

Zum Abschluss:

- 125 g Mozzarella in Scheiben
- 100 g geriebner Mozzarella.

Backofen auf 185 °C (Heißluft) vorheizen. Drei Lasagneformen leicht einfetten. Wie folgt schichten:

H (Hackfleischsoße)

N (Nudeln)

H (Hackfleischsoße)

W (weiße Soße)

N (Nudeln)

H (Hackfleischsoße)

W (weiße Soße)

N (Nudeln)

W (weiße Soße)

K (Käse)

Die Lasagne in den kalten Ofen schieben. Temperatur auf 185 °C (Heißluft) stellen und nach Erreichen der Temperatur etwa 35 Min. backen, bis sie goldbraun und blubbernd ist. Vor dem Servieren etwas abkühlen lassen.

13881. Pralinenbomber, Mai 2024

20-30 Stück

- 120 g Djoon-Pralinen (gefüllte Dattel in dunkler Schokolade)
- 230 g Rohmarzipan
- 50 g Agavendicksaft
- Cashewkernstücke

Alle Zutaten im Vitamix miteinander verkneten. Wird nicht 100 % glatt, Vitamix läuft ein wenig heiß (schaltet aber nicht ab). Zu Kugeln formen und auf einem Frühstücksbrett nebeneinanderlegen. Jeweils ein Stück Cashew hineinstecken. Im Kühlschrank härten lassen, in eine Plastikdose geben und im Kühlschrank aufbewahren.

Hinweis: *Wir haben die Pralinen geschenkt bekommen, fanden sie recht ungenießbar. Endprodukt war lecker.*

13882. Schnelle Gemüselasagne, Mai 2024

Arbeitszeit ca. 10 Min. (wenn alles vorliegt).

- 2 Tomaten (150 g)
- 1 Gemüse-Frikadelle (170 g; gekauft)
- 200 g weiße Käsesoße (13879), aufgetaut
- 1 Lasagne-Platte
- 2 EL Wasser
- 60 g Mozzarella

Eine Tomate würfeln, in die Lasagneform geben. Die halbe Gemüsefrikadelle in kleine Stücke schneiden, über der Tomate verteilen. Die Nudelplatte auflegen, das Wasser darauf schütten. Zweite Tomate und andere Gemüse-Frikadellenhälfte wie gehabt darauf verteilen. Die Soße obendrauf streichen, Mozzarella in Scheiben schneiden und obenauf legen. In den kalten Backofen (Umluft) schieben, auf 185 °C stellen und 45 Min. backen.

13883. Tomatenketchup Chat-GPT 4, Mai 2024

Vorläufer 13817

- 2 Dosen Tomaten (800 g), inklusive Saft
- 175 g Essig (Apfelessig oder weißer Essig)
- 100 g Wasser
- 250 g Trockenfrüchte (Datteln)
- 12 g Knoblauchzehen
- 50 g Viernussmus plus 10 g Öl aus dem Glas
- 210 g Gemüsezwiebeln
- 1 Apfel (mittelgroß; hier 108 g)
- 1 Nektarine (65 g)
- 1 Stück rote Paprika (100 g)
- 1 Stück Essigpeperoni 7/4753
- 1 Stück Zwiebel in Essig eingelegt
- 15 g Salz
- 2 TL Paprikapulver
- 1 TL Currypulver
- 1 TL Kakao
- 50 g Tomatenmark
- 100 g Wasser

Zutaten bis auf 100 g Wasser im TM zerkleinern (20 Sek./Stufe 10). Mischung garen (35 Min./105 °C/Stufe 3). 100 g Wasser zugeben und die Mischung fein pürieren (20 Sek./Stufe 10). Ketchup in saubere Schraubgläser füllen und verschließen. Im Kühlschrank aufbewahren. Hält bei mir mindestens 12 Wochen im Kühlschrank aufbewahrt.

13884. Zwiebelrelish ChatGPT 4, Mai 2024

Vorläufer 13818

- 555 g Gemüsezwiebeln
- 1 Apfel (125 g)
- 1 Knoblauchzehe
- 200 g Softfeigen
- 50 g Sultaninen
- 50 g Tomatenketchup
- 1 TL Salz
- 1/2 gestr. TL gem. Nelken
- 1 TL Zimt
- 1 geh. TL Paprika edelsüß
- 1 TL gem. Kreuzkümmel
- 1 TL Currypulver
- 1/2 TL schw Pfeffer
- 1 TL Tomatenmark
- 100 g Apfelessig
- 150 g Wasser

Zwiebeln, Apfel und Knoblauch grob zerkleinert in den TM geben. Alle übrigen Zutaten zufügen und zerkleinern (10 Sek./ Stufe 6). Kochen lassen (45 Min./105 °C/Stufe 1 Linkslauf). Dabei den Messbecher abnehmen und stattdessen das Garkörbchen als Spritzschutz verwenden. Nach dem Kochen in Gläser füllen und sofort verschließen. Im Kühlschrank aufbewahren; Haltbarkeit mindestens 3 Monate (Aufbewahrung im Kühlschrank).

13885. Apfelmandelkuchen, Mai 2024

26-cm-Springform; angelehnt an ein ChatGPT-Rezept.

- 200 g weiche Butter
- 175 g Rohrohrzucker
- 1 P Finesse (Vanillearoma)
- 4 Eier
- 200 g Weizenvollkornmehl
- 100 g gem. Mandeln
- 2 TL Backpulver
- 1 Prise Salz
- 125 g Hafermilch
- 1 EL Apfelessig

Belag:
- 1 großer Apfel (250 g brutto)
- 50 g gestiftelte Mandeln
- 1 EL (15 g) Rohrohrzucker

Eine 26-cm-Springform am Boden mit Backpapier überspannen. Butter, Zucker und Aroma in eine Rührschüssel geben und mit einem Handmixer schaumig schlagen, bis die Masse hell und cremig ist. Nach und nach die Eier einzeln unterrühren, jedes Ei etwa 30 Sek. einarbeiten. Mehl, gemahlene Mandeln, Backpulver und Salz separatvermischen. Die Mehlmischung abwechselnd mit der Milch zur Butter-Zucker-Mischung geben und kurz unterrühren, bis ein glatter Teig entsteht. Zum Schluss den Essig unterrühren. Den Teig gleichmäßig in die vorbereitete Springform geben und glattstreichen. Äpfel vierteln, Kerngehäuse entfernen und in dünne Spalten schneiden, fächerförmig auf dem Teig anordnen. Gestiftelte Mandeln gleichmäßig über den Belag und dann den 1 EL Zucker darüber streuen. Den Kuchen im auf 165 °C vorgeheizten Ofen (Heißluft) etwa 45-50 Min. backen, bis er goldbraun ist und durchgebacken (Stäbchenprobe).

13886. Zwiebel-Möhren-Pfanne mit Burger, Mai 2024

- 110 g Zwiebel, gewürfelt
- 110 g Möhren, in Scheiben
- 160 g Kartoffeln, in Scheiben
- 190 g Tomate, gewürfelt
- 1 TL Gemüsebrühe
- 100 g Hafermilch
- 50 g Rotwein
- 40 g Feta
- 1 Rote-Linsenburger (70-80 g, gekauft), gewürfelt.

Zutaten bis einschließlich Rotwein als Gemüsepfanne 20 Min. Feta unterrühren und auflösen. Evtl. mit Nussmus oder Soßenbinder andicken. Burger vorsichtig unterheben und mit erhitzen.

13887. Pute mit Kohlrabi und Linsen, Mai 2024

2 Portionen

- 20 g Bratöl
- 250 g Putengulasch, klein geschnitten
- 360 g Kohlrabi, gewürfelt
- 150 g rote Linsen
- 205 g Milch (1,5 %)
- 145 g Wasser
- Salz
- Pfeffer
- 1 TL Sojasoße
- 1 TL Zitronensaft

Zutaten ohne Flüssigkeiten in eine 24-cm-Pfanne schichten und auf hoher Einstellung 4-5 Min. anbraten.
Flüssigkeiten zugeben und 25 Min. köcheln. Abschmecken mit Salz, Pfeffer, Sojasoße und Zitronensaft.

13888. Skyrkäsekuchen Schoko-Ausgabe, Juni 2024

Vorläufer 13850; 26-cm-Springform; geht sehr schnell mit dem TM.

- 1 Tafel Schokolade 70 % (100 g)
- 250 g weiche Butter
- 250 g Rohrohrzucker
- 1 P „Finesse" Vanillearoma
- 4 Eier
- 2 P Vanillepuddingpulver
- 50 g Weizenvollkornmehl
- 2 TL Backpulver
- 1 EL Kakao (15 g)
- 1000 g Skyr
- 100 g Chocolate Chunks Vollmilch

Schokolade im TM zerkleinern (mit Einsatz verkleinern; 10 Sek./Stufe 9) Butter, Zucker, Aroma und Eier zugeben und schaumig schlagen (1 Min./Stufe 4). Puddingpulver, Kakao, Mehl und Backpulver mischen. Mit dem Skyr in den Mixtopf geben und rühren (30 Sek./Stufe 6). Chunks zufügen und unterrühren (10 Sek./Linkslauf/Stufe 4; mit dem Spatel nachhelfen. In eine am Boden mit Backpapier überspannte Springform geben. Backen: 70 Min. im auf 165 °C vorgeheizten Heißluftofen. Im offenen Ofen stehen lassen, dann in der Form auskühlen.

13889. Naturreis „Chili" (Thermomix), Juni 2024

Vorläufer 13826; 2 Portionen

- 1250 g Wasser
- 1 TL Gemüsebrühextrakt
- 10 g Sonnenblumenöl
- 1 kleine getr. Chilischote
- 150 g Naturreis

Wasser, Gemüsebrühextrakt, Schote und Öl in den Mixtopf geben, den Reis in den Gareinsatz, Deckel und Messbecher einsetzen. Einstellung 35 Min./105 °C/Stufe 3. Unkompliziert.

13890. Auberginenhack mit Gorgonzolasoße, Juni 2024

2 Hauptspeisen (mit Reis)

- 20 g Bärlaucholivenöl
- 250 g Rinderhack
- 115 g gehackte Zwiebel
- 2 Knoblauchzehen, in dünnen Scheiben
- 2 kleine Auberginen (365 g), in Stücken
- 175 g Tomaten, gewürfelt
- 80 g Wasser
- 65 g milder Gorgonzola
- Salz
- Pfeffer

Olivenöl erhitzen, Hackfleisch, Zwiebeln und Knoblauch zugeben. 4 Min. auf stärkster Hitze anbraten. Gemüse und Wasser zugeben und als Gemüsepfanne 15 Min. garen. Käse in dem Gemüse auflösen und mit Salz und Pfeffer abschmecken. Bei mir gab es Reis dazu.

13891. Milchreis aus weißem Reis III, Juni 2024

Vorläufer 13860

- 180 g Milchreis
- 1 Prise Salz
- 10 g Agavendicksaft
- 1 P Finesse Vanillearoma
- 1 Liter Milch

TM Einstellung 35 Min./95 °C/Linkslauf Stufe 1.

13892. Milchreisschichtdessert, Juni 2024

2 Desserts

- 150 g Aprikosen
- 40 + 20 g Agavendicksaft
- 40 g Cashewkerne
- 1 geh. TL Kakao (8 g)
- 20 Hafermilch
- 150 g gekochter Milchreis (hier: aus weißem Reis 13891)
- 1 Erdbeere

Aprikosen mit 40 g Agavendicksaft in einem kleinen Mixer schlagen. Cashewkerne mit dem flachen Messer mahlen, Kakao, 20 g Agavendicksaft und Milch hinzufügen und durchmixen.

Milchreis auf zwei Gläser verteilen, Schokoladencreme und Aprikosenmus darüber schichten. Mit je einer halben Erdbeere dekorieren.

13893. Russischer Zupfkuchen V (ohne TM), Juni 2024

Vorläufer 13861; 26-cm-Springform

Teig:
- 200 g Butter, in Stücken
- 110 g Rohrohrzucker
- 350 g Weizenvollkornmehl
- 30 g Kakaopulver
- 1 P Backpulver
- 1 kl. Prise Salz
- 1 Ei

Füllung:
- 180 g Butter, weich in Stücken
- 150 g Rohrohrzucker
- 4 Eier
- 500 g Skyr
- 1 P Finesse Vanillearoma
- 1 P Vanillepuddingpulver

Zum Bestreuen:
- 100 g Chocolate Chunks

Springform (26 cm) mit Backpapier auslegen. Butter, Zucker, Mehle, Kakao, Backpulver und Ei mit dem Handrührgerät zu einem Teig verarbeiten. Den krümeligen Teig mit den Händen durchkneten. Ein Drittel (bei mir 250 g) Teig beiseitelegen. Den Rest in die Springform drücken und einen 3-cm-hohen Rand hochziehen.

Butter mit Zucker schaumig rühren. Eier einzelne jeweils 30 Sekunden einarbeiten. Vanillearoma und Puddingpulver zufügen und mischen. Den Skyr 1 Min. einrühren. Ofen (Heißluft) auf 165 °C vorheizen. Die Füllung auf den Boden gießen. Mit den Chunks bestreuen, mit einem Löffel leicht in die Masse drücken. Den restlichen Teig zerzupfen und auf der Füllung verteilen. In den Ofen schieben und 60 Min. bei 165 °C backen. 5 Min. im ausgestellten Ofen stehen lassen.

13894. Weiße Vollkorn-Käsesoße halbe Menge, Juni 2024

0,5 Liter Flüssigkeit, mehr als 2 Portionen. Aufpassen, dass genug Salz, da die Soße durch die Hafermilch süßlich wird.

- 40 g Butter
- 40 g Mehl (hier: Weizenvollkornmehl)
- 350 g Milch
- 150 g Wasser
- 100 g geriebener Käse (hier: Mozzarella)
- 1 gestr. TL Salz

Die Zutaten für die weiße Soße in den Mixtopf des TM geben und 10,30 Min./105 °C/Stufe 3 kochen.

13895. Tortellini-Thunfisch-Auflauf, Juni 2024

2 Portionen

- 1 Dose Thunfisch (135 g Nettoinhalt)
- 100 g Gurkenscheiben (Glas, demeter)
- 1 Tomate (160 g), in Scheiben
- Weiße Käsesoße 13894 (10 kleine Kellen)
- 140 g Erbsen (aus der Dose)
- 250 g Tortellini fertig (Mozzarella-Tomate)
- 50 g ger. Käse

Thunfisch, Gurke, Tomate in zwei Lasagneformen schichten, 2 Kellen Soße dazugeben. Darauf Erbsen und Tortellini, dann 3 Kellen Soße und abschließen mit dem geriebenen Käse. In den kalten Ofen schieben und 35 Min. bei 185 °C backen (Alufolie darüber legen, die Nudeln sind zu weit oben).

13896. Nektarinenreis im Schokorand, Juni 2024

2 Portionen

- 225 g gekochter Milchreis (hier: weißer Reis 13891)
- 15 g + 25 g Ahornsirup
- 2 Nektarinen (175 g), klein geschnitten
- 35 g Schokolade 70 %

Reis mit 15 g Sirup verrühren. Nektarinen mit 25 g Sirup im kleinen Mixer pürieren, unter den Reis rühren. Auf zwei Schüsselchen verteilen. Schokolade reiben und am Rand entlang legen.

13897. Milchreis-Snack, Juni 2024

2 Desserts

- 2 geh. EL Milchreis 13891
- 1 geh. TL Honig
- 1 TL Erdbeerfruchtaufstrich
- 2 Kekse (kleine Karamellhonigkekse)
- Einige Walnussstücke

Milchreis auf 2 Schüsselchen verteilen. Honig zu dem einen, Erdbeeraufstrich zu dem anderen geben. Jeweils 1 Keks in die Mitte stecken und ein bisschen Walnussbruch darüber streuen.

13898. Tortellini-Gemüseauflauf, Juni 2024

2 Portionen

- 2 Gemüsefrikadellen je 175 g (Calendula)
- 1 Zwiebel, 75 g, gehackt
- 220 g Möhre, in Scheiben
- 50 g Wasser
- 1-2 Prisen Salz
- 220 g Weiße Vollkorn-Käsesoße halbe Menge 13894
- 250 g Tortellini ricotta
- 60 g Sonnenblumenkerne

Zwei Lasagneformen bereitstellen, evtl. einölen. Gemüsefrikadellen würfeln und auf den Boden geben. Je 1 EL Soße darauf verstreichen. Mit Tortellini belegen. Möhre, Zwiebel, Salz und Wasser als Gemüsepfanne 15 Min. garen. Über die Tortellini geben. Rest Soße darauf verteilen und mit Sonnenblumenkernen bestreuen.
In den kalten Ofen schieben, auf 185 °C (Umluft) und 35 Min. stellen.

13899. Bioburger, Juni 2024

- 1 Brötchen (nicht zu klein)
- Butter nach Geschmack
- 1 Scheibe gekochter Schinken
- 3 TL Ketchup (selbstgemacht)
- Einige Scheiben eingelegte Gurken (demeter)
- 3 dünne Streifen Möhrengouda
- 1 Tomate, in Scheiben

Brötchen aufschneiden, beide Seiten mit Butter bestreichen. Schinken ggf. zusammenklappen und auf die untere Brötchenhälfte legen. Die Hälfte des Ketchups darauf verteilen. Es folgen Tomate, Käse, Ketchup, Gurke. Die obere Hälfte auflegen und längs durchschneiden. Es ist einfach, macht satt, schafft Spaß und ist lecker. Besonders hübsch sieht es aus, wenn man die Zutaten vorher getrennt auf den Tisch stellt.

13900. Milchreis aus weißem Reis IV, Juni 2024

Vorläufer 13891

- 170 g Milchreis
- 1 Prise Salz
- 20 g Ahornsirup
- 1 P Finesse Vanillearoma
- 1 Liter Milch 1,5 %

TM Einstellung 35 Min./95 °C/Linkslauf Stufe 1.

13901. Hafer als Beilage, TM, Juni 2024

2 Beilagen

- 1250 g Wasser
- 2 TL Gemüsebrühpulver
- 150 g Hafer

Wasser und Pulver in den Mixtopf geben. Hafer im Gareinsatz waschen, in den TM einhängen und kochen (45 Min./105 °C/Stufe 1).

13902. Möhrengemüse mit Wurst, Juni 2024

2 Portionen

- 20 g Bärlaucholivenöl
- 65 g Zwiebel, gehackt
- 2 Knoblauchzehen, in Scheiben
- 400 g Möhren, in scheiben
- 2 Tomaten (200 g), gewürfelt
- 100 g rote Paprika, gewürfelt
- 1 TL Gemüsebrühpulver
- 1 TL Salz
- 100 g Rotwein
- 50 g Hafermilch
- 1/2 TL Sambal Oelek
- 225 g „Bio-Wiener" in Scheiben
- 2 Portionen Hafer als Beilage 13901

Öl in eine 24-cm-Pfanne geben. Zwiebel, Knoblauch, Möhren, Tomaten und Paprika darauf schichten. Auf höchster Einstellung 5 Min. anbraten (sobald es dampft, Herd etwas herunterdrehen). Mit Gemüsebrühpulver und Salz bestreuen. Flüssigkeiten zugeben, unterrühren und als Gemüsepfanne 20 Min. garen. Mit Sambal abschmecken. Evtl. mit etwas Soßendicker andicken. Wurst und Hafer unterziehen und zusammen erhitzen.

13903. Aprikosen-Milchreis, Juni 2024

- 170 g gekochter Milchreis 13900
- 10 g Ahornsirup
- 1 gute Prise Zimt
- 2 Aprikosen (90 g), gewürfelt
- 1 TL Dattelo (Nusscreme ohne Zucker)

Milchreis, Sirup und Zimt verrühren, Aprikosenstücke einarbeiten. In eine kleine Glasschüssel füllen und in die Mitte 1 TL Nusscreme Dattelo geben.

13904. Milchreis für Erwachsene, Juni 2024

- 150 g gekochter Milchreis
- 1 EL Eierlikör
- 1 TL Schokocreme (z. B. Makri-Datello, ohne Zucker)

Milchreis in kleiner Schüssel mit Eierlikör begießen. Schokocreme zu kleiner Kugel rollen und obenauf setzen.

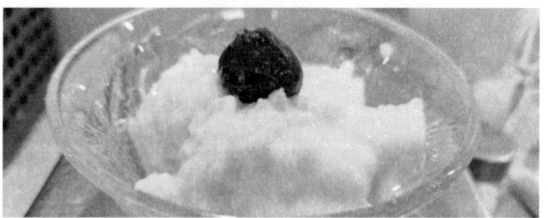

13905. Russischer Zupfkuchen VI (Ananas), Juni 2024

Vorläufer 13864; 26-cm-Springform

Teig:
- 50 g Schokolade (70 %)
- 200 g Butter, in Stücken
- 150 g Rohrohrzucker
- 165 g Weizenvollkornmehl
- 75 g Dinkelmehl 1050
- 110 g Weizenmehl 550
- 30 g Kakaopulver
- 1 P Backpulver
- 1 kleine Prise Salz
- 1 Ei

Belag:
- 350 g abgetropfte Ananas aus dem Glas
- 20-25 g Mandelstifte

Füllung:
- 180 g Butter, weich in Stücken
- 150 g Rohrohrzucker
- 4 Eier
- 500 g Skyr
- 1 P Finesse Vanillearoma
- 1 P Vanillepuddingpulver

Zum Bestreuen:
- 100 g Vanille-Chocolate Chunks
- 25 g Macadamianüsse

Schokolade im TM mahlen (mit Halbeinsatz; 10 Sek./Stufe 6; 10 Sek./Stufe 8). Springform (26 cm) mit Backpapier auslegen. Butter, Zucker, Mehle, Kakao, Backpulver und Ei zur Schokolade geben und zu einem Teig verarbeiten (30 Sek./Stufe 6). Auf die Arbeitsfläche schütten und mit den Händen durchkneten. 250 g Teig beiseitelegen. Den Rest in die Springform drücken und einen 3-cm-hohen Rand hochziehen.

Ananasstücke dicht an dicht auf den Boden legen, Mandelstifte darüber streuen.

Ofen (Heißluft) auf 165 °C vorheizen. Die Zutaten für die Füllung in den Mixtopf geben und verrühren (40 Sek./Stufe 5), auf den Boden gießen. Den restlichen Teig zerzupfen und auf der Füllung verteilen. In den Ofen schieben und 60 Min. bei 165 °C backen. 5 Min. im ausgestellten Ofen stehen lassen.

13906. Milchreis aus weißem Reis V, Juni 2024

Vorläufer 13900
- 170 g Milchreis
- 1 Prise Salz
- 20 g Ahornsirup
- 10 g Butter
- 1 P Finesse Vanillearoma
- 1 Liter Milch 1,5 %

TM 35 Min./95 °C/Linkslauf Stufe 1.

13907. Milchkaffee für Eierlikörfans, Juni 2024

1 großer Becher (450-500 ml)
- 230 g Wasser
- 230 g Hafermilch
- 1 TL Instant-Kaffeepulver
- 1 EL Eierlikör

Milch im Becher mit dem Kaffeepulver in der Mikrowelle erhitzen (2 Min./600 Watt). Mit kochendem Wasser auffüllen und den Eierlikör zugießen.

Hinweis: *Der Eierlikörgeschmack ist sehr dezent.*

13908. Harissa, Juni 2024

- 80 g Chilischoten (ohne Stiele)
- 12 g Knoblauch, netto
- 1/2 TL gem. Kümmel
- 1 TL gem. Kreuzkümmel
- 1 TL gem. Koriander
- 2 EL Sonnenblumenöl
- 1 TL Salz

Zutaten in einem kleinen Mixer glattschlagen. Ein kleines Glasgefäß mit kochendem Wasser ausspülen und Harissa einfüllen. Im Kühlschrank aufbewahren.

13909. Harissaöl, Juni 2024

- Reste im Becher/Messer von der Harissaherstellung (13908), ca 1 geh. TL
- 1 TL Paprikapulver edelsüß
- 100-110 g Sonnenblumenöl

Im Becher mixen, bis das Öl einigermaßen homogen ist. Messer sofort unter heißem Wasser abspülen. Öl im Kühlschrank in einem heiß ausgespülten kleinen Glas aufbewahren.

13910. Gurkentomate Rinderhack Tortellini, Juni 2024

2 Hauptspeisen

- 20 g Bärlaucholivenöl
- 200 g Rinderhack
- 1 Zwiebel (100 g, gehackt)
- 1 TL Paprika edelsüß
- 5 g TL Harissa 13908
- 1 TL Rohrohrzucker
- 2 Tomaten (240 g, gewürfelt)
- 190 g Salatgurke, in Halbscheiben
- 100 g Rotwein
- 250 g Tortellini „Kräuter-Käse"

Bärlaucholivenöl, Hackfleisch und Zwiebel in eine 24-cm-Pfanne geben und 5 Min. kräftig anbraten, gelegentlich umrühren. Gewürze zufügen, unterrühren. Tomaten 5 Min. mitbraten. Gurkenstücke und Rotwein zufügen, 15 Min. garen. Tortellini zufügen und einige Min. miterhitzen.

13911. Milchkafao, Juni 2024

1 großer Becher (450-500 ml)

- 230 g Wasser
- 230 g Hafermilch
- 1 TL Instant-Kaffeepulver
- 1 TL Trinkschokolade (50 % Kakao)

Milch im Becher mit dem Kaffeepulver in der Mikrowelle erhitzen (2 Min./600 Watt). Kakao einrühren und mit kochendem Wasser auffüllen.

13912. Reis in Tomatensoße, Juni 2024

- 75 g Zwiebel, gehackt
- 75 g Möhre, in Scheiben
- 235 g Tomate, gewürfelt
- 2 g (1/4 TL) Harissa (13908)

- 70 g Ketchup
- 1 TL Gemüsebrühpulver
- 55 g weißer Reis
- 70 g Rotwein
- 80 g Hafermilch
- 1 TL Sojasoße
- 1 Prise Salz
- Optional: ein gewürfelter Gemüseburger (Calendula)

Zwiebeln, Möhre, Tomate, Harissa, Ketchup, Gemüsebrühpulver, Reis, Rotwein und Hafermilch in einem Topf aufkochen. Soweit herunterstellen, dass es gerade noch kocht (25 Min.). Mit Salz und Sojasauce abschmecken. Wer mag, wärmt noch einen Gemüseburger darin auf. Ich hätte lieber darauf verzichtet, im Nachhinein.

13913. Milchkaffee für Nervenschwache, Juni 2024

1 großer Becher (450-500 ml)
- 230 g Wasser
- 230 g Hafermilch
- 1 TL Instant-Kaffeepulver
- 1 geh. TL Caro-Kaffee

Milch im Becher mit dem Kaffeepulver in der Mikrowelle erhitzen (2 Min./600 Watt). Mit heißem und/oder kaltem Wasser auffüllen.

13914. Milchkaffeeschokolade, Juni 2024

1 großer Becher (450-500 ml)
- 230 g Wasser (heiß und/oder kalt)
- 230 g Hafermilch
- 1 TL Instant-Kaffeepulver
- 1 Stück Dattelschokolade Makri, Sorte Nougat (10 g)

Milch im Becher mit Kaffeepulver und Schokolade in der Mikrowelle erhitzen (2 Min./600 Watt). Mit heißem und/oder kaltem Wasser auffüllen.

13915. Cremereis (Beilage), Juli 2024

2 Beilagen
- 150 g weißen Reis
- 10 g Butter
- 1 geh. TL Gemüsebrühpulver
- 275 g Hafermilch
- 55 g Wasser

Zusammen aufkochen und auf kleiner Einstellung mindestens 20 Min. köcheln und quellen lassen. Wer gern weichen Reis mag, nimmt mehr Flüssigkeit.

13916. Frühstück 2024, Juli 2024

2 Portionen; nur noch entfernt ein Frischkorngericht nach Bruker.
- 110 g kernige Haferflocken
- 100 g Skyr
- 10 g Zitronensaft
- 600-650 g Obst
- Zutaten für eine Deko

Haferflocken auf zwei Schüsselchen verteilen. Skyr und Zitronensaft in den Vitamix abwiegen. Obst vorschneiden, zugeben und alles mixen, bis eine glatte Masse entsteht. Auf die Haferflocken geben und mit den Dekozutaten ein Gesicht bilden (hier: Kakaonibs Haare, Weintrauben Augen, Macadamianüsse Nase und Mandeln Mund).

13917. Tomaten-Hackfleischsoße II, Juli 2024

2 Portionen

- 55 g Schalotten, gewürfelt
- 200 g Rinderhackfleisch
- 25 g Bärlaucholivenöl
- 415 g Tomaten, gewürfelt
- 1 TL Paprika edelsüß
- 1/2 TL Harissa (13908)
- 1 TL Rohrohrzucker
- 125 g Skyr
- 125 g Hafermilch
- 1 EL Ketchup
- 1 TL Salz
- Soßenbinder nach Belieben

Öl in eine Pfanne (24-cm-Aluguss) geben, darauf Hackfleisch und Schalotten. 5 Min. bei geschlossenem Deckel scharf anbraten. Gewürze unterrühren, Tomaten zufügen und weitere 3 Min. anbraten. Skyr und Hafermilch unterrühren, auf höchster Einstellung zum Kochen bringen und 15 Min. köcheln auf kleiner Einstellung. Mit Ketchup und Salz abschmecken. Nach Belieben mit Soßenbinder eindicken.

Hinweis: *Besser ist es, Skyr nicht mitzukochen, da es etwas ausflockt. - Bei mir gab es dazu Cremereis (13915).*

13918. Käsekuchen Aprikose, Juli 2024

Rührteig:

- 100 g Nucao-Schokolade (oder Vollmilch)
- 150 g weiche Butter
- 125 g Zucker
- 1 P Finesse Vanillearoma
- 4 Eier
- 125 g Weizenvollkornmehl
- 125 g Weizenmehl Typ 1050
- 2 TL Backpulver

Käsemasse:

- 500 g Skyr
- 100 g Zucker
- 1 P Finesse Vanillearoma
- 2 Eier
- 1 P Vanillepuddingpulver

Belag:

- 500 g frische Aprikosen, brutto

Teig: Boden einer 26-cm-Springform mit Backpapier auslegen. Schokolade zerkleinern im TM (Halbeinsatz; 8 Sek./Stufe 6: Vorsicht, wird nicht gut gerieben) und in eine Rührschüssel umfüllen. Butter, Zucker und Aroma zugeben, schaumig schlagen. Eier unterrühren. Mehle und Backpulver mischen und rühren, bis ein glatter Teig entsteht. Den Teig in die vorbereitete Springform füllen und glattstreichen.

Käsemasse: Skyr, Zucker, Aroma, Eier und Puddingpulver in den TM geben und verrühren (10 Sek./Stufe 8). Die Käsemasse gleichmäßig auf den Rührteig geben und glattstreichen.

Belag: Die frischen Aprikosen waschen, entkernen und halbieren. Die Aprikosenhälften gleichmäßig auf der Käsemasse verteilen, mit der Schnittfläche nach unten.

Den Kuchen im auf 165 °C vorgeheizten Backofen auf der mittleren Schiene ca. 65 Min. backen. Sollte die Oberfläche zu schnell bräunen, den Kuchen mit Alufolie abdecken. Den Kuchen nach dem Backen im ausgeschalteten Ofen bei leicht geöffneter Tür abkühlen lassen, um Risse in der Käsemasse zu vermeiden. Den abgekühlten Kuchen aus der Springform lösen und vollständig auskühlen lassen.

13919. Hafer als Beilage, Topf, Juli 2024

2 Beilagen

- 150 g Hafer
- 450 g Wasser
- 1 TL Gemüsebrühpulver

Aufkochen und 70 Min. auf keiner Einstellung kochen.

Hinweis: *Es ist zu viel Wasser.*

13920. Zwiebeln mit Hack, Juli 2024

2 Hauptspeisen; Beilage Hafer 13919

- 20 g Bärlaucholivenöl
- 200 g Rinderhack
- 85 g Schalotten, in Stücken
- 1 Gemüsezwiebel (310 g), gehackt
- 1 TL Salz
- 1 TL Harissa 13908
- 1 Apfel (150 g), gewürfelt
- 1 TL Currypulver
- 100 g Rotwein
- 100 g Skyr

Öl und Hack in die Pfanne geben, Deckel auflegen und einige Min. anbraten. Salz und Harissa unterrühren. Zwiebel zugeben und 4-5 Min. anbraten auf hoher Einstellung. Apfel und Curry hinzufügen, kurz mitbraten. Mit Rotwein ablöschen und als Gemüsepfanne 15 Min. garen. Herd ausschalten und Skyr unterrühren.

13921. Kaokaffee in Milch, Juli 2024

1 großer Becher (450-500 ml)

- 230 g Wasser (heiß und/oder kalt)
- 230 g Hafermilch
- 1 TL Instant-Kaffeepulver
- 1 TL Kaowach pur

Milch im Becher mit Kaffeepulver und Kaowach in der Mikrowelle erhitzen (2 Min./600 Watt). Mit heißem und/oder kaltem Wasser auffüllen.

13922. Fertigtortellini mit Hackfleischsoße, Juli 2024

2 Hauptspeisen

- 20 g Bärlaucholivenöl
- 200 g Hackfleisch, halb und halb
- 1 Zwiebel, grob geschnitten (90 g)
- 1 Knoblauchzehe, in Scheiben
- 1 TL Salz
- 1 TL Paprika edelsüß
- 1 TL Zucker
- 1 TL Harissa 13908
- 480 g Tomaten, in Halbscheiben
- 2 EL Ketchup
- 1 EL Tomatenmark

Tortellini

- 250 g Vollkorntortellini Spinat mit Käse
- 250 g Rotwein

Öl etwas erhitzen, Hackfleisch zugeben und 3 Min. auf hoher Einstellung braten. Zwiebeln und Knoblauch zufügen, 2 weitere Min. braten. Salz, Paprika, Zucker und Harissa unterrühren, Tomaten dazugeben. 20 Min. kochen. In der Zwischenzeit Tortellini und Rotwein in einem kleinen Topf zum Kochen bringen und 3 Min. kochen. Überstehenden Rotwein abgießen und zur Pfanne geben.

13923. Russischer Zupfkuchen VII, Juli 2024

Vorläufer 13905; 26-cm-Springform

Teig:

- 1 Osterhase „Kuhflecken" (mit etwas weißer Schokolade), 100 g
- 200 g Butter, in Stücken
- 140 g Rohrohrzucker
- 165 g Weizenmehl 550
- 185 g Weizenmehl 1050
- 30 g Kakaopulver
- 1 P Backpulver
- 1 kleine Prise Salz
- 1 Ei

Füllung:

- 180 g Butter, weich in Stücken
- 150 g Rohrohrzucker
- 4 Eier
- 500 g Skyr
- 1 P Finesse Vanillearoma
- 1 P Vanillepuddingpulver

Zum Bestreuen:

- 100 g Vanille-Chocolate Chunks
- 25 g Macadamianüsse

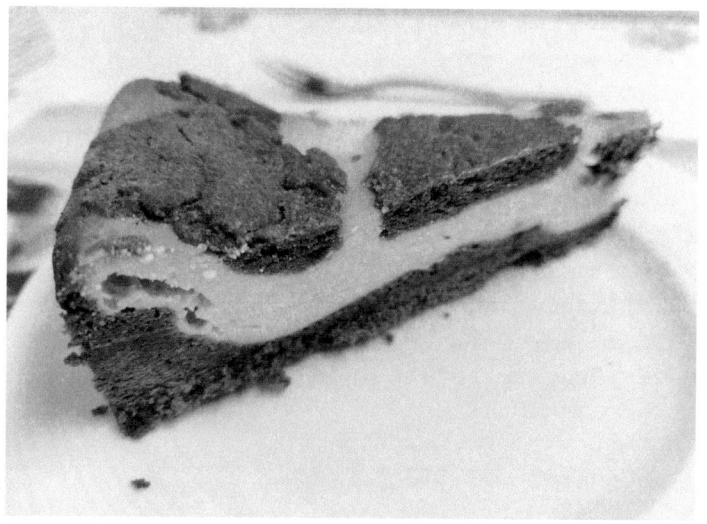

Teig: Schokolade zerdrücken, im TM mahlen (3 Sek./Stufe 7) und schmelzen (3 Min./55 °C/Stufe 1). Springform mit Backpapier auslegen. Butter, Zucker, Mehle, Kakao, Backpulver und Ei zur Schokolade geben und zu einem Teig verarbeiten (30 Sek./Stufe 6). Auf die Arbeitsfläche schütten und mit den Händen durchkneten. 250 g Teig beiseitelegen. Den Rest in die Springform drücken und einen 3-cm-hohen Rand hochziehen.

Ofen (Heißluft) auf 165 °C vorheizen. Die Zutaten für die Füllung in den Mixtopf geben und verrühren (40 Sek./Stufe 5), auf den Boden gießen. Den restlichen Teig zerzupfen und auf der Füllung verteilen. In den Ofen schieben und 60 Min. bei 165 °C backen. 5 Min. im ausgestellten Ofen stehen lassen.

13924. Sataraš mit Kartoffeln, Juli 2024

Vegetarisch; 2 Hauptspeisen.

- 2 Paprikaschoten (rot, 450 brutto)
- 1 große Zwiebel (75 g netto)
- 300-400 g Kartoffeln (2 mittelgroße)
- 2 Knoblauchzehen (optional)
- 50 + 30 g Wasser
- 2 Eier
- 1,5 EL Bärlaucholiven- oder Sonnenblumenöl
- Salz und Pfeffer nach Geschmack
- 1 EL Tomatenketchup
- 100 g Skyr nach Wunsch

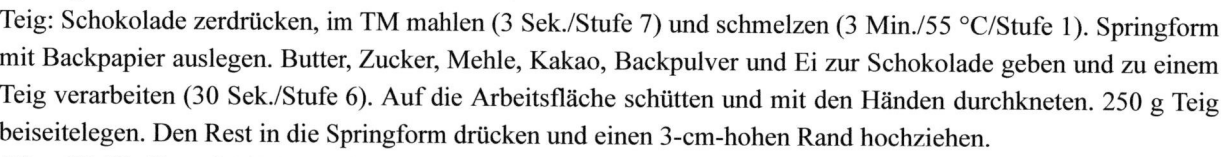

Paprikaschoten waschen, entkernen und in Streifen schneiden. Zwiebel schälen und fein hacken. Kartoffeln schälen und in kleine Würfel schneiden (insgesamt 300-400 g). Knoblauch schälen und fein hacken (falls verwendet).

Öl in einer großen Pfanne erhitzen. Die gehackte Zwiebel und den Knoblauch hinzufügen und glasig dünsten. Die Kartoffelwürfel in die Pfanne geben und bei mittlerer Hitze anbraten, bis sie leicht gebräunt sind (ca. 10 Min.). 50 g Wasser hinzufügen und die Pfanne abdecken, damit die Kartoffeln schneller garen.

Paprikastreifen hinzufügen und weitere 10-15 Min. braten, bis sie weich werden, dabei 30 g Wasser zufügen. Mit Salz, Pfeffer und Ketchup abschmecken. Eier aufschlagen und direkt in die Pfanne geben. Die Eier vorsichtig unterrühren, bis sie stocken, aber nicht zu lange, damit sie nicht zu trocken werden. Mit Skyr servieren.

13925. Apfel-Nuss-Kuchen (mit Öl), Juli 2024

- 300 g Mehl
- 200 g gem. Haselnüsse
- 1 P Backpulver
- 1 Prise Salz
- 170 g Zucker
- 1 P Finesse (Vanillearoma)
- 4 Eier
- 200 mg Öl
- 100 mg Hafermilch
- 4 Äpfel (ca. 530 g)
- 2 EL Zitronensaft
- Butter und Grieß für die Form

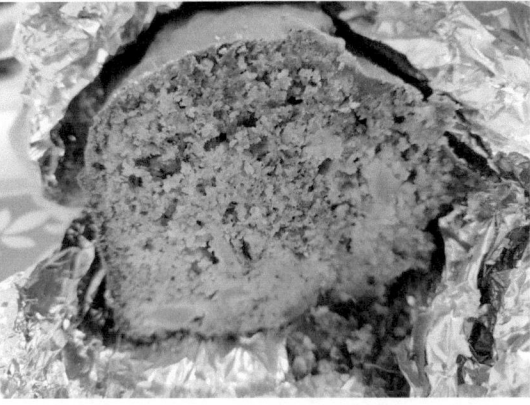

Eine 30-cm-Kastenform einfetten und mit Grieß ausstreuen.

In einer großen Schüssel Mehl, gemahlene Haselnüsse, Backpulver, Zucker (sollte eigentlich zu den Eiern) und Salz mischen. In einer anderen Schüssel (Zucker,) Vanillearoma, Eier und Öl mit dem Handrührgerät oder der Küchenmaschine cremig schlagen. Milch und Zitronensaft hinzufügen und unterrühren (ich habe alle flüssigen Zutaten 2 Min. gerührt). Die trockenen Zutaten zu den feuchten Zutaten geben und alles zu einem glatten Teig verrühren. Die Äpfel mit dem TM zerkleinern (5 Sek./Stufe 4); zu große Stücke in einem kleinen Mixer mit dem hochstehenden Messer nacharbeiten. Mit 2 EL Mehl vermischen (einige Sekunden, Linkslauf, Stufe 1-4) und mit einem Spatel unter den Teig heben.

Den Teig in die vorbereitete Kastenform füllen und glatt streichen. Den Kuchen im vorgeheizten Backofen ca. 65-70 Min. backen. Stäbchenprobe durchführen: Wenn kein Teig am Stäbchen kleben bleibt, ist der Kuchen fertig. Den Kuchen aus dem Ofen nehmen, etwas abkühlen lassen und dann aus der Form stürzen. Auf einem Kuchengitter vollständig auskühlen lassen.

Tipps: Der Kuchen ist auch am nächsten Tag noch lecker und eignet sich daher gut zum Mitnehmen. – Nach Belieben mit Puderzucker bestreuen oder mit einem Schokoladenguss verstehen.

Kichererbsendip mit Gemüsesticks, Juli 2024

Rohkost

Dip:
- 50 g Kichererbsen, Keimzeit 48 Std. = 125 g Sprossen
- 30 g Sonnenblumenöl
- 1 Tomate (110 g)
- 2 Aprikosen (oder ein anderes süß-säuerliches Obst) (75 g netto)
- 1/2 kleine Zitrone (20 g netto)
- 1-2 Knoblauchzehen (4-6 g netto)
- 1 TL Salz

Gemüse:
- 250 g Salatgurke
- 50 g gelbe Paprika
- 35 g Möhre

Kichererbsen in einem Keimglas 1,5 Tage keimen lassen, der Keimansatz ist dann 1-1,5 mm lang. Die Zutaten in der angegebenen Reihenfolge, allerdings die Kichererbsen zuletzt, in den 1,4-Nassbecher des Vitamix geben. Mit steigender Geschwindigkeit schlagen, bis ein glatter Dip erreicht ist. In eine kleine Schüssel füllen.

Das Gemüse in Pommes-frites-große Streifen oder in Quadrate schneiden (sehr einfach mit einem entsprechenden Gerät) und auf einen Teller geben. Gemeinsam servieren.

13926. Russischer Zupfkuchen VIII (Lindt), Juli 2024

Vorläufer 13923; 26-cm-Springform

Teig:
- 1 Osterhase Vollmilch von Lindt, 100 g
- 200 g Butter, in Stücken
- 135 g Rohrohrzucker
- 200 g Weizenmehl 550
- 150 g Weizenmehl 1050
- 30 g Kakaopulver
- 1 P Backpulver
- 1 kleine Prise Salz
- 1 Ei

Füllung:
- 180 g Butter, weich in Stücken
- 150 g Rohrohrzucker
- 4 Eier
- 500 g Skyr
- 1 P Finesse Vanillearoma
- 1 P Vanillepuddingpulver

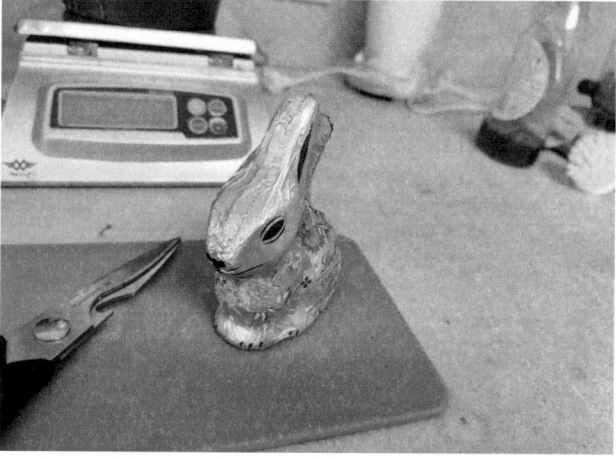

Teig: Schokolade zerdrücken, im TM mahlen (4 Sek./Stufe 6) und schmelzen (3 Min./55 °C/Stufe 1). Springform mit Backpapier auslegen. Butter, Zucker, Mehle, Kakao, Backpulver und Ei zur Schokolade geben und zu einem Teig verarbeiten (30 Sek./Stufe 6). Auf die Arbeitsfläche schütten und mit den Händen durchkneten. 250 g Teig beiseitelegen. Den Rest in die Springform drücken und einen 3-cm-hohen Rand hochziehen. Ofen (Heißluft) auf 165 °C vorheizen. Die Zutaten für die Füllung in den Mixtopf geben und verrühren (40 Sek./Stufe 5), auf den Boden gießen. Den restlichen Teig zerzupfen und auf der Füllung verteilen. In den Ofen schieben und 60 Min. bei 165 °C backen. 5 Min. im ausgestellten Ofen stehen lassen.

13927. Schokolade gedehnt, Juli 2024
- 1 Tafel (100 g) Schokolade 70 %
- 10 g Butter
- 30 g Agavendicksaft

Schokolade in Stücke brechen, mit Butter und Agavendicksaft verrühren (TM: 2 Min./55 °C/Stufe 2). Die Schokolade wird nicht flüssig. Creme auf einen Teller streichen und im Kühlschrank festwerden lassen. Verwenden wie „normale" Schokolade.

13928. Schokolierter Milchreis, Juli 2024

Vorläufer 13906
- 170 g Milchreis
- 1 Prise Salz
- 20 g Ahornsirup
- 10 g Butter
- 50 g Schokolade (hier: Schokolade gedehnt 13928)
- 1 Liter Milch 1,5 %

TM Einstellung 35 Min./95 °C/Linkslauf Stufe 1.

13929. Nachtischähnlicher Snack, Juli 2024

2 Portionen

- 100 g Heidelbeeren
- 140 g Skyr
- 1 TL Honig / kein Honig
- 150 g Schokolierter Milchreis (13928 o. Ä.)
- 1 EL Crunchy Erdbeer / Hafer Flakes
- 4 Zuckeraprikosen
- 8 Mandeln

Heidelbeeren und Skyr im großen Becher eines kleinen Mixers mixen und auf zwei Schüsselchen verteilen. In eine Schüssel (hier: die linke) 1 TL Honig geben. Den Milchreis ebenfalls in die Schale setzen. Über die linke Schüssel Crunchy Erdbeer, über die rechte Hafer Flakes streuen. Aprikosen halbieren, an den Rand setzen. Jeweils 4 Mandeln ebenfalls an den Rand stecken.

13930. Paprika-Reis mit Bratwurst, Juli 2024

- 15 g Bärlauchöl (Olivenöl)
- 2 Zwiebeln (130 g), klein geschnitten
- 1 Knoblauchzehe, gehackt
- 200 g Rostbratwurst, in Stücken
- 1 rote Paprika (135 g), gewürfelt
- 300 g gewürfelte Tomaten
- 1 TL Gemüsebrüheextrakt
- 1 Prise Salz
- 1 Prise Pfeffer
- 1 TL Paprikapulver
- 1/2 TL Sambal Oelek
- 55 g Rotwein
- 1-2 TL Tomatenmark
- 100 g Erbsen aus dem Glas
- 2 Portionen Naturreis gekocht (z. B. 13931)

Öl auf hohe Hitze stellen. Zwiebeln, Knoblauch und Wurststücke zugeben. Deckel auflegen und anbraten, dabei Hitze allmählich auf 10/14 herunterstellen. Anbraten, bis die Wurst an den Aufliegestellen braun ist. Paprika zugeben, einige Min. mitbraten. Tomaten und Gewürze zugeben, umrühren. Mit Rotwein ablöschen und 20 Min. kochen. Erbsen einige Zeit miterhitzen, Tomatenmark unterrühren. Gekochten Reis unterrühren.

13931. Naturreis aus dem Topf, Juli 2024

2 Portionen

- 150 g Naturreis
- 325 g Wasser

In kleinem Topf mit Wasser zum Kochen bringen. Sobald das Wasser kocht, die Hitze reduzieren. Den Reis insgesamt ca. 35 Min. bei schwacher Hitze weiter köcheln und anschließend bei geschlossenem Deckel dämpfen lassen, bis er gar ist.

13932. Kafkoaschok, Juli 2024

1 Tasse ca. 500 ml

- 10 g Schokolade gedehnt (13927)
- 1 TL Instant-Kaffee
- 1 TL Koawach neutral
- 200 g Hafermilch
- Heißes/kaltes Wasser auffüllen

Schokolade, Kaffee und Koawach mit Hafermilch in der Tasse erhitzen (600 Watt/2 Min.). Mit Wasser auffüllen.

13933. Nachtischähnlicher Snack II, Juli 2024

2 Portionen

- 50 g Haselnüsse, ganz
- 100 g Heidelbeeren
- 110 g Skyr
- 1 TL Ahornsirup
- 1 TL Honig / kein Honig
- 1 EL Crunchy Erdbeer / Hafer Flakes
- 4 Zuckeraprikosen
- 120 g Schokolierter Milchreis (13928 o. Ä.)

Nüsse im großen Becher eines kleine Mixers mit dem hohen Messer mahlen. Heidelbeeren und Skyr hinzufügen, mixen und auf zwei Schüsselchen verteilen. In eine Schüssel (hier: die linke) 1 TL Honig geben. Über die linke Schüssel Crunchy Erdbeer, über die rechte Hafer Flakes streuen. Aprikosen halbieren, mit der Schnittfläche nach oben in die Mitte legen. Den Milchreis darauf setzen.

13934. Schokodessert mit Erdbeersoße, Juli 2024

- *2 Desserts*
- 100 g Tiefkühl-Erdbeeren
- 65 g Zuckeraprikosen
- 10 + 10 g Ahornsirup
- 200 g Schokolierter Milchreis 13928
- 10 g Schokolade gedehnt 13927 o. Ä.

Erdbeeren 2-3 Std. antauen. Mit den Zuckeraprikosen und 10 g Ahornsirup in einem kleinen Mixer, hochstehendes Messer, pürieren. In einer Schüssel Milchreis und 10 g Ahornsirup verrühren, auf zwei Schüsselchen verteilen. Erdbeersoße darüber gießen und in der Mitte mit der zerstoßenen Schokolade bestreuen.

13935. Skyriger Schokoreis, Juli 2024

- 100 g schokolierter Milchreis (13928)
- 15 g Ahornsirup
- 50 g Skyr
- Deko: Cashewnusshälften und 1 Haselnuss

Milchreis, Ahornsirup und Skyr mit einem Löffel verrühren. In eine kleine Schüssel füllen und am Rand mit Cashewnusshälften belegen, in die Mitte eine Haselnuss setzen.

13936. Kartoffeln mit Ei, Juli 2024

- 15 g Bärlaucholivenöl
- 170 g Kartoffeln, in Scheiben
- 60 g Zwiebeln, in Scheiben
- 1 Tomate (125 g)
- 75 g Wasser (Erbsenflüssigkeit)
- 150 g Erbsen aus dem Glas
- Salz
- 2 Eier

Öl in eine 20-cm-Alugusspfanne geben. Boden mit Kartoffeln auslegen, Zwiebeln darüber legen. Auf höchster Stufe 5 Min. braten. Salzen. Tomatenscheiben zufügen, Flüssigkeit über das Gemüse geben und 20 Min. kochen. Erbsen unterrühren und salzen. Eier wie Spiegeleier auf die Oberfläche geben und kochen, bis das Eiklar weiß ist.

13937. Schnellstes Chili con Carne, Juli 2024

1-2 Portionen; 10 Min.

- 1 Glas Bio-Chiliconcarne von mydeli (380 g Füll-menge)
- 1 kleine Dose Kidneybohnen
- 2 EL Ketchup
- 1/2 TL Harissa 13908
- Salz zum Abschmecken

In einem Topf auf kleiner Hitze erwärmen. Für 2 Personen Brot dazu reichen.

13938. Russischer Zupfkuchen IX (Lindt), Aug. 2024

13926; 26-cm-Springform

Teig:

- 1 Osterhase Vollmilch von Lindt, 100 g
- 200 g Butter, in Stücken
- 135 g Rohrohrzucker
- 205 g Weizenmehl 550
- 145 g Weizenmehl 1050
- 30 g Kakaopulver
- 1 P Backpulver
- 1 kleine Prise Salz
- 1 Ei

Füllung:

- 1 Dose Mandarinen, abgetropft (175 g)
- 180 g Butter, weich in Stücken
- 145 g Rohrohrzucker
- 4 Eier
- 500 g Skyr
- 1 P Finesse Vanillearoma
- 1 P Vanillepuddingpulver

Teig: Schokolade zerdrücken, im TM schmelzen (3 Min./55 °C/Stufe 1). Springform mit Backpapier auslegen. Butter, Zucker, Mehle, Kakao, Backpulver und Ei zur Schokolade geben und zu einem Teig verarbeiten (30 Sek./Stufe 6). Auf die Arbeitsfläche schütten und mit den Händen durchkneten. 250 g Teig beiseitelegen. Den Rest in die Springform drücken und einen 3-cm-hohen Rand hochziehen. Die Mandarinen darauf verteilen.

Ofen (Heißluft) auf 165 °C vorheizen. Die Zutaten für die Füllung in den Mixtopf geben und verrühren (40 Sek./Stufe 5), auf den Boden gießen. Den restlichen Teig zerzupfen und auf der Füllung verteilen. In den Ofen schieben und 60 Min. bei 165 °C backen. 5 Min. im ausgestellten Ofen stehen lassen.

13939. Kalter Kaffee, August 2024

1 Becher

- 1 TL Instant-Kaffeepulver
- 1 TL Koawach neutral (oder Kaffee)
- 1 TL Trinkschokolade
- 50 g kochendes Wasser
- 220 g kalte Hafermilch
- 95 g Eiswürfel
- 85 g kaltes Wasser

Die Getränkepulver in einem Mixer im kochenden Wasser auflösen. Hafermilch und Eiswürfel zugeben, schlagen, bis die Eiswürfel sich aufgelöst haben. In den Becher gießen und mit kaltem Wasser auffüllen (hier 85 g).

13940. Kohlrabi-Tortellini-Pfanne mit Thunfisch, Aug. 2024

- 250 g frische Tortellini von der Kühltheke
- 1 mittelgroßer Kohlrabi (ca. 375 g netto)
- 100 g geriebener Käse (Mozzarella)
- 1 Dose Thunfisch im eigenen Saft (ca. 135 g abgetropft)
- 1 Zwiebel (ca. 40 g)
- 1 Knoblauchzehe (ca. 5 g)
- 100 + 50 g Hafermilch
- 15 g Bärlaucholivenöl
- Salz und Pfeffer nach Geschmack

Kohlrabi schälen und in kleine Würfel schneiden. Zwiebel und Knoblauch schälen und fein hacken (falls verwendet). Thunfisch aus der Dose abtropfen lassen.

In einer großen Pfanne das Öl erhitzen und Zwiebel plus Knoblauch darin glasig dünsten. Kohlrabi hinzufügen und unter gelegentlichem Rühren ca. 5 Min. anbraten, bis er leicht gebräunt und bissfest ist. 100 g Milch zugeben und 10 Min. kochen. Die gekochten Tortellini und den abgetropften Thunfisch in die Pfanne geben und gut vermengen. 50 g Milch hinzufügen und kurz aufkochen lassen, damit sich alles gut verbindet. Den geriebenen Käse über die Mischung streuen und gut umrühren, bis der Käse geschmolzen und gleichmäßig verteilt ist. Die Tortellini nach Packungsanweisung in der Mikrowelle 3 Min. bei 600 Watt erhitzen. Mit Salz und Pfeffer abschmecken.

13941. Hühnerbrust mit Kohlrabi, August 2024

2 Portionen

- 20 g Bärlaucholivenöl
- 400 g Hühnerbrust gewürfelt
- 300 g Kohlrabi gewürfelt
- 1 Tomate (115 g) gewürfelt
- 1 gute Prise Salz
- 1 TL Harissa 13908
- 1 TL Senf
- 150 g rote Linsen
- 220 g Rotwein
- 80 g Wasser
- 1/4 TL gem. Kümmel
- Salz
- 90 g Skyr

Öl in eine 24-cm-Alugusspfanne geben, auf höchste Einstellung drehen. Hühnerbrust zugeben und 4 Min. bei geschlossenem Deckel anbraten (Herd etwas herunter stellen). Kohlrabi, Tomaten und Salz zugeben, 4 Min. erhitzen, Harissa und Senf einrühren. Linsen und Flüssigkeiten zugeben. Als Gemüsepfanne 20 Min. garen. Mit Kümmel und Salz abschmecken. Skyr unterrühren, aber nicht mehr aufkochen.

Hinweis: Bei der Hühnerbrust hatte ich mich vertan, ich hatte sie vergessen, vor dem Einfrieren zu halbieren. Normalerweise nehme ich nicht so viel Fleisch, aber wieder einfrieren geht ja nicht.

13942. Tomatenketchup Chat-GPT 5, August 2024

Vorläufer 13883

- 2 Dosen Tomaten (800 g), inklusive Saft
- 175 g Essig (Apfelessig oder weißer Essig)
- 100 g Wasser
- 240 g Datteln
- 10 g Sultaninen
- 11 g Knoblauchzehen
- 52 g Viernussmus plus 8 g Öl aus dem Glas
- 210 g Gemüsezwiebeln
- 1 Apfel (mittelgroß; hier 185 g)

- 2 Stück Essigpeperoni 7/4753
- 1 Knoblauchzehe in Essig eingelegt
- 15 g Salz
- 2 TL Paprikapulver
- 1 TL Currypulver
- 1 TL Koawach (oder Kakao)
- 50 g Tomatenmark
- 100 g Wasser

Zutaten bis auf 100 g Wasser im TM zerkleinern (20 Sek./Stufe 10). Mischung garen (35 Min./105 °C/Stufe 3). 100 g Wasser zugeben und die Mischung fein pürieren (20 Sek./Stufe 10). Ketchup in saubere Schraubgläser füllen und verschließen. Im Kühlschrank aufbewahren. Hält bei mir mindestens 12 Wochen im Kühlschrank.

13943. Zwiebelrelish ChatGPT 5, August 2024

Vorläufer 13884

- 550 g Gemüsezwiebeln
- 1 Apfel (125 g)
- 1 Knoblauchzehe
- 190 g Softfeigen
- 60 g Sultaninen
- 50 g Tomatenketchup
- 1 TL Salz
- 1/2 gestr. TL gem. Nelken
- 1 TL Zimt
- 1 geh. TL Paprika edelsüß
- 1 TL gem. Kreuzkümmel
- 1 TL Currypulver
- 1/2 TL schw. Pfeffer
- 1 TL Tomatenmark
- 100 g Apfelessig
- 150 g Wasser

Zwiebeln, Apfel und Knoblauch grob zerkleinert in den TM geben. Alle übrigen Zutaten zufügen und zerkleinern (10 Sek./ Stufe 6). Kochen lassen (45 Min./105 °C/Stufe 1 Linkslauf). Dabei den Messbecher abnehmen und stattdessen das Garkörbchen als Spritzschutz verwenden. Nach dem Kochen in Gläser füllen und sofort verschließen. Im Kühlschrank aufbewahren; Haltbarkeit mindestens 3 Monate (Aufbewahrung im Kühlschrank).

13944. Chinakohl mit Huhn, August 2024

2 Hauptmahlzeiten; 30 Min.

- 200 g Vollkornspaghetti
- 300 g Chinakohl, klein geschnitten
- 450 g Wasser
- 1 EL Bärlaucholivenöl
- 350 g Hühnerbrust
- 2 Prise + 1 TL Salz
- 1 Prise Pfeffer
- 2-3 TL Sojasoße
- 20 g Stärke
- 170 g Hafermilch

Spaghetti in Stücke brechen. In einem 20- bis 24-cm-Topf im Wasser aufkochen und den Chinakohl hinzugeben. 15 Min. kochen. Salz und Sojasoße unterrühren.

Hühnerbrust in Scheiben schneiden (das Gemüse kocht noch) mit 2 Prisen Salz und Pfeffer einreiben. Öl auf höchster Einstellung erhitzen, Hühnerbrust darin anbraten und auf hoher Einstellung, aber so, dass es nicht spritzt, weiter braten. Ab und zu umrühren. Zu dem gegarten Gemüse geben. Stärke mit einem Teil der Hafermilch verrühren, unter das Gemüse geben. Die restliche Milch ebenfalls einrühren und aufkochen, bis es dickt.

13945. Marmorierter Aprikosen-Skyr-Kuchen, Aug. 2024

26 cm-Springform. Nach einem Rezept von Gemini.

Für den Rührteig:
- 200 g weiche Butter
- 175 g Rohrohrzucker
- 4 Eier
- 175 g Weizenmehl 550
- 75 g Weizenmehl 1050
- 1 TL Backpulver
- 1 Prise Salz
- Abrieb einer Zitrone (Tüte)

Für den Joghurt-Teig:
- 200 g Skyr
- 100 g Rohrohrzucker
- 2 Eier
- 1 P Puddingpulver Vanille (ca. 40 g)
- 160 g Weizenmehl 550
- 1/2 TL Backpulver
- 50 g (gem.) Mandeln

Belag:
- 200 g Zuckeraprikosen, netto

Springform mit Backpapier überspannen. *Rührteig:* Butter und Zucker cremig schlagen. Eier einzeln unterrühren. Mehle, Backpulver, Zitronenabrieb und Salz mischen und und unterrühren. *Skyr-Teig:* Skyr und Zucker cremig rühren. Eier einzeln unterrühren. Ich habe ganze Mandeln genommen und in einem kleinen Mixer gemahlen. Mehl, Backpulver und Mandeln mischen und einrühren. *Marmorieren:* Abwechselnd löffelweise Rührteig und Skyr-Teig in die Form geben und mit einer Gabel vorsichtig Muster hineinziehen. Zuckeraprikosen auf dem Teig verteilen. In den auf 165 °C (Heißluft) vorgeheizten Ofen schieben und 50 Min. bei 165 °C backen. Mit einem Stäbchen prüfen, ob der Kuchen gar ist. In der Form abkühlen lassen.

Hinweis: Der Rührteig ist extrem trocken, der Skyrteig wie zäher Leim. Ein Reinfall.

13946. Fruchtige Kuchencreme, August 2024
- 100 g Zuckeraprikosen netto
- 40 g Skyr
- 70 g trockener Kuchen (hier 13945)
- 1 TL Ahornsirup
- 30 g Hafermilch
- 3 Haselnüsse

Aprikosen mit Skyr im großen Becher eines kleinen Mixers mit dem hochstehenden Messer pürieren. Ein schmales Stück Kuchen (70 g) vorschneiden, mit Ahornsirup und Milch in den Becher geben und gründlich pürieren. In die Mitte drei Haselnüsse legen.

13947. Skyr-Nuss-Dessert, August 2024
- 70 g Skyr
- 5 g Ahornsirup
- 20 g Hafermilch
- 10 g Sonnenblumenkerne
- 10 g Cashewbruch
- 9 Haselnüsse

Skyr, Ahornsirup und Milch verrühren. Kerne und Cashewbruch unterrühren, die Oberfläche mit den Haselnüssen dekorieren.

Tipp: Schnell, unkompliziert - und gut!

13948. Schokoladige Kuchencreme, August 2024

2 Desserts

- 150 g trockener Kuchen (hier 13945)
- 100 g Hafermilch
- 50 g Brinkers So Vegan Schokocreme (o. Ä.)
- 6 g Kokosstreifen
- 1 Stück Makri Nougat (o. ähnliche Schokolade)

Kuchen mit Milch und Schokocreme im Vitamix gut mixen. Auf zwei Schüsselchen verteilen, Kokostreifen in die Mitte streuen. Das Schokoladenstück schräg durchstreichen und jeweils in Dreieck in die Schüsselchen stecken.

13949. Bratwurst, Kartoffeln und Kohlrabi, August 2024

2 Portionen

- 250 g Bratwurst (bio), in Stücken
- 280 g Kohlrabi, in kleinen Stücken
- 280 g Kartoffeln, in dünnen Scheiben
- 180 g Chinakohl, in feinen Streifen
- Salz
- 175 g Wasser
- 20 g Butter
- 1-2 TL Zitronensaft

Bratwurst, Kohlrabi – gefolgt von etwas Salz -, Kartoffeln - ebenfalls gesalzen – und Chinakohl in eine 24-cm-Pfanne mit hohem Rand geben. Wasser zufügen und als Gemüsepfanne 25 Min. dünsten. Butter zugeben, schmelzen lassen, mit Salz und Zitronensaft abschmecken.

13950. Kuchenschichtdessert, August 2024

2 Portionen

- 195 g Kuchenreste (hier 13945)
- 195 g Honigmelone
- 25 g Haselnüsse
- 40 g Schokocreme So Vegan von Brinkers o. Ä.
- 20 g Milch
- 2 Cashewnüsse oder -hälften

Kuchen und Honigmelone im Vitamix zu einer glatten Creme verarbeiten. Etwa die Hälfte aus zwei Gläser mit gerader Wand verteilen. Nüsse, Schokocreme und Milch zum Rest geben und pürieren, bis sich eine glatte Creme ergibt. Auf die beiden Gläser aufteilen. In die Mitte je eine Cashewnuss stecken.

13951. Kucheneis, August 2024

2 Desserts

- 1 Stück Kuchen (hier: 13945)
- 100 g Hafermilch
- 155 g gefrorene Bananenstücke
- 55 g Eiswürfel

Kuchen mit Milch im Vitamix pürieren, bis der Kuchen ganz aufgelöst ist. Eis hinzufügen und mixen, bis sich die Raute entwickelt.

Tipp: *Es wird eher Softeis, wer festeres Eis will, sollte mehr Eiswürfel nehmen.*

13952. Zebrakuchen mit Butter, August 2024

Mit Hilfe der KI Claude. 26 cm Springform.

- 250 g Butter, zimmerwarm
- 175 g Rohrohrzucker
- 4 Eier
- 100 g Skyr
- 1 P Finesse Vanillearoma
- 150 g Mehl Type 550
- 150 g Mehl Typ 1050
- 2 TL Backpulver (ca. 10 g)
- 1 Prise Salz
- 110 g Milch

Für den dunklen Teig zusätzlich:

- 30 g Kakaopulver
- 10 g Rohrohrzucker
- 1 EL Cointreau

Teigschüssel leer wiegen (damit man die Hälfte des Teigs berechnen kann).

Springformboden mit Backpapier überspannen. In einer Schüssel Mehle, Backpulver und Salz mischen. In der Teigschüssel Butter und Zucker cremig schlagen. Eier einzeln hinzufügen, jedes ca. 30 Sek. einarbeiten. Skyr und Vanillearoma unterrühren. Abwechselnd die Mehlmischung und die Milch zur Butter-Ei-Masse geben und unterrühren.

Teig in zwei gleiche Hälften teilen. In eine Hälfte Kakaopulver, 10 g Zucker und Cointreau einrühren. Abwechselnd je 1 EL hellen und dunklen Teig in die Mitte der Form geben. Der Teig verteilt sich von selbst zu Ringen. Ofen (Heißluft) auf 165 °C vorheizen. Kuchen 45-50 Min. backen. Stäbchenprobe machen.

10 Min. auf einem Gitterrost abkühlen lassen, dann erst aus der Form nehmen. Abkühlen lassen und nach Wunsch mit Schokoladenguss überziehen.

13953. Vanillegrießpudding TM, August 2024

6-7 Desserts (nicht sehr süß).

- 1 Liter Hafermilch
- 1 P Finesse Vanillearoma
- 1 EL Ahornsirup
- 70 g Dinkelgrieß
- 1 P Vanillepuddingpulver

Milch in den Mixtopf gießen. Aroma und Sirup hinzufügen. Grieß und Puddingpulver mischen. Einstellung 15 Min./105 °C/Stufe 2 Linkslauf. Während der TM läuft, Grieß-Puddingpulver-Mischung einstreuen. Einige Sekunden auf Stufe 3 hochdrehen.

13954. Schonkartoffeln, August 2024

- 275 g geschälte Kartoffeln
- 1 EL Zitronensaft
- 1/2 TL Salz
- 80 g Wasser

Kartoffeln in Scheiben schneiden, alles in einen kleinen Topf (18 cm) geben und als Gemüsepfanne 20 Min. garen.

Hinweis: *Normalerweise schäle ich Kartoffeln nie, aber da ich strenge Schonkost brauche, war ich etwas radikal.*

Tipp: *Nach Wunsch am Ende noch einen kleinen Stich Butter zugeben.*

13955. Schonkartoffeln tomatig, August 2024

- 1 mittelgroße Tomate (120 g)
- 255 g geschälte Kartoffeln
- 1 Prise Salz
- 45 g Wasser

Tomaten und Kartoffeln in Scheiben schneiden, die Tomaten salzen und alles in einen kleinen Topf (18 cm) geben. Als Gemüsepfanne 20 Min. garen.

Hinweis: Zum Kartoffelschälen siehe Hinweis 13954..

Tipp: Wer es verträgt, kann die Soße mit 1 TL Tomatenmark andicken.

13956. Milchreis aus weißem Reis VI, August 2024

Vorläufer 13906

- 170 g Milchreis
- 1 Prise Salz
- 20 g Ahornsirup
- 15 g Sonnenblumenöl
- 1 P Finesse Vanillearoma
- 1 Liter Milch 1,5 %

TM Einstellung 35 Min./95 °C/Linkslauf Stufe 1.

13957. Schon-Gemüsereis, August 2024

- 70 g weißer Langkornreis
- 125 g Kohlrabi, klein gewürfelt
- 110 g Möhren, in Scheiben
- 35 g Kartoffeln, geschält und in Scheiben
- Salz
- 140 g Wasser

Zutaten in der angegebenen Reihenfolge in einen 20-cm-Topf geben. Aufkochen und 20-25 Min. als Gemüsepfanne dünsten.

13958. Schon-Kartoffelgemüse in Cremesoße, Aug. 2024

- 90 g Kohlrabi, fein geschnitten
- 110 g Möhren, in Scheiben
- 185 g Kartoffeln, geschält und in Scheiben
- 150 g + 50 g Hafermilch
- 2 Prisen Salz
- 20 g Hafer

Gemüse in einen 18-cm-Topf geben. Salzen und 150 g Milch hinzufügen. Aufkochen, auf kleiner Einstellung 25 Min. kochen. Hafer fein mahlen (kleiner Mixer), mit 50 g Hafermilch verquirlen. Unter das Gemüse rühren und aufkochen.

13959. Gemüse in Tomate (Schonkost), August 2024

- 210 g Tomate gewürfelt
- 100 g Kohlrabi gewürfelt
- 195 g Kartoffeln in Scheiben
- Salz
- 90 g Wasser
- 2 TL Tomatenmark
- 1/2 TL Ahornsirup
- 1 TL Öl

Tomate, Kohlrabi und Kartoffeln in einen 18-cm-Topf geben und salzen. Wasser zugeben und als Gemüsepfanne 20 Min. garen. Tomatenmark, Ahornsirup und Öl unterrühren.

13960. Zebrakuchen mit Butter O/U, August 2024

Vorläufer 13952; 26 cm Springform.

	Für den dunklen Teig:
• 250 g Butter, zimmerwarm	
• 200 g Rohrohrzucker	• 30 g Kakaopulver
• 4 Eier	• 20 g Rohrohrzucker
• 1 P Finesse Vanillearoma	• 1 EL Cointreau
• 150 g Mehl Type 550	• 1 EL Milch
• 150 g Mehl Typ 1050	
• 2 P Backpulver (ca. 10 g)	
• 1 Prise Salz	
• 110 g Milch	

Teigschüssel leer wiegen (bei mir 185 g; damit man die Hälfte des Teigs berechnen kann).

Springformboden mit Backpapier überspannen. In einer Schüssel Mehle, Backpulver und Salz mischen. In der Teigschüssel Butter und Zucker cremig schlagen. Eier einzeln hinzufügen, jedes ca. 30 Sek. einarbeiten. Vanillearoma unterrühren. Abwechselnd die Mehlmischung und die Milch zur Butter-Ei-Masse geben und unterrühren.

Teig in zwei gleiche Hälften teilen. In eine Hälfte Kakaopulver, 10 g Zucker und Cointreau einrühren. Abwechselnd je 1 EL hellen und dunklen Teig in die Mitte der Form geben. Der Teig verteilt sich von selbst zu Ringen. Ofen (Heißluft) auf 165 °C vorheizen. Kuchen etwa 50 Min. backen. Stäbchenprobe machen. 10 Min. im ausgeschalteten Ofen stehenlassen, noch einige Minuten im Ofen abkühlen lassen. Auf einem Gitterrost weiter abkühlen lassen, dann erst aus der Form nehmen. Abkühlen lassen und nach Wunsch mit Schokoladenguss überziehen.

Hinweis: O/U, also Ober-/Unterhitze, ist bei mir nichts geworden; Sicherung flog raus.

13961. Sommerkartoffeln, August 2024

• 185 g Tomatenscheiben
• 65 g halbierte Gurkenscheiben
• 180 g dünne Kartoffelscheiben (ungeschält)
• 60 g Wasser
• Salz
• 10 g Butter
• 1 TL Mehl 550
• 1-2 EL Wasser

Gemüse in der angegebenen Reihenfolge in einen 18-cm-Topf geben. Salzen, mit Wasser begießen und als Gemüsepfanne 20 Min. garen. Butter unterrühren. Mehl mit Wasser glattrühren, zum Gemüse geben und unter Rühren aufkochen.

13962. Vanillemilchreis, August 2024

• 170 g weißer Rundkornreis
• 1 Prise Salz
• 20 g Ahornsirup
• 1 Liter + 50 g (= 1090 g) Hafermilch
• 1 P Puddingpulver Vanille

Reis, Salz, Ahornsirup und Hafermilch im TM garen (35 Min./95 °C/Stufe 2 Linkslauf). Puddingpulver in 50 g Milch glatt rühren, hinzugeben und 2 Min./105 °C/Linkslauf Stufe 3-4) aufkochen.

13963. Porree-Kartoffeln mit Ei, August 2024

- 1 Tomate 80 g, in Scheiben
- 180 g Porree, in Ringen
- 200 g Kartoffeln, in Scheiben
- Salz
- 60 g Wasser
- 1 Ei
- 2-3 EL Hafermilch

Gemüse in der angegebenen Reihenfolge abwechselnd mit etwas Salz in einen 18-cm-Topf geben. Wasser zufügen und als Gemüsepfanne 20 Min. garen. Ei mit Milch verquirlen und unter das heiße Essen rühren. Nicht mehr aufkochen.

13964. Reis mit dreierlei Gemüse, August 2024

- 155 g Tomate in Halbscheiben
- 65 g weißer Langkornreis
- 130 g Salatgurke, in Scheiben
- 70 g Porree (weißes Ende), in Ringen
- Salz
- 6 g Sonnenblumenöl
- 130 g Wasser
- 1 Ei

Zutaten bis auf das Ei in der angegebenen Reihenfolge in einen 18-cm-Topf geben. Aufkochen und 20 Min. bei kleiner Einstellung garen. Ein Ei unterrühren, solange Essen heiß ist.

13965. Spaghettibruch in Gemüsecreme, August 2024

- 65 g Spaghetti
- 155 g Tomate, gewürfelt
- 100 g Porree, in Ringen
- 50 g Salatgurke, klein geschnitten
- 130 g Wasser
- 15 g Speisestärke
- 10 g Tomatenmark
- 1/2 TL Paprika edelsüß
- 1 TL Salz
- 125 g Hafermilch
- 1/2 TL Ahornsirup

Spaghetti, Tomate, Porree, Salatgurke und Wasser in einen 18-cm-Topf geben. Aufkochen und 17 Min. auf kleiner Einstellung kochen. Speisestärke mit Paprika und Salz verrühren. Milch allmählich einrühren, so dass es nicht klumpt. Ahornsirup ebenfalls einrühren. Zum Gemüse geben und aufkochen. Mit Salz abschmecken.

13966. Möhrensuppe, August 2024

- 240 g Möhren (geschält, wenn fleckig)
- 115 g Kartoffeln (geschält)
- 1 Knoblauchzehe (7 g)
- 1 TL Salz
- 1 gestr. TL Curry
- 1/4 TL getr. gem. Ingwer
- 525 g Wasser
- 5 g Cashewhälften

Gemüse grob vorschneiden. Alle Zutaten bis auf die Cashews im TM zerkleinern (5 Sek./Stufe 5). Kochen bei 20 Min./ 105 °C/Stufe. Pürieren 2 x 10 Sek./Stufe 10 und abschmecken. Auf dem Teller mit Cashews bestreuen.

13967. Gurkenreiskartoffeln, August 2024

- 200 g Salatgurke in Halbscheiben
- 50 g weißer Reis
- 1/2 TL Currypulver
- 1 Prise Nelken gem.
- 150 g Kartoffeln in Halbscheiben
- 10 g Rosinen
- 120 g Wasser
- Salz
- 10 g Butter

Zutaten bis auf die Butter in einen 18-cm-Topf geben und ähnlich einer Gemüsepfanne 20 Min. garen. Butter zugeben, schmelzen lassen und mit Salz abschmecken.

13968. Vanillemilchreis II, August 2024

- 150 g weißer Rundkornreis
- 1 Prise Salz
- 30 g Ahornsirup
- 1 Liter Hafermilch
- 1 P Puddingpulver Vanille

Reis, Salz, Ahornsirup und Hafermilch (60 g für den Pudding abnehmen) im TM garen (35 Min./95 °C/Stufe 2 Linkslauf). Puddingpulver in 50 g Milch glatt rühren, hinzugeben und 2 Min./105 °C/Linkslauf Stufe 3-4) aufkochen.

13969. Fruchtige Kartoffelgurken, September 2024

- 200 g Salatgurke, in Scheiben
- 10 g Rosinen
- 50 g Apfel, gewürfelt
- 1/2 TL Curry
- 1/2 TL Kreuzkümmel
- Salz
- 175 g Kartoffeln, in Halbscheiben
- 75 g Wasser

Die Zutaten in der angegebenen Reihenfolge in einen 18-cm-Topf geben. Als Gemüsepfanne 20 Min. garen.

13970. Süßkarkartoffel, September 2024

- 155 g Kartoffeln, in Scheiben
- 2 Knoblauchzehen, in Scheiben
- 215 g Süßkartoffeln, in Halbscheiben
- 50 g Wasser
- 1/2 TL Salz
- 5 g Butter

Gemüse wie folgt in eine 20-cm-Pfanne schichten: Kartoffeln, 1 Knoblauchzehe, Salz, Süßkartoffeln, 1 Knoblauchzehe, Salz und Wasser. Als Gemüsepfanne 20 Min. garen. Butter darin zerfließen lassen.

13971. Reisgries süß, September 2024

- 140 g Milchreis
- 30 g Vollkorngrieß Dinkel
- 1 Prise Salz
- 20 g Ahornsirup
- 1 Liter Hafermilch 1,5 %

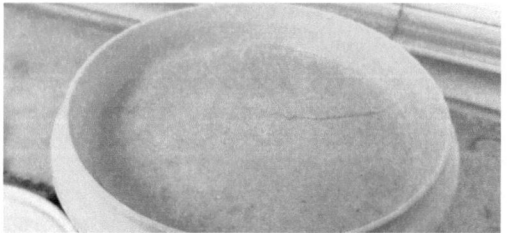

TM Einstellung 33 Min./95 °C/Linkslauf Stufe 1.

Meine Bücher

Ratgeber

- Spiele mit ChatGPT und Bard: Zeitvertreib mit künstlicher Intelligenz. Norderstedt (BoD) 2023.
- Wie erkenne ich KI-generierte Texte? – Ein Ratgeber. Norderstedt (BoD) 2023.
- Rette dein Seelenheil mit ChatGPT: Ein Ratgeber. Norderstedt (BoD) 2023.

Belletristik

- Torge ist verschwunden: Lost Places und Urban Vanishing (mit Janina Schmiedel). Norderstedt (BoD) 2024.
- Iphorismen II: Nachfolger der Iphorismen. Norderstedt (BoD) 2024.
- Iphorismen: Kritische Ausgabe unter Mitwirkung der Professoren Ptaček, Bardeloni und Sibingskin. Norderstedt (BoD) 2024.
- Zitatezirkus: Erkenne den Fake. 2. Bd. der Reihe Textcollagen. Norderstedt (BoD) 2023.
- Wilkesmann von A bis Z – Ein Leben in 26 Buchstaben. Norderstedt (BoD) 2023.
- Freundschaft als Installation. Norderstedt (BoD) 2023.
- Fantastisches Tagebuch. (mit Janina Schmiedel). Norderstedt (BoD) 2023.
- Kriminalalphabet. Norderstedt (BoD) 2023.
- Bernadette K. – Das Leben einer Königin. 1. Bd. Der Reihe Textcollagen. Norderstedt (BoD) 2023.
- Die Iden des Jumi: Ein archäologischer Bestseller. Norderstedt (BoD) 2023.
- Gedanken zum Gedenken: Gedenk-, Aktions- und Feiertage. Norderstedt (BoD) 2023.
- Wer steckt hinter Spam? Ein Roman. Norderstedt (BoD) 2023.
- Chimären: Was Menschen bisher nicht wussten. Norderstedt (BoD) 2023.
- Seite 22, Zeile 22 (mit Janina Schmiedel.) Norderstedt (BoD) 2022.
- Märchen von heute: 61 wundersame Geschichten. Norderstedt (BoD) 2022.
- Präpositionen. Norderstedt (BoD) 2022.
- Eine Hand greift die andere. Norderstedt (BoD) 2022.
- Iphorismische Short Stories. Norderstedt (BoD) 2022.
- Iphorismen. Norderstedt (BoD) 2021.
- OneBBO's Castle lädt ein. Schau uns über die Schulter. Norderstedt (BoD) 2007.

Ernährung

- Am besten vegetarisch mit der Thermo-Küchenmaschine. Potsdam (Dort-Hagenhausen) 2016.
- Hartz IV in aller Munde. Norderstedt (BoD) 2013.
- Indisch inspiriert. München (Dort-Hagenhausen) 2013.
- Jetzt wird gesnackt! Norderstedt (BoD) 2013.
- Immer öfter vegetarisch. München (Dort-Hagenhausen) 2012.
- Rohkost statt Fasten Teil 2: Rezepte für ein Rohkostjahr. Norderstedt (BoD) 2011.
- Mein Kollege kocht Vollwert. Norderstedt (BoD) 2010.
- Schokolade. Norderstedt (BoD) 2010.
- Gemüse in aller Munde. Norderstedt (BoD) 2009.
- Hartz IV in aller Munde. Norderstedt (BoD) 2009.
- Schrot statt Schrott. Norderstedt (BoD) 2008.
- Vollwert? Gold wert! Norderstedt (BoD) 2008.
- Brötchen statt Brot. Norderstedt (BoD) 2007.
- Konfekt statt Sünde. Norderstedt (BoD) 2007.
- Rohkost statt Fasten. Norderstedt (BoD) 2007.

Reihe: Meine Rezeptebibliothek:

- Band 1: 1998 bis März 2006, Rezepte 1-769. Norderstedt (BoD) 2024
- Band 2: März 2006 bis April 2007, Rezepte 770-1503. Norderstedt (BoD) 2024
- Band 3: April bis November 2007, Rezepte 1504-2163. Norderstedt (BoD) 2024.
- Band 4: November 2007 bis September 2008, Rezepte 2164-2913. Norderstedt (BoD) 2024.
- Band 5: September 2008 bis August 2009, Rezepte 2914-3676. Norderstedt (BoD) 2024.
- Band 6: August 2009 bis Dezember 2010, Rezepte 3677-4404. Norderstedt (BoD) 2024.
- Band 7: Januar 2011 bis Dezember 2012, Rezepte 4405-5290. Norderstedt (BoD) 2024.
- Band 8: Dezember 2012 bis Juni 2014, Rezepte 5291-6142. Norderstedt (BoD) 2024.
- Band 9: Juni 2014 bis April 2015, Rezepte 6143-7914. Norderstedt (BoD) 2024.
- Band 10: April bis Oktober 2015, Rezepte 7915-8018. Norderstedt (BoD) 2024.
- Band 11: Oktober 2015 bis April 2016, Rezepte 8019-9046. Norderstedt (BoD) 2025
- Band 12: April bis Oktober 2016, Rezepte 9047-10203. Norderstedt (BoD) 2025
- Band 13: Oktober 2016 bis August 2017, Rezepte 10204-11373. Norderstedt (BoD) 2025.
- Band 14: August 2017 bis Juli 2019, Rezepte 11374-12302. Norderstedt (BoD) 2025.
- Band 15: Juli 2019 bis März 2021, Rezepte 12303-13121. Norderstedt (BoD) 2025.

Stichwortverzeichnis